全国高等院校旅游专业规划教材

世界遗产学

（第2版）

孙克勤 编著

旅游教育出版社
·北 京·

责任编辑：孙延旭

图书在版编目(CIP)数据

世界遗产学/孙克勤编著．—北京：旅游教育出版社，2008.2(2024.6 重印)
全国高等院校旅游专业规划教材
ISBN 978-7-5637-1588-6

Ⅰ.世… Ⅱ.孙… Ⅲ.①名胜古迹区—世界—高等学校—教材②自然保护区—世界—高等学校—教材 Ⅳ.K917 S759.991

中国版本图书馆 CIP 数据核字(2008)第 004596 号

全国高等院校旅游专业规划教材
世界遗产学
(第 2 版)
孙克勤 编著

出版单位	旅游教育出版社
地　　址	北京市朝阳区定福庄南里 1 号
邮　　编	100024
发行电话	(010)65778403 65728372 65767462(传真)
本社网址	www.tepcb.com
E－mail	tepfx@163.com
印刷单位	北京虎彩文化传播有限公司
经销单位	新华书店
开　　本	787×960 1/16
印　　张	20.5
字　　数	335 千字
版　　次	2012 年 8 月第 2 版
印　　次	2024 年 6 月第 3 次印刷
定　　价	32.00 元

(图书如有装订差错请与发行部联系)

出版说明

为适应旅游业的发展要求，满足旅游高等教育的需要，我们根据高等院校旅游专业的课程设置、教学目标，在国家旅游局人事劳动教育司的主持下，集合国内旅游高等院校的众多专家学者，自20世纪90年代起，先后出版了系列旅游高等院校教材。该套教材出版以来，得到了广大院校师生和业界的普遍好评，至今仍是众多院校的首选教材，一版再版。迄今为止，该套教材不仅为众多院校广泛使用，而且是规模最大、品种最多的一套高等院校旅游专业教材。

但是我们深知，教材出版本身是一个不断完善的动态过程，需要产业的推动、研究的深化、时间的积淀，更需要广大师生的参与。本着这一目的，根据21世纪旅游业的发展要求与广大师生的殷切希望，我们根据教育部与国家旅游局对旅游学科的规划与行业要求，对本套教材进行了必要的增补与修订，以确保该系列教材的科学性、权威性。

与原教材相比，本版教材注意了课程设置与教材编写的科学性、针对性、规范性，使整套教材更适合学科教学和行业发展要求。在此基础上，本版教材强调了教材的研究含量，旨在倡导教材编写的严肃性、高等教育的研究性，避免教材编写中存在的简单雷同现象，体现了国家骨干教材应有的规范性与原创性。可以说，本版教材更加贴近了我国高等院校旅游专业教学实际，严格按照课程设置和教学目标设计安排教材内容，使高等教育教材的先进性与研究性得到充分保证。

在此次增补与修订中，我们始终强调教材编写应有的学术规范，从框架的确定，内容的取舍，乃至思考复习题的设计、注释引文的处理，每一个细节都力求体现教材编写应有的学术规范。为了实现这样的目标，我们先后在全国广泛遴选作者，聘请在学科研究与教学领域有所建树的专家学者担任教材的编写工作。不少作者都有相关领域的专著成果作为教材写作的支撑，为本套教材的研究含量提供了必要保障。

作为国内唯一一家旅游教育专业出版社，我们始终得到广大旅游院校师生的关心与帮助，在新世纪，我们更期待着大家一如既往的呵护。我们希望将我们的教材建设成为一个开放式的园地，能始终站在学科研究与行业发展的前沿，随时反映旅游教育最新发展的动态。我们期待着教材使用者的意见和建议，更期待着潜在作者的新思路、新理念、新观点、新教学方式——我们定会“从善如流”，不断调整完善现有教材，不断吸纳新的作者、新的观点。

旅游教育出版社

出版说明

目 录

第一章

绪 论

人类创造了辉煌的物质文明和精神文明。但随着世界范围工业化进程的加速,文化遗产和自然遗产受到了严重的威胁。为了保护人类共同的宝贵财富,1972年11月联合国教科文组织在巴黎通过了《保护世界文化和自然遗产公约》(*Convention Concerning the Protection of the World Cultural and Natural Heritage*)(以下简称《公约》),对文化和自然遗产的标准作了明确规定,同时还确定了实施《公约》的指导方针。这个《公约》是联合国教科文组织在全球范围内制定和实施的一项具有广泛和深远影响的国际准则和文件。《公约》的主要任务之一是确定世界范围内的文化与自然遗产,以便国际社会将其作为人类共同遗产加以保护。

第一节 世界遗产概述

一、世界遗产的产生、发展及现状

20世纪初,人们在埃及阿斯旺建起大坝时,努比亚遗址就一直面临被淹没的危险。20世纪50年代,埃及政府决定重建阿斯旺高坝(Aswan High Dam),以控制尼罗河洪水,为国家提供水力发电。按照这个计划,阿布·辛拜勒神庙(Abu Simbel temples)面临着被淹没的危险。阿布·辛拜勒神庙是古埃及文明的宝贵财富,如不采取相关保护措施,努比亚遗址将永远长埋于尼罗河水面下。1959年,应埃及和苏丹两国政府的要求,联合国教科文组织(The United Nations Educational, Scientific and Cultural Organization)(UNESCO)发起了一个国际保护行动,争取到50个国家的支持,筹集了8 000万美元,最终将阿布·辛拜勒和菲莱神庙(Abu Simbel and Philae temples)完整切割迁至安全地带并重新组合。这表明国际合作共同保护杰出的文化遗产的重要性。这次成功的国际合作最终导致了《保护世界文化和自然遗产公约》在1972年的诞生。该《公约》的宗旨在于促进各国和各民族之间的合作,为保护遗产作出积极的贡献。

截至2012年6月24日至7月6日在俄罗斯圣彼得堡召开的第36届世界遗产大会,全球被联合国教科文组织世界遗产委员会批准的世界遗产有962项,其中文化遗产745项、自然遗产188项和混合遗产(文化和自然双重遗产)29项,分布在157个缔约国中。

联合国教科文组织公布的《人类非物质文化遗产代表作名录》内容如下:2001年第一批19项、2003年第二批28项、2005年第三批43项、2009年第四批76项、2010年第五批47项、2011年第六批19项。截至目前,全球被列入《人类非物质文化遗产代表作名录》的非物质文化遗产已达232项;此外,还包括急需保护的非物质文化遗产名录27项和被认为最能体现公约的非物质文化遗产保护计划、项目和活动8项。

截至2012年3月,已经有189个国家加入本公约,成为缔约国。世界遗产大会每年召开一次,截至2012年已召开了36届。

二、世界遗产的意义

世界遗产是文化与自然的产物,是人类历史、文化与文明的象征,代表着最有价值的人文景观和自然景观,是人类共同的宝贵财富。世界遗产具有科学价值、美学价值、历史文化价值和旅游价值。世界遗产所具有的丰富内涵是社会科学和自然科学取之不尽、用之不竭的知识源泉。

世界遗产具有不可替代的独特价值。作为文化遗产的世界遗产反映出文化多样性。世界遗产包括风格各异的历史名城、建筑群、文物、名胜古迹、考古遗址等,它们具有艺术创新、科学发现和技术发明等特点,是人类智慧的结晶。

布达拉宫坐落在拉萨河谷中心海拔3 700米的红色山峰上,是集行政、宗教、政治事务于一身的综合性建筑。它由白宫和红宫及其附属建筑组成,依山垒砌,群楼重叠,殿宇嵯峨,气势雄伟,有横空出世、气贯苍穹之势,是藏族古建筑艺术的精华,被誉为"高原圣殿"。布达拉宫在公元7世纪由吐蕃赞普松赞干布始建,象征着西藏佛教和历代行政统治的中心。这座被誉为"世界屋脊明珠"的布达拉宫,是集建筑、历史、文化艺术和宗教于一身的宫堡式建筑群和文物宝库,是我国古代建筑中的杰作,是藏民传统的优秀建筑艺术,具有极高的历史、艺术和科学价值。

孔子是世界上最伟大的哲学家之一,中国儒家学派的创始人。曲阜的孔府、孔林和孔庙以丰厚的文化积淀、悠久的历史、宏大的规模、丰富的文物珍藏而著称。孔府、孔林和孔庙因在中国历史和世界东方文化中的显著地位,而被联合国教科文组织列为世界文化遗产,被世人尊崇为世界三大圣城之一。孔庙、孔林、孔府既是中国古代推崇儒家思想的象征和标志,也是研究中国历史、文化、艺术的重要实物。孔林对于研究中国历代政治、经济、文化的发展以及丧葬风俗的演变也有着不可替代的作用。

作为文化遗产的罗马历史中心被誉为"永恒之城"。巴西的首都巴西利亚作为最年轻的世界遗产城市，以充满现代理念的城市格局、构思新颖别致的建筑和寓意丰富的艺术雕塑，体现了人类的创新精神和丰富的想象力，堪称现代城市建设的典范和城市规划史上的里程碑，是现代城市规划的楷模。

意大利的庞贝古城遗址是世界上最负盛名的考古遗址发掘地之一，它再现了古罗马时期的文化、经济和生活的缩影。

奥斯维辛－比克瑙——德国纳粹集中营(1940—1945)［Auschwitz Birkenau: German Nazi Concentration and Extermination Camp(1940—1945)］作为警示遗产，见证了第二次世界大战期间纳粹分子种族灭绝、惨绝人寰的战争罪行。

我国的云南三江并流保护区以其独特的地质构造、生物的多样性、神奇的自然景观、丰富的自然资源而载入世界自然遗产史册。云南三江并流保护区被联合国教科文组织世界遗产委员会列为世界自然遗产，其重要的意义在于它融地球演化历程、生态和生物多样性等为一体，具有极高的科学研究价值。

九寨沟的自然资源极为丰富。武陵源具有完整的生态系统和众多的野生珍稀动植物物种资源，对研究野生动物与生态系统的关系具有重要的科学价值。作为文化和自然双重遗产的泰山，不但具有地质学、生物学和生态学方面的研究价值，而且在历史、文化和美学方面也具有重要的研究价值。

作为世界自然遗产的厄瓜多尔的加拉帕戈斯群岛被称作生物进化的天然博物馆。加拉帕戈斯群岛上的生物因具有的独特生物进化性而闻名于世。一个多世纪以来，加拉帕戈斯群岛生物多样性和生物进化方面的研究一直为国际生物学界所关注。加拉帕戈斯群岛也是研究生物多样性的重要基地。

澳大利亚的麦夸里岛现在的位置是印度—澳大利亚构造板块与太平洋板块会聚上升的地方。在这里可以看见世界上独一无二的地幔岩石上升暴露在海平面上的情景。这些岩石包括枕状玄武岩和其他喷出岩。这处世界自然遗产是洋壳上升至海平面的极好例证，为海底扩张学说提供了地质学证据。

俄罗斯的贝加尔湖位于西伯利亚东南部，占地315万公顷，是世界上最古老的和最深的湖泊。它拥有占世界总量的20%的淡水储量，是世界著名的淡水生态系统，而且还拥有世界上种类最多和最独特的淡水动物群，对于研究进化科学具有不可估量的价值。

自《公约》诞生和世界遗产组织成立以来，其意义在于成功地保护了一大批世界著名的文化和自然遗产，包括非物质文化遗产，为人类文明史保留下众多的弥足珍贵的财富，促进了世界遗产地的文化和科学研究与交流，推动了全球旅游业的发展。

保护世界文化与自然遗产的最终目的是为了人类的发展，是现在和未来社会、科学、经济、文化生活的一部分。开发世界遗产教育资源应利用保护和展示文化与自然遗产所涉及的各个研究领域所取得的科学和技术进步方面的成果。世界遗产不仅可以带动地区旅游、经济、社会的发展和环境效益的改善,更是科研和教育的基地,是探究人类智慧、文明轨迹和自然奥秘的知识源泉。

第二节　世界遗产和世界遗产学的定义

世界遗产是指具有突出价值的文化与自然遗产,是大自然和人类留下的最珍贵的遗产,需要将其作为整个人类遗产的一部分加以保护。世界遗产分为世界文化遗产、世界自然遗产、混合遗产和文化景观遗产。此外,为了保护不是以物质形态存在的人类遗产,联合国教科文组织还公布了“非物质文化遗产”。

世界遗产学是研究世界遗产的产生、特征、管理、保护和可持续发展的学科。世界遗产学的研究对象涉及文化遗产、自然遗产、混合遗产(文化与自然双重遗产)、文化景观遗产和非物质文化遗产。

一、文化遗产

文化遗产是指具有突出的历史学、考古学、美学、科学、人类学、艺术价值的文物、建筑物、遗址等。

《保护世界文化和自然遗产公约》对世界文化遗产的定义如下:

(1)文物:从历史、艺术或科学角度看,具有突出的普遍价值的建筑物、雕刻和绘画,具有考古意义的成分或结构,铭文、洞穴、住区及各类文物的综合体。

(2)建筑群:从历史、艺术或科学角度看,在建筑式样、分布均匀或与环境景色结合方面,具有突出的普遍价值的单独或相互联系的建筑群。

(3)遗址:从历史、美学、人种学或人类学角度看,具有突出的普遍价值的人造工程或自然与人结合的工程以及考古遗址地区。

二、自然遗产

自然遗产是指具有科学、保护或美学价值的地质、物质、生物结构、濒危动植物栖息地、生长地和自然资源保护区等。

《公约》对自然遗产的定义如下:

(1)从美学或科学角度看,具有突出的普遍价值的由物质和生物结构或这类结构群组成的自然面貌。

(2)从科学或保护角度看,具有突出的普遍价值的地质和自然地理结构以及明确划定的濒危动物和植物物种的生态区。

(3)从科学、保护或自然美角度看,具有突出的普遍价值的天然名胜或明确划定的自然区域。

三、文化景观遗产

文化景观代表“自然与人类的共同作品”。文化景观的选择应基于它们自身的突出、普遍的价值,其明确划定的地理—文化区域的代表性及其体现此类区域的基本而具有独特文化因素的能力。它通常体现持久的土地使用的现代化技术及保持或提高景观的自然价值。保护文化景观有助于保护生物多样性。

四、非物质文化遗产

2003 年 10 月,联合国教科文组织又通过了《保护非物质文化遗产公约》(*Convention for the Safeguarding of the Intangible Cultural Heritage*)。在此公约中用“非物质文化遗产”的新概念来替代“口头与非物质遗产”,并设立《人类非物质文化遗产代表作名录》。

在本公约中将“非物质文化遗产”定义为:指被各群体、团体、有时为个人视为其文化遗产的各种实践、表演、表现形式、知识和技能及其有关的工具、实物、工艺品和文化场所。各个群体和团体随着其所处环境、与自然界的相互关系和历史条件的变化不断使这种代代相传的非物质文化遗产得到创新,同时使它们自己具有一种认同感和历史感,从而促进了文化多样性和人类的创造力。在本公约中,只考虑符合现有的国际人权文件,各群体、团体和个人之间相互尊重的需要和顺应可持续发展的非物质文化遗产。

第三节 世界遗产标志和委员会历次会议

一、世界遗产标志

世界遗产标志象征着世界文化与自然遗产及其相互关系。标志中心的正方形代表人类创造,外部的圆圈代表大自然,两者密切相连,表明了人类与自然的和谐关系。整个标志呈圆形,既象征全世界,也象征对世界遗产的保护。

世界遗产标志由迈克尔·奥里弗(Michel Olyff)设计,于 1978 年在第二届世界遗产委员会会议上被采纳。

二、委员会历次会议

世界遗产委员会会议每年召开一次,截止到 2012 年已召开了 36 届。

届次	地点	日期
第 1 届	法国巴黎	1977 年 6 月 27 日—7 月 1 日
第 2 届	美国华盛顿	1978 年 9 月 5 日—9 月 8 日

第3届	埃及卢克索	1979年10月22日—10月26日
第4届	法国巴黎	1980年9月1日—9月5日
第5届	澳大利亚悉尼	1981年10月26日—10月30日
第6届	法国巴黎	1982年12月13日—12月17日
第7届	意大利佛罗伦萨	1983年12月5日—12月9日
第8届	阿根廷布宜诺斯艾利斯	1984年10月29日—11月2日
第9届	法国巴黎	1985年12月2日—12月6日
第10届	法国巴黎	1986年11月24日—11月28日
第11届	法国巴黎	1987年12月7日—12月11日
第12届	巴西巴西利亚	1988年12月5日—12月9日
第13届	法国巴黎	1989年12月11日—12月15日
第14届	加拿大班夫	1990年12月7日—12月12日
第15届	突尼斯迦太基	1991年12月9日—12月13日
第16届	美国圣菲	1992年12月7日—12月14日
第17届	哥伦比亚卡塔纳赫	1993年12月6日—12月11日
第18届	泰国普吉	1994年12月12日—12月17日
第19届	德国柏林	1995年12月4日—12月9日
第20届	墨西哥梅里达	1996年12月2日—12月7日
第21届	意大利那不勒斯	1997年12月1日—12月6日
第22届	日本京都	1998年11月30日—12月5日
第23届	摩洛哥马拉喀什	1999年11月29日—12月4日
第24届	澳大利亚凯恩斯	2000年12月27日—12月30日
第25届	芬兰赫尔辛基	2001年12月11日—12月16日
第26届	匈牙利布达佩斯	2002年6月24日—6月29日
第27届	法国巴黎	2003年6月30日—7月6日
第28届	中国苏州	2004年6月28日—7月7日
第29届	南非德班	2005年7月10日—7月17日
第30届	立陶宛维尔纽斯	2006年7月8日—7月16日
第31届	新西兰基督城	2007年6月23日—7月2日
第32届	加拿大魁北克城	2008年7月2日—7月10日
第33届	西班牙塞维利亚	2009年6月22日—6月30日
第34届	巴西巴西利亚	2010年7月25日—8月3日
第35届	法国巴黎	2011年6月19日—6月29日
第36届	俄罗斯圣彼得堡	2012年6月24日—7月6日

第四节 世界遗产的组织设立

联合国教科文组织的全称为：联合国教育、科学和文化组织。1945 年 11 月在英国伦敦会议上通过了教科文组织的组织法，总部设在巴黎。教科文组织宗旨是：通过教育、科学及文化来促进各国之间的合作，以增进对正义、法治及联合国宪章所确认的世界人民不分种族、性别、语言、宗教均享有人权与自由的普遍尊重，对世界和平与安全作出贡献。

一、联合国教科文组织世界遗产委员会（UNESCO World Heritage Committee）

1972 年 11 月 16 日，联合国教科文组织大会第 17 届会议在巴黎通过了《公约》。为了落实《公约》的各项规定，1976 年 11 月，联合国教科文组织世界遗产委员会（UNESCO World Heritage Committee）在内罗毕举行的第一届《公约》成员国大会上正式成立。委员会是联合国教科文组织的下设机构，负责《公约》的实施。

在联合国教科文组织内，要建立一个保护具有突出的普遍价值的文化和自然遗产的政府间委员会，称为“世界遗产委员会”。联合国教科文组织世界遗产委员会是政府间组织，由 21 个成员国组成，负责《公约》的实施。委员会内由 7 名成员构成世界遗产委员会主席团，主席团每年举行两次会议，筹备委员会的工作。委员会每年在不同的国家举行一次世界遗产大会，主要决定哪些遗产可以列入《世界遗产名录》，对已列入名录的世界遗产的保护工作进行监督指导。

世界遗产委员会承担四项主要任务：

1. 在挑选列入《世界遗产名录》的文化和自然遗产地时，负责对世界遗产的定义进行解释。在完成这项任务时，该委员会将得到国际古迹遗址理事会（ICOMOS）和国际自然及自然资源保护联盟（IUCN）的帮助。这两个组织将仔细审查各缔约国对世界遗产的提名，并针对每一项提名写出评估报告。国际文物保护与修复研究中心（ICCROM）也对该委员会提出建议，例如文化遗产方面的培训和文物保护技术的建议。

2. 审查世界遗产保护状况报告。当遗产得不到恰当的处理和保护时，该委员会让缔约国采取特别性保护措施。

3. 经过与有关缔约国协商，该委员会作出决定把濒危遗产列入《濒危世界遗产名录》。

4. 管理世界遗产基金。对为保护遗产而申请援助的国家给予技术和财力援助。

世界遗产委员会还设立了“世界遗产基金”,是一项保护具有突出的普遍价值的世界文化和自然遗产的基金,称为“世界遗产基金”。资金来源包括:缔约国义务捐款和自愿捐款;其他国家、联合国教科文组织、联合国系统其他组织、其他政府间组织、公共或私立机构或个人的捐款、赠款或遗赠;基金款项所得利息;募捐的资金和为本基金组织活动的所得收入;基金条例所认可的所有其他资金。对基金的捐款不得带有政治条件,在不影响任何自愿补充捐款的情况下缔约国每两年定期向世界遗产基金纳款等。

联合国教科文组织还专门设置了世界遗产中心(World Heritage Centre),又称为“公约执行秘书处”。该中心协助缔约国具体执行《公约》,对世界遗产委员会提出建议,执行世界遗产委员会的决定。

联合国教科文组织世界遗产委员会为了提高保护、评审、监测、技术援助等工作的水平,还特别约请了三个国际上有权威的专业机构(如下所述),作为其专业咨询机构。凡遗产的考察、评审、监测、技术培训、财政与技术援助等均由这几个机构派出专家予以帮助。

二、世界保护联盟(The World Conservation Union)

世界保护联盟(The World Conservation Union)(IUCN,原来称国际自然及自然资源保护联盟 International Union for the Conservation of Nature and Natural Resources),主要负责自然遗产方面的工作。该组织成立于 1948 年,总部设在瑞士 Gland,主要任务是促进和鼓励人类对自然资源的保护与永续利用。

三、国际古迹遗址理事会(ICOMOS)

国际古迹遗址理事会(The International Council on Monuments and Sites)(ICOMOS),主要负责文化遗产方面的工作。该组织成立于 1965 年,总部设在法国巴黎,是国际上唯一从事文化遗产保护理论、方法、科学技巧的运用和推广的非政府国际机构。

四、国际文物保护与修复研究中心(ICCROM)

国际文物保护与修复研究中心(The International Centre for the Study of the Preservation and Restoration of Cultural Property)(ICCROM),主要负责文化遗产方面的技术培训、研究、宣传和为专家服务的工作。该组织成立于 1956 年,总部设在意大利罗马,是国际上文化遗产领域从事培训、专家服务、文献资料整理与研究工作的专门机构。

第五节 世界遗产的申报和评定

一、世界遗产的申报

一个国家一旦签署了《公约》,成为缔约国,并保证对本国文化与自然遗产进行保护,就可以开始为把本国遗产列入《世界遗产名录》而进行提名,由该国政府将提名呈交给联合国教科文组织。首先,一个国家必须决定可以提名哪些遗产地,这个筛选的过程往往被称为识别。

《公约》要求各缔约国先把它们各自具有突出、普遍价值的遗产地列出清单,然后,把经筛选有可能成为世界遗产者作为暂定名单呈报联合国教科文组织世界遗产中心。

当一个缔约国决定把某地提名为世界遗产时,该国必须填写特制的提名表格。特别要提及的是,各国必须按照世界遗产委员会制定的标准,说明为什么某地独具重要性而要求列入《世界遗产名录》。而且还要说明该处目前的保护和管理状况。如能提供该处与其他同类遗产的比较分析情况将会更好。文化遗产申报文件提交国际古迹遗址理事会评审,自然遗产文件提交世界保护联盟评审,混合遗产申请文件同时向以上两个组织提交。国际古迹遗址理事会和世界保护联盟派遣专家分别对申报国进行现场考察和评估,并提交评价报告向世界遗产委员会推荐,世界遗产委员会再作出是否入选的决定。

根据世界遗产委员会制定的《执行世界遗产公约的操作准则》,关于《世界遗产名录》提名的申报格式如下:

(1)遗产状况;

(2)提名理由;

(3)描述;

(4)管理;

(5)影响遗产的因素;

(6)监测;

(7)文献资料;

(8)代表缔约国签名。

上述每一项各包括许多细则。

二、世界遗产的评定

世界遗产的评定标准主要依据《公约》第一条、第二条规定以及《执行世界遗产公约的操作准则》对文化与自然遗产规定的相应遴选标准。遗产项目要列入《世界遗产名录》,必须经过严格的考核和审批程序。

每年举行一次的世界遗产委员会会议将对申请列入名单的遗产项目进行审批,其主要依据是该委员会此前委托有关专家对各国提名的遗产地进行实地考察而提出的评价报告。

《凯恩斯决定》是2000年在澳大利亚凯恩斯召开的第24届世界遗产委员会会议上作出的,其核心内容是:限制已有较多世界遗产的国家申报,一国一年只能申报一项;对没有世界遗产项目的缔约国的申报给予特别支持。时隔4年之后,包括中国在内的许多国家的专家都认为,这一决定并不能有效解决世界遗产战略所期望的代表性和平衡性,它不利于更多的世界遗产的保护。2004年,第28届世界遗产委员会会议通过《苏州决定》,将《公约》缔约国原先每年只能申报一项世界遗产的《凯恩斯决定》修改为:从2006年起,一个缔约国每年可最多申报两项世界遗产,其中至少有一项是自然遗产。《苏州决定》规定,自2006年起,世界遗产委员会每年受理的新申报项目从此前的30个增加到45个,包括往届会议推迟审议的项目、扩展项目、跨国联合申报项目和紧急申报项目。决定指出,这一修订仍然是一个"试验性和过渡性"的措施。

第六节　中国的世界遗产

中国是一个历史悠久、文化灿烂的国家,不仅拥有众多的名山秀水,还有数不尽的名胜古迹,众多的世界遗产是中华民族的历史、文化与文明的象征。中国于1985年加入《公约》成为缔约国后,1987年拥有了第一批世界遗产,其中文化遗产5项,即:周口店北京人遗址、长城、北京故宫、敦煌莫高窟、秦始皇陵;混合遗产1项,即泰山。截止到2012年6月,中国已有43项遗产被列入《世界遗产名录》,其中文化遗产30项,自然遗产9项,混合遗产4项。

中国是拥有世界遗产类别最齐全的国家之一,包括文化遗产、自然遗产、文化与自然双重遗产(混合遗产)、文化景观遗产和非物质文化遗产。

中国的世界遗产涉及的内容颇为广泛,有古人类遗址(周口店北京人遗址)、皇宫(北京和沈阳明清故宫)、皇家园林(北京颐和园、承德避暑山庄及周围寺庙)、皇家陵园(秦始皇陵和明清皇家陵寝)、皇家祭坛(北京天坛)、古墓葬(高句丽王城、王陵和贵族墓葬)、防御工程(长城)、古典园林(苏州古典园林)、古城(平遥古城、丽江古城和澳门)、古村落(皖南古村落——西递和宏村、福建土楼、开平碉楼和古村落)、考古遗址(殷墟)、古都遗址(元上都遗址)、古建筑群(武当山古建筑群、拉萨布达拉宫、登封"天地之中"历史建筑群、曲阜孔庙、孔林和孔府)、古建筑和水利工程(青城山和都江堰)、洞窟和石刻(莫高窟、大足石刻、龙门石窟和云冈石窟)、文化景观(庐山国家公园、五台山和杭州西湖文化景观)、地质景观(云南三江并流保护区、中国南方喀斯特、中国丹霞和澄江化石遗址）、风景名胜区（九寨沟风景名胜区、武陵源风景名胜区、黄龙风景名胜区和三清山国家公园）、生物保护区（四川大熊猫栖息地）、文化和自然景观（泰山、黄山、武夷山、峨眉山和乐山大佛）。

北京拥有众多的历史文化遗迹，长城、北京故宫、颐和园、天坛、周口店北京人遗址和十三陵均已被列入《世界遗产名录》。北京是世界上拥有世界遗产项目最多的城市。

我国苏州九处园林作为“苏州古典园林”而被列入世界文化遗产名录。1997 年以拙政园、留园、网师园、环秀山庄为典型例证的苏州古典园林，列入了联合国教科文组织《世界遗产名录》。2000 年又将沧浪亭、狮子林、艺圃、耦园、退思园作为《苏州古典园林》扩展项目，列入《世界遗产名录》。苏州古典园林以其意境深远、构筑精致、艺术高雅、文化内涵丰富而成为具有历史、文化、艺术和科学价值的珍贵的世界文化遗产。

中国拥有 4 项混合遗产，即泰山、黄山、武夷山、峨眉山和乐山大佛，在遗产数量上与澳大利亚的文化与自然双重遗产持平，是世界上拥有双重遗产最多的国家之一。

四川省的世界遗产最为丰富，包括九寨沟风景名胜区，黄龙风景名胜区，四川大熊猫保护区（自然遗产），青城山和都江堰灌溉系统（文化遗产），峨眉山和乐山大佛（混合遗产）。

中国的世界遗产名录

文化遗产

1987,2004 北京和沈阳明清故宫（Imperial Palaces of the Ming and Qing Dynasties in Beijing and Shenyang）

1987 秦始皇陵（Mausoleum of the First Qin Emperor）

1987 周口店北京人遗址（Peking Man Site at Zhoukoudian）

1987 长城（The Great Wall）

1987 莫高窟（Mogao Caves）

1994 武当山古建筑群（Ancient Building Complex in the Wudang Mountains）

1994 曲阜孔庙、孔林和孔府（Temple and Cemetery of Confucius and the Kong Family Mansion in Qufu）

1994 承德避暑山庄及周围寺庙（Mountain Resort and its Outlying Temples, Chengde）

1994,2000,2001 拉萨布达拉宫（Historic Ensemble of the Potala Palace, Lhasa）

1997 丽江古城（Old Town of Lijiang）

1997 平遥古城（Ancient City of Ping Yao）

1997,2000 苏州古典园林（Classical Gardens of Suzhou）

1998 北京颐和园（Summer Palace, an Imperial Garden in Beijing）

1998 北京天坛（Temple of Heaven：an Imperial Sacrificial Altar in Beijing）

1999 大足石刻（Dazu Rock Carvings）

2000 青城山和都江堰灌溉系统（Mount Qingcheng and the Dujiangyan Irrigation System）

2000,2003,2004 明清皇家陵寝（Imperial Tombs of the Ming and Qing Dynasties）

2000 龙门石窟（Longmen Grottoes）

2000 皖南古村落——西递和宏村（Ancient Villages in Southern Anhui——Xidi and Hongcun）

2001 云冈石窟（Yungang Grottoes）

2004 高句丽王城、王陵和贵族墓葬（Capital Cities and Tombs of the Ancient Koguryo Kingdom）

2005 澳门历史中心（Historic Centre of Macao）

2006 殷墟（Yin Xu）

2007 开平碉楼和村落（Kaiping Diaolou and Villages）

2008 福建土楼（Fujian Tulou）

2010 登封"天地之中"历史建筑群（Historic Monuments of Dengfeng in "The Centre of Heaven and Earth"）

2012 元上都遗址(Site of Xanadu)

自然遗产

1992 武陵源风景名胜区（Wulingyuan Scenic and Historic Interest Area）

1992 九寨沟风景名胜区（Jiuzhaigou Valley Scenic and Historic Interest Area）

1992 黄龙风景名胜区（Huanglong Scenic and Historic Interest Area）

2003 云南三江并流保护区（Three Parallel Rivers of Yunnan Protected Areas）

2006 四川大熊猫栖息地（Sichuan Giant Panda Sanctuaries）

2007 中国南方喀斯特（South China Karst）

2008 三清山国家公园（Mount Sanqingshan National Park）

2010 中国丹霞（China Danxia）

2012 澄江化石遗址（Chengjiang Fossil Site）

混合遗产(文化与自然双重遗产)

1987 泰山（Mount Taishan）

1990 黄山（Mount Huangshan）

1996 峨眉山和乐山大佛（Mount Emei Scenic Area，including Leshan Giant Buddha Scenic Area）

1999 武夷山（Mount Wuyi）

文化景观遗产

1996 庐山国家公园（Lushan National Park）

2009 五台山（Mount Wutai）

2011 杭州西湖文化景观（West Lake Cultural Landscape of Hangzhou）

第二章

世界遗产的管理、保护和可持续发展

世界遗产是人类历史、文化与文明的象征,保护世界遗产是每个公民的义务,而激发他们爱护遗产的前提条件是普及文化与自然遗产知识,让大家了解人类文明的结晶。世界遗产是不可再生的珍稀资源,保护好独一无二的世界遗产,是人类共同的责任。中国世界遗产的管理、保护和开发应从中国的国情出发,遵循立足保护、科学规划、合理开发、永续利用的原则。科学地保护和开发世界遗产的科学、教育、文化和旅游资源,是带动地区和国家的文化、经济和旅游业可持续发展的战略目标。

第一节　世界遗产的管理

为了进一步加强世界遗产的保护与管理工作,取得各国政府的重视与支持,联合国教科文组织1972年在巴黎总部举行的第17届大会通过了《公约》,强调文化和自然遗产具有"突出的普遍价值",是人类共同的财富。这些共同遗产的保护不仅与个别国家有关,而且与全人类相关。

与发达国家相比,中国对世界遗产的申报和保护工作起步较晚,在公众教育、资金投入、科学管理等方面尚有一定差距。中国是一个历史悠久的国家,众多的世界文化和自然遗产是中华民族悠久历史的见证和现代文明的象征。

随着缔约国遗产保护意识的提高和各级政府对遗产保护教育力度的增强,缔约国的很多遗产都得到了有效的保护。但是,也有很多遗产因为战争、自然灾害、过度旅游、环境污染、资金匮乏和知识技能短缺等原因而遭到永久性的破坏,对世界遗产的多样性构成巨大威胁。保护好文化和自然遗产的最终目的是为了人类的发展,是现在和未来国家社会、经济、科学和文化生活的一部分。开发世界遗产教育资源应利用保护、保存和展示文化与自然遗产所涉及的各个研究领域所取得的科学和技术进步方面的成果。世界遗产不仅可以大大推动旅游产业,带动地区经济的发展,而且也可以将世界遗产作为多学科交叉的教学和科研基地。

在世界遗产管理方面要加强对从事世界遗产管理的人才的培养。人才培养与开发是一项增强遗产管理能力的长期措施。目前我国许多世界遗产地的管理模式仍遵循传统的运行机制，对世界遗产知识和世界遗产管理缺乏认识，还没有形成一个科学和有效的管理机制。目前中国高等院校中，设立这项专业的还不多见。中国的教育主管部门应当借鉴发达国家的经验，在教学专业设置、人才培养、资金投入等方面加大重视程度，与世界上发达国家先进的管理方法接轨，在思想、方法、技术和可持续发展上探索一条适合中国世界遗产的管理模式。

中国作为一个历史悠久、文化灿烂的国家，拥有众多的名胜古迹、雄伟的古代建筑、壮观的名山奇峰、纵横交错的河流，文化遗产与自然遗产资源丰富。随着社会文明程度的提高，人们对世界遗产的保护意识正在增强，但是，随着旅游业的迅猛发展、过度的城市现代化建设和商业化开发，使得文化和自然遗产正在遭受前所未有的破坏。在市场经济机制下，随着城市化进程的加快，一些部门以"发展经济"为由，盲目追求利益的最大化，使许多历史文物和名胜古迹被毁坏事件时有发生，不少历史文化名城遭到严重破坏。在城市现代化建设进程中，不能只顾追求经济利益，只重开发，不重保护，拆历史文物，建仿古景观，致使许多具有历史文化价值的名胜古迹遭到破坏。我们必须高度重视和切实保护好城市的名胜古迹，继承和保护好城市的文化遗产，这本身就是城市现代化建设的重要内容，也是城市现代文明进步的重要标志。此外，我国的世界遗产正面临着旅游业过度开发的严重威胁，景区内人满为患，空中索道、宾馆、饭店、度假村等也借旅游开发之名纷纷进入遗产地，所有这一切对遗产造成了极大威胁。中国世界遗产面临的问题是保护世界遗产的法制不健全，缺乏专业管理人才，经费匮乏等；此外，有些地方部门重申报、轻管理，重开发、轻保护。地区遗产保护与旅游开发存在尖锐的矛盾，众多的名胜古迹和自然保护区亟须统一归口管理和科学决策。遗产应由国家直接管理，遗产保护的立法更是当务之急。保护与利用是遗产保护中的最主要矛盾，保护世界遗产不排斥对其合理开发利用。管理者的自身定位将直接影响到遗产保护的最终效果，科学管理、立足保护、适度开发是遗产管理体系的基本框架（孙克勤主编，2008）。

安阳殷墟是1961年国务院公布的第一批全国重点文物保护单位。《河南省安阳殷墟保护管理条例》已经由河南省第九届人民代表大会常务委员会第二十四次会议于2001年9月29日审议通过，于2001年10月10日起施行。2006年7月13日，殷墟正式被联合国教科文组织列入世界文化遗产名录。

殷墟遗址的展示遵循了国家"保护为主，抢救第一，合理利用，加强管理"的文物工作方针和"不改变文物原状"的原则。安阳地方政府先后对王陵遗址、宫殿宗庙遗址采取地下封存、地表植被展示或部分揭露展示的方法进行了有效保护。近年来，为了科学有效地保护殷墟遗址，安阳市政府先后成立了安阳市文物管理局、殷墟博物苑、殷墟王陵遗址管理处等机构，建立、健全了储存遗址文物信息和促进文物保护管理工作的信息资料档案库，为殷墟的保护与研究提供了依据和便利，使殷墟遗址的科学保护管理工作逐步走向正轨。2006 年 7 月 13 日,殷墟正式被联合国教科文组织列入世界文化遗产名录。

2004 年初,“数字九寨沟”通过建设部专家委员会评审。这意味着,通过数字化建设,景区不仅能对各景点进行实时监控,进行游客科学分流,风景区管理局、旅行社和游客还可以在任何时候、任何地方通过互联网了解到此时此刻及以后任何一天的门票数。这些举措有效地提高了景区科学化管理水平,还创新了景区资源保护与旅游产业良性发展的互动机制,有效地解决了景区资源保护与产业发展的矛盾。

九寨沟还建立了智能化监控系统,在重要景点、道路险要路段、防火高危区等共 90 多个点位进行实时监控;监管信息系统利用卫星遥感影像对景区内的土地利用、建设工程、生态环境和景区总体规划执行情况,特别是核心景区开发建设等情况进行动态监测。九寨沟是在保护中实施适度开发,在开发中实现有效保护。

《福建省武夷山景区保护管理办法》明确提出:“武夷山景区风景名胜资源的保护管理应当遵循严格保护、统一管理、合理开发、永续利用的原则。”

武夷山成立世界遗产保护委员会,聘请国内著名世界遗产专家为顾问,设立世界遗产监测中心,使对世界遗产的保护管理更趋制度化。武夷山景区在核心景点天游峰和九曲溪等处建立了自动气象观测站、大气质量观测站、自动水文监测站,利用卫星遥感影像图,对遗产地范围内的动态情况进行了监测分析。

2006 年 2 月,武夷山成立世界遗产监测中心,开始对遗产地的大气、水质、生物、噪声、古迹等进行监测,并把遗产地的各种技术数据发布在网络上,使游人可随时了解武夷山的自然环境、自然景观、文化遗存、旅游指南、法律法规、管理服务、遗产监测、遗产动态,为保护武夷山“双遗产”筑起一道科学平台。

我国的世界遗产地的管理模式仍按传统的运行机制,管理体制多层次,缺乏统一归口管理和科学决策,还没有形成一个科学和有效的管理机制。吴必虎等(2002)从人口压力、遗产地空间结构、区域产业结构调整压力、潜在市场需求和世界遗产地保护的资金需求方面论述了中国世界遗产地保护与旅游需求的关系。陈耀华和赵星烁(2003)对中国的世界遗产保护与利用研究进行了论述。杨锐(2003)提出我国文化和自然遗产资源管理的四项战略。罗佳明(2004)提出,我国在管理体制上并没有针对世界遗产的特征形成专门性组织体系,基本上是沿用国家风景名胜区管理和文物保护单位管理的模式。李文华(2006)指出,遗产地管理是遗产研究的重要内容,选择正确的管理模式对遗产保护具有重要意义。中国现时的遗产管理模式需要规范化(徐嵩龄,2006)。黄德林(2007)认为,现有的自然遗产管理体系存在诸多弊端,根源在于自然遗产的产权归属不明确。周年兴等(2008)对世界自然遗产地面临的威胁及中国的保护对策进行了探讨。科学管理、立足保护、适度开发是遗产管理体系的基本框架,世界遗产的管理应在思想、方法、技术和可持续发展中探索一条适合中国世界遗产的科学管理模式(孙克勤,2010a)。我国的遗产管理应与世界先进管理接轨,作为遗产管理者应关注世界遗产领域最新动态、全球战略和发展趋势(孙克勤,2011a)。我国的世界遗产的管理也在逐步走向制度化、规范化、程序化(孙克勤,2011b)。

世界很多国家遗产的管理基本上是政府主导,中央政府的遗产主管部门对遗产实行统一管理。这种管理体制的优点在于职能集中和责任明确。

卡卡杜国家公园是澳大利亚国家公园和野生生物管理局直接管理的第一个国家公园,也是澳大利亚第一个由土著居民参与管理的国家公园。1975 年通过的《国家公园与野生生物保护法》(*National Parks and Wildlife Conservation Act*)是园区的主要法律依据,1979 年该园区被划为国家公园。卡卡杜国家公园规模巨大,关系复杂。为均衡各个团体的利益,公园从 1989 年 7 月 26 日开始,设立了国家公园管理委员会对公园进行联合管理。公园的长期管理规划确保了卡卡杜公园的环境和文化遗产不会由于过度观光旅游、矿产资源开发或其他人类活动而退化。卡卡杜国家公园管理计划的宗旨是:澳大利亚土著居民和澳大利亚联邦政府国家公园管理行政当局协同努力,将其变成具有最高管理标准的文化和自然遗产。本管理计划承诺:尊重澳大利亚土著居民的所有权益,保护国家公园内的文化和自然遗产。这些遗产具有地区、国家和国际的重要意义,而且鼓励游客参观、欣赏和了解国家公园的活动。卡卡杜国家公园致力于土著文化艺术、生物多样性、休闲和旅游业的发展。

第二节 世界遗产的保护

中国政府对文化和自然遗产的保护一贯十分重视,并积极支持和参与联合国教科文组织和世界遗产委员会有关保护世界文化和自然遗产的活动。早在 1985 年 11 月,第六届全国人民代表大会常务委员会第十三次会议就批准加入了《保护世界文化和自然遗产公约》,成为该《公约》的缔约国。

2002 年,文化部、国家文物局、国家计委、财政部、教育部、建设部、国土资源部、环保总局、国家林业局联合发布《关于加强和改善世界遗产保护管理工作的意见》,指出我国世界遗产保护工作面临的问题和困难,正确处理世界遗产保护与利用的关系,进一步加强了对世界遗产的保护管理工作。该意见明确规定,一切开发、利用和管理工作,首先要把遗产的保护和保存放在第一位,应以遗产的保护和保存为前提,以有利于遗产的保护和保存为根本。

2005 年 12 月 22 日,国务院正式下发《关于加强文化遗产保护的通知》,并专门成立了由 15 个部委组成的全国文化遗产保护领导小组。国务院颁发这个《通知》,标志着中国文化遗产保护事业进入新的历史阶段。2005 年 3 月 26 日,国务院办公厅下发了《关于加强我国非物质文化遗产保护工作的意见》。2006年，由文化部颁布的《世界文化遗产保护管理办法》、国家文物局颁布的《中国世界文化遗产监测巡视管理办法》和《中国世界文化遗产专家咨询管理办法》相继出台。2010年，中华人民共和国住房和城乡建设部发布《关于进一步加强世界遗产保护管理工作的通知》。2011年2月25日，《中华人民共和国非物质文化遗产法》在第十一届全国人民代表大会常务委员会第十九次会议通过，并于2011年6月1日起施行。

近年来，我国政府部门和地方政府相继出台保护世界遗产的相关法规，这对改变当前我国世界文化遗产工作中存在的"重申报、轻管理，重开发、轻保护"的倾向，以及"建设性破坏"和过度开发的现象，将起到积极的作用。世界遗产的保护，一是强调真实性，二是强调完整性。

《公约》第五条明确指出，为保护、保存和展出本国领土内的文化和自然遗产采取积极有效的措施，本公约各缔约国应视本国具体情况尽力做到以下几点：

(1)通过一项旨在使文化和自然遗产在社会生活中起一定作用并把遗产保护工作纳入全面规划的总政策。

(2)如本国内尚未建立负责文化和自然遗产的保护、保存和展出的机构，则建立一个或几个此类机构，配备适当的工作人员和为履行其职能所需的手段。

(3)发展科学和技术研究，并制定出能够抵抗威胁本国文化或自然遗产的危险的实际方法。

(4)采取为确定、保护、保存、展出和恢复这类遗产所需的适当的法律、科学、技术、行政和财政措施。

(5)促进建立或发展有关保护、保存和展出文化和自然遗产的国家或地区培训中心，并鼓励这方面的科学研究。

世界遗产不只是一种荣誉，或是旅游金字招牌，更是对遗产保护的郑重承诺。在商品经济的冲击下，我国的世界遗产目前正面临着旅游业的超载和错位开发的严重威胁。许多人将世界遗产当做招财进宝的"金字招牌"，申遗成功后，就认为获得了国际通行证，急功近利地进行过度的旅游开发，致使我国世界遗产被破坏的现象很严重，尤其是旅游对于我国世界遗产的冲击较大。当前中国的世界遗产保护事业面临着不少问题和困难，主要表现在法制建设有待加强、保护资金不足、专业人才缺乏、重大项目决策程序不够完善，以及开发利用过度、忽视保护等现象。

对于在世界遗产保护方面存在的问题，中国政府已经开始着手解决。近年来，中国的文化部、财政部、建设部等有关部门联合出台了一项规定，要求各地方政府在对世界遗产进行开发、利用和管理时，都必须首先把遗产的保护和保存放在第一位。此外，中国有关人士还向中国的立法机关提交议案，希望制定《世界遗产保护法》。

2004年，北京市政府对长城北京段、故宫、天坛、颐和园、周口店北京人遗址和明十三陵6项世界文化遗产实施大规模修缮,各项工程计划于2008年前完工。

周口店北京人遗址(Peking Man Site at Zhoukoudian)加固保护工程于2004年7月22日正式开始启动。此次修缮是1921年瑞典著名地质学家安特生和奥地利古生物学家丹斯基在周口店进行小规模的发掘以及1929年开始系统发掘并发现震惊中外的北京人头盖骨化石以来周口店北京人遗址的首次修缮。2003年10月,中科院专家开始对遗址进行为期1个多月的全方位地质调查,这是周口店被确立为世界文化遗产后进行的首次大规模地质病害调查。这次调查中发现共有21处危险隐患,其中特别危险的隐患有8处。除山顶洞外还有第四地点、猿人洞和鸽子堂洞顶都存在着塌方的危险。另外,专家们还发现存在岩石松动,山体有滑落的迹象。专家们认为,造成这些危险隐患的原因是多方面的:首先是地震、爆破和火车震动的影响,这些震动有可能造成岩石从较陡的斜坡滑落,产生塌方。遗址旁边采石场的爆破作业对遗址保护非常不利。龙骨山下有一条铁路,过往列车产生的震动也可能是危害遗址的因素。考古挖掘中操作不当、过度的开发,使得坡度过大或者洞顶过薄,致使洞顶塌方、斜坡滑落。此外,长期的风化作用对岩石的侵蚀也会对遗址产生破坏。

据悉,周口店北京人遗址加固保护工程共涉及遗址核心区内6处安全隐患,包括鸽子堂、猿人洞、第三地点、第四地点和第十二化石地点等,其中鸽子堂是此次修缮的重点,集中了此次修缮60%的工作量。此外,政府相关部门还将实施周口店北京人遗址的科研教育体系规划、道路交通规划、生态环境保护规划、景观规划等,还将扩大遗址范围和遗址博物馆。

2006年6月,历经两年时间、经过多次论证的《周口店北京人遗址保护总体规划》获得国家文物局批准。这是该遗址有史以来的第一部保护性规划,规划的时间从2005年至2020年。有了规划后,周口店遗址的保护范围将由0.24平方公里扩大到4.8平方公里,重点保护区面积增加近七成;保护范围内现有超过6米高的建筑将被逐步拆除,今后新建建筑不得超过6米;周口店遗址博物馆将迁出保护区重建。保护范围扩大后,基本囊括除了田园洞外的周口店地区的所有化石点。建筑控制地带内将不得出现带有污染的企业,如水泥厂、矿山企业、化工厂等。遗址周围将设立保护界桩,起到永久保护遗址的作用。目前4.8平方公里的保护区内有大量的居民住宅、工矿企业、建筑物,遗址附近铁路的运输也对遗址造成了严重破坏性影响,根据保护规划,将对保护区内现有建筑、村镇居民点、工业厂矿、堆场、仓储等进行拆除,并且加大遗址周边环境整治力度。

高星等(2004)提出借助现代地球物理和地球化学手段对遗址洞穴岩体、堆积、剖面和出土物进行研究,在此基础上建立遗址保护、管理和利用的科学数据库,为遗址未来变化趋势的正确评估、恰当保护措施的制定和合理开发利用提供科学的依据。周口店北京人遗址管理应是以可持续理论协调遗产保护与开发的关系,借鉴国际遗产管理的先进思想、方法和技术对遗产地进行科学管理(孙克勤,2012)。1987 年,周口店北京人遗址(Peking Man Site at Zhoukoudian)作为文化遗产被联合国教科文组织世界遗产委员会列入《世界遗产名录》,成为中国首批世界遗产。周口店遗址在"十一五"期间,被国家文物局列入全国 100 个大遗址保护计划。2006 年,周口店遗址作为房山世界地质公园的一个组成部分被列入世界地质公园名录。2010 年 10 月,国家文物局将周口店遗址列入第一批国家考古遗址公园名单,即"周口店国家考古遗址公园"。

在文物工作方面,20 世纪五六十年代的重点是对故宫博物院旧藏的清宫文物重新清点核对,登记造册,进行鉴别、分类和建档。近 50 年来,累计修复的院藏文物及其他博物馆所藏有关文物 11 万余件。北京故宫的百年大修工程已于 2002 年启动,这是自 1911 年以来规模最大的修缮工程。故宫维修将分三个阶段,第一阶段是从 2002 年 10 月到 2005 年 10 月之前,计划完成对故宫午门、钦安殿和中轴线周围庑房的维修;第二阶段是从 2005 年 11 月到 2008 年奥运之前,计划完成对故宫中轴线主殿如太和殿、乾清宫以及东西六宫的维修;第三阶段是从 2008 年到 2020 年,完成故宫内所有维修工程。

"站在故宫三大殿(太和殿、中和殿、保和殿)的平台上,往四周眺望时,应该看不到任何破坏景观的高层建筑。"这是联合国教科文组织世界遗产委员会对故宫保护缓冲区实现效果的要求。根据联合国教科文组织的要求,北京市规划局和北京市文物局初步制订了故宫保护缓冲区方案。缓冲区的划定和实施将最大限度地保护故宫周围的历史面貌。缓冲区内将严格保持传统风貌,缓冲区内现有的胡同、四合院将受到严格保护,街巷格局与故宫的传统风貌相协调,以保护历史的真实性。为了最大限度地使新建筑与故宫周围历史文化风貌保持一致,故宫保护缓冲区的新建筑需要在高度、体量、色调、风格、尺度、样式、色彩等方面有严格限制。此外,故宫已初步制订出一整套的应急方案以期将客流量控制在允许范围内,其中包括在长假高峰日限制进入故宫的旅游团队数量、对局部景点在紧急情况下关闭、狭窄路段单向分流、旅游路线适当调整等措施。

平遥古城于 1997 年被联合国教科文组织世界遗产委员会列为世界文化遗产。1998 年 11 月 30 日山西省第九届人民代表大会常务委员会第六次会议通过《山西省平遥古城保护条例》,该条例自 1999 年 4 月 1 日起施行。本条例第一章第六条明确提出:"平遥古城保护应遵循'永久保存,永续利用'的原则,实行统筹规划、分级管理。平遥古城保护应注重对具有地方特色的传统文化的保护、挖掘与发展。"第二章第十一条规定:"平遥古城保护按照全面保护、突出重点的方针,实行分区、分级保护,保护范围划分为绝对保护区,一、二、三级保护区,一、二级建设控制地带和一、二、三级保护街巷。"

2004 年 10 月 17 日举世闻名的平遥古城的南门东侧外墙突然发生墙体坍塌,

坍塌范围长 17 米。平遥古城墙是我国仅存的保存完整的古代县级城墙，周长为 6 157.7米，墙身素土夯实，外包砖石，城墙高 10 米。据悉，古城墙属于自然坍塌。平遥古城城墙坍塌反映了我国世界遗产保护任重而道远。为了确保对世界遗产进行有效的和持久的保护，对世界遗产遗址的保护状况进行预测和监督是非常重要的。为使世界文化遗产平遥古城得到有效保护，平遥县政府出台优惠政策鼓励城内居民迁出老城，这使得古城内人口压力得到了有效缓解，这一举措有利于平遥古城景区的建设和保护。

莫高窟作为文化遗产于 1987 年被联合国教科文组织列入《世界遗产名录》。莫高窟面临着许多保护的难题，莫高窟第 85 窟是公元 9 世纪发掘的一个大型洞窟，其中的壁画出现起甲、脱落、空鼓、霉变、酥碱等病害。据敦煌研究院的专家分析，引起壁画病害最活跃的因素是水，主要是大气降水引起洞窟内空气湿度急剧升高以及大气降水沿岩体裂隙向洞窟渗入。目前专家们已经制定出对第 85 窟的相应保护规划和措施。这些规划和措施是在洞窟前设置防水墙，阻止水分向洞窟方向的渗入；制作阻挡空气对流的密封门；对空鼓壁画进行灌浆材料与工艺的筛选试验，进行酥碱和起甲壁画修复材料与工艺的筛选试验，以维持壁画的稳定状态。此外，由国家文物局批准立项的对莫高窟北区的加固工程于 2004 年 10 月 28 日正式开工，工程内容主要涉及岩体加固、裂隙灌浆、崖体防风化处理、洞窟设施建设等。为了保护莫高窟的旅游环境，从 2000 年起，敦煌研究院就对前来参观的游客实行窟内分流，还在洞窟内装上了玻璃屏风，避免游客直接接触壁画和雕塑，并修建了博物馆、陈列馆以及网上数字化系统，以此分流游客或缩短他们在洞窟内的逗留时间。莫高窟还将最先进的计算机图形图像技术用于举世闻名的敦煌壁画，运用这种技术可以从任意视点、任意视角观察洞窟的真正三维立体图像。樊锦诗(2006)认为："敦煌石窟壁画彩塑的数字化，不仅永久保存了文物信息，还可为敦煌学研究提供更准确、更详细的石窟文物信息资料，同时还可制作虚拟洞窟供游客参观，为缓解游客压力、保护壁画文物提供了技术保障。"莫高窟已经建立了"四位一体"的监测体系，即莫高窟大环境监测、文物本体监测、安全防范监测和游客调查与监测。数字技术在敦煌莫高窟的保护与展示中已得到了广泛的应用。数字无线传感器网络技术在洞窟实时监测和管理方面发挥了独特的作用，为莫高窟洞窟的开放管理水平提升提供了技术支持。三维激光扫描的数字技术应用于洞窟考古测绘工作中，测量精度和准确性得到了提高(樊锦诗,2009)。敦煌莫高窟的保护不断将新技术和新成果引入保护实践，这一遗产地已经成为中国在石窟保护领域利用综合科技手段保护世界遗产的典范。

随着人们对遗产价值的认识和理解的不断深入，特别是由于环境变化和不可持续的经济增长方式的影响造成了文化和自然遗产破坏的日益加剧，遗产保护问题已经成为国际社会和学术界关注的热点之一(李文华等,2006)。张忍顺等

(2006)就中国的世界自然遗产项目发展对策进行了论证。张忍顺等(2006)还指出,自然遗产地的保护范围势必由点向线,建立绿色廊道遗产将成为世界自然遗产事业发展的长期战略。李德仁(2008)就虚拟现实技术在文化遗产保护中的应用进行了论述。孙克勤(2011a)对我国的世界自然遗产管理进行了研究,认为遗产战略管理作为一项系统工程,需要政府部门、管理部门、当地居民和旅游者共同参与,建立符合遗产地可持续发展的科学管理体系,应结合本国的国情与国际遗产管理接轨,在管理体制、法规建设、遗产保护、人才培养、遗产教育、国际交流等方面逐渐改进和完善,以促进世界遗产事业的可持续发展。

为了加强对秦始皇陵的保护,保持秦始皇陵的历史风貌和自然环境的真实性、完整性、协调性,根据《中华人民共和国文物保护法》和有关法律、行政法规,结合秦始皇陵保护工作实际,陕西省颁布了《陕西省秦始皇陵保护条例》,自 2005 年 10 月 1 日起施行。条例中明确指出:"秦始皇陵保护坚持保护为主、抢救第一、合理利用、加强管理的方针,正确处理文物保护与当地社会经济发展、人民群众生产生活的关系。"出土的陶俑保护是一大难题,近年来,文物保护人员利用现代科技,在抗皱缩和加固两个方面都取得了突破性进展,并且找到了有效的彩绘保护法:一为 PEG200 和聚氨酯乳液联合处理法,二为单体材料渗透、电子束固化的保护方法。

拉萨布达拉宫作为文化遗产于 1994 年被联合国教科文组织列入《世界遗产名录》。为了治理遗产的周边环境,拉萨市政府拆除了布达拉宫附近的游乐场,清理挤占的附属建筑,对大昭寺周围环境进行整治,拆除了与历史风貌不相协调的超高违章建筑多处。2002 年 6 月 26 日,布达拉宫、罗布林卡、萨迦寺三大重点文物保护维修工程开工。青藏铁路于 2006 年 7 月 1 日开通后,每年进藏的游客人数大大增加,布达拉宫作为进藏游客的首选参观地点,必须面对日益增多的游客和建筑本身承重能力之间的矛盾。目前,面对蜂拥而至的游客,布达拉宫采取限客措施,以限制日益庞大的旅游人群对遗产地构成的超负荷威胁。然而,布达拉宫每天允许参观的人数与青藏铁路列车每天给拉萨带来的 3000 ~ 4000 名游客的数字间存在相当大的差距。如何处理遗产保护和旅游的关系,西藏有关部门态度明确:在保护与旅游开发之间,保护无疑应该重于开发。

皖南古村落——西递和宏村作为世界文化遗产于 2000 年被联合国教科文组织世界遗产委员会列入《世界遗产名录》,这标志着皖南古村落已成为全人类共享的宝贵财富,同时也意味着中国的古村落不仅是弥足珍贵的文化遗产,也逐渐成为国内外旅游者向往的旅游目的地。古村落集人文、历史、建筑、民俗多种文化于一身,具有很高的历史、艺术和科学价值。

皖南古村落的保护管理自 20 世纪 80 年代中期开始步入正轨。黟县西递最早成立了村级的古民居管理机构和旅游公司。近年来,黟县县委、县政府坚持"保护第一,科学规划,合理开发,永续利用"的原则,在制定西递、宏村古民居保护规划的基础上,充分利用得天独厚的旅游资源优势,加快发展以古民居为显著特色的人文旅游,探索出了一条通过发展旅游保护古民居建筑的成功之路,取得了保护与发展经济的良性循环,有效地保护了古村落的真实性和完整性。为了加强对皖南古民居的保护,安徽省第八届人民代表大会常务委员会第三十三次会议于 1997 年 9 月 21 日通过了《安徽省皖南古民居保护条例》,自 1998 年 1 月 1 日起施行。皖南古村落在保护的前提下,逐步开发传统建筑文化、徽商文化、民俗文化、饮食文化等资源,带动了地方旅游经济的发展,同时保护了古村落,形成保护与发展的良性循环。

意大利被列入世界文化遗产名录的历史名城和古迹相当多,如罗马历史中心、威尼斯及其潟湖、那不勒斯历史中心、佛罗伦萨历史中心、维罗纳市、锡耶纳历史中心、皮恩察市历史中心、圣吉米尼亚诺历史中心、维琴察市和威尼托区帕拉蒂奥式别墅群、乌尔比诺历史中心、费拉拉(文艺复兴时期的城市)等。意大利是拥有世界遗产最多的国家。意大利以其悠久的历史和具有丰富文化内涵的名胜古迹而闻名于世。意大利政府对历史文化名城、名胜古迹、历史文物倍加保护,堪称全世界的典范。

巴黎塞纳河畔于 1991 年被联合国教科文组织世界遗产委员会列入《世界遗产名录》。巴黎保存了 90% 以上的老区,现代化城区位于巴黎市区西北的拉·德芳斯(La Défense)。这里耸立着许多现代化高层建筑,大拱门(新凯旋门)(Grande Arched Door)就位于此。由于巴黎的历史中心被完整保护下来,使得这座历史文化名城成为举世瞩目的世界文化遗产。

希腊的德尔斐考古遗址(Archaeological Site of Delphi)在 1987 年被提名为世界遗产时,在遗址附近一个建造铝厂的计划正在实施。为了保护遗址,希腊政府放弃这一计划,另选其他地方建厂,使得这处考古遗址成功进入《世界遗产名录》。

韦泽尔峡谷洞穴群(Decorated Grottoes of the Vézère Valley)位于法国西南部韦泽尔峡谷,包括 147 个史前遗址和 25 个绘有史前壁画的洞窟,可追溯到旧石器时代,是史前人类文化最重要的遗址之一。在这些洞窟中,于 1940 年发现的拉斯科洞窟(Lascaux Cave)岩画最为著名,描绘的动物形态各异、栩栩如生、色彩丰富,令人叹为观止。1940 年 12 月,拉斯科洞窟被法国当局设为重点文物保护对象。此时,有关部门为了防止大批游人的涌入,在洞口设立了保护栏杆。1948 年,拉斯科洞窟正式对公众开放。随之而来的是大量的游人涌入洞窟,对洞窟壁画构成了威胁,洞壁出现了冷凝水滴,经研究是过量的二氧化碳引起的。后来,有关部门在洞窟内安装了空调机和空气滤清机,使洞内温度保持在 14℃左右,有效地解决了冷凝水滴问题。专家们对洞窟内出现的霉菌斑和壁画脱落现象研究的处理办法是,保持窟内温度、湿度以及二氧化碳含量的稳定,以防止洞内壁画发生化学反应而遭到侵蚀。法国的韦泽尔峡谷洞穴群作为文化遗产于 1979 年被联合国教科文组织世界遗产委员会列入《世界遗产名录》。

自然遗产的保护方面也不容乐观。据报道,受全球气候变暖影响,澳大利亚大堡礁的珊瑚面临着严重灾难。澳大利亚研究人员一份最新的调查报告显示,到2050年,大堡礁大部分的珊瑚都将不复存在;如果情况持续恶化,到2100年,这个世界上最大的珊瑚体系将彻底崩溃。

国际上对地质遗迹的保护工作十分重视,联合国教科文组织设立了地质遗产工作组,专门负责全球地质遗产保护工作。世界许多国家和地区对地质遗迹保护工作也十分重视,其中以美国、加拿大、英国等经济发达国家的地质遗产保护管理工作处于领先地位,它们制定了严格的法规体系,采取了一系列行之有效的保护措施。

1989年联合国教科文组织(UNESCO)、国际地科联(IUGS)、国际地质对比计划(IGCP)及国际自然保护联盟(IUCN)在华盛顿开展了"全球地质及古生物遗址名录"计划,目的是选择适当的地质遗址作为纳入世界遗产的候选名录。1996年该计划改名为"地质景点计划"。1997年联合国大会通过了教科文组织提出的"促使各地具有特殊地质现象的景点形成全球性网络"计划,该计划从各国(地区)推荐的地质遗产地中遴选出具有代表性、特殊性的地区纳入地质公园,其目的是使这些地区的社会、经济得到永续发展。1999年4月联合国教科文组织第156次常务委员会议提出了建立地质公园的计划(UNESCO Geoparks),目标是在全球建立500个世界地质公园,其中每年拟建20个,并确定中国为建立世界地质公园计划试点国之一。

1993年12月美国大沼泽地国家公园被列入《濒危世界遗产名录》,以便提醒人们对湿地环境所遭遇的种种威胁予以更加密切的关注,这块湿地一再受到上游水管理的影响。现在,公园栖息的鸟类仅是20世纪初发现的鸟类种类的5%。后来,鉴于保护工作卓有成效,美国的大沼泽地国家公园(Everglades National Park)在第31届世界遗产委员会会议上从《濒危世界遗产名录》中被解除。

世界遗产委员会于2007年6月28日在新西兰基督城举行的第31届世界遗产大会上将阿曼的阿拉伯羚羊保护区(Arabian Oryx Sanctuary)从《世界遗产名录》中除名。这是世界遗产委员会首次将已列入《世界遗产名录》的世界遗产除名。由于阿曼将阿拉伯羚羊保护区面积缩减了90%,这一保护区已名存实亡,失去了世界遗产的普遍价值,不再符合世界遗产的标准。阿拉伯羚羊保护区于1994年作为自然遗产被列入《世界遗产名录》。该地区是濒危阿拉伯羚羊唯一的栖息地,也是波斑鸨等其他几种珍稀动物的栖息地。据统计,1996年阿拉伯羚羊数量为450只,由于保护区面积减小和偷猎,阿拉伯羚羊数量锐减,现在约有65只。

第三节　世界遗产与可持续发展

可持续发展(Sustainable development)是既能满足当代人的需求,又不对后代满足其自身需求的能力构成危害的发展。这个定义里包含了可持续发展的公平原则、可持续原则、共同性原则,它是一种正确的发展观。可持续发展是一个涉及社会、文化、技术、经济和自然环境等的综合概念。

国际世界遗产发展趋势与进展:

1. 保护公约

1972年11月联合国教科文组织在巴黎通过了《保护世界文化和自然遗产公约》(*Convention Concerning the Protection of the World Cultural and Natural Heritage*),对文化和自然遗产的标准作了明确规定,同时还确定了实施《公约》的指导方针。这个《公约》是联合国教科文组织在全球范围内制定和实施的一项具有广泛和深远影响的国际准则和文件。自《公约》诞生和世界遗产组织成立以来,其意义在于成功地保护了一大批世界著名的文化和自然遗产,为人类文明史保留下众多弥足珍贵的财富,促进了世界遗产地的科学研究与文化交流,推动了全球旅游业的迅速发展。

2. 遗产名录

1978年,联合国教科文组织世界遗产委员会公布了第一批共12项世界遗产,第一批《世界遗产名录》由此诞生,从此在全球范围内使世界遗产保护进入一个多元化的新时期。截至2012年7月,全球被联合国教科文组织世界遗产委员会批准的世界遗产有962项,其中文化遗产745项、自然遗产188项和混合遗产(文化和自然双重遗产)29项,分布在157个缔约国中。

表2.1 世界遗产数量前10位的国家

国家	排名	遗产数量	遗产类型
意大利	1	47项	文化遗产(44项)、自然遗产(3项)
西班牙	2	44项	文化遗产(39项)、自然遗产(3项)、混合遗产(2项)
中国	3	43项	文化遗产(30项)、自然遗产(9项)、混合遗产(4项)
法国	4	38项	文化遗产(35项)、自然遗产(2项)、混合遗产(1项)
德国	5	37项	文化遗产(34项)、自然遗产(3项)
墨西哥	6	31项	文化遗产(27项)、自然遗产(4项)
印度	7	29项	文化遗产(23项)、自然遗产(6项)
英国	8	28项	文化遗产(23项)、自然遗产(4项)、混合遗产(1项)
俄罗斯	9	25项	文化遗产(16项)、自然遗产(9项)
美国	10	21项	文化遗产(8项)、自然遗产(12项)、混合遗产(1项)

资料来源:据联合国教科文组织网址(http://www.unesco.org/culture/ich/index.php? pg=00011)整理。

3. 全球战略

1994 年,世界遗产委员会发布了"全球战略"(Global Strategy)(Global Strategy for a Representative, Balanced and Credible World Heritage List),旨在建立起一个具有代表性的、平衡的、可信的《世界遗产名录》。它的目标是保证这个名录反映具有突出普遍价值的世界文化和自然遗产的多样性。2005 年 2 月,《执行世界遗产公约的操作指南》(*Operational Guidelines for the Implementation of the World Heritage Convention*)明确提出构建具有代表性、平衡性、可信性的《世界遗产名录》的全球战略。

2002 年,世界遗产委员会在匈牙利布达佩斯召开的第 26 届世界遗产大会上通过了《世界遗产布达佩斯宣言》(*Budapest Declaration on World Heritage*),提出增强《世界遗产名录》的可信性、保证对世界遗产的有效保护、推进各缔约国有效的能力建设以及通过宣传增强大众对世界遗产的认识、参与和支持,即所谓的"4C"战略目标:可信性(Credibility)、保护(Conservation)、能力建设(Capacity - building)和交流(Communication)。2007 年,在第 31 届世界遗产大会上将社会参与(Communities)补充完善,最终形成"5C"战略目标。

2006 年 10 月,世界遗产委员发表了《联合国教科文组织世界遗产中心自然遗产战略》(*The UNESCO World Heritage Centre's Natural Heritage Strategy*),对自然遗产的任务陈述、战略方向和工作方法进行了论述。此外,本战略还突出反映了自然遗产事业所取得的成就。

4. 申遗趋势

世界遗产的平衡性发展已成为国际关注的焦点,世界遗产委员会大力提倡、鼓励遗产种类的丰富多样化。平衡性包括地区平衡、国家遗产增长数量的平衡、遗产种类的平衡。在世界文化遗产中,工业遗产、农业遗产、廊道遗产、文化线路、文化景观、线性文化遗产、海洋遗产、跨国项目等成为国际世界遗产领域提倡并重点支持的项目。此外,现代遗产等逐渐进入世界遗产的范畴之中,成为新的趋势。跨区域捆绑型世界遗产申报方式是突破瓶颈的创新手段。申遗战略认识上的多元化,具体体现在扩展申遗、联合申遗、跨国申遗等。

5. 遗产保护

1992 年 12 月 14 日的联合国教科文组织世界遗产委员会第 18 届会议上将吴哥(Angkor)同时列入《世界遗产名录》和《濒危世界遗产名录》。联合国教科文组织对这一遗址及其周边制订了一个全面的保护计划。保护吴哥遗址的国际援助行动始于 1993 年,先后有 10 多个国家(包括中国、法国、印度、日本、美国、德国、瑞士、意大利、印度尼西亚等)参与了对吴哥的维修保护行动。鉴于对保护吴哥遗址工程所做出的成绩,于 2004 年 7 月 4 日在苏州召开的第 28 届世界遗产委员会会议上,世界遗产委员会解除了吴哥濒危世界遗产。吴哥遗址保护是世界最大的世界遗产保护工程。

联合国教科文组织对这一遗址及其周边制订了一个广泛的保护计划，在国际上许多学者对这一遗址从不同侧面进行了研究（Wager，1995；Uchida et al.，1999；Banno et al.，2008；Maeda et al.，2008；Gaughan et al.，2009；Kummu，2009；Gillespie，2012），如 Banno 等（2008）对世界文化遗产地吴哥巴戎寺进行了数字化等方面的研究，Gaughan 等（2009）对吴哥考古遗址的旅游、森林和土地状况进行了调查和分析。

2007 年，在第 31 届世界遗产大会上世界遗产委员会将阿曼的阿拉伯羚羊保护区（Arabian Oryx Sanctuary）从《世界遗产名录》中除名。2009 年，在第 33 界世界遗产大会上世界遗产委员会将德国的德累斯顿易北河谷（Dresden Elbe Valley）从《世界遗产名录》中除名，从此，改变了《世界遗产名录》只增不减的状况，彰显了世界遗产委员会对世界遗产保护和管理的决心和力度。

6. 科学技术

近年来，由于数字遗产（Digital Heritage）概念的提出，三维数据获取、建模等，以及三维数字化技术在文物保存、考古绘图、虚拟修复和数字展示等在文化遗产保护的方面得以应用。目前，信息技术（Information Technology）、数字化保护技术（Digital Preservation Technology）、虚拟现实技术（Virtual Reality Technology）、空间技术（Space Technology）、GIS（Geographic Information System）技术在遗产资源保护和管理中发挥着重要的作用，遗产保护应注重科学和技术的应用。2011—2021 年，联合国教科文组织国际自然与文化遗产空间技术中心（HIST）将发起“自然与文化遗产空间观测与认知”科学计划，以建立全球自然与文化遗产空间影像数据库、高时相高精度动态分析典型自然与文化遗产演变、全球变化与自然灾害对世界遗产的影响研究等为主要内容，从空间角度为亚洲及全球自然与文化遗产监测和保护提供科学的方法与决策支持。

7. 遗产趋势

相关遗产法规相继出台、遗产教育逐渐普及、遗产管理逐步走向规范化，国际交流不断深入，世界遗产保护和管理正在逐步走向制度化、标准化和规范化。世界遗产保护、管理和可持续发展战略正在向多元化、科技化和综合化方面发展。

遗产可持续发展多元化目标具体体现在如下几个方面（孙克勤，2008）：

（1）科学目标：世界文化遗产具有艺术创新、科学发现和技术发明等特点，是人类智慧的结晶。自然遗产对于研究生命起源、地球科学、生态系统、生物多样性以及人类与自然和谐可持续发展具有重要的意义。

（2）教育目标：世界遗产是社会科学和自然科学取之不尽用之不竭的知识源泉，开发其教育功能将会极大地丰富各学科的教学资源。

（3）文化目标：作为文化遗产的世界遗产反映出文化多元性，体现在风格各异的历史名城、古村落、建筑、园林、文物、名胜古迹、皇家陵寝、考古遗址、工业遗产、农业遗址等方面。这些优秀的世界文化遗产体现了人类的创造力和智慧的结晶，是人类文明与进步的象征。世界遗产促进了人类全球性文化交流。

(4)旅游目标:世界遗产旅游不仅可以大大推动旅游产业,而且可以带动国家和地区经济的发展。空前高涨的世界遗产旅游已给旅游业带来了前所未有的经济效益,遗产旅游在旅游业中将起着越来越重要的作用,它必将推动全球旅游业的快速发展。

Drost(1996)、Garrod 和 Fyall(2000)、Poria(2003;2006)对世界遗产地的可持续旅游和遗产管理进行了研究。世界遗产地对游客产生的吸引力是其他旅游地所无法比拟的(陶伟,2001)。世界遗产的品牌效应已受到越来越多的重视,世界遗产成为中国旅游中的热点与精品(罗佳明,2004)。世界遗产不仅可以大大推动旅游产业发展,带动地区经济的发展,而且也可以将世界教育作为多学科交叉的教学和科研基地(孙克勤,2004)。梁学成(2006)认为,目前世界上多数国家或地区主要是通过遗产旅游的方式来实现遗产资源向公众的展示功能,遗产旅游已成为这些国家或地区旅游产业发展的名牌产品。世界遗产旅游作为可持续发展的一种旅游形式不仅最大限度地满足人们寻幽访古和感受自然的渴望,而且还促进了全球性文化交流(孙克勤主编,2007)。

世界遗产是不可再生的珍稀资源,对世界遗产的管理、保护和利用是一项长期的系统工程。开发世界遗产资源应利用保护、保存和展示文化与自然遗产所涉及的各个研究领域所取得的科学和技术进步方面的成果。世界遗产不仅可以大大推动旅游产业,带动地区经济的发展,而且也可以被作为多学科交叉的教学和科研基地。世界遗产的主要价值体现在科学、教育、文化、美学、旅游等方面。利用世界遗产进行科学考察和传播历史文化知识是其价值的真正体现。

自 1997 年丽江古城申遗成功之后,丽江这座名不见经传的小城名声大振,来自世界各地的游人络绎不绝,世界遗产这一文化品牌给丽江带来了巨大的经济效益。有统计显示,仅 2000 年全县共接待海内外游客 258 万人次,旅游综合收入 13.44 亿元,以旅游业为主的第三产业在当地国民生产总值中所占的比重达 50%。丽江在 2005 年共接待中外游人 404 万人次。每年数百万游人给古城带来巨大的商机,许多外地人入住丽江古城经营开店,使原有的古朴的街区多了些商业的味道。为保护古城,控制和规范古城的商业活动,合理控制游客数量,当地政府将与古城氛围不协调的商业场所迁出古城。

近年来,古城的风貌已得到地方政府最大限度的保护,所有的营造活动均受到严格的控制和指导。古城局部与原来形态和结构相背离的附加物或是新建筑正被逐渐拆除或整改,以保证古城本身所具有的艺术或历史价值能得到充分发扬。2001 年 10 月 15 日至 18 日,在丽江召开的“联合国教科文组织亚太地区文化遗产管理第五届年会”上,联合国官员和与会代表对丽江古城的管理与旅游业的开发进行实地考察,充分肯定了《中国丽江古城保护行动计划》,即旅游开发与文化遗产管理"丽江模式",认为"丽江模式"为世界文化遗产管理与旅游业开发提供了典范。丽江古城日益受到国内外游客的青睐,已成为中外游人主要的旅游目的地之一。

巴西的首都巴西利亚(Brasilia)作为世界文化遗产于1987年被联合国教科文组织列入《世界遗产名录》,该城市的建设堪称世界遗产可持续发展的典范。城市设计师卢西奥·科斯塔(Lucio Costa)和建筑师奥斯卡·尼迈尔(Oscar Niemeyer)设想了城市的一切,从居民区和行政区的布局到建筑物自身的对称,与城市的总体设计协调一致。这是一座仅用几年的时间在一片荒原上建造起来的新首都。这一事实说明,保护历史城市、规划新都市都是非常重要的。

澳大利亚的悉尼歌剧院(Sydney Opera House)以其独特的造型闻名于世,是悉尼乃至澳大利亚的标志。悉尼歌剧院于2007年作为文化遗产被世界遗产委员会列入《世界遗产名录》。悉尼歌剧院作为20世纪的现代建筑被列入《世界遗产名录》,体现了现代人的创新精神。悉尼歌剧院堪称现代建筑的典范,这表明世界遗产并不仅限于历史建筑,现代建筑只要符合世界遗产的遴选标准,同样可以被列入《世界遗产名录》中。

人类的历史与地球的历史紧密相连。自然遗产本身就是各种生物物种和自然生态系统的自然资源的宝库。自然遗产对于研究生命起源、地球科学、生态系统、生物多样性以及人类与自然的和谐和可持续发展具有重要的意义。

云南三江并流保护区申报世界自然遗产成功以来,其巨大的科学价值、环境价值和经济价值越来越受到关注。云南省政府要求三江并流保护区保护管理工作要站在可持续发展的高度,处理好自然遗产地资源保护与开发的关系,遵循"保护是前提,发展促保护"的原则,加紧进行立法工作和技术管理机构的建设。云南省政府和三江并流保护区所在地的迪庆州、丽江市、怒江州三地已经建立起三江并流保护区世界自然遗产管理机构,按照"严格保护,统一管理,合理开发,永续利用"的方针,进一步完善行政管理和技术管理机制,对三江并流保护区世界自然遗产地实行有效保护与合理利用。建立符合遗产资源良性发展的管理体制是可持续发展的需要。云南三江并流保护区融地球演化历程、生态和生物多样性等为一体,具有极高的科学研究价值,对这一保护区资源的有效保护、合理开发和永续利用是实现世界遗产可持续发展的重要举措。三江并流保护区是自然—文化—社会复合生态系统,拥有丰富的自然资源和文化资源,这些资源具有经济效益、环境效益和社会效益,协调好遗产保护与经济发展的关系,保护好这些资源对于保持生态平衡和促进地方经济发展具有重要的意义和作用(孙克勤,2010b)。

多年以来,四川省十分重视大熊猫栖息地保护工作,实施了中国保护大熊猫及其栖息地工程,大熊猫的栖息地面积扩大了三成多,使大熊猫在栖息地和自然保护区内得到了很好的保护。

乌布苏(乌威斯努尔)盆地(Uvs Nuur Basin)是蒙古与俄罗斯共有的一处世界自然遗产。乌布苏盆地占地1 068 853公顷,是以当地的乌布苏湖(Uvs Nuur Lake)命名的。乌布苏湖是面积广大的浅水盐湖。乌布苏盆地是候鸟、水鸟和海鸟的重要栖息地。盆地由12个保护区组成,代表了欧亚东部大陆最重要的生物群落区。草原生态系统为鸟类多样性提供了良好的环境。荒漠则是珍稀的沙鼠(gerbil)、跳鼠(jerboas)和石纹臭鼬(marbled polecat)的家园。盆地西端的山脉为全球性的濒危动物雪豹(snow leopard)、山羊(盘羊)(argali)和亚洲大角野生山羊(Asiatic ibex)提供了重要的庇护场所。乌布苏地区构成一个巨大的生态系统,是欧亚东部生物群落的典型代表,拥有许多地方性植物。虽然这个盆地有人类居住和游牧的历史长达千年,然而这里的山川、森林、草原和沙漠依然是许多野生动物和一些濒危物种赖以生存的重要栖息地。乌布苏湖的闭合盐湖系统由于其独特的气候和水文条件对于国际科学研究具有重要意义。鉴于乌布苏湖独特的地球物理和生物特征,乌布苏盆地已被选定开展国际地圈生物圈计划(IGBP:International Geosphere - Biosphere Programme),用于作为研究全球气候变暖现象的观测点。乌布苏盆地作为世界自然遗产于2003年被联合国教科文组织世界遗产委员会列入《世界遗产名录》。这处遗产的最突出的价值在于其良好的生态环境和资源的永续利用,是世界遗产可持续发展的典范。

2007年,在新西兰基督城召开的第31届世界遗产大会上世界遗产委员会将阿曼的阿拉伯羚羊保护区(Arabian Oryx Sanctuary)从《世界遗产名录》中除名。这是世界遗产委员会首次将已列入《世界遗产名录》的世界遗产除名。由于阿曼的阿拉伯羚羊保护区面积缩减了90%,这一保护区已名存实亡,失去了世界遗产的普遍价值,不再符合世界遗产的标准。2009年,在西班牙塞维利亚召开的第33届世界遗产大会上世界遗产委员会将德国的德累斯顿易北河谷(Dresden Elbe Valley)从《世界遗产名录》中除名。世界遗产委员会决定将德国的德累斯顿易北河谷(Dresden Elbe Valley)从《世界遗产名录》中除名,主要原因是在这一文化景观的核心区修建了一座四车道桥梁,这就意味着此处遗产的真实性和完整性受到了威胁。2010年,在第34届世界遗产大会上,美国的大沼泽地国家公园(Everglades National Park)第二次被列入《濒危世界遗产名录》。2012年,在第36届世界大会上,世界遗产委员会将巴拿马勒比海岸的防御工事——波尔多贝罗 - 圣洛伦佐(Fortifications on the Caribbean Side of Panama: Portobelo - San Lorenzo)、巴勒斯坦的伯利恒的耶稣诞生地:诞生教堂和朝圣线路(Birthplace of Jesus:Church of the Nativity and the Pilgrimage Route, Bethlehem)、英国和北爱兰的利物浦——沿海贸易之城(Liverpool - Maritime Mercantile City)、马里的廷巴克图(Timbuktu)和马里的斯基亚陵(Tomb of Askia)列入《濒危世界遗产名录》。

截止到目前,全球共有38项世界遗产被列入《濒危世界遗产名录》,这说明世界遗产保护工作任重而道远。

保护世界遗产并不排斥对其合理利用，对世界遗产资源的开发不应是对资源的消耗，而是对资源的可持续利用，开发其科学、文化和旅游资源，带动地区和国家的文化、经济和旅游业的可持续发展，从而使世界遗产资源走向保护与开发良性循环的轨道。中国的世界遗产的管理、保护和开发应从中国的国情出发，遵循立足保护、科学规划、合理开发和永续利用的原则，使世界遗产保护与开发协同发展。

第三章 世界文化遗产

世界文化遗产反映出文化多元性,包括风格各异的历史名城、建筑群、文物、名胜古迹、考古遗址等。这些优秀的世界文化遗产具有艺术创新、科学发现和技术发明的价值,是人类智慧的结晶。

截止到2012年第36届世界遗产委员会会议,世界遗产委员会公布的全球文化遗产共有745项。

第一节 世界文化遗产的定义、标准和分类

1. 文化遗产的定义

文化遗产是指具有突出的历史学、考古学、美学、科学、人类学、艺术价值的文物、建筑物、遗址等。

《公约》规定,属于下列各类内容之一者,可列为文化遗产:

(1)文物:从历史、艺术或科学角度看,具有突出的普遍价值的建筑物、雕刻和绘画,具有考古意义的成分或结构,铭文、洞穴、住区及各类文物的综合体。

(2)建筑群:从历史、艺术或科学角度看,在建筑式样、分布均匀或与环境景色结合方面,具有突出的普遍价值的单独或相互联系的建筑群。

(3)遗址:从历史、美学、人种学或人类学角度看,具有突出的普遍价值的人造工程或自然与人结合的工程以及考古遗址地区。

2. 文化遗产的标准

由世界遗产委员会制定的《执行世界遗产公约的操作准则》对文化遗产规定了6项标准。凡提名列入《世界遗产名录》的文化遗产项目,必须符合下列一项或几项标准方可获得批准:

i 代表一种人类创造性的天才杰作。

ii 展示在一定时期内或世界某一文化区域内,在建筑或技术、纪念物艺术、城镇规划或景观设计方面的人类价值的重要转变。

iii 能为一种现存的或已消逝的文化传统或文明提供一种独特的或至少是特殊的见证。

iv 作为一种类型的建筑物或建筑或工艺组合的杰出范例,或展示人类历史上一个或几个重要阶段的景观。

v 代表一种或几种文化的传统人类居住地或使用地的一个突出范例,尤其当它在不可逆转的变化影响下已变得易于损坏时。

vi 与具特殊普遍意义的事件或现行传统或思想或信仰或文学艺术作品有直接或实质的联系(只有在某些特殊情况下或该项标准与其他标准一起使用时才成立)。

3. 文化遗产的分类

根据文化遗产的定义和标准,本书可按其功能分为下列主要类型:

(1)历史城市;
(2)现代都市;
(3)乡村聚落;
(4)皇宫和王宫;
(5)广场;
(6)园林;
(7)宗教建筑(教堂、修道院和寺庙);
(8)皇家陵园和墓地;
(9)城堡和要塞;
(10)防御工程;
(11)古人类遗址;
(12)考古遗址;
(13)农业景观;
(14)工业景观;
(15)水利工程(运河和桥梁);
(16)铁路运输;
(17)历史建筑(古建筑、宗教建筑遗址、古城遗址等);
(18)其他(石窟、岩画、大学、纪念碑等)。

第二节 世界文化遗产分述

一、历史城市

城市是现代文明的标志,是经济、政治、科技、文化和教育的中心。纵观世界历史,一个国家工业化、现代化的过程也是逐步实现城市化的过程。在当今世界上,许多著名城市在现代化建设中都采取严格措施保护文化遗产,从而使城市现代化建设与文化遗产保护浑然一体、交相辉映,既显示现代文明的崭新风貌,又保留历史与文化的奇光异彩。城市是一个国家、一个地区政治、经济、文化的中心,是物质财富、精神财富的最为集中之地,在人类文明发展史上占有十分重要的地位。城市是人类创造的一种文化景观,具有丰富的文化内涵。在《世界遗产名录》中,被列入的世界历史名城和名镇就有100多座。然而,具有5 000年悠久历史的中国被列入《世界遗产名录》的历史名城很少,除了于2005年被联合国教科文组织世界遗产委员会列入世界文化遗产名录的澳门历史中心(Historic Centre of Macao)以外,再有就是山西的平遥古城和云南的丽江古城这样的县级小城。在中国,随着城市化进程的加快,许多文物古迹被拆除了,像北京、西安、南京这样一些历史悠久的古都,已很难再有旧城和新城之分了。

在意大利罗马旧城内,几乎看不到新楼,每一座矗立的千年建筑、废墟遗址都记录着深远浩大的历史,都是艺术巨匠的大手笔。市内街道都是青石块砌成的,宏伟的宫殿、教堂、博物馆等建筑物均是雕梁画栋,精美的大理石雕像和喷泉遍地分布。罗马旧城整个城市简直就是一座巨大的露天博物馆,记录着古罗马的光辉历史。罗马新城区在面积上比旧城区大许多,而且街道宽阔整洁,现代化摩天大楼拔地而起,商店鳞次栉比,极具现代化风貌。但是游人寥寥无几,与旧城区游人如织的情景形成强烈的反差。在欧洲,许多城市都有新城和旧城之分,目的是为了保护旧城的历史文物、名胜古迹和原有的风貌。

被联合国教科文组织世界遗产委员会列入世界文化遗产名录的主要历史城市有:巴黎塞纳河畔(Paris, Banks of the Seine)(法国)、里昂历史区(Historic Site of Lyons)(法国)、斯特拉斯堡——大岛(Strasbourg—Grandeîle)(法国)、阿维尼翁历史中心(Historic Centre of Avignon)(法国)、波尔多——月亮港(Bordeaux, Port de la Lune)(法国)、罗马历史中心、城内罗马教廷管辖区和圣保罗教区(Historic Centre of Rome, the Properties of the Holy See in that City Enjoying Extraterritorial Rights and San Paolo Fuori le Mura)(与梵蒂冈共有)(意大利)、佛罗伦萨历史中心(Historic Centre of Florence)(意大利)、威尼斯及其潟湖(Venice and its Lagoon)(意大利)、那不勒斯历史中心(Historic Centre of Naples)(意大利)、锡耶纳历史中心(Historic Centre of Siena)(意大利)、皮恩察市历史中心(Historic Centre of the City of Pienza)(意大利)、维罗纳市(City of Verona)(意大利)、梵蒂冈(Vatican City)(梵蒂冈)、维也纳历史中心(Historic Centre of Vienna)(奥地利)、布鲁日历史中心(比利时)、托莱多历史城市(Historic City of Toledo)(西班牙)、伯尔尼老城(Old City of Berne)(瑞士)、爱丁堡的旧城和新城(Old and New Towns of Edinburgh)(英国)、华沙历史中心(Historic Centre of Warsaw)(波兰)、布拉格历史中心(Historic Centre of Prague)(捷克)、圣彼得堡历史中心和建筑群(Historic Centre of Saint Petersburg and Related Groups of Monuments)(俄罗斯)、大城历史城市和有关历史城镇(Historic City of

Ayutthaya and Associated Historic Towns)(泰国)、伊斯坦布尔历史区(Historic Areas of Istanbul)(土耳其)、伊斯兰城市开罗(Islamic Cairo)(埃及)、魁北克历史区(Historic District of Québec)(加拿大)、墨西哥城和霍奇米尔科区历史中心(Historic Centre of Mexico City and Xochimilco)(墨西哥)、利马历史中心(Historic Centre of Lima)(秘鲁)、库斯科城(City of Cuzco)(秘鲁)等。

巴黎塞纳河畔
(Paris, Banks of the Seine)

国家: 法国
洲名: 欧洲
时间: 1991 年列入《世界遗产名录》
标准: i, ii, iv
属性: 文化遗产
功能: 历史城市

世界遗产委员会的评价:

从罗浮宫到埃菲尔铁塔,从协和广场到大、小宫殿,巴黎的发展和它的历史从塞纳河就可以得到见证。当豪斯曼的宽阔广场和林荫大道影响着 19 世纪晚期和 20 世纪全世界城镇规划的时候,巴黎圣母院和圣堂就已成为建筑上的杰作。

巴黎(Paris)是法国的首都,是法国政治、经济和文化的中心。巴黎是一个生机勃勃、充满活力的都市,是世界上最美丽、最浪漫和最有魅力的城市之一。巴黎,艺术之城、时尚之都,充满活力、前卫和个性的大都市,是古典高雅与现代时尚完美的结晶。巴黎有 2 000 多年的悠久历史,自 6 世纪法兰克王国定都于此后,便成为历代王朝都城和历届共和国首都。巴黎位于风光秀丽的塞纳河两岸,一向以美丽而著称,有"梦幻之都"的美誉。在 20 世纪初期,巴黎即被公认为世界的现代艺术中心和人类近代文化的摇篮,养育和造就了许许多多的文学家和艺术家。巴黎有数以百计的博物馆和美术馆、美丽的园林、商品琳琅满目的超级市场、古朴典雅的街区。巴黎有许许多多的豪华百货商店、时髦的时装店、富丽堂皇的歌剧院、通宵达旦营业的夜总会以及遍布全城的咖啡馆和酒吧。巴黎拥有全世界最伟大的博物馆——罗浮宫。香榭丽舍大街被视为世界上最美丽的林荫大道之一。位于夏尔·戴高乐广场的凯旋门是世界最大的凯旋门。埃菲尔铁塔是巴黎的象征,是世界著名的建筑物之一。整个巴黎,不仅自然景色优美宜人,而且到处都散发着浓郁的艺术气息。

塞纳河(La Seine):是法国最大河流之一,静静地流过巴黎市区。它像一条玉带横贯巴黎市中心，穿过法兰西岛、诺曼底地区，注入拉芒什海峡（英吉利海峡）。塞纳河在巴黎的诞生和发展中起着重要的作用，因此，塞纳河堪称巴黎的生命线。塞纳河两岸风光秀丽，建筑物鳞次栉比，巴黎城市的主要名胜古迹建筑大都集中在塞纳河的沿岸，巴黎圣母院、罗浮宫、埃菲尔铁塔、奥塞博物馆等名胜都一一尽收眼底。塞纳河上架有30多座桥，桥桥有名。这些桥均有着各自的发展史，各座桥的规模及建筑风格也大相径庭，许多桥的命名与历史上的重大事件有关，也有一些桥的名字取之于著名人物。由于塞纳河将巴黎分成两半，南北之间只有靠桥梁沟通，桥在巴黎人生活中的重要作用便显而易见。最著名的桥是亚历山大三世桥（Pont Alexandre Ⅲ），大桥建于1896年至1900年，长107米，宽40米，大桥将两岸的大宫殿与荣军院广场连接起来。大桥两端入口处的立柱上分别有象征塞纳河和涅瓦河的寓意性装饰物。西岱岛位于塞纳河的中心，是巴黎的发祥地。

巴黎圣母院（Notre－Dame de Paris）：是最著名的中世纪哥特式大教堂。圣母院最早破土动工于1163年，由教皇亚历山大三世和路易七世共同组织奠基，但直到1345年整个工程才最后竣工。巴黎圣母院是世界上哥特式建筑中最庄严、最完美、最富丽堂皇的典型代表。雨果的小说《巴黎圣母院》中就是以巴黎圣母院为场景描写美丽的吉普赛女郎艾丝米拉达和善良的“钟楼怪人”卡西莫多。巴黎圣母院位于塞纳河中心的西岱岛上，是巴黎最负盛誉的名胜之一。巴黎圣母院不仅以其庄严和谐的建筑风格而著称，而且还因其内部有关《圣经》故事的雕塑和绘画等而引人入胜，给人以一种神秘莫测的感觉。圣母院前是一个广场，塞纳河在圣母院附近一侧穿过，古典风格的建筑物与周边的绿树和河流融为一体。

罗浮宫（Palais du Louvre）：曾是法国最大的王宫，位于巴黎市中心塞纳河右岸、巴黎歌剧院广场南侧。原是一座中世纪城堡，由菲利浦·古斯特（Philippe Auguste）于大约1190年建造，称为“卢巴哈”（Lupara）城堡。16世纪后经多次改建和扩建，至18世纪为现存规模。历时300余年，形成一座呈U字形的宏伟辉煌的宫殿建筑群。在1793年8月10日，即推翻君王制的周年纪念日，法国“国民公会”决定把昔日的皇宫辟为国立美术馆；同年11月18日，罗浮宫博物馆正式向公众开放。从此，罗浮宫成了艺术品的荟萃之地，通过各种途径收集来自全世界的各种艺术珍品。经过近一个世纪的收集和积累，罗浮宫成为世界上规模最大和藏品最丰富的艺术博物馆，向人们展示着人类无比辉煌的艺术成就和无限伟大的创造精神。罗浮宫的总面积达15万多平方米，是世界上最大的博物馆，馆藏品达40万件。罗浮宫的镇馆三宝是《蒙娜丽莎》（La Joconde）（*Mona Lisa*）、《维纳斯》（*Vénus de Milo*）和《胜利女神》（*The Winged Victory of Samothrace*）。

罗浮宫一共有9大主题：罗浮宫的历史和中世纪的罗浮宫（History of the Louvre and Medieval Louvre），古东方伊斯兰艺术（Oriental Antiquities Arts of Islam），古埃及（Egyptian Antiquities），古希腊、伊特鲁利亚和古罗马（Greek，Etruscan and Roman

Antiquities),雕塑(Sculptures),工艺品(Objects of Art),绘画(Paintings),版画和素描(Prints and Drawings),以及非洲、亚洲、大洋洲和美洲艺术(Arts of Africa, Asia, Oceania and the Americas)。

罗浮宫的历史和中世纪的罗浮宫:"罗浮宫的历史"和"中世纪的罗浮宫"分属于两个展厅,展示了罗浮宫的建筑历史和演变过程。

古东方伊斯兰艺术:这一部分的展品展示了公元前7 000年的古代东方文明,包括美索不达米亚(Mesopotamia)、伊朗、印度的古代东方文明。伊斯兰艺术部分则集中在地中海沿岸、伊朗、印度、中亚等伊斯兰国家和地区7—19世纪的作品。

古埃及:这是由让·弗朗索瓦·尚波里翁(Jean – François Champollion)创建的展馆,展品展示了古埃及的艺术。展览分为两条路线。一条是按照年代顺序展览,从远古文明的诞生到克娄巴特拉(Cleopatra)(埃及女王)王朝时代。另一条是按专题陈列,展示了埃及文明的各个侧面。

古希腊、伊特鲁利亚和古罗马:这一部分集中了古希腊、伊特鲁利亚和古罗马文明的作品。在博物馆一层陈列了从公元前3世纪到公元前6世纪的大理石雕塑,包括著名的《米洛的维纳斯》(*Vénus de Milo*)和米开朗琪罗的《垂死的奴隶》(*The Dying Slave*)。二层则展示了雕塑、陶器、珠宝、青铜器、银器和玻璃器皿。在二层古希腊、伊特鲁利亚和古罗马文物展厅入口处耸立着《胜利女神》(*The Winged Victory of Samothrace*)雕像。

雕塑:这部分展品包括从中世纪早期到19世纪中期的欧洲雕塑作品,其中以法国作品为主,同时还有意大利、西班牙和北欧各国的许多代表作。

工艺品:展品包括中世纪和文艺复兴时期的工艺品,17—18世纪的装饰艺术品,19世纪的工艺品、钻石、家具等,其中以拿破仑三世(Napoléon III)的套房和路易十五加冕时的王冠(Couronne du Sacre de Louis XV)最为著名。

绘画:收藏品包括18世纪中期到19世纪中期的欧洲绘画作品,主要是法国画派、意大利画派、西班牙画派和北欧(德国、佛兰芒和荷兰)画派的绘画作品。在二层的绘画展厅陈列有达·芬奇著名的油画《蒙娜丽莎》。

版画和素描:这里收藏的素描作品数量多达10万件以上,还包括许多版画和铜版画。

非洲、亚洲、大洋洲和美洲艺术:2004年4月起在罗浮宫展出的这一部分展品属于布朗利博物馆,该馆将于2004年向公众开放。这里荟萃了近120件作品,堪称非洲、亚洲、大洋洲和美洲早期文化的结晶。

罗浮宫展品主题分布:

地下一层:罗浮宫的历史和中世纪的罗浮宫,古东方伊斯兰艺术,古埃及文物,古希腊、伊特鲁利亚和古罗马文物及雕塑。

一层:古东方文物,古埃及文物,古希腊、伊特鲁利亚文物,非洲、亚洲、大洋洲和美洲艺术。

二层:古埃及文物,古希腊、伊特鲁利亚和古罗马文物,工艺品,绘画,版画和素描。

三层:法国绘画,法国素描,德国、佛兰芒和荷兰绘画,德国、佛兰芒和荷兰素描,德国、佛兰芒、荷兰、比利时、俄罗斯、瑞士和斯堪的纳维亚(Scandinavian)绘画。

罗浮宫的主入口在拿破仑广场,出入口是一座高 20 米、底宽 32.5 米的玻璃金字塔。这座由美籍华裔建筑师贝聿铭设计的金字塔西侧底部的大门宽 8 米,高 2.5 米,是罗浮宫的主要出入口。东、南、北三面各立一座 5 米高的小金字塔,分别指示三条通往主要展馆的地下自动楼梯。罗浮宫里的油画、雕塑、陶瓷、出土文物等令人目不暇接,赞叹不已。罗浮宫之大,藏品之多,堪称世界之最。

埃菲尔铁塔 (Tour Eiffel):埃菲尔铁塔建于 1887—1889 年,位于巴黎市中心塞纳河左岸,是世界上第一座钢铁结构的高塔。塔高 319 米,分 3 层,共 1 711 级台阶,分别在离地面 57 米、115 米和 276 米处建有平台。埃菲尔铁塔被视为巴黎的象征。因法国建筑师古斯塔夫·埃菲尔设计建造而得名。

凯旋门 (Arc de Triomphe):坐落在巴黎市中心夏尔·戴高乐广场(Charles de Gaulle Etoile)(星形广场)的中央,是法国为纪念拿破仑 1806 年 2 月在奥斯特尔里茨战役中打败俄、奥联军而建立的。由建筑师夏尔格兰设计,1806 年 8 月奠基,历时 30 个寒暑,于 1836 年 7 月落成。凯旋门高 49.54 米,宽 44.82 米,厚 22.21 米。门面上雕刻着四幅巨大的浮雕。中心拱门宽 14.6 米。凯旋门四面有门,门内刻有跟随拿破仑远征的 286 名将军的名字,门上刻有 1792 年至 1815 年间的法国战事史。在凯旋门的正下方是 1920 年 11 月 11 日建造的无名战士墓,墓是平的,地上嵌着红色的墓志铭:"这里安息的是为国牺牲的法国军人。"每晚 6 时 30 分,点燃墓前长明灯。每逢特别的场合,凯旋门下就飘起一面法国国旗,如 7 月 14 日法国国庆日。现在,每年的 7 月 14 日法国国庆日,法国举国欢庆国庆节时,法国总统都要从凯旋门通过。每当总统卸职的最后一天总统也要来此,向无名烈士墓献上一束鲜花。据说这座凯旋门还有一个奇特的地方,就是每当拿破仑的周忌日的黄昏,从香榭丽舍田园大街向西望去,一团落日恰好映在凯旋门的拱形门圈里。凯旋门的壮观让人赞叹。

香榭丽舍大街(Avenue des Champs-Elysées):巴黎最为引人注目的风景。大街向西直通雄伟庄严的凯旋门,周围是夏尔·戴高乐广场(星形广场),广场的四周有 12 条大街呈辐射状向四周伸展开去,形成了一个名副其实的"中心"。香榭丽舍大街东起协和广场,向西至夏尔·戴高乐广场,全长约 1 800 米,街道最宽处约 120 米,是巴黎最具特色、最繁华的街道。在法文中"香榭丽舍"是"田园乐土"的意思。过去,这里曾是一片低洼潮湿的空地。17 世纪,路易十四在位时,曾在这里植树造林,使这里成为专供宫廷贵族游乐的场所。后来,图勒里公园的东西轴线向西延伸,在这里建成了近1公里长的林荫道。以后又加以扩展,直到1709年才将其命名为香榭丽舍大街。大街分成风格迥异的东西两段。幽静的东段体现了田园风光,长约700米,一排排挺拔苍翠的梧桐树分布在街道两旁。西段长1 100多米,是巴黎最繁华的街道。香榭丽舍大街是法国魅力的象征。

协和广场(Place de la Concorde):协和广场是巴黎最大的广场,位于巴黎市中心,是法国最著名的广场和世界上最美丽的广场之一。广场建于1757年,根据著名建筑师卡布里埃尔的设计而建造。广场中央矗立着一尊23米高、有着3 400多年历史的埃及方尖碑。石碑两侧各有一座喷水池。广场四周放置了8座雕像,分别象征着8座在法国历史上起过重要作用的城市:里昂、马赛、波尔多、南特、鲁昂、布勒斯特、里尔和斯特拉斯堡。

先贤祠(Panthéon):"Panthéon",希腊语的意思是万神殿。先贤祠建于18世纪,是埋葬伟人的地方,正面上方人字形山墙上有一段著名的铭文:"伟人们,祖国感谢你们!"(Aux grands hommes, la Patrie reconnaissante)。如今,在地下的墓葬区中,有雨果、卢梭、伏尔泰、左拉、居里夫人等人的墓,他们都为法兰西作出了杰出的贡献。庄严肃穆的先贤祠不仅是一座伟人的丰碑,也是法兰西精神的殿堂。

荣军院(Invalides):是太阳王路易十四下令兴建的,始建于1671年,完成于1676年,是17世纪古典建筑的杰出代表。其中的圆顶教堂(Église du Dôme)现为拿破仑将军的陵寝,在教堂穹顶的正下方,拿破仑的骨灰于1840年下葬在此。位于光荣宫(Cour d'Honner)两侧的军事博物馆是世界上最大的军事博物馆。

巴士底广场(La Place de Bastille):位于巴黎东部,坐落在塞纳河的右岸。巴士底狱曾位于这一带,巴士底狱已成为法国封建专制统治的象征。这座监狱于1789年7月14日被巴黎人民攻破,并被拆毁。1791年,巴黎人民把这里改建成巴士底广场。1830年,法国人民又在广场中心建立起一座纪念七月革命的烈士碑。这座烈士碑高52米,碑身是用青铜铸成的圆柱体,人称"七月圆柱"。这座纪念碑矗立在广场中央,在柱顶端是一尊右手高举火炬的"自由之神"像,该像左手提着被砸断的锁链象征着获得了自由。自由之神张开双翼,仿佛在高高的蓝天白云中展翅飞翔。1880年6月,法国将7月14日巴黎人民攻占巴士底狱这一天定为法国国庆日。

蒙马特区(Montmartre)和圣心大教堂(Basilique du Sacré Coeur):灯红酒绿和浪漫风化的蒙马特高地一度曾聚集了许多诗人和画家。圣心大教堂于1919年建成,是一座浅白色的拜占庭式的教堂,三个圆顶穹隆在阳光下熠熠生辉,璀璨夺目。著名画家凡·高曾描绘过这里的克利奇大道(Boulevard de Clichy)。毕加索也曾在这儿居住过。然而这一切都成为历史,现在在蒙马特所看到的只是一些街头画家和民间艺人。红磨坊(Moulin Rouge)就位于这一带的克利奇大道上。

大拱门(新凯旋门)(Grande Arche):位于巴黎全新的现代化城区拉·德芳斯。新凯旋门1989年落成,由两座高105米的塔组成,顶端有一桥状楣相连,整座建筑用卡拉拉大理石和玻璃覆面,门洞里悬挂了一张叫做云的巨大天幕,有电梯供游人登顶观景。新凯旋门广场有一个漂亮的喷泉,广场的两侧耸立着许多高层现代化建筑物。在新凯旋门旁边,圆球状的多姆(Dôme IMAX)拥有全世界最大的电影屏幕。

此外,巴黎还有许多名胜,如大宫殿(Grand Palais)、小宫殿(Petit Palais)、圣堂(Sainte Chapelle)、索邦大学(Sorbonne)、卢森堡公园(Jardin du Luxembourg)、维克多·雨果故居(Maison de Victor Hugo)、罗丹博物馆(Musée Rodin)、蓬皮杜国家文化艺术中心(Centre National d'Art et Culture G. Pomipidou)等。

里昂历史区
(Historic Site of Lyons)

国家:法国
洲名:欧洲
时间:1998年列入《世界遗产名录》
标准:ii, iv
属性:文化遗产
功能:历史城市

世界遗产委员会的评价:

里昂这座历史悠久的城市由罗马人建于公元前1世纪,曾为高卢的首都。它一直在欧洲政治、文化和经济发展上扮演着重要的角色,城市的结构和各个历史时期许多精美的历史建筑物生动地说明了这一切。

里昂是法国第二大城市,位于法国东南部,在罗讷河(Le Rhône)和索恩河(La Saône)交汇处。索恩河的西岸是旧城区,东岸是新城区。旧城区保存有15—17世纪的建筑物。位于旧城区的圣让首席大教堂(Primatiale St. -Jean)建于1180—1480年,是罗马式和哥特式建筑风格的完美结合。弗维耶山丘(Fourvière)高耸着弗维耶圣母大教堂(Basilique Notre-Dame de Fourvière),该教堂建于19世纪,用大理石和彩绘玻璃装饰,内有精美的壁画和镶嵌画。罗马剧场(Théâtre Romains)位于圣母大教堂不远处。位于旧城区的加达尼馆(Hôtel Gadagne)建于16世纪,现在已成为里昂历史博物馆(Musée Historique de Lyon)和木偶博物馆(Musée de la Marionnette)。高卢-罗马文化博物馆(Musée de la Civilisation Gallo-Romaine)是一座现代建筑,依山而建。这里收藏有雕像、铭刻和钱币,其中最著名的是克劳狄青铜板。

索恩河东岸的新城区高楼林立,街道宽敞,与旧城区形成了鲜明的对比。这一带拥有许多著名的博物馆、建筑物、广场等,包括里昂美术博物馆(Musée des Beaux—Arts)、装饰艺术博物馆(Musée des Arts Décorratifs)、纺织品历史博物馆(Musée Historique des Tissus)、市政厅(Hôtel de Ville)、贝勒库尔广场(Place Bellecour)等。当代艺术博物馆(Musée d'Art Contemporain)位于罗讷河东岸的开发区国际城(Cité Internationale)里。

斯特拉斯堡——大岛
(Strasbourg——Grandeîle)

国家: 法国

洲名: 欧洲

时间: 1988 年列入《世界遗产名录》

标准: i, ii, iv

属性: 文化遗产

功能: 历史城市

世界遗产委员会的评价:

大岛是阿尔萨斯首府的历史中心,被伊尔河湾所环绕。它在一处相当小的区域内却拥有一组杰出的建筑复合体。大教堂、四个古老的教堂和罗昂宫——君主—主教以前的住所,远看如同孤立的建筑群,构成了一个以中世纪城镇为特征的辖区,反映了从15 世纪到 18 世纪斯特拉斯堡的发展。

斯特拉斯堡是一座具有 2 000 多年历史的古城,名胜古迹众多。闻名遐迩的斯特拉斯堡大学就位于这座城市,创建于 1566 年,是法国最古老的大学之一。斯特拉斯堡的旧城区被伊尔河的主流和支流所环绕。圣母大教堂(Cathédrale Notre – Dame)是一座建于 12—15 世纪的哥特式教堂。教堂只有一座尖塔,高达 142 米,于 1439 年建成。大教堂内有一座 16 世纪制造的天文钟。每当中午时分,钟会报时。圣母院博物馆收藏许多著名的雕刻艺术作品。罗昂宫(Palais Rohan)曾是主教的宅邸,现在辟为美术馆、装饰艺术和考古博物馆。阿尔萨斯博物馆(Musée Alsacien)是由一座阿尔萨风格的民居改建成的民俗博物馆,陈列的是地方特色服饰和居家用具等。在旧城区河滨有一处被称为小法兰西(La Petite France)的地带,这里古老的街区、昔日的磨房和木架白墙建筑充满了中世纪的情调。

阿维尼翁历史中心

(Historic Centre of Avignon)

国家：法国
洲名：欧洲
时间：1995年列入《世界遗产名录》
标准：i，ii，iv
属性：文化遗产
功能：历史城市

世界遗产委员会的评价：

这座位于法国南部的城市，14世纪曾是教皇的宅邸。看上去威严的教皇宫由西蒙·马蒂尼和马泰奥·乔瓦内蒂进行奢华的装饰，高耸于这座城市之中与周围的城墙和横亘在罗讷河上的12世纪的桥梁遗址交相辉映。在这座杰出的哥特式建筑式样的下方，小宫殿和罗马风格的修士圣母院大教堂构成了一组独特的建筑群，见证了阿维尼翁14世纪基督教在欧洲所起的主导作用。

在中世纪，曾有多位教皇居住在阿维尼翁。教皇宫雄伟壮观，面积达15 000平方米，分为旧宫和新宫。教皇宫(Palais des Papes)收藏有几幅壁毯和马泰奥·乔瓦内蒂(Matteo Giovanetti)的精美壁画。位于教皇宫对面的小宫殿(Petit Palais)建于14世纪，收藏有中世纪的艺术作品，包括意大利画派和阿维尼翁画派的一些绘画作品。

教皇宫不远处的罗讷河上的圣贝内泽桥(Pont St. Bénézet)(阿维尼翁桥)(Pont d'Avignon)是一座建于12世纪的古桥，有22个桥拱，因为桥在17世纪被河水冲断，现在只剩下4个桥拱了。

罗马历史中心、城内罗马教廷管辖区和圣保罗教区

(Historic Centre of Rome, the Properties of the Holy See in that City Enjoying Extraterritorial Rights and San Paolo Fuori le Mura)

国家：意大利(与梵蒂冈共有)
洲名：欧洲
时间：1980年列入《世界遗产名录》，1990年扩展
标准：i，ii，iii，iv，vi
属性：文化遗产

功能：历史城市

世界遗产委员会的评价：

据传说，罗马是由罗慕路斯和雷慕斯建于公元前753年，先是罗马共和国最早的中心，后成为古罗马帝国的中心，4世纪，继而又成为了基督教世界的首都。1990年，该遗产地址扩展到城8区的城墙，包括一些主要的古迹，例如古罗马广场、奥古斯都陵墓、哈德良陵墓、万神殿、图拉真柱、马尔克斯·奥雷利斯凯旋门以及天主教罗马的一些宗教和公共建筑物。

意大利首都罗马是全国的政治和文化中心，也是世界著名的历史和文化名城。它位于亚平宁半岛的中南部西侧、台伯河下游的丘陵平原上，城区面积200余平方公里。罗马不是一天建成的，罗马城最初建在景色秀丽的7座山丘之上，故称为“七丘之城”。罗慕路斯(Romulus)和雷慕斯(Remus)于公元前753年4月21日建造了城市，命名为“罗马”。罗慕路斯成为罗马第一位国王。罗马城是古罗马帝国的发祥地和首都。罗马从古罗马时代繁荣至今，公元前753年建城，时至今日已有2 700多年的悠久历史，留下了许许多多的名胜古迹。在古代，它先是罗马共和国的首都，历时近500年；接着又戴上了罗马帝国的首都荣冠达503年；在中世纪，它作为教皇国首都长达11个世纪(756—1870)；紧接着它又成为意大利王国统一后的王国首都。梵蒂冈是位于意大利首都罗马市西北角的宗教国家。今日罗马分古城和新城两部分。罗马还是一座艺术宝库、文化名城，古城就像露天博物馆，记录着罗马的光辉历史。罗马到处都遍布着文艺复兴时期的精美建筑和艺术精品，包括宏伟的宫殿、教堂、博物馆、大理石雕像和喷泉。罗马这座“永恒之城”的每一座矗立的千年建筑、废墟遗址都记录着深远浩大的历史，都是艺术巨匠的大手笔。

斗兽场(Colosseo)(又称竞技场)：是古罗马帝国的象征，是世界七大名胜之一。它由弗拉维安王朝的三个皇帝建造，始建于公元72年，距今已有约2 000年的历史。它正式的名字叫弗拉维安竞技场。这个规模巨大、至少可容纳5万多名观众的斗兽场长189米，宽156米，高48米。从外观看，这座环形的大斗兽场由三层环形拱廊和最高一层的顶阁组成。斗兽表演分为三种，即兽与兽斗、兽与人斗、人与人斗。双方必须作出生死决斗，直至一方取胜为止。失败者的性命操纵在看台上寻欢作乐的贵族们手中。他们用这种比赛来杀死奴隶、驱除异教和罪犯。一直到公元404年，角斗表演才被禁止。公元5世纪时，动物之间的相互残杀也被禁止。

古罗马广场(Foro Romano)：位于斗兽场和威尼斯广场之间的开阔的洼地。这里曾是罗马帝国政治、经济、文化和宗教的活动中心。在古罗马遗址中有着许许多多的建于公元12世纪的宏伟建筑的残骸。从这些千姿百态的遗迹上可以看出当年罗马城的兴盛与繁荣。遗址群中包括元老院、阿埃米利亚长方形会议堂、朱利亚长方形会议堂、塞维鲁拱门、提图斯拱门、讲坛、福卡圆柱、萨杜恩农神庙、罗马神庙、韦奈尔神庙、维斯太神庙等古建筑残骸。这些断壁残垣在夕阳下显得金光灿灿，如同一座座历史的丰碑。

威尼斯广场(Piazza Venezia)：坐落在帝国大道西侧的威尼斯广场是罗马举行一切国民活动的中心场地。广场上一座由白色大理石砌筑的高大雄伟的建筑物，是为纪念意大利统一后的第一位国王维托里奥·埃马努埃莱二世而兴建的，它是意大利独立和统一的象征。威尼斯广场附近不仅有众多的名胜古迹，而且也是罗马重要的交通枢纽，是多条主要街道的交会点。

纳沃纳广场(Piazza Navona)：广场上的喷泉雕塑是一些充满阳刚之美的男性裸体雕塑和四溢的喷泉。广场上建有三座喷泉，中间的四河喷泉(Fontana dei Quattro Fiumi)是贝尔尼尼将世界四大河流拟人化后雕刻的巴洛克雕塑，喷泉中的四座巨大的石像分别代表了当时已闻名于世的四大河流，即恒河、拉普拉塔河、多瑙河和尼罗河。北边是“尼普顿喷泉”，由德拉·波尔塔建造；南面的“穆尔人的喷泉”由贝尔尼尼建造。

万神殿(Pantheon)：建于公元前27—25年，最早是一座异教神庙，后来成为一座基督教教堂。万神殿由矩形门廊和圆形大殿构成。巨大的圆形穹顶堪称建筑史上的奇迹，穹顶中央为一天窗。殿堂内显得是那么的神秘和静谧。殿堂内有著名画家拉斐尔和两位意大利国王的墓。万神殿外面的喷泉建于1578年，矗立在喷泉上的方尖碑是由主教克莱门特(Clement)十一世主持建造的。万神殿是罗马时代独创的建筑物中保存得最好的，被认为是完美的罗马式建筑的典范。

西班牙广场(Piazza di Spagna)：西班牙广场有长达138级的石阶，称为“三位一体山石阶”。台阶前有一巴尔卡恰喷泉“小舟喷泉”(Fontana della Barcaccia)，泉水从船形喷泉的前后和西侧的喷嘴中潺潺流出。这座喷泉出自彼得罗·贝尔尼尼(Pietro Bernini)之手，由教皇乌尔班八世于17世纪20年代批准修建。它比西班牙台阶(Scalinata)早100年。广场石阶上部中央矗立着一座高高的方尖石碑，台阶最上部的高大建筑物是圣三一教堂。西班牙广场因17世纪西班牙驻梵蒂冈大使馆坐落于此而得名。300多年以来，西班牙广场一直是罗马旅游的中心。西班牙广场位于罗马繁华的市中心，这一带车水马龙，热闹非凡，有许多有名的高级商店、古董店、博物馆、书店和咖啡馆，还有来自世界四面八方的游客。一些名人也曾在这一带居住过，雪莱曾住在西斯提纳路与科尔大街，歌德曾住在科尔大街20号。济慈和雪莱的纪念馆(Museo Keats - Shelly)就在西班牙广场26号。

特莱维喷泉(Fontana di Trevi)：在罗马大大小小上千个喷泉中，最有特色的要数特莱维喷泉。这个地处特莱维广场上的喷泉建于1762年。它是由一组雕塑和数支喷射而出的水柱组成的。雕塑表现的是海神得胜的主题：半裸的海神威武地踏在巨大的贝壳上，海神背后墙上两侧站着象征富足和安乐的女神，海神前面两个勇敢的人鱼为海神驾着两匹长着翅膀的烈马，他们正自豪地通过凯旋门。

圣天使城堡(Castel Sant'Angelo):圣天使城堡在台伯河的西岸,是一个宏伟的建筑。在公元139年,它曾先后被用来作为陵墓、军事堡垒、监狱、教皇避难所、兵营。现在这里成了博物馆。圣天使城堡前的台伯河上的圣天使桥建于公元2世纪。

罗马其他名胜古迹和博物馆还有君士坦丁拱门(Arco di Costantino)、真理之口(Bocca della Verita)、罗马国家博物馆(Museo Nazionale Romano)、巴尔贝里尼宫(Palazzo Barberini)、诺沃宫(Palazzo Nuovo)、孔塞维特里宫(Palazzo dei Conservatori)等。

佛罗伦萨历史中心
(Historic Centre of Florence)

国家:意大利
洲名:欧洲
时间:1982年列入《世界遗产名录》
标准:i, ii, iii, iv, vi
属性:文化遗产
功能:历史城市

世界遗产委员会的评价:

佛罗伦萨建立在埃特鲁斯坎的遗址上,是文艺复兴的象征,在15世纪和16世纪的梅迪奇时代其经济和文化空前发展。首先从它13世纪的大教堂(花之圣母教堂)、圣克罗切教堂、乌菲齐宫和皮蒂宫中的作品中就可以看到佛罗伦萨那600年来非凡的艺术创造力,它们是乔托、布鲁内莱斯基、波堤切利和米开朗琪罗等一些大师们的杰作。

佛罗伦萨位于意大利中部的托斯卡纳区、阿尔诺河畔,有着悠久的历史,是文艺复兴的发祥地。早期的文艺复兴是以佛罗伦萨为中心的。早在欧洲中世纪早期,佛罗伦萨就成为一个独立的城市国家,纺织、印染和金融业发达。13世纪期间,佛罗伦萨处于共和国政府的统治之下。到了14世纪,佛罗伦萨为从事银行业的家族——梅迪奇家族所控制。14世纪末,佛罗伦萨由12世纪的一个小镇变成为贸易和金融中心。由于以梅迪奇为代表的一些家族对艺术的投资和推崇,对佛罗伦萨的文艺复兴运动起到了推波助澜的作用,使这座城市成为意大利文艺复兴的摇篮。遍布这座城市的许许多多的美术馆、博物馆、教堂珍藏着文艺复兴时期的丰富的绘画、雕塑等艺术珍品。这座城市造就了意大利文艺复兴的鼎盛时期艺术史上一些最为杰出的艺术大师,如列奥纳多·达·芬奇(Leonardoda da Vinci)、米开朗琪罗

(Michelangelo)、拉斐尔(Raphael)、提香(Titian)等。著名的画家、雕塑家和建筑师达·芬奇生于佛罗伦萨附近的山村。艺术大师米开朗琪罗也出生在佛罗伦萨附近的一个小山村,他杰出的雕塑作品《大卫》至今仍收藏在这座城市的美术馆里。绘画大师拉斐尔和著名科学家伽利略也都在这座城市生活和工作过。诗人但丁(Dante)出生于佛罗伦萨,他的长诗《神曲》被视为不朽之作。1860年,佛罗伦萨并入意大利王国。

佛罗伦萨遍布着许许多多的博物馆、美术馆、宫殿、教堂等古建筑,向世人展示着这座艺术之都的永恒的魅力。

乌菲奇美术馆(Galleria degli Uffizi):这座建筑物始建于1560年,曾是梅迪奇家族办公的地方。美术馆分三层,共有45个展室。藏品主要是油画、雕塑、陶瓷等,其中文艺复兴时期的艺术佳作有:波堤切利的名画《维纳斯的诞生》和《春》、拉斐尔的《金丝雀圣母》、提香的《乌尔比诺的维纳斯》、米开朗琪罗的《神圣家族》等。乌菲奇美术馆荟萃了意大利艺术精华,拥有世界上最好的文艺复兴时期的绘画收藏品;此外,还包括意大利中世纪早期、巴洛克时代的绘画作品。在乌菲奇美术馆里最引人注目的作品莫过于波堤切利的名画《维纳斯的诞生》,在画前观看的人很多,人们在默默地欣赏这幅艺术杰作。这幅作品取材于古典神话,表现了维纳斯浮出海面的情景:画面上,一枚花瓣似的贝壳将维纳斯轻轻地托起,维纳斯亭亭玉立,犹如出水芙蓉,漂浮在涟波荡漾的海面上;等候在岸边的春神展开手中华丽的衣衫迎接她的到来,准备为裸体的女神披装。波堤切利惟妙惟肖地刻画了爱与美的女神——维纳斯,象征着对美的追求。波堤切利的《维纳斯的诞生》是文艺复兴时期的代表作。

大教堂(Duomo):又名花之圣母教堂(S. Maria del Fiore),是一座由白色、粉红色、绿色的大理石按几何图案装饰起来的美丽的大教堂。这座富丽堂皇的大教堂由建筑师阿诺尔福·迪坎比奥(Arnolfo di Cambio)始建于1296年,于1436年接受献祭。阿诺尔福·迪坎比奥于1303年去世后,这项工作由乔托(Giotto)继续直到1337年他去世为止。后来接替这项工作的是塔兰蒂(Talenti)和布鲁内莱斯基(Brunllschi)。大教堂顶部巨大的圆屋顶(穹顶)由布鲁内莱斯基设计,被认为是中世纪建筑的杰作。进入大教堂后,人们可以登436级台阶到达顶部,尽情领略佛罗伦萨市区和周围乡村的美景。在教堂的地下室,人们依稀可辨建于4世纪的佛罗伦萨市第一座教堂——圣雷帕拉塔教堂(Santa Reparata)的遗址。大教堂顶部的圆屋顶的设计者布鲁内莱斯基的墓就在教堂的地下室里。佛罗伦萨大教堂(Duomo)被认为是意大利文艺复兴时期建筑的杰作,特别是佛罗伦萨大教堂巨大的穹顶在造型上具有极大的创造性和独特的建筑艺术魅力。

洗礼堂(Battistero):是位于大教堂旁边的八角形建筑,是佛罗伦萨最古老的建筑之一。它是在1世纪罗马建筑的遗址上建造起来的,建于11世纪,是这个城市的第一座教堂。内部大部分的古典风格装饰是后来设计的,天花板上有《创世纪》和《最后的审判》的镶嵌画。洗礼堂最具特色的是三扇青铜门,其中最著名的是由吉贝尔蒂(Ghiberti)设计的东门,该门由吉贝尔蒂从1425—1452年用了整整27年才完成,被米开朗琪罗称为“天堂之门”(Porta del Paradiso)。

乔托钟楼(Campanile di Giotto):始建于1334年,高82米,有414级台阶,是一座展现在世人面前的精美绝伦的钟楼。

圣克罗切教堂(Santa Croce):这座规模宏大的教堂始建于1294年。在这里不仅可以欣赏到乔托(Giotto)等人的壁画,还可以看到许多名人墓,如米开朗琪罗墓、伽利略墓、基诺·巴西亚尼墓等。此外,在这里还有但丁纪念碑。这里幽静而庄严,是佛罗伦萨人的精神殿堂。

学院美术馆(Galleria dell'Accademia):美术馆收藏有米开朗琪罗雕塑作品《大卫》,它是文艺复兴时期最著名的雕像。这尊雕像米开朗琪罗用了近4年的时间在一整块的大理石上雕刻而成。《大卫》这尊雕像充满阳刚之美的人体造型象征着力量和美,是大自然最本质力量的化身,充分体现出文艺复兴时期的人文主义思想。此外,美术馆还收藏有米开朗琪罗等人的其他艺术作品。

米开朗琪罗·博那罗蒂(Michelangelo Bounaroti,1475—1564)1475年出生在佛罗伦萨附近的一个小山村,是意大利著名的雕塑家、画家和建筑设计师。他一生中创作了许多不朽的艺术杰作,如《大卫》、《创世纪》、《最后的审判》、《摩西》、《圣母怜子》(Pietà)等,其中《大卫》是文艺复兴时期最著名的雕像,这尊高达5.5米的雕像现收藏于佛罗伦萨学院美术馆。米开朗琪罗创作的人物雕像雄伟健壮,气魄宏大,充满了无穷的力量,成为当时整个时代的典型象征,代表了欧洲文艺复兴时期雕塑艺术的最高峰。1564年米开朗琪罗在罗马他的工作室里逝世,后来他的遗体被运回到佛罗伦萨,他的墓建在佛罗伦萨的圣克罗切教堂。

韦奇奥宫(Palazzo Vecchio):由建筑师阿诺尔福·迪坎比奥(Arnolfo di Cambio)设计,始建于1299年,完成于1314年。韦奇奥宫的塔楼高达94米,是过去佛罗伦萨共和国的办公大楼,入口处装饰着带有佛罗伦萨城徽的狮子像。这座哥特式的建筑被作为堡垒而设计。当时佛罗伦萨市最重要的历史和政治事件通常在韦奇奥宫(Palazzo Vecchio)前面的西格诺里亚广场举行。米开朗琪罗的雕塑作品《大卫》以前曾立于西格诺里亚广场,1873年被移至学院美术馆内。现在是其复制品仍矗立在那儿。

皮蒂宫(Palazzo Pitti):皮蒂宫是一座巨大的城堡式的宫殿,由皮蒂家族建于1460年。宫殿内有帕拉蒂纳美术馆、现代美术馆、银制品博物馆等。美术馆收藏有拉斐尔、提香等艺术大师的作品。皮蒂宫后面是波波利花园,建于16世纪,以规则的几何圆形布局,是文艺复兴式花园风格的代表。

韦奇奥桥(老桥)(Ponte Vecchio):是佛罗伦萨最古老的桥,在罗马时代就已经存在,后来此桥曾被洪水冲垮,几经重建。今天我们看到的具有三个拱形桥孔的桥是1345年重建的,风采依旧,是佛罗伦萨著名的景观之一。相传,意大利伟大诗人但丁就是在这座老桥上与他热恋的女子贝雅特丽齐相遇的。

但丁故居(Casa di Dante):意大利伟大诗人但丁(Dante,1265—1321)于1265年出生在佛罗伦萨。但丁故居位于市区。但丁的《神曲》(*La Divina Commedia*)是世界上最伟大的诗篇之一。但丁是意大利伟大诗人、文学巨匠和意大利文艺复兴的先驱。《神曲》是他的代表作,也是世界文学史上最为重要的文学作品之一。一生中,但丁曾积极地投身于佛罗伦萨的政治活动,担任过公职,因为反对教皇及其在佛罗伦萨的追随者,被判终身放逐。在此之后,但丁虽然也作过多次努力想重返故里,但都没有成功,于1321年在拉韦纳(Ravenna)去世。辛酸的流亡生活使他扩大了视野,增长了阅历,丰富了经验。但丁的重要作品几乎全部是在流亡中写成的,其中以《神曲》最为著名。《神曲》中既描写了人世的黑暗现实,又描写了对未来的美好憧憬。

其他一些景点还有梅迪奇·里卡尔迪宫(Palazzo Medici - Riccardi)、圣马可博物馆(Museo di San Marco)、巴尔杰洛国立博物馆(Museo Nazionale del Bargello)、圣洛伦佐教堂(San Lorenzo)、米开朗琪罗广场(Piazzole Michelangelo)等。

佛罗伦萨作为文艺复兴的发祥地,以拥有大量文艺复兴时期的绘画和雕塑艺术作品而闻名于世。14—16世纪欧洲文艺复兴运动始于意大利,后扩大到法国、德国、英国等欧洲国家。意大利成为这个运动的中心,当时在意大利,绘画、雕刻、建筑、诗歌、音乐等取得了突出成就。15世纪末到16世纪中叶,文艺复兴达到全盛时期。文艺复兴运动的主要思潮是人文主义,主要表现在科学、文学和艺术的普遍繁荣和发展。

流年似水,多少往事已烟消云散,然而佛罗伦萨却留给了世人众多的文化遗迹,整个城市如同一座巨大的艺术宫殿,辉煌而绚丽,让人目不暇接,心灵震撼。

威尼斯及其潟湖
(Venice and its Lagoon)

国家:意大利
洲名:欧洲
时间:1987年列入《世界遗产名录》
标准:i, ii, iii, iv, v, vi
属性:文化遗产
功能:历史城市

世界遗产委员会的评价：

威尼斯始建于5世纪，由118个小岛组成，10世纪成为当时一个主要的航运枢纽。整座城市就是一件非凡的建筑杰作，甚至最小的建筑物也会含有一些世界最伟大的艺术家，如乔尔乔涅、提香、丁托列托、韦罗内塞等人的作品。

威尼斯位于意大利东北部的亚得里亚海海滨，是一座完全建在水上的美丽城市，也是一座历史名城。这座城市有100多座小岛，被150多条运河所环绕，由400多座桥连在一起。威尼斯城大约建于公元450年。到了10世纪，这座城市已经开始与东方和其他地区建立了贸易往来。13世纪以来威尼斯一直扩大其势力范围，成为海上强国。到15世纪，威尼斯进入全盛时期，成为重要的商业中心。1797年，威尼斯共和国解体。1866年，威尼斯和意大利实现统一，从此成为意大利的一个地区。

威尼斯位于亚得里亚海深入内陆的一个潟湖中，城市为海水所环绕，波光粼粼、烟波浩渺、船帆万点、海天一色的景色将威尼斯这座美丽的水城装点得分外妖娆。威尼斯是世界上唯一没有汽车的城市，是世界上独一无二的美丽水城。河道和街巷纵横交织在一起，就像一张巨大的蜘蛛网。运河岸边是古老的建筑和幽静的街巷。夜幕下的古老教堂、幽静的庭院、静谧的运河都显得那样神秘莫测。威尼斯这座历史文化名城每年吸引着成千上万来自世界各地的游人。众多的名胜古迹、古老的建筑、超凡绝伦的雕塑、大大小小的岛屿、曲折蜿蜒的水道、一座又一座的小桥、运河上穿梭着的轻舟“贡多拉”、浪漫的异域风情，让游人流连忘返。整个威尼斯城被无数条碧波荡漾的运河所环绕，运河上是无数座形态各异的桥，在碧绿河水的映衬下，景色更加迷人。小舟穿梭在幽静的街巷水道中，尽显水乡情调。威尼斯既有水乡的风韵，又有都市的华丽，体现了美的极致。

大运河(Canal Grande)是这座城市最重要的水上通道，在市区蜿蜒长达3 800米，波光粼粼，各种船只在运河上川流不息，美不胜收。大运河是世界上最美丽的城市水上通道。运河两岸宫殿林立，风格各异，有哥特式、拜占庭式、文艺复兴时期和巴洛克式的建筑。传统的赛船是大运河上每年都举行的重大庆典活动。

威尼斯是一座闻名遐迩的文化和艺术名城，拥有教堂、修道院、宫殿、钟楼、美术馆、博物馆等400多处，它们见证了文艺复兴最后的辉煌岁月。文艺复兴时期，威尼斯继佛罗伦萨和罗马之后成为第三个中心。乔尔乔涅、提香、丁托列托、韦罗内塞等绘画大师的作品让威尼斯名扬天下。1932年，威尼斯创办了世界上第一个电影节，每年8月下旬和9月初在威尼斯丽都岛(Lido)上举行国际性电影盛会，届时来自世界各国的电影明星、导演、影迷们云集丽都，盛况空前。

公元828年，威尼斯人将圣马可的遗体从埃及偷运回威尼斯，在威尼斯建立了以圣马可名字命名的广场和教堂，这就是闻名遐迩的圣马可广场和圣马可教堂。

圣马可广场(Piazza San Marco)是威尼斯的中心,长175.70米,在圣马可教堂处宽82米,其对面宽57米。圣马可广场一直是威尼斯政治、宗教和传统节日的公共活动中心。威尼斯的伟大建筑几乎全部集中在这一带,如圣马可教堂(Basilica di San Marco)、圣索维诺图书馆(Libreria Sansoviniana)、钟楼(Campanile)、钟塔(Torre dell'Orologio)、总督府(Palazzo Ducale)等。这些古朴典雅的建筑将气势宏伟的广场衬托得格外美丽。圣马可广场的美丽也曾让拿破仑感慨,拿破仑称其是"世界上最美丽的客厅"。广场边的码头称为圣马可小广场(Piazzetta San Marco),在小广场上矗立着两根12世纪的大圆柱,圆柱分别饰以雕像,一根圆柱上面的雕像是威尼斯的城徽——飞狮,另一根圆柱上面是威尼斯守护神狄奥多尔的雕像。

圣马可教堂最早建于832年,976年被大火烧毁,1063年重建。从公元9世纪起,这里埋葬着圣马可的遗体。圣马可作为《马可福音》的作者被威尼斯人奉为守护神。圣马可教堂是典型的拜占庭风格的建筑,平面呈希腊正十字形,上覆5个拜占庭式的圆顶。这座富丽堂皇的教堂有5个入口,门上装饰着华丽的镶嵌图案。教堂顶部建有东方式与哥特式尖塔和雕刻有各种大理石雕像、浮雕和花饰。中间大门的穹顶阳台上耸立着手持《马可福音》的圣马可的雕像,6尊飞翔的天使簇拥在雕像之下。教堂内部金碧辉煌,四壁由华丽的彩绘装饰,穹顶是金色的镶嵌画装饰。教堂里珍藏着许多艺术瑰宝。黄金祭坛(Pala d'Oro)是镶满珠宝的祭坛,是教堂收藏的一件珍品。珍宝馆(Tesoro)收藏许多无价之宝,其中大多数是拜占庭的银制品。

耸立在圣马可广场上的钟楼(Campanile)高达98.5米,是威尼斯最高的建筑。它最早作为海上船只导航的灯塔。现在看到的钟楼是原钟楼1902年倒塌后按原来的样式重新建造的。钟楼里设有电梯,人们可以乘电梯到达塔顶俯瞰威尼斯全景。

萨卢特圣母玛丽亚教堂(Santa Maria della Salute)是一座耸立在大运河河口之上的圆顶、八角形的巴洛克式风格建筑物,建于1631年。殿堂内墙壁和天棚上有提香和丁托列托的作品,天棚上的《凯依和阿贝尔》(*Caino e Abele*)、《阿达姆的牺牲》(*Sacrificio d' Adamo*)和《戴维迪和哥里亚》(*Davide e Golia*)是提香的作品,墙壁上的《卡纳的婚礼》是丁托列托的作品。

总督府(Palazzo Ducale)是一座典型的哥特式建筑,在共和国时期,这里曾是威尼斯共和国总督的执政厅。最初它是一座堡垒式结构的宫殿,建于9世纪。总督府遭遇过两次火灾,现在的建筑物建于15世纪。穿过与教堂相连的卡尔塔门(Porta della Carta),进入总督宫内院,就可见建于1501年的巨人台阶(Scala dei Giganti),上立海神和战神的巨大雕像。宫内还有一处"金梯"(Scala d'Oro)通往总督的居室。总督府内包括接待厅(Anticollegio)、委员会厅(Sala del Collegio)、议会厅(Sala del Senato)、十人委员会厅(Sala del Consiglio dei Dieci)、大会议厅(Sala del Maggior Consiglio)等,各个厅室饰以油画、壁画和大理石雕刻,极尽奢华,辉煌璀璨。

这里收藏了许多艺术珍品,其中丁托列托创作的巨幅《天堂》(7m×22m)(1592)被誉为是世界最大的油画,画中有700多个人物,气势极为宏大。

威尼斯拥有众多的美术馆和博物馆,荟萃了几个世纪经典的艺术杰作。学院美术馆(Galleria dell'Accademia)收藏有最优秀的威尼斯艺术家14—18世纪威尼斯画派的绘画作品,其中《暴风雨》、《玛利亚与众圣徒》、《圣母玛利亚加冕典礼》是最为引人注目的一些作品。在威尼斯的美术馆和博物馆威尼斯画派的各大艺术名家的作品均有收藏,如提乡(Titian)、乔尔乔涅(Giorgione)、丁托列托(Tintoretto)、卡纳莱托(Canaletto)、卡尔帕桥(Vittore Carpaccio)、雅可布·贝里尼(Jacopo Bellini)等巨匠的作品。学院美术馆是威尼斯最大的美术馆,这里大部分作品是1807年拿破仑占领时期收藏的。

佩吉·古根海姆收藏馆(Collezione Peggy Guggenheim)收藏有200多件近代绘画和雕塑作品,包括毕加索(Picasso)、米罗(Joan Miro)、马尔盖里特(Margheritt)、蒙德里安(Piet Mondrian)等人的作品。佩吉·古根海姆是艺术收藏家,于1949年从美国来到威尼斯,成为这座城市的名誉公民。

金屋(Ca'd' Oro)是威尼斯最杰出的哥特式建筑,因装饰富丽堂皇而得名,如今已辟为美术馆——乔治·弗兰凯蒂画廊(Galleria Girogio Franchetti),里面收藏了大量的绘画、壁画和雕塑,其中在一层陈列的绘画杰作——曼特尼亚(Mantegna)的《圣塞巴斯蒂安》(St. Sebastian, 1506)最为引人注目。

威尼斯有许多奇特的桥,桥桥有名,如里亚托桥、叹息桥、学院桥、拳头桥等,最著名的桥非里亚托桥莫属。里亚托桥(Ponte di Rialto)是威尼斯最古老的桥,原为一座木桥,后坍塌,改建为石桥。桥长48米,离水面7米高,桥上中部建有拱廊。里亚托桥一带是威尼斯的商业中心,桥两岸店铺林立。叹息桥(Ponte dei Sospiri)是一座闭合的廊桥,连接昔日的总督府和监狱。据说囚犯被判死刑时,押解经过这座桥,跨过了这座桥的囚犯再也不可能回到这个世上来了,所以在桥上透过窗口不由发出不舍人世的叹息声,因此得名为叹息桥。尽管此桥当初送许多囚犯走上不归路,但现在这座桥却有着一种浪漫气息,备受青年男女的青睐,因为他们相信在此桥下接吻会使爱情长存。因此,许许多多的情侣乘贡多拉(Gondola)来到桥下相拥而吻,以求爱情地久天长。

其他一些著名景点还有瑞佐尼科府邸(Ca'Rezzonica)、福斯卡里府邸(Ca'Foscari)、格利马尼宫(Palazzo Grimani)、圣罗科大会馆(Scuola Grande San Rocco)、圣乔治岛(Isola di San Giorgio)、穆拉诺岛(Murano)、丽都岛(Lido)等。

意大利最著名的狂欢节在威尼斯举行。威尼斯狂欢节在每年的2月举行,是当地一个盛大的传统节日。在节日期间人们着装怪异,戴上各种面具,参加街道聚会、化装舞会,上演戏剧,参加盛大的彩车游行等活动,圣马可港上空还举行绚烂夺目的焰火表演。人们尽情感受节日的气氛。用面具遮挡着面孔的人们没有高低贵贱之分，有的只是人人平等。置身于狂欢节，你会沉醉于其中，激情会尽情地得到释放。

维罗纳市
（City of Verona）

国家：意大利
洲名：欧洲
时间：2000 年列入《世界遗产名录》
标准：ii，iv
属性：文化遗产
功能：历史城市

世界遗产委员会的评价：

历史城市维罗纳始建于公元前 1 世纪。13—14 世纪在斯卡里杰利家族的统治下达到空前的繁荣，15—18 世纪为威尼斯共和国的一部分。维罗纳至今仍保存有古代、中世纪和文艺复兴时期的许多著名的建筑物，代表了军事要塞的突出典范。

维罗纳位于意大利北部，是一座历史悠久的意大利名城，又是意大利历史上一座重要的军事要塞。早在公元前 1 世纪维罗纳就已经成为罗马帝国的殖民地，后来，到了公元前 49 年这座城市完全成为罗马的疆土。维罗纳是当时重要的战略要地和商业中心，文化和艺术也得到了极大发展。在 1226—1259 年间，埃泽里诺（Ezzelino）统治着维罗纳。埃泽里诺死后的 1260—1387 年，斯卡里杰利家族执政，并不断扩大这座城市的势力影响。在历史上，法国人和奥地利人都先后入侵过这座城市。1866 年，维罗纳并入意大利王国。

时至今日，维罗纳这座古老的城市仍保留着传统的罗马城镇的格局。维罗纳作为朱丽叶的故乡已成为全世界青年男女心中的圣地。维罗纳不仅是一座美丽的城市，在这里你也可以寻找到莎士比亚剧中人朱丽叶的故居。莎士比亚以维罗纳 13 世纪末 14 世纪初残酷的家族仇恨为背景创作了永留于世的爱情剧作《罗密欧与朱丽叶》，此剧作自 1595 年公演以来，罗密欧与朱丽叶的凄美爱情故事风靡全世界，感动着无数的人。维罗纳——永恒的爱情之城，其朱丽叶故居成了全世界青年男女心中的圣地。这里每天都有来自世界各地许许多多的游人缅怀朱丽叶，向往美好的爱情。

竞技场（Arena）：位于市中心的竞技场是一座历史悠久、气势雄伟、可容纳 2.2 万人的庞大的椭圆形建筑物，建于公元 1 世纪。场内有 44 排阶梯形看台。竞技场早自 1913 年就成为大型歌剧演出的场所，每年夏天都上演一些世界著名的歌剧。

朱丽叶故居(Casa di Giulietta):在市中心靠近西尼奥里广场(Piazza dei Signori)东南方向的一个街区卡佩罗路(Via Cappello)23号。朱丽叶的家院门是一个古典的拱形门洞,房子建于13世纪。通过拱形门,一个典型的中世纪的院落呈现在眼前,鹅卵石细密地铺在地面上,院墙上爬满了常青藤,院子并不很大,古朴典雅。院子正房前矗立着由雕塑家Nereo Costantini雕刻的朱丽叶的全身铜像,铜像惟妙惟肖地刻画了朱丽叶亭亭玉立、婀娜多姿的神态:朱丽叶微微低着头,右手轻轻提起罗裙,左手附于胸,凄美与哀怨的神态仿佛是在期待着什么。这是一座老式的楼房,朱丽叶的阳台(Balcone di Giulietta)位于楼房的二层,曾是她与罗密欧约会的地方,阳台经历了风风雨雨依然保存完好。在阳台下的墙壁上到处都是来自世界各地的游客的签名和倾诉爱情的文字。

朱丽叶墓(Tomba di Giulietta):在维罗纳城的东南方向,位于Via del Pontiere一带,靠近莎士比亚路(Via Shakespeare)。在这风景秀丽、绿树成荫的地方曾经安睡着美丽、执著的姑娘朱丽叶。朱丽叶的墓时至今日只剩下一口空的石棺。

罗密欧故居(Casa di Romeo):是一座中世纪的建筑,故居大门上的一块石匾上刻有莎士比亚悲剧《罗密欧与朱丽叶》第一幕的一段台词:“噢!罗密欧,你在哪儿?”哦,是的,故地仍在,可却再也寻不到当年那个英俊、为爱而痴狂的罗密欧了。

古城堡(Castelvecchio)和古城堡博物馆(Museo di Castelvecchio):位于阿迪吉河畔,由坎格兰德二世(Cangrande Ⅱ)于1354—1357年建造的。现在这里已成为一所古城堡博物馆(Museo di Castelvecchio),主要收藏了14—17世纪维罗纳的绘画和雕刻艺术品,包括文艺复兴时期的绘画作品,还有珠宝、雕刻等;另外,还管理一些古罗马的遗址。斯卡里杰罗桥(Ponte Scaligero)是古城堡的复杂防御系统的一部分,尽管建这座桥的初衷是为了军事防御的目的,但是它是中世纪建筑设计和工程的杰作,具有独特的建筑风格。

埃尔贝广场(Piazza delle Erbe):漫步在马自尼大街(Via Mazzini),在附近你就会看到埃尔贝广场(Piazza delle Erbe)。该广场曾是古罗马广场的遗址和中世纪城市中心,时至今日依然堪称意大利最美丽和最具艺术魅力的广场之一。在广场的一侧的马费宫(Palazzo Maffei),是一座美丽的巴洛克式的建筑。此外在广场的周围还有建于1370年的加德洛塔(Torre del Gardello)、中世纪的科穆内宫(Palazzo del Comune)、高达83米的兰贝蒂塔(Torre dei Lamberti)等古建筑。

西尼奥里广场(Piazza dei Signori):被认为是意大利最具有贵族性的广场,维罗纳人常称其为“维罗纳的沙龙”。意大利伟大诗人但丁(Dante)的纪念碑矗立在广场的中心。广场附近遍布许多古建筑和景点,如斯卡里杰利家族宅邸(Palazzo degli Scaligeri)、文艺复兴时期风格的孔西格利奥敞廊(Loggia del Cosiglio)、斯卡里杰利家族墓地(Arche Scaligere)等。

圣阿纳斯塔西亚教堂(Basilica di Santa Anastasia):是这个城市中最大的哥特式教堂,建于14—15世纪之间。教堂里面有许多艺术作品,特别是中世纪的艺术作品,包括毕萨内罗(Pisanello)绘制的最著名的壁画之一《圣乔治与公主》(*S. Giorgio che libera la Principessa*)(1436—1438)。一幅由阿提其也洛绘制的壁画被认为是哥特式绘画的代表作。

大教堂(Duomo):位于维罗纳城北部大教堂广场(Piazza Duomo),外观为罗马式建筑和哥特式建筑和谐的融合,始建于1120年。大教堂里面有意大利画家提香(Tiziano)的作品《圣母升天》。

圣知诺教堂(Basilica di San Zeno):在维罗纳城的西边,是一座非常漂亮的罗马式的教堂,建于12世纪初。教堂的主门上装饰着12世纪拜占庭艺术风格的青铜浮雕。教堂内的壁画和装饰画格外引人注目。

在维罗纳处处可见古老的建筑和静谧的街巷,还有那美丽得像一条玉带的蜿蜒的阿迪吉河(Flume Adige)在至今还保留着传统的罗马城镇格调的维罗纳城穿过,城光水色融为一体。古老的建筑、幽静的庭院、碧波荡漾的阿迪吉河都显得那样神秘莫测,美丽动人。维罗纳——罗密欧和朱丽叶曾经生活过的地方,这里风中的扶柳、攀附在古墙上的藤蔓引人遐想二人缠绵的爱情。爱情不只是昔日在这里存在过,它至今仍在这里存在,存在于人们的心中,存在于千年流淌的阿迪吉河上,存在于美丽的维罗纳——永恒的爱情之城。

那不勒斯历史中心
(Historic Centre of Naples)

国家: 意大利
洲名: 欧洲
时间: 1995年列入《世界遗产名录》
标准: ii, iv
属性: 文化遗产
功能: 历史城市

世界遗产委员会的评价:

自从公元前470年那不勒斯被希腊移民始建直到今天的城市,那不勒斯保留了出现在欧洲和地中海盆地的持续的文化印记。这就使得它成为一个具有大量杰出的建筑物的独特地区,如圣基娅拉教堂和新城堡。

那不勒斯又称为那波利,位于意大利南部,是一座历史悠久、风光秀丽的海滨城市。那波利是意大利的第三大城市，人口超过100万，还是意大利南部最重要的工业城市和港口城市。著名的维苏威火山和庞贝古城遗址就在那波利的东面。在那波利不仅有著名的那波利国立考古博物馆（Museo Archeologico Nazionale di Napoli）等许许多多名胜古迹，还有建于1537年的欧洲最古老的音乐学府。比萨饼也发源于那波利。那波利这座具有悠久历史的古老城市让每一位到过这里的人都能感受到它独特的魅力。

那波利国立考古博物馆：是世界上最重要的博物馆之一，由波旁王朝（Bourbon）查尔斯（Charles）兴建于18世纪，用于陈列王室的艺术珍品。博物馆内收藏有希腊和罗马文化的绘画、雕刻、镶嵌工艺品、青铜制艺术品等，还收藏有庞贝古城和赫库兰尼姆古城的出土文物，其中来自庞贝古城的壁画和镶嵌画特别引人注目。

圣马蒂诺国立博物馆（Museo Nazionale di San Maritino）：博物馆陈列品有绘画（包含一些巴洛克风格画家的作品）、雕刻、陶瓷、家具、服装等，展示了那波利人的生活和历史。

王宫（Palazzo Reale）：是一座17世纪的王室宫殿，富丽堂皇，奢华的王室室内油画、壁画、雕刻、挂毯等随处可见。现在宫殿内大部分已辟为国家图书馆。宫殿的北侧是圣卡洛剧场（Teatro San Carlo）。

新城堡（Castel Nuovo）：由安茹王朝（Anjou）查尔斯一世建于13世纪晚期，是当时的防御要塞。坚固的城墙和圆柱形的城楼浑然一体，交相辉映，显得格外壮观。城堡入口处被称为凯旋门的拱门造型精美。

卡波迪蒙特王宫（Palazzo Reale di Capodimonte）：是根据波旁王朝（Bourbon）查尔斯（Charles）国王的指令建造的一座18世纪建筑物，坐落于城北环境优美的花园中。宫内的美术馆收藏有许多著名意大利艺术大师的作品，如米开朗琪罗（Michelangelo）、拉斐尔（Raphael）、波堤切利（Botticelli）等著名艺术家的作品。宫内的博物馆里收藏有19世纪欧洲绘画、瓷器、挂毯等艺术作品。

圣埃尔莫城堡（Castel Sant' Elmo）：是一座14世纪的城堡。在城堡可以俯瞰那波利城和那波利湾（Golfo di Nepoli）的美景。

圣基娅拉教堂（Santa Chiara）：是一座14世纪哥特式的教堂，内有三座14世纪的王室的墓，是那波利王族的长眠之地。

那不勒斯还有许多其他景点，如圣卢恰港（Porto S. Lucia）、大教堂（Duomo）、圣格雷戈里奥·阿尔梅诺教堂（San Gregorio Armeno）、圣塞韦罗小教堂（Cappella San Severo）、圣多梅尼科·马焦雷教堂（San Domenico Maggiore）、蛋形堡（Castel dell'Ovo）、国立陶瓷博物馆（Museo Nazionale della Geramica）、公民投票广场（Piazza del Prebiscito）、但丁广场（Piazza Dante）、斯帕卡·那波利平民区（Spacca Napoli）等。

锡耶纳历史中心

(Historic Centre of Siena)

国家:意大利
洲名:欧洲
时间:1995 年列入《世界遗产名录》
标准:i, iii, iv
属性:文化遗产
功能:历史城市

世界遗产委员会的评价:

锡耶纳是一座中世纪城市的化身。这里的居民曾为城市规划的面积与佛罗伦萨竞争。历经几个世纪,他们仍保留了这座在 12—15 世纪修建起来的城市的哥特式风貌。在这段时期,杜奇奥、洛伦泽蒂兄弟和西莫内·马尔蒂尼的成就影响着意大利和欧洲艺术的进程。锡耶纳整座城市被建在坎波广场的四周,设计得如同艺术作品一样与周边的景观融为一体。

位于托斯卡纳区的锡耶纳是意大利最完美的中世纪城镇之一,位于城中心的坎波广场(Piazza del Campo)被誉为意大利最美丽的广场之一。其他主要旅游景点有:共和宫(Palazzo Pubblico)、大教堂(Duomo)、大教堂歌剧博物馆(Museo dell' Opera de Duomo)、国立美术馆(Pinacoteca Nazionale)、市立博物馆(Museo Civico)等。锡耶纳这座古城不仅保持了中世纪的古城风貌,而且还继承了中世纪的传统节庆,闻名世界的锡耶纳赛马节(Palio)是意大利场面最壮观的盛会之一。

乌尔比诺历史中心

(Historic Centre of Urbino)

国家:意大利
洲名:欧洲
时间:1998 年列入《世界遗产名录》
标准:ii, iv
属性:文化遗产
功能:古城

世界遗产委员会的评价：

乌尔比诺是位于马尔凯区的一座小山城，15 世纪经历了一个巨大的文化繁盛期，吸引了整个意大利以及其他地区的艺术家和学者，影响了欧洲各地的文化发展。16 世纪以后，由于它的经济和文化发展进入了萧条阶段，因此它在很大程度上得以保留其文艺复兴时期的风貌。

位于马尔凯区的乌尔比诺是一座历史悠久的古城，也是文艺复兴时期绘画大师拉斐尔（Raphael）的故乡。公爵宫（Palazzo Ducale）建立在山冈上，与塔楼、堡垒和城墙融合为一体，美丽而壮观，是乌尔比诺最具有代表性的文艺复兴风格的宫殿。其他主要景点有：人民广场（Piazza del Popolo）、马尔凯国立美术馆（Galleria Nazionale delle Marche）、拉斐尔故居（Casa di Raffaello）、大教堂（Duomo）等。

梵蒂冈城
（Vatican City）

国家：梵蒂冈
洲名：欧洲
时间：1984 年列入《世界遗产名录》
标准：i, ii, iv, vi
属性：文化遗产
功能：历史城市

世界遗产委员会的评价：

梵蒂冈城是基督教国家最神圣的地区之一，是伟大的历史和令人敬畏的精神的见证。在这个小小的国家内聚集了独一无二的艺术和建筑杰作。城的中心是圣彼得大教堂，具有双柱廊，前面为一圆形广场，与宫殿和花园毗邻。这座大教堂建在使徒圣彼得的陵墓上，是世界最大的宗教建筑，是天才的勃拉曼特、拉斐尔、米开朗琪罗、贝尔尼尼和马代尔纳的共同成果。

梵蒂冈是位于意大利首都罗马市西北角的宗教国家，在罗马旧城台伯河的西岸，面积只有 0.44 平方公里，是世界上最小的国家。公元 765 年，法兰克国王丕平把罗马城及周边地区赠给了罗马教皇斯提芬二世，此后的教皇势力日益扩张至意大利中部地区。罗马逐渐成了西欧教会和政治生活的中心。1870 年，意大利全国统一，王国收复了教皇的领地，剥夺了教皇的世俗权力，逼教皇退居到梵蒂冈，而教皇则对意大利国王不予承认，也不承认教皇国的灭亡。直到 1929

年双方签订了《拉特兰条约》,圈定了现在梵蒂冈的国界,矛盾才得以和解,于是才有了今天的梵蒂冈城国。梵蒂冈是一个主权国家,是全世界天主教徒向往的地方。梵蒂冈的艺术杰作,主要集中在圣彼得广场、圣彼得教堂和梵蒂冈博物馆。

梵蒂冈有6个入口处,其中3个是向公众开放的,即广场、钟楼拱门和梵蒂冈博物馆入口处。

梵蒂冈博物馆(Musei Vaticani):博物馆里展出历代教皇收藏的艺术品,地上铺满彩色大理石和马赛克镶嵌图案,无数绘画、地毯、地图、花瓶和雕塑令人目不暇接。梵蒂冈博物馆除了教皇厅和教皇的房间,其他的房间包括博物馆(埃及博物馆、伊特利坎博物馆、庇护基督博物馆、格里高利世俗博物馆、基亚拉蒙蒂博物馆、庇护－克莱门蒂诺博物馆)、美术馆、绘画馆、图书馆、拉斐尔厅、坎代拉勃利陈列室、西斯庭礼拜堂、皮尼亚庭院等。收藏品以历代教皇的收藏品为主,包括古代希腊的艺术品等,全部是各个时代艺术价值很高的作品。图书馆(Stanza della Segnatura)是尤利斯乌斯的图书馆或书房,收藏有拉斐尔的作品《圣礼的辩论》和《雅典学院》。彼奥·克莱门提诺博物馆(Museo Pio Clementino)有许多精美的希腊的大理石雕刻。绘画馆(Pinacoteca)按年代顺序展出从拜占庭时代到现代的以宗教绘画为主的作品。西斯庭礼拜堂(Cappella Sistina)是主教的祈祷室,几个世纪以来,它一直是举行教皇选举会议的地方。这里收藏有米开朗琪罗的巨幅绘画作品《最后的审判》。

圣彼得广场(Piazza San Pietro):梵蒂冈的圣彼得广场能容纳30万人,是著名建筑大师贝尔尼尼的杰作,在1656年至1667年之间建成。广场呈椭圆形,长340米,宽240米,地面用黑色小方石铺砌而成,两侧由半圆形大理石柱廊环抱,造型和谐,气势宏伟。柱廊共有284根圆柱和88根方柱及140座顶端雕塑。广场中央矗立着一座高耸云霄的方尖石碑。

圣彼得大教堂(Basilica di San Pietro):圣彼得广场上的圣彼得大教堂是世界上最大和最华丽的天主教堂。圣彼得大教堂是罗马天主教的中心,建于基督使徒圣彼得的陵墓上。圣彼得教堂位于广场的西南面。教堂最初是由君士坦丁皇帝在圣彼得陵墓上修建的,于公元326年落成。16世纪,教皇朱利奥二世决定重建圣彼得教堂,并于1506年破土动工。在长达120年的重建过程中,意大利最优秀的建筑师勃拉曼特、米开朗琪罗、德拉·波尔塔和卡洛·马泰尔相继主持过设计和施工,直到1626年11月18日才正式宣告落成。这座闻名于世的大教堂有许多价值连城的艺术品,其中包括米开朗琪罗的雕塑《圣母怜子》(Pietà)和圣彼得铜像。

维也纳历史中心
(Historic Centre of Vienna)

国家：奥地利
洲名：欧洲
时间：2001年列入《世界遗产名录》
标准：ii，iv，vi
属性：文化遗产
功能：历史城市

世界遗产委员会的评价：

维也纳是从早期的凯尔特族人和罗马人定居点发展起来的一个中世纪的和巴洛克式的城市，为奥匈帝国的首都。从伟大的维也纳古典风格主义时期到20世纪初期，维也纳一直在欧洲乐坛中心扮演着重要的角色。维也纳历史中心是建筑精华的会聚地，包括巴洛克风格的城堡、庭院以及19世纪晚期环城大道两侧的高大建筑物、纪念碑和公园。

维也纳是奥地利首都，以“音乐之都”闻名遐迩。位于奥地利东北部阿尔卑斯山北麓多瑙河畔，多瑙河贯穿全城。内城的古街道纵横交错，建筑物风格各异，多为巴洛克式、哥特式和罗马式建筑。环行大道(Ringstrasse)是由弗朗兹·约瑟夫大帝下令拆除城市的防御工事、于1857年环绕城市修建的一条大道。著名的历史建筑有霍夫堡(Bofburg)、贝尔维德雷宫(Schloss Belvedere)、洛布科维茨宫(Lobkowitz)、新市政厅(Neues Rathaus)、圣斯蒂凡大教堂(Stephansdom)等。纪念碑有约翰·施特劳斯纪念碑、玛丽亚·特蕾西娅纪念碑、伊丽莎白王妃纪念碑、弗朗兹·约瑟夫纪念碑等。

维也纳是举世公认的“音乐之都”，不仅把众多的音乐家吸引到此地，而且还培育了一代又一代杰出的指挥家和演奏家。从18世纪末到19世纪，维也纳出现了一批举世闻名的音乐大师，如莫扎特、海顿、舒伯特、施特劳斯父子和德国人贝多芬等。

布鲁日历史中心
(Historic Centre of Brugge)

国家：比利时
洲名：欧洲
时间：2000年列入《世界遗产名录》

标准：ii，iv，vi
属性：文化遗产
功能：历史城市

世界遗产委员会的评价：

布鲁日是中世纪历史区的杰出典范，历经几个世纪演变，它仍然保留着其历史的结构，在那里，原始的哥特式建筑构成了城镇的特色部分。作为欧洲商业与文化的首府之一，布鲁日发展了与世界各地的文化联系。它与佛兰芒早期绘画流派密切相关。

布鲁日位于比利时的西北部，是一座美丽的小城，仍保持着中世纪城镇的风貌。从11世纪到13世纪，由于布鲁日地处欧洲的“十字路口”（crossroads）的特定的地理位置，经历了经济上的巨大发展。布鲁日在中世纪时就成为主要的商业和金融中心。在13世纪至15世纪期间，它已成为世界上最富有的城市之一。布鲁日还有比利时的“威尼斯”之称，在纵横交错的运河上有许许多多的桥。运河上的游艇和街道上载着游客的古式马车颇为别致。河流、绿地、古老的建筑群把这座城市点缀得是那样的不同凡响，别致而又美丽。市中心的广场上矗立着布鲁日的英雄扬·布雷德尔（Jan Breidel）和彼得·德·科宁克（Piet de Konink）的青铜雕像。在大广场附近主要的建筑是钟楼（Belfry），建于13—15世纪，高达80余米，有366级台阶。赫鲁宁恩博物馆（Groeningen Museum）收藏有15—16世纪艺术家的艺术作品，包括佛兰芒早期绘画流派的一些作品。梅姆灵博物馆（Memling Museum）是圣约翰医院的一部分，始建于12世纪，主要收藏有佛兰芒画家汉斯·梅姆灵（Hans Memling）（1430—1494）的美术作品。在布鲁日城区还有一条美丽的湖（Minnewater）被法国大文豪维克多·雨果（Victor Hugo）翻译为“爱之湖”（Lac d'Amour）。布鲁日不仅风光秀丽，而且还有许许多多的名胜古迹。布鲁日，是一个让人流连忘返和心旷神怡的城市。

魁北克历史区
（Historic District of Québec）

国家：加拿大
洲名：美洲
时间：1985年列入《世界遗产名录》
标准：iv，vi
属性：文化遗产
功能：历史城市

世界遗产委员会的评价：

魁北克是由法国探险家桑普兰在17世纪早期发现的。它是防御体系保存下来的唯一一座北美城市，众多的堡垒、城门和防御工事仍围绕着魁北克老城。上城建在悬崖上，保存有宗教和行政中心，包括教堂、女修道院和其他建筑物，如太子妃堡、城堡和弗隆特纳克要塞。下城和它的古城区一起构成了城市的整体，是筑垒殖民地城市最好的典范之一。

库斯科城

（City of Cuzco）

国家：秘鲁

洲名：美洲

时间：1983年列入《世界遗产名录》

标准：iii, iv

属性：文化遗产

功能：历史城市

世界遗产委员会的评价：

库斯科城位于秘鲁的安第斯山脉，在印加统治者帕查库蒂统治之下发展成为独特的宗教和行政职能融为一体的城市中心。城市由具有明显界限的农业、手工业和工业区所围绕。16世纪，当西班牙人占领这座城市时，他们保留了城市的基本结构，但同时又在印加城市的废墟上建造了巴洛克式的教堂和宫殿。

库斯科城曾是印加帝国的都城，位于安第斯山脉高原盆地中。城内有许多宫殿、教堂、神庙、古城墙、城堡等。在库斯科城郊有举世闻名的举行“太阳祭”的萨克萨曼圆形古堡，它建筑在一个小山坡上，是俯瞰全城的巨大防御系统。

开罗古城

（Historic Cairo）

国家：埃及

洲名：非洲

时间：1979年列入《世界遗产名录》

标准：i, v, vi

属性：文化遗产

功能：历史城市

世界遗产委员会的评价：

开罗是世界上最古老的伊斯兰城市之一，位于现代城区的中心，拥有著名的清真寺、伊斯兰学校、土耳其式浴室和喷泉。它建于10世纪，为当时的伊斯兰世界的新中心，14世纪达到鼎盛时期。

埃及是世界文明古国，地处欧洲、非洲和亚洲三大洲交界处，是世界驰名的历史文化古城。开罗是埃及的首都，非洲第一大城，世界上最古老的伊斯兰城市之一。古往今来，已有无数游牧民族、商队、旅行者、军队从这里通过。东西方文化很早便在这里交会、融合。开罗由于位于连接东西方的交通要道上，历来为兵家必争之地。早在公元642年，阿拉伯人就在这里安营扎寨，修筑城堡。公元969年，来自突尼斯的阿拉伯帝国法蒂玛王朝征服了埃及，将开罗定为国都，“开罗”在阿拉伯语中即是“胜利”之意，13世纪后发展成为全国贸易和文化中心。

开罗是著名文化古城，拥有众多的名胜古迹，有巍峨的萨拉丁城堡，城堡上建有宏伟的穆罕默德·阿里清真寺，寺院巨大的圆顶和高耸入云的尖塔是开罗的象征。市内的拉美西斯广场中心有古埃及第19王朝法老拉美西斯二世的巨大全身雕像。埃及博物馆以收藏古埃及文物而享誉全世界，共有展品10余万件，其中图坦卡蒙法老的黄金面具、黄金棺材、黄金宝座等尤为珍贵。馆内有埃及历代法老及其后妃们的木乃伊，有的已有3 500多年的历史，至今保存完好。开罗现有250多座各具特色的清真寺，众多高大的宣礼塔使开罗成为“千塔之城”，其中最高的开罗塔，高达187米。开罗还是伊斯兰文化研究中心，它拥有伊斯兰世界最古老的高等学府——爱资哈尔大学，是世界上最古老的伊斯兰大学之一，被称为“伊斯兰教的最高学府”。在开罗西南郊吉萨高原上矗立着古代埃及文明的象征——吉萨金字塔和狮身人面像。狮身人面像已被作为开罗的城市标志。

伊斯坦布尔历史区

（Historic Areas of Istanbul）

国家：土耳其
洲名：亚洲
时间：1985年列入《世界遗产名录》
标准：i，ii，iii，iv
属性：文化遗产
功能：历史城市

世界遗产委员会的评价：

伊斯坦布尔位于黑海与地中海之间的博斯普鲁斯海峡巴尔干岛和安纳托利亚的战略地带，两千多年来，它总是与一些重要的政治、宗教和艺术事件联系在一起。它的杰作包括古代君士坦丁堡竞技场、6世纪的哈吉亚·索菲亚教堂和16世纪的苏莱曼清真寺，这些遗迹现在受到了人口压力、工业污染和过度城市化的威胁。

伊斯坦布尔是一座有着2 600多年历史的古城，原名君士坦丁堡，曾是拜占庭帝国、罗马帝国和奥斯曼帝国的三朝古都。在旧城区，历代帝国时期遗留下的石砌古堡、城垣、塔楼等随处可见，有"历史宝库"之称。伊斯坦布尔不仅地理上横跨两洲，而且还兼收并蓄欧、亚、非三洲各民族思想、文化、艺术之精粹，从而成为东西方思想文化的一个重要交会点，随之遗留下许多源远流长的名胜古迹。伊斯坦布尔自古以来即为交通、军事、贸易和宗教的重地，现为伊斯坦布尔省的首府城市。伊斯坦布尔两千多年来总是与一些重要的政治、宗教和艺术事件联系在一起。它的杰作包括古代君士坦丁竞技场（Hippodrome of Constantine）、6世纪的哈吉亚·索菲亚教堂（Hagia Sophia）和16世纪的苏莱曼清真寺（Süleymaniye Mosque）。伊斯坦布尔的清真寺星罗棋布。建于15世纪的托普卡珀宫（Topkapi Palace），曾作为奥斯曼帝国的皇宫达到400多年之久，土耳其共和国成立后，将其改为博物馆，即托普卡珀宫博物馆（Topkapi Palace Museum）。它以收藏的稀世珍宝、历史文物之丰富而闻名于世，特别是宫中珍藏着大量的中国古瓷器和丝织品，更证明了中土两国人民源远流长的深厚友谊。

伊斯坦布尔是土耳其最大的城市，是世界上唯一横跨欧亚两洲的名城，也是古代丝绸之路的终点。伊斯坦布尔位于博斯普鲁斯海峡两岸。窄窄的海峡把全市一分为二：海峡西岸属欧洲，东岸则属亚洲。如今，这座美丽的古城已成为举世无双的旅游胜地。

澳门历史中心
（Historic Centre of Macao）

国家：中国
洲名：亚洲
时间：2005年列入《世界遗产名录》
标准：ii，iii，iv，vi
属性：文化遗产
功能：历史城市

世界遗产委员会的评价：

澳门，是一座在国际贸易发展中具有战略意义的港口城市，从16世纪中叶到1999年它回归中国主权以前一直处在葡萄牙统治之下。澳门历史中心拥有众多的葡萄牙和中国式建筑物，包括历史街区、住宅、宗教和公众建筑，为东西方美学、文化、建筑和工艺的融合提供了独特的证据。这里还有一处要塞和一座中国最古老的灯塔。这里见证了中西方国际贸易活动最早和持续最长的往来之一。

澳门濒临南海，东望香港，紧邻珠海，由澳门半岛和氹仔、路环岛组成。澳门以前是一个小渔村。相传在16世纪中叶，第一批葡萄牙人抵达澳门时询问居民当地的名称，居民误以为指庙宇，答称"妈阁"，葡萄牙人以其音直译为"Macau"，这便是澳门葡文名称。

澳门素有"东方蒙地卡罗"、"不夜城"、"购物天堂"之称。澳门是一座国际性的旅游城市，名胜古迹众多，博彩行业兴旺，中西文化荟萃。漫步在历史城区，比比皆是的历史建筑、抑扬顿挫的钟声、香火鼎盛的庙宇、前卫的艺术展览让游人流连忘返。跨海友谊、澳氹和西湾三座大桥更是神来之笔，使天堑变通途。这座城市文化气息十分浓厚，各种艺术和民间节庆活动常年不断，特别是环城"格兰披治"赛车、赛马和赛狗刺激、惊险，动感十足。

澳门历史悠久，有着中华文化一脉相承的传统，而400多年来的风雨沧桑使这座城市成为东西方文化荟萃之地，形成了今日澳门"华洋共处，中西合璧"的社会和城市结构。无论是在中国，还是在世界历史上，作为中西文明沟通桥梁的澳门，在政治、军事、文化和宗教诸多领域都发挥过不可替代的积极作用，为不同民族的相互认识、交流与尊重作出了不可磨灭的贡献。澳门历经中西文化400多年的交融，形成了独具特色的文化氛围，是东西方文化荟萃之地，现代化的高楼大厦、东方色彩的寺院庙宇、文艺复兴时期建筑风格的天主教堂和欧洲中世纪古堡式的炮台并存，融东西方文明为一体，被誉为"中国近代第一城"。1999年12月20日，中国政府实行"一国两制"，对澳门恢复行使主权。

400多年以来，澳门一直是中西文化的大熔炉，东西文化融合与共存，留下了许多珍贵的历史遗产，使澳门成为一座独特的世纪城市。"澳门历史中心"以旧城区为核心的历史街区，覆盖范围包括妈阁庙前地、亚婆井前地、岗顶前地、议事亭前地、大堂前地、板樟堂前地、耶稣会纪念广场、白鸽巢前地等多个广场空间，以及妈阁庙、港务局大楼、郑家大屋、圣老楞佐教堂、圣若瑟修院及圣堂、岗顶剧院、何东图书馆、圣奥斯定教堂、民政总署大楼、三街会馆（关帝庙）、仁慈堂大楼、大堂（主教座堂）、卢家大屋、玫瑰堂、大三巴牌坊、哪吒庙、旧城墙遗址、大炮台、圣安多尼教堂、东方基金会会址、基督教坟场、东望洋炮台（含东望洋灯塔及圣母雪地殿圣堂）等20多处历史建筑。

妈阁庙：建于1488年，距今已有500多年历史，是澳门最古老的庙宇。它依山面海，沿崖而筑，飞檐叠阁，古木森郁，山间岩石上还有历代摩崖石刻数十处。妈阁庙包括“神山第一”殿、正觉禅林、弘仁殿、观音阁等建筑。早期称娘妈庙、天妃庙或海觉寺，后定名为“妈祖阁”，俗称“妈阁庙”。

港务局大楼：建于1874年，原称摩尔兵营，俗称水师厂，由意大利人卡苏杜（Cassuto）设计，是当时由印度来澳门的警察的营地。现为港务局的办公大楼。

亚婆井前地：亚婆井的葡文意思是“山泉”。这里以前是澳门主要的水源，又靠近内港，是葡萄牙人在澳门最早的聚居点之一。

郑家大屋：是一院落式大宅，约建于1881年，是中国近代著名思想家郑观应的故居。建筑虽主要以中国形制构建，但却处处体现中西结合的特色，中式建筑手法主要表现为屋顶、梁架结构等，而室内的天花板、门楣、外墙则颇具西方特色。

圣老楞佐教堂：建于16世纪中叶，是澳门三大古教堂之一。华人称为“风顺堂”，有祈求“风调雨顺”之意。教堂外观带有巴洛克风格，整个建筑显得美轮美奂。

圣若瑟修院及圣堂：圣若瑟修院于1728年由耶稣会士创办，在200多年的办学过程中，圣若瑟修院培养了许多中国和东南亚各地的教会人才。与修院毗连的圣若瑟修院圣堂于1758年落成，具有巴洛克建筑风格特色。

岗顶前地：岗顶前地古称磨盘山，该地段虽然不大，但自然环境清幽典雅，人文景观荟萃，著名的建筑物有圣奥斯定教堂、岗顶剧院、圣若瑟修院、何东图书馆等，街区弥漫着浓郁的欧陆情调。

岗顶剧院：原称伯多禄五世剧院，建于1860年，但当时只建成主体部分，至1873年才加建具新古典主义建筑特色的正立面。它是中国第一座西式剧院，供上演戏剧和举办音乐会之用，也是当年葡萄牙人社群举行重要活动的场所。

何东图书馆：建于1894年。原主人为官也夫人（D. Carolina Cunha）。香港富商何东爵士于1918年购入该大楼，作为夏天来澳门消暑的别墅。何东逝世后，其后人根据其生前的遗嘱，将大楼赠与澳门政府作为公共图书馆之用。1958年，图书馆正式对外开放。

圣奥斯定教堂：该教堂由西班牙奥斯定会修士于1591年创建。

民政总署大楼：建于1784年，前身为市政厅，后曾多次重修，目前的规模是1874年重修时形成的，具有明显的南欧建筑艺术风格。一楼的图书馆于1929年启用，以葡国玛弗拉修道院的图书馆（Biblioteca do Convento de Mafra）为设计蓝本，装饰和家具陈设具有浓厚的古典气息。这里还收藏了17—20世纪50年代的外文古籍。

议事亭前地：议事亭前地一直是澳门的市中心，两侧建筑建于19世纪末20世纪初。1993年，前地一带铺设黑白色碎石地面，并砌成波浪形图案，衬托周围的典雅建筑，交相辉映，尽显前地一带浓郁的南欧风情。

三街会馆（关帝庙）：三街会馆所处地带为昔日澳门的繁荣市区“荣宁坊”。会馆初设时只是商人议事的场所,后因馆中设有关帝神殿和财帛星君殿,庙宇成为会馆的主要功能。

仁慈堂大楼:仁慈堂于1569年由澳门首任主教贾尼路创立,负责慈善救济工作,故名“仁慈堂”。仁慈堂开办了中国第一个西式医院,并设立了育婴堂、麻风院、老人院、孤儿院等机构。仁慈堂大楼修建于18世纪中叶,至1905年形成今天的面貌,具有新古典主义建筑风格。

大堂(主教座堂):大堂约建于1622年。主祭坛空间深远,设计简明,饰以彩色玻璃窗。祭坛下面掩埋着16世纪和17世纪的主教和圣徒的遗骨。

卢家大屋:位于大堂巷7号住宅,是澳门著名商人卢九家族的旧居。据屋内壁画显示,约于1889年落成。卢家大屋是用厚青砖建造的中式两层建筑,是典型的中式大宅,也是晚清时期粤中居民温婉纤细建筑风格的典型。

玫瑰堂:由道明会士创建于1587年,是该会在中国的第一所教堂。教堂最初是用木板搭建,华人称之为“板樟庙”。又因教堂供奉玫瑰圣母,故又称“玫瑰堂”。整座教堂富丽堂皇,其巴洛克建筑风格的祭坛更是典雅精致。教堂旁的“圣物宝库”收藏了300多件澳门天主教珍贵文物。

大三巴牌坊:大三巴牌坊是天主之母教堂(圣保禄教堂)正面前壁的遗址。圣保禄教堂创建于1580年,1595年和1601年先后两次失火,1835年一场大火将圣保禄教堂烧毁,仅剩下教堂的正面前壁、大部分地基和教堂前的石阶。本地人因教堂前壁形似中国的传统牌坊,将之称为大三巴牌坊。这座中西合璧的石壁在全世界的天主教堂中是独一无二的。圣保禄教堂附属于圣保禄学院。该学院于1594年成立,1762年结束,是远东地区第一所西式大学。大三巴牌坊已经成了澳门的标志。

哪吒庙:位于大三巴牌坊后右侧,创建于1888年,改建于1901年,庙内供奉哪吒。整个建筑小巧别致。

旧城墙遗址:葡萄牙人在澳门建城墙,最早可追溯至明朝隆庆三年(1569)。当时整个澳门城除西部内港外,北部、东部和南部均建有城墙,并在一些要塞处建有炮台。

大炮台:大炮台始建于1617年,至1626年建成,名为圣保禄炮台,澳门居民多称为“大炮台”。炮台占地约10 000平方米,呈不规则四边形,是当时澳门防御系统的核心,构成了一个覆盖东西海岸的宽大炮火防卫网。大炮台有300多年历史,一直是军事禁区,20多年前才辟为旅游区,澳门气象台于1966年也迁至此。到该处游览,不仅可凭吊古炮台遗迹,而且因为它高踞岛中央,向四面八方望去,可以纵览全澳门。

圣安多尼教堂:约建于1558年至1560年,是澳门三大古老教堂之一。澳门早期的教堂大多经历烈火洗礼,圣安多尼教堂也不例外。今天,我们看到的教堂是1930年重修后的规模。葡萄牙人的婚礼多在此举行,因此华人将其称为“花王堂”。

东方基金会会址：建于18世纪70年代，原址是葡国皇室贵族俾利喇（Manuel Perreira）的别墅。该建筑可能是澳门首幢别墅式花园的豪华住宅。20世纪60年代后曾改作贾梅士博物院，现为东方基金会会址。

基督教坟场：建于1821年，原称东印度公司坟场，是澳门第一座基督新教坟场。坟场内的马礼逊小教堂是澳门第一座基督教传道所，其造型仿罗马建筑风格，为基督教新教教堂在澳门早期的典型实例。

东望洋炮台（含东望洋灯塔及圣母雪地殿圣堂）：东望洋炮台建造于1637年，位于澳门半岛最高峰东望洋山之巅，俯瞰整个半岛，炮台上建有一灯塔和小教堂。东望洋灯塔建于1865年，塔高13米，分4层，用来观察来往船只的情况，是中国海岸第一座现代灯塔，其所在地面位置的坐标值亦为澳门于世界地图上的地理定位。灯塔一侧的小教堂名为圣母雪地殿，建于1626年，教堂内的拱顶和墙身绘有彩色壁画，其绘画技巧融合中西艺术，在澳门众多教堂中独一无二。

澳门历史中心区是昔日华洋共处的旧城区，至今基本上保持原貌，开创许多“中国之最”，如最早一批天主教堂建筑、最古老的教堂遗址、最古老的西式炮台群、最古老的修道院、最古老的基督教坟场、第一座西式剧院、第一座现代化灯塔、第一所西式大学和西式医院等。这个大范围的建筑群，体现了中西文化融汇交流的特点。

经过几个世纪的变迁以及城市的发展，这里依然保持原貌，大量的历史建筑分布在旧城区各处，成为澳门珍贵的文化遗产。更为难得的是，这些遗产并未因发展的规划而遭受破坏，反而在前人的保护下，形成澳门独树一帜的文化氛围。中国人和葡萄牙人在这里合力营造共同的社区生活，彼此融合与尊重对方的宗教、文化以至生活习惯。

平遥古城
（Ancient City of Ping Yao）

国家：中国
洲名：亚洲
时间：1997年列入《世界遗产名录》
标准：ii, iii, iv
属性：文化遗产
功能：历史城市

世界遗产委员会的评价：

平遥是一座保存极为完好的汉族城市的范例，建于14世纪。城市格局反映了

5个多世纪以来封建中国在建筑风格和城镇规划方面的变迁。平遥是19世纪至20世纪初期当时整个中国银行业的中心，这里同银行业相关的一些庄严的建筑物见证了这一切。

平遥古城位于山西省中部，始建于西周宣王时期（前827—前782），自秦朝实行郡县制以来，平遥一直是中国最基层的一级城市——县治所在地，延续至今。平遥距今已有2 700多年的历史，是中国目前唯一保存下来的明清时代县城的原型。现存的古城总面积为2.25平方公里，城墙、街道、民居、店铺、寺庙等，向人们展示了明清时期文化、社会、经济、建筑等的历史风貌。城中有始建于北魏的城墙、最早的金融票号“日升昌”的旧址、体现古代县城礼制程式的街市格局、展现浓厚地方风格的3 700多座民居。平遥民居基本保持原有格局，布局严谨，轴线明确，左右对称。现在城内的大部分寺庙建筑、县衙署、100多条街巷形式与格局大体未变，都保留了原来的历史形态。街道两旁的店铺多为17—19世纪的建筑。这些古色古香的建筑原汁原味地勾勒出明清时期市井繁华的风貌。

古城平面呈方形，东、西、北墙方直，南墙随中都河之势蜿蜒而筑。平遥古城的城墙保存完好，城墙高为6—10米，墙顶净宽3—6米，周长6 163米。环周有72座敌楼、3 000个垛口，象征着孔子的三千弟子、七十二贤人。在这里，起着军事防御作用的城墙，与孔子联系在了一起，体现的正是古人所说的“文武之道，一张一弛”，“文以辅国，武以卫国”。平遥素有“龟城”之称，系取意于永久和吉祥。古城共有6座城门，南北各一，东西各二，每座城门均为重门瓮城，瓮城顶建重檐木构城楼，城墙四隅筑有角楼。

镇国寺、双林寺与古城墙并称为“平遥三宝”。镇国寺位于平遥城东北12公里。该寺的万佛殿建于五代（10世纪），殿内的五代彩塑和元、明时期的壁画具有很高的艺术和美学价值。双林寺位于距平遥古城6公里的桥头村，建于北齐武平二年（571），历代多有修葺，现在保存下来的多为明、清时期的古建筑。双林寺以精湛的彩塑艺术而著称，殿内保存有宋、元、明、清历代大小彩塑2 052尊，大者数米，小者仅几十厘米，形式多样，造型精美，令人叹为观止。

平遥古城是按照汉民族传统规划思想和建筑风格建设起来的城市。平遥古城众多的文化遗存，代表了中国古代城市在不同历史时期的建筑形式、施工方法和用材标准，也集中体现了明清时期汉民族的历史文化特色。如平遥双林寺中佛教、道教、儒教等庙宇建筑都围绕中轴线有机布置，这种三教同奉的现象就是兼容并包的三晋文化的一个体现。平遥民居是迄今汉民族地区保存最完整的古代居民群落，具有较高的艺术价值和美学价值。平遥古城历史悠久，文物古迹众多。平遥完整地展现了17—19世纪的历史面貌，为明清建筑艺术的历史博物馆。平遥的古建筑及文物古迹在数量和品位上均属中国国内罕见，对研究中国古代城市变迁、城市建筑、人类居住形式和传统文化的发展具有极为重要的价值。

二、现代都市

在《世界遗产名录》中,被列入的世界历史名城为数众多,然而巴西首都巴西利亚却是一座年轻的现代化城市。巴西利亚是唯一一座列入《世界遗产名录》的现代化都市,城市的设计和规划充分体现了人类的创新精神和丰富的想象力,堪称现代城市建设的典范,是城镇规划史上的里程碑。

巴西利亚
(Brasilia)

国家:巴西
洲名:美洲
时间:1987 年列入《世界遗产名录》
标准:i, iv
属性:文化遗产
功能:现代都市

世界遗产委员会的评价:

巴西利亚,于 1956 年建都在这个国家的中心的一处长方形的城市,它是城镇规划史上的里程碑。城市设计师卢西奥·科斯塔和建筑师奥斯卡·尼迈尔设想了城市的一切,从居民区和行政区的布局(常常被比作飞翔的鸟的形态)到建筑物自身的对称,与城市的总体设计协调一致。特别是办公大楼的设计极具创新精神和想象力。

巴西利亚位于戈亚斯州(State of Goias)高原上,始建于 1956 年,1960 年建成。作为首都,巴西利亚是国家的行政中心。巴西历史上曾有两个城市是首都,即萨尔瓦多和里约热内卢,它们都是沿海城市。由于历史的原因,巴西的城市和工业多集中于沿海地区,人口过于密集,建立巴西利亚的目的是为了更好地开发和管理巴西的内陆地区,带动经济的发展。1956 年,巴西总统库贝切克(Juscelino Kubitschek)决定在戈亚斯州高原上建立新首都,1960 年 4 月 21 日,巴西人迎来了新首都的落成典礼。

巴西利亚的设计非常有特色,整个城市建筑布局看上去就像一只飞翔的鸟。"鸟头"是由政府宫、国会、最高法院组成的三权广场。"鸟身"是政府各部门办公大楼、大教堂、公园、商业中心等建筑。"两翼"是平坦宽阔的立体公路,路两旁是居民区和商业网点。"鸟尾"主要是工业区和服务性行业区。巴西城市设计师卢西奥·科斯塔设计了新首都的城市规划方案。主要的一些政府建筑物由巴西建筑师奥斯卡·尼迈尔设计。景观设计师 Roberto Burle Marx 则将这座新城市点缀得多姿多彩。

巴西利亚这座现代都市不见古迹遗址，也没有大都市的繁华，但其却以充满现代理念的城市格局、构思新颖别致的建筑以及寓意丰富的艺术雕塑闻名于世。

三、乡村聚落

随着人类文明的进步，人类社会由旧石器时代向新石器时代过渡，生产工具有了改进，促进了生产力的发展，畜牧业、原始农业开始形成和发展，农业与畜牧业分离，产生了人类历史上的第一次社会大分工，出现了从事农耕业生产的人类的固定聚落形式——乡村。乡村聚落是聚落的主要形式。出现村落是人类由游牧、狩猎向农业生活转变的标志。新石器时代晚期，随着生产力的进一步发展，畜牧业和原始农业有了较快的发展，人类生产在满足自身需求的同时，有了劳动剩余物，部分人从土地上解脱出来，成为专门的手工业者，因此出现了人类历史上的第二次社会大分工，即手工业与畜牧业和农业的分离。所以，聚落发生了根本性变化，出现了商人、手工业者专门从事商业、手工业活动的城镇。社会分工的深化推动了生产力的进步，也导致了生产技术和劳动生产率的提高。人类进入奴隶社会，商业从农、牧、手工业中分离出来，出现了人类历史上的第三次社会大分工。乡村聚落的产生为城市的出现奠定了基础。

乡村聚落经济活动的基本内容是农业，习惯上称为乡村。由于军事、政治、宗教等目的，人类开始在聚集区周围筑城，兴建了城市，出现了居民不直接依靠农业营生的城市型聚落。作为乡村聚落形式的古村落集人文、历史、建筑、民俗多种文化于一身，具有很高的历史、艺术和科学价值。古村落民居生动地反映了耕读文化和宗族文化，展示了不同区域里古村落各自的地理、民俗、文化和历史风貌。

在世界范围内被联合国教科文组织世界遗产委员会列入世界文化遗产名录的古村落有皖南古村落——西递和宏村（Ancient Villages in Southern Anhui——Xidi and Hongcun）（中国）、开平碉楼和村落（Kaiping Diaolou and Villages）（中国）、白川乡和五箇山的历史村落（Historic Villages of Shirakawa - go and Gokayama）（日本）、霍拉肖维采历史村落保护区（Holašovice Historical Village Reservation）（捷克）、霍洛克老村及其周围环境（Old Village of Hollókö and its Surroundings）（匈牙利）、陶斯印第安村（Pueblo de Taos）（美国）等。

皖南古村落——西递和宏村
（Ancient Villages in Southern Anhui——Xidi and Hongcun）

国家：中国
洲名：亚洲

时间：2000年列入《世界遗产名录》

标准：iii, iv, v

属性：文化遗产

功能：古村落

世界遗产委员会的评价：

西递和宏村这两个传统的村落在很大程度上仍然保持着那些在20世纪已经消失或改变了的乡村的面貌。它们的街道规划、建筑物、装饰和供水系统完备的民居都是独一无二的遗存范例。

黟县位于安徽省南部，始建于公元前221年。"五岳归来不看山，黄山归来不看岳"。大自然的鬼斧神工，造就了黄山的奇秀美景，而黄山的佳山丽水，又孕育出徽州灿烂夺目的徽派文化。地处黄山西南麓的黟县是徽商和徽文化的发祥地之一，因群山阻隔，历代免遭战乱，徽商遗留下来的大量明清时期的古民居、祠堂、牌坊、庙宇、园林、桥梁、亭台楼阁等古建筑被奇迹般地保存下来。这些徽州古民居建筑就是徽派古文化百花园中最艳丽的一朵奇葩。皖南黟县的古村落堪称我国古村落的典范。这里有被称为中国明清民居博物馆的西递村，它是一个以血缘关系为纽带、以商业力量支撑起来的聚族而居的村落。这里有设计奇特的牛形古村落——宏村，该村既以古民居著称于世，又以人工水系蜚声中外。这里还分布有南屏、关麓、屏山、卢村、塔川等遐迩闻名的古村落。唐代大诗人李白曾赋诗盛赞黟县："黟县小桃源，烟霞百里间。地多灵草木，人尚古衣冠。"黟县因美丽的自然环境、独特的风貌和别致的民居而成为拍摄电视剧和电影的基地，《菊豆》、《卧虎藏龙》、《走出蓝水河》、《历史的天空》、《徽州女人》等多部影视剧都曾把这里作为拍摄的外景地。除黟县以外，歙县、绩溪、泾县等地也分布着一些有特色的古村落。

西递村

西递，原名西川，位于黟县东南部，距黟县县城8公里。西递村是一处胡姓聚居的古村落，始建于北宋，距今已有900多年的历史。该村东西长700米，南北宽300米。西递村四面环山，两条溪流流经此村，素有"桃花源里人家"之称。走近西递村，首先映入眼帘的便是在村口傲然屹立、雕凿精湛的"胡文光牌坊"。胡文光牌坊建于明万历六年(1578)，已有400多年的历史，为三间四柱五楼的青石牌坊，峥嵘巍峨，结构精巧，是胡氏家族地位显赫的象征。早年，西递原有13道这样的牌坊雄列村口，可见当年气势何等恢弘。不幸的是在文化大革命中有12座牌坊被毁于一旦，荡然无存。四品朝列大夫胡文光因政绩显著而被明神宗皇帝恩准在家乡建此牌坊以光宗耀祖流芳百世。村中街巷沿溪而设，均用青石铺地。街巷两旁的古建筑淡雅朴素，巷道、溪流、建筑布局相宜。一幢幢古民居层楼叠院，鳞次栉比；家家青石门坊，粉墙青瓦，飞檐翘角，气势轩昂；高墙深巷，曲径通幽，古朴典雅。西递村现存明、清古民居120多幢，祠堂3幢，包括凌云阁、刺史牌楼、瑞玉庭、桃李园、东园、西园、大夫第、敬爱堂、履福堂、膺福堂、青云轩等，建筑错落有致，石雕、砖雕、木雕点缀其间，堪称徽派古民居建筑艺术的典范。无论是精雕细刻的门楼、漏窗、楼台亭阁，还是色彩斑斓的彩绘和壁画，都体现了中国古代艺术的精华。西递村古民居布局之工、结构之巧、装饰之美、营造之精、文化内涵之深为国内古民居建筑所罕见，是徽派民居中的一颗明珠。

西园建于清道光四年(1824)，原为河南开封知府胡文照故居。院落大门是砖砌的八字门楼，古朴典雅，气度非凡。院落内住宅为三个三进单元的相连建筑，由带有砖雕漏窗的内墙隔成前、中、后三院。二进院落住宅大门两侧墙上各嵌有一个石雕漏窗，左边为“松石图”，右边为“竹梅图”，构思生动，雕刻精湛。东园建于清雍正二年(1724)，原为胡文照的祖居。东园包括正厅、前厅和凉厅三进厅堂。桃李园建于清咸丰四年(1854)，为徽商胡元熙故居。桃李园占地面积294平方米，为三间三进二楼结构。前厅风雅别致，中厅内有“楼上井”，后厅左右两侧的板壁上各装有6块木雕屏门，为漆雕的欧阳修《醉翁亭记》全文，出自书法家黄元治手笔。敬爱堂始建于明万历二十八年，后毁于火灾，明末重建，清初落成，建筑面积1 800余平方米。敬爱堂后厅高悬一斗大的“孝”字，系南宋大理学家朱熹所书。细看此字，字中有画，画中有字，上部仰面像一个拱手跪地作揖的孝子，而上部反面则是一个猴子的嘴脸。寓意人要敬老爱幼，否则会退化为猴子。瑞玉庭建于咸丰三年(1853)。房子的原主人是一位徽商，其室内装饰和布局体现了主人的身份和追求。履福堂建于清康熙年间(1684)，为三间三楼结构的古民居。此宅原为著名书画家和鉴赏家胡积堂的祖居。履福堂是西递村中一座典型的书香宅第，厅堂陈挂着许多楹联。青云轩建于同治年间，是一便厅(又叫书厅)的单元建筑，便厅居中，二楼结构，两侧为平房，便厅的满月形门和院落花圃交相辉映，可谓“花好月圆”。厅堂正中的地面上置一小圆洞，上放石盖，寒冬掀盖，洞气送暖，酷暑掀盖，凉风送爽。原来地下有洞道相通，用恒温的地气来调节室内的温度，其设计可谓独具匠心。大夫第建于清康熙三十年(1691)，大门上首嵌砌砖雕“大夫第”三字，大厅宽敞明亮，上方为一天井，天井四周格扇饰以木雕。追慕堂建于清乾隆五十八年(1793)，是胡氏支祠，供奉有胡家先祖牌位。

据考西递村胡氏祖上的发迹还是离不开文化的底蕴。他们大都是先儒后商，或叫弃儒从商，因之也被雅称为“儒商”。由于他们大多熟读经书，博古通今，因而在商场中善于深谋远虑，运筹帷幄，以一获十，获取暴利。他们成功了，发财了，胡氏24世祖胡贯三一人就经营有36家典当铺、20余家钱庄，生意遍及长江中下游各大商埠，资产折白银500余万两，财力居于当时江南巨富的第六位。连乾隆、嘉庆、道光三朝宰相曹振镛都将自己的千金小姐下嫁到西递胡贯三家为媳，胡氏财势之大可想而知了。西递村充满了田园诗般的韵味儿，清代诗人曹文埴有《咏西递》诗描绘它:“青山云外深,白屋烟中出。双溪左右环,群木高下密。曲径如弯弓,连墙若比栉。自如桃源来,墟落此第一。”西递就像一个被现代社会遗忘的旧梦,远离都市的喧嚣,向人们呈现一种朴素的民间生活。

登高俯瞰全村,鳞次栉比的明清古建筑群如同一艘扬帆的古船。西递村村落空间变化有致,建筑色调朴素淡雅,在人居环境营造方面体现了杰出的成就,具有很高的历史、文化、艺术和科学价值。

宏村

宏村始建于南宋绍兴年间(1131—1162),距今已有800多年的历史。宏村位于黟县县城东北11公里处,原为汪姓聚居之地。宏村是一座“牛形村”,整个村庄从高处看,宛若一头斜卧山前溪边的青牛。巍峨苍翠的雷岗为“牛首”,参天古木是“牛角”,错落有致的民居为“牛躯”,九曲十弯的水圳(清泉)是“牛肠”,半月形池塘(月沼)为“牛胃”,南湖是“牛肚”。村西溪水上架起四座木桥作为“牛脚”。引清泉为“牛肠”,从一家一户门前流过,使得村民“家家门巷有清渠”。“牛肠”在流入村中被称为“牛胃”的月塘后,经过过滤,复又绕屋穿户,流向村外被称做“牛肚”的南湖,再次过滤流入河床。如此水系,堪称中国古代村落建筑艺术之一绝。这种别出心裁的村落水系设计,不仅为村民生产、生活用水和消防用水提供了方便,而且调节了气温和环境。古宏村人规划、建造的牛形村落和人工水系是当今建筑史上一大奇观。湖光山色与层楼叠院融为一体,自然景观与人文景观交相辉映,是宏村区别于其他民居建筑布局的特色,成为当今世界历史文化遗产一大奇迹。

全村现保存完好的明清古民居有140余幢,包括承志堂、敬修堂、东贤堂、三立堂、叙仁堂等,这些建筑古朴典雅,意趣横生,体现了传统徽派建筑风格的极致。

承志堂建于清咸丰五年(1855),是清末大盐商汪定贵住宅。整栋建筑为木结构,内部砖、石、木雕装饰富丽堂皇,总占地面积约2 100平方米,建筑面积3 000余平方米,是一幢保存完整的大型民居建筑。全宅有9个天井、大小房间60间、136根木柱、大小门窗60个。全屋分内院、外院、前堂、后堂、东厢、西厢、书房厅、鱼塘厅、厨房、马厩等。承志堂最令人叹为观止的是它的支柱、额坊、拱棚、门窗等无处不附以精美绝伦的雕饰,既富丽堂皇,又气势非凡。承志堂正厅横梁、斗拱、花门、窗棂上的木刻工艺精湛,层次繁杂,人物众多,堪称徽派“三雕”艺术中的木雕精品。

月沼建于明永乐年间(1403—1424)。当时宏村出了个汪思齐,他发现村中有一泓天然泉水冬夏泉涌不息,于是三次聘请海阳县(今休宁)的风水先生何可达和族内高辈能人,制定了扩大宏村基址及进行村落全面规划的牛形水系蓝图,引西溪水绕村屋,又把水引入村中心天然井泉处建月沼池塘,供防火、饮用等。后裔汪升平等人投资万余金,继续凿圳、挖掘成半月形池塘,完成了前人未完成的“月沼”,这就是月塘。如今,月塘已成为宏村一道亮丽风景,吸引无数的游人前往观赏。

南湖位于宏村南,建于明万历丁未年(1607)。从明永乐年间到万历年间,宏村人口繁衍,光靠月塘蓄水已不够用,于是村民们又在万历丁未年将村南百亩良田凿深数丈,周围四旁砌石立岸,仿西湖平湖秋月式样,建成南湖。整个湖面水天一色,远峰近宅映入湖中,显得幽深、雅静。

明末,宏村人在南湖北畔建六所私塾,人称"依湖六院"。清嘉庆十九年(1814),将依湖六院合并重建,取名文家塾,亦名南湖书院,是一所具有传统徽派建筑风格的古书院。由志道堂、文昌阁、启蒙阁、会文阁、望湖楼、祇园六部分组成。"志道堂"系先生讲学之场所。"文昌阁"奉设孔子文位,供学生瞻仰膜拜。"启蒙阁"乃启蒙读书之处。"会文阁"供学子阅鉴四书五经。"望湖楼"为教学闲暇观景休息之地。"祇园"则为内苑。书院前临一湖碧水,后依连栋楼舍,粉墙黛瓦,碧水蓝天,显得格外古朴而别致。南湖书院为宏村培养出许多杰出人物,其中有民国初年的国务总理兼财政总长汪大燮、清末内阁中书汪康年、清代诗人汪乘恩和汪彤雯等。南湖书院的亭台楼阁与湖光山色交相辉映,深具传统徽派建筑风格。

霍洛克老村及其周围环境

(Old Village of Hollókö and its Surroundings)

国家:匈牙利
洲名:欧洲
时间:1987 年列入《世界遗产名录》
标准:v
属性:文化遗产
功能:古村落

世界遗产委员会的评价:

霍洛克是被精心保护下来的传统村落的一个杰出范例。这个村落主要是在 17 和 18 世纪发展起来的,是 20 世纪农业革命前乡村生活的生动写照。

霍洛克村位于匈牙利东北部,距离布达佩斯约 100 公里,堪称匈牙利最具魅力的村庄。它的著名是因为早在 1987 年,这里便被联合国教科文组织世界遗产委员会列为世界文化遗产。如今,这里已成为匈牙利的传统保护区,是一座融旅游和文化保护为一体的民俗村。这是一座不足百人的小村,人们终日为生计而不停地忙碌,有的人手中持着干草叉,有的人则挎着蔬菜篮,固守着世代沿袭的传统生活方式。小村的魅力或许是因为这里至今仍保留着完好的民俗。这里的女人们最喜欢戴着绣着花的白色头巾,身上经常穿着红或蓝的印花套裙。如今,当你走在村落中,如果碰巧与这些美丽的村姑相遇时,她们还会以欧洲古典的屈膝礼迎接你的到来，优雅地用手提起裙角，轻轻地一曲膝，风情万种。这里的民居极其漂亮，白色围墙的房子的正面由雕刻精美的木质栏杆点缀着，是匈牙利北部地区的典型建筑风格。在村落附近，分布着几个葡萄庄园、蔬菜园、庄稼地和牧场。恬淡而幽雅的田园风光为这个小村落增添了几分妩媚。

霍拉肖维采历史村落保护区
（Holašovice Historical Village Reservation）

国家：捷克
洲名：欧洲
时间：1998 年列入《世界遗产名录》
标准：ii，iv
属性：文化遗产
功能：古村落

世界遗产委员会的评价：

霍拉肖维采是完美无缺地保留下来的欧洲中部传统村落的一个罕见例证，它拥有以南波希米亚民间巴洛克风格而遐迩闻名的 18 和 19 世纪许多杰出的本土建筑，保留下一张始自中世纪的蓝图。

霍拉肖维采是 19 世纪南波希米亚乡村环境得以遗存下来的独特的典范，同时，它也是人类最初创造的建筑成形艺术的见证。霍拉肖维采在整个南波希米亚的乡村巴洛克式建筑中展现了自身最独特的魅力。霍拉肖维采是一座颇具特色的村落，村落田园风光点缀着的房屋住宅和农场建筑物在整体上给人留下至深的印象。优美的线条，加上风格迥异、丰富多彩的装饰物，使这个乡村建筑愈加焕发其独特的风采。

陶斯印第安村
（Pueblo de Taos）

国家：美国
洲名：美洲
时间：1992 年列入《世界遗产名录》
标准：iv
属性：文化遗产
功能：古村落

世界遗产委员会的评价：

陶斯印第安村位于里奥格兰河的一个支流的山谷中，是用砖坯砌成的村落，代表了亚利桑那州和新墨西哥州的印第安人的文化。

美国的陶斯印第安村包括一系列的居民点和仪式中心，是分布在今天亚利桑那州、新墨西哥州、犹他州与科罗拉多州边界地区的具有史前传统的阿那萨基印第安部落文化的典型代表。陶斯印第安村从17世纪起就成为当地土著居民的文化中心，今天它仍然传承世代延续的文化传统。

尽管陶斯印第安村采用了欧洲建筑的风格，包括壁炉、外层大门和多用途的窗户，然而，陶斯印第安村是传统建筑风格与这一地区特有的美洲史前时期建筑风格和谐统一的典型代表。陶斯印第安村可以说是一个杰出的建筑博物馆和一个传统人类定居点的辉煌例证。陶斯印第安村落的当地土著风情文化和建筑特色无一不使其成为一处具有魅力的地方。

四、皇宫和王宫

被列入世界文化遗产名录的皇宫和王宫有：北京和沈阳明清故宫(Imperial Palaces of the Ming and Qing Dynasties in Beijing and Shenyang)(中国)，凡尔赛宫及其园林(Palace and Park of Versailles)(法国)，枫丹白露宫及其花园(Palace and Park of Fontainebleau)(法国)，莫斯科的克里姆林宫和红场(Kremlin and Red Square, Moscow)(俄罗斯)，申布伦宫殿和园林(Palace and Gardens of Schönbrunn)(奥地利)，维尔茨堡宫、宫廷花园和宅邸广场(Würzburg Residence with the Court Gardens and Residence Square)(德国)，萨沃亚王宫(Residences of the Royal House of Savoy)(意大利)，卡塞塔18世纪王宫(18th - Century Royal Palace at Caserta, with the Park, the Aqueduct of Vanvitelli, and the San Leucio Complex)(意大利)，布莱尼姆宫(Blenheim Palace)(英国)等。

北京和沈阳明清故宫

(Imperial Palaces of the Ming and Qing Dynasties in Beijing and Shenyang)

国家：中国
洲名：亚洲
时间：1987年列入《世界遗产名录》，2004年扩展
标准：i, ii, iii, iv, v, vi
属性：文化遗产
功能：皇宫

世界遗产委员会的评价：

1987 年收录：

紫禁城是 5 个多世纪最高权力的中心，拥有景观园林和许多建筑群（近10 000 个含有家具和艺术品的房间），成为明清时代中国文明无价的历史见证。

扩展：

沈阳清代故宫由 114 座建筑物组成，建于 1625—1626 年和 1783 年期间。在它扩张它的权力至国家的中心和迁都至北京之前，它拥有一座重要的图书馆，见证了统治中国最后朝代的建立，后来这座故宫成为了北京故宫陪都宫殿。这一非凡的建筑物为清代的历史和中国北方满族和其他宗族的文化传统提供了重要的历史见证。

北京故宫是世界上规模最大、保存最完好的古代皇宫建筑群，是中国古代建筑最高水平的体现。北京故宫始建于明朝永乐四年（1406），建成于永乐十八年（1420），历经 14 年时间建成，是明清两朝的皇宫，称紫禁城，1925 年始称故宫。故宫一直是中国统治阶级的政治和文化中心，从明代永乐（朱棣）开始到清代最后一个皇帝宣统（溥仪），先后有 24 位皇帝曾在此居住，统治全国长达 491 年。

故宫占地面积 72 万平方米，建筑面积 15 万平方米。故宫四周以城墙环绕，城墙四角各有一座结构精巧的角楼，城墙外有护城河。故宫辟有四门，南面有午门，为故宫正门，北有神武门（玄武门），东面东华门，西为西华门。故宫建于北京城的中央，以南北为中轴线，坐北朝南，充分体现了皇权至上的封建统治思想。历史上，故宫因火灾和其他原因曾多次重建，但基本格局没有改变，整个皇宫分外朝和内廷两大部分，外朝是国家政治活动场所，以太和殿、中和殿、保和殿三大殿为中心，文华殿和武英殿为两翼，是皇帝举行重大典礼的地方，是封建皇权的象征。内廷是皇帝处理日常政务和起居之地，有乾清宫、交泰宫、坤宁宫、御花园及东西六宫等建筑。此外，东侧有宁寿宫区域，西侧有慈宁宫区域。

北京故宫建筑集明清两代建筑艺术之大成，是中国最大的古建筑群。故宫内存有大量的历史文物和珍宝，是我国收藏最好的和最丰富的文物博物院。故宫博物院是在明、清两代皇宫——紫禁城的基础上建立的一座融古代建筑、宫殿收藏和历代文化艺术为一体的大型综合性博物馆。故宫博物院开辟有珍宝馆、钟表馆、绘画馆、陶瓷馆、青铜器馆、石鼓馆、戏曲馆、古代玉器馆等。今天的故宫博物院院藏文物达 150 万件（套），其中包括：青铜器、玉器、金银器、陶瓷器、牙竹木雕、丝织刺绣、文房四宝、绘画书法、家具等，代表了中国历史文化艺术的最高水准，是中国最丰富的文化和艺术宝库。

沈阳故宫位于沈阳市旧城中心，四周围以高大宫墙，南面正中为大清门，总占地面积 60 000 多平方米，共有各类建筑 100 余座。沈阳故宫始建于 1625 年，是清朝入关前清太祖努尔哈赤、清太宗皇太极创建的皇宫，又称盛京皇宫，清朝入主中原后改为陪都宫殿和皇帝东巡行宫。沈阳故宫作为清朝入关前的盛京皇宫和入关后的陪都宫殿历经300多年的沧桑岁月。万历四十四年(1616)努尔哈赤以今新宾满族自治县境内的赫图阿拉山城为国都,定国号“大金”,建元“天命”,登基称汗王,创立了后金地方政权。天命十一年(1626)三月,努尔哈赤把国都迁到沈阳城,并开始在这座新都城兴建汗王宫殿。1626年8月,68岁的努尔哈赤病逝,其第八子皇太极继承王位,改年号为天聪,并继续修建宫殿,至天聪六年(1632),皇宫主体部分基本修建完成,共有各式宫殿楼阁30多座、100余间,成为皇太极临朝理政和与后妃们居住的地方。天聪十年(1636)四月,皇太极在这座皇宫中正式登基称帝,将国号“大金”改为“大清”,改年号“天聪”为“崇德”,由“汗王”改称“皇帝”,把原来的后金汗国变成了大清帝国。清入关前沈阳宫殿建造最终完成,因在此之前皇太极将都城沈阳改称“盛京”,所以此宫殿也被称为“盛京皇宫”。

崇德八年(1643)八月,皇太极病逝,由其第九子福临继承皇位。次年(顺治元年,1644)清朝入关,将都城迁至北京,建立全国性政权,尊盛京(沈阳)为“陪都”,这里的宫殿也随之成为“陪都宫殿”。此后,沈阳故宫仍然受到特殊的保护,设有专门机构负责守卫、管理和修缮。康熙十年(1671)、二十一年(1682)、三十七年(1698),清入关后的第二代皇帝圣祖玄烨先后3次东巡盛京,谒祭永陵、福陵和昭陵,都曾驾临沈阳故宫举行典礼。乾隆八年(1743)、十九年(1754)、四十三年(1778)、四十八年(1783),清高宗弘历共4次东巡谒陵,驻跸沈阳故宫。嘉庆十年(1805)、二十三年(1818)和道光九年(1829),东巡盛京的皇帝又三次驻跸沈阳故宫,使这座宫殿直到清朝末年始终保持着皇家禁地的神圣地位。

1926年,在这里建立了“东三省博物馆”,后来又相继称为“奉天故宫博物馆”、“国立沈阳博物院”。中华人民共和国成立后,沈阳故宫又先后改称“沈阳博物馆”和“沈阳故宫博物院”。整座皇宫楼阁林立,殿宇巍然,雕梁画栋,富丽堂皇。沈阳故宫按照建筑布局和建造先后,可以分为3个部分:东路为努尔哈赤时期建造的大政殿与十王亭;中路为清太宗时期续建的大中阙,包括大清门、崇政殿、凤凰楼以及清宁宫、关雎宫、衍庆宫、启福宫等;西路则是乾隆年间增建的文溯阁和嘉荫堂。

沈阳故宫以鲜明的满族特色著称于世。沈阳故宫于2004年在第28届世界遗产委员会会议上被联合国教科文组织世界遗产委员会作为北京明清故宫的扩展项目列入《世界遗产名录》。北京、沈阳两座故宫构成了中国仅存的两大完整的明清皇宫建筑群。

拉萨布达拉宫

(Historic Ensemble of the Potala Palace, Lhasa)

国家:中国

洲名:亚洲

时间：1994 年列入《世界遗产名录》,2000 和 2001 年扩展
标准：i, iv, vi
属性：文化遗产
功能：王宫

世界遗产委员会的评价：

布达拉宫由白宫和红宫及其附属建筑物组成,建在拉萨河谷中心海拔 3 700 米高的红山之上。大昭寺是一组极具特色的建筑群,也建于公元 7 世纪。罗布林卡,达赖喇嘛的夏宫,建于公元 18 世纪,是西藏艺术的杰作。这三处建筑群以其华丽的装饰与和谐的构筑加之它们在历史和宗教上的影响,显得格外美丽而新颖。

布达拉宫位于西藏自治区拉萨市中心红山上,海拔 3 763.5 米,主楼 13 层,高度为 115.7 米,建筑面积约 138 025 平方米。布达拉宫是宫堡式建筑群,始建于公元 7 世纪的吐蕃王朝松赞干布时期。从 17 世纪中叶到 1959 年前,布达拉宫一直作为历代达赖喇嘛生活起居和从事政教活动的场所。在这漫长的岁月中,布达拉宫收藏和保留了极为丰富的各类历史文物、宗教法器、雕塑、佛塔、典籍等数以万计的珍品。

大昭寺

大昭寺位于拉萨市区八角街,建于公元 7 世纪,是西藏最古老的宗教寺院,距今已有 1 300 多年的历史。主殿高 4 层,上覆金顶,辉煌壮观。大昭寺是西藏重大佛事活动的中心。大昭寺作为布达拉宫扩展项目于 2000 年被列入《世界遗产名录》。

罗布林卡

罗布林卡位于拉萨市西郊拉萨河畔,始建于公元 18 世纪中叶,是历世达赖喇嘛处理政务和进行宗教活动的夏宫。罗布林卡作为布达拉宫扩展项目于 2001 年被列入《世界遗产名录》。

布达拉宫是中国西藏历代达赖喇嘛进行政治、宗教活动和居住的场所。布达拉宫是中国古代建筑中的杰作,具有很高的历史、艺术和科学价值。布达拉宫内部墙面绘有精美壁画,是名副其实的艺术之宫。

凡尔赛宫及其园林
(Palace and Park of Versailles)

国家：法国
洲名：欧洲
时间：1979 年列入《世界遗产名录》

标准: i, ii, vi
属性: 文化遗产
功能: 王宫

世界遗产委员会的评价:

凡尔赛宫是法国国王路易十四到路易十六时期的王宫。经历了几代建筑师、雕塑家、装饰家和景观设计师的不断修饰,一个多世纪以来,它一直是欧洲王室官邸的完美典范。

凡尔赛宫(Château de Versailles)是路易十四于1661年下令建造的一座王宫,1689年落成,坐落于距巴黎西南约20公里的凡尔赛(Versaillers)。1682年,路易十四迁入凡尔赛宫,从此凡尔赛宫一直是法国的政治中心。直到1789年10月,法国人民进攻并占领凡尔赛宫,才结束了其政权统治。凡尔赛宫是世界闻名的法国王宫,是17世纪专制王权的象征,是西方古典主义建筑的典范。路易十四、十五和十六都曾在此安居,料理朝政。这座宫殿为三层,共有1 800多间厅室,宫内装饰金碧辉煌,其中最为奢华的是镜厅,位于宫殿的西侧,在战争馆与和平馆之间,长73米,宽10.5米,高12.3米。里面有17面大镜子、水晶吊灯、银制家具、银制王座、锦缎窗帘,整个厅内富丽堂皇,极尽奢华。镜厅是路易十四为了宣扬军事上的胜利和炫耀自己至高无上的权力而兴建。国王寝宫、王后寝宫、巴洛克式礼拜堂、歌剧院和特利亚隆宫都是建筑的精华。凡尔赛宫广场上是一片绿茵覆盖的花园,花园上有雕塑、喷泉、果菜园、橘树园、人工湖等;此外,还有大运河、阿波罗雕像、阿波罗骑马像、金字塔喷泉、阿波罗喷泉等。

枫丹白露宫及其花园
(Palace and Park of Fontainebleau)

国家: 法国
洲名: 欧洲
时间: 1981年列入《世界遗产名录》
标准: ii, vi
属性: 文化遗产
功能: 王宫

世界遗产委员会的评价:

枫丹白露宫位于法兰西岛广阔的森林中心,为中世纪王室成员的狩猎屋,从12世纪起为法国国王所用。16世纪时,弗朗索瓦一世想造就一个“新罗马”,对此宫进行改造、扩建和装饰。这座意大利风格的宫殿为巨大的花园所环绕,把文艺复兴时期的风格和法国传统艺术完美地融合在一起。

枫丹白露位于巴黎东南60公里处,是一片森林。10世纪,这里原本是巴黎的王室成员来此狩猎时休憩的地方,后成为法国国王喜爱的度假胜地。12世纪,成为王室城堡。后经历代君王的改建、扩建、装饰和修缮,使枫丹白露宫成为一座富丽堂皇的行宫。弗朗索瓦一世,亨利二世,亨利四世,路易十四、十五、十六和拿破仑等法国帝王都曾在此居住过,直到19世纪末,它被改建成博物馆。枫丹白露宫内部尽管经历了历代国王的装饰和修缮,但基本保持了文艺复兴时期的风格。最著名的是弗朗索瓦一世回廊(Galerie François I)的壁画和天井画。此外,枫丹白露宫前的戴高乐广场(Place de Gaulle)和枫丹白露宫周围的枫丹白露森林(Forêt de Fontainebleau)将枫丹白露宫衬托得更加美丽。

莫斯科的克里姆林宫和红场
(Kremlin and Red Square, Moscow)

国家:俄罗斯
洲名:欧洲
时间:1990年列入《世界遗产名录》
标准:i, ii, iv, vi
属性:文化遗产
功能:宫殿和广场

世界遗产委员会的评价:

克里姆林宫是由杰出的俄罗斯和外国建筑师建于14—17世纪,是沙皇的住宅和宗教中心,13世纪以来俄罗斯所有最重要的历史事件和政治事件都与这里密切相关。坐落在红场上防御城墙脚处的圣巴西勒教堂,是最美丽的俄罗斯东正教建筑之一。

克里姆林宫位于莫斯科市中心,包括皇宫、教堂、钟楼、办公大楼,它们构成宏伟的建筑群。克里姆林宫曾是历代沙皇的皇宫,是沙皇权力的象征。它历史上起着防御功能,是宗教和政治活动中心。克里姆林宫的主体宫殿是大克里姆林宫,后来成了最高苏维埃举行会议的地方。克里姆林宫收藏有许多珍贵文物,包括皇冠、御座、珠宝、神像、盔甲、礼服等。克里姆林宫由三面围墙环绕,呈三角形,墙体总长度2.2公里,沿墙筑有20座塔楼。伊凡大帝钟楼是克里姆林宫中最高的建筑物,高达81米。它也是一座瞭望塔,可以俯瞰方圆几十公里的地方。在钟楼附近有一重达40.6吨的大炮,称为“炮王”。在这里还有一座世界最大的钟,铸于18世纪30

年代,重量超过200多吨,有“钟王”之称。

红场与克里姆林宫毗连,是俄罗斯最著名的广场,建于15世纪,是举行盛大庆典和阅兵典礼之地。红场上有列宁的陵墓,由黑色和深红色的大理石和花岗岩建成。广场南侧有遐迩闻名的圣巴西勒教堂。红场的北面是俄罗斯国家博物馆,是一座建于19世纪、具有典型俄罗斯风格的建筑物。

五、广场

作为世界文化遗产的代表性广场有:布鲁塞尔大广场(Grand Place, Brussels)(比利时),比萨大教堂广场(Piazza del Duomo, Pisa)(意大利),莫斯科的克里姆林宫和红场(Kremlin and Red Square, Moscow)(俄罗斯),南锡的斯坦尼斯拉斯广场、卡里耶尔广场和阿里昂斯广场(Place Stanislas, Place de la Carrière and Place d'Alliance in Nancy)(法国)等。

布鲁塞尔大广场
(Grand Place, Brussels)

国家:比利时
洲名:欧洲
时间:1998年列入《世界遗产名录》
标准:ii, iv
属性:文化遗产
功能:广场

世界遗产委员会的评价:

布鲁塞尔大广场是一独特的公共和私人建筑的共同体,主要建于17世纪晚期。这一建筑风格提供了在这个重要的政治和商业中心当时的社会和文化水平的生动的例证。

大广场(Grand Place)位于布鲁塞尔市的中心,呈长方形,长110米,宽68米,地面用小方石块铺成。17世纪以前建造的大部分建筑都是木结构的。1695年,法国的路易十四命令法军攻城,布鲁塞尔的许多建筑被摧毁,广场也受到重创,除了市政厅以外的建筑全被毁坏,但是城里的商会以惊人的速度重建了现在的石砌建筑。在众多建筑物中,最引人注目的是市政厅,建于15世纪,是座楼顶建有精美钟塔的哥特式尖顶建筑,周边环绕着饰以精细华美浮雕的古代建筑物,拱孔林立,柱廊环绕。法国大文豪雨果赞誉这里是“世界上最美丽的广场”。除了市政厅,广场上还有王宫、历史博物馆、法国名作家雨果的寓所、遐迩闻名的天鹅餐厅等。天鹅餐厅的一侧有一座和真人大小相仿的青铜女神卧像，据说抚摸此像可以祈福。天鹅餐厅的斜对面有两家店铺，曾是法国大文豪雨果的故居，雨果曾在此处写作过，现在他的故居被一分为二为两家商店，门牌号分别是26号和27号，一家是卖针织品的，一家是卖巧克力的。这两家店前墙上分别镶嵌着方形铭牌，标记着雨果故居的字样。雨果，法国文学史上最伟大的作家之一，于1802年2月26日出生在法国贝桑松的一个军官家庭，他才华横溢，创作力经久不衰，文学生涯达半个世纪之久。1831年雨果发表了小说《巴黎圣母院》。1848年"二月革命"开始时，雨果已成为坚定的共和党人，并当选为制宪会议的成员，成为法国国民议会中社会民主左派的领袖。1851年，路易·波拿巴发动政变。雨果立即发表宣言进行反抗，不幸失败。同年12月，雨果被迫逃亡到布鲁塞尔。也就是说在雨果到了比利时不久就住在了布鲁塞尔大广场，因为在这儿的雨果故居方形铭牌记录的是1852年。

在广场南面不远处的一条小巷路口就是世人皆知的小于连撒尿的铜像，该铜像堪称布鲁塞尔的标志，小于连被称为布鲁塞尔的"第一公民"，为世人皆知的"小尿童"(Manneken Pis)。那是一尊约半米高的裸体小铜像，小于连站在2米高的一座拱形石座上，旁若无人地在"撒尿"。据说在13世纪的一场战争中，敌军企图炸毁市政厅，派人埋下炸弹，在引爆时小于连急中生智，撒了一泡尿，淋湿了引火线，从而挽救了布鲁塞尔和百姓的生命。后人为纪念他，雕塑了这座撒尿小铜像。多少年来，善良的人们凭借着自己的想象传播着这个故事。当然关于"小尿童"其他的版本说法不一。

比萨大教堂广场

(Piazza del Duomo, Pisa)

国家：意大利
洲名：欧洲
时间：1987年列入《世界遗产名录》
标准：i, ii, iv, vi
属性：文化遗产
功能：广场

世界遗产委员会的评价：

大教堂广场坐落在一片宽阔的草坪上，广场上矗立着一组闻名于世的建筑群。4处中世纪的建筑杰作是大教堂、洗礼堂、钟楼(斜塔)和公墓，对11世纪到14世纪间意大利的建筑艺术具有极大的影响。

比萨城在意大利的西北部，是一个古老而美丽的城市。比萨城由于比萨斜塔而闻名于世,比萨也是著名科学家伽利略的故乡。比萨是一座小城,时至今日仍保持着中世纪古城的风貌。著名的比萨斜塔就位于城区。公元前1世纪比萨就已成为一个重镇。中世纪时,比萨一度是繁荣的海港,通过海外贸易,经济空前繁荣。比萨曾作为城市共和国威震八方,它在联结东西方中曾起着重要作用。1860年,比萨并入意大利王国。

比萨历史悠久,是意大利的主要文化中心之一,有著名的比萨大学和科研机构。著名的斜塔和中世纪建筑艺术使其成为著名的旅游城市。

比萨最著名的景区是大教堂广场,宽敞的广场上矗立着一组中世纪的建筑群——比萨斜塔(Torre pendente)、大教堂(Duomo)、洗礼堂(Battistero)、公墓(Camposanto)和大教堂歌剧博物馆(Museo dell'Opera del Duomo)。这些建筑由宽广的绿油油的草坪衬托显得格外美丽。这些建筑群被视为中世纪的建筑奇迹,因此大教堂广场又称为奇迹广场(Piazza del Miracoli)。

比萨斜塔始建于1173年,完工于14世纪。塔高54.5米,为8层圆柱形建筑,2—7层为空廊,顶层为钟楼,塔内有294级楼梯,全部用白色大理石砌成。比萨斜塔造型独特,为罗马式建筑艺术的典范。它原本是为比萨大教堂而建的钟塔,当建完第三层时人们发现塔身是斜的,这是由于地表陷落而造成的。几经周折,塔最终还是在倾斜状态下完工。1590年,伽利略在比萨斜塔做了自由落体运动实验,结果两个重量不等的铁球从塔顶落下时同时着地。这一实验表明了亚里士多德的说法是错误的,使长期统治人们思想的亚里士多德的学说第一次发生动摇。从此比萨斜塔更为世人所知而扬名天下。

大教堂始建于1064年,完工于12世纪。大教堂完全用大理石砌成,教堂的门和布道坛造型令人惊叹,教堂内精雕细琢的装饰让人目不暇接。

洗礼堂始建于1152年,完工于14世纪。洗礼堂是一座圆形的白色大理石建筑物,皇冠似的穹顶和布道坛格外引人注目。

公墓位于大教堂歌剧博物馆旁侧,是中世纪墓地,长方形,大理石外墙。

六、园林

作为世界文化遗产的代表性园林有:北京颐和园(Summer Palace, an Imperial Garden in Beijing)(中国),苏州古典园林(Classical Gardens of Suzhou)(中国),承德避暑山庄及周围寺庙(Mountain Resort and its Outlying Temples, Chengde)(中国),凡尔赛宫及其园林(Palace and Park of Versailles)(法国),枫丹白露宫及其花园(Palace and Park of Fontainebleau)(法国),德绍-沃利茨的皇家园林(Garden Kingdom of Dessau-Wörlitz)(德国),凯尤皇家植物园(Royal Botanic Gardens, Kew)(英国),斯塔德利皇家公园和喷泉修道院遗址(Studley Royal Park including the Ruins of Fountains Abbey)(英国),帕多瓦植物园[Botanical Garden (Orto Botanico), Padua](意大利)等。

北京颐和园
（Summer Palace, an Imperial Garden in Beijing）

国家：中国
洲名：亚洲
时间：1998 年列入《世界遗产名录》
标准：i, ii, iii
属性：文化遗产
功能：皇家园林

世界遗产委员会的评价：

北京颐和园，始建于 1750 年，1860 年在战火中严重损毁，1886 年在原址上重新进行了修缮，是中国景观园林设计中的杰作。自然山峦和开阔的湖面与人工景观如亭台、长廊、殿堂、庙宇和桥一起构成了一个具有突出美学价值的和谐整体。

颐和园位于北京城西北郊，原是清代皇家花园和行宫，乾隆十五年（1750）建清漪园。1860 年，清漪园被英、法联军烧毁。1886—1895 年，慈禧太后挪用海军军费进行重建，历时 10 年，并改名为颐和园。颐和园占地 290 公顷，主要由万寿山和昆明湖组成，水面面积约占 3/4。颐和园内有亭、台、楼、阁、廊、榭等不同形式的建筑3 000多间。全园大体分为三个区域：以仁寿殿为中心的政治活动区，以乐寿堂、玉澜堂和宜芸馆为主体的生活居住区，由万寿山和昆明湖等组成的风景游览区。

佛香阁：是颐和园的主体建筑，建在约 21 米高的石台基上。阁高 40 米，有 8 个面、3 层楼、4 重屋檐。阁内有 8 根巨大铁梨木擎天柱，结构复杂，为古典建筑精品。

万寿山：高 58. 59 米。据说乾隆为了庆祝其母 60 大寿将先前的瓮山改名为万寿山。

昆明湖：碧水荡漾，景色宜人，6 座不同形式的拱桥架设其中。17 孔桥横卧湖上，长 150 米，宽 8 米，造型十分优美。

颐和园的长廊长约 728 米，长廊中绘有彩画 8 000 多幅，为世界长廊之最。颐和园体现出的铸造雕刻技术也是一流水平，如昆明湖东岸的巨大镇水铁牛，形态逼真，背上还铸有铭文；湖北岸的巨大石舫，雕梁画栋，精彩无比。

颐和园整个景区规模宏大，集中了中国古典建筑的精华，是中国园林建筑艺术的杰作，也是世界上最著名的古典园林之一。

苏州古典园林
（Classical Gardens of Suzhou）

国家：中国
洲名：亚洲
时间：1997 年列入《世界遗产名录》,2000 年扩展
标准：i, ii, iii, iv, v
属性：文化遗产
功能：古典园林

世界遗产委员会的评价：

没有哪些园林能比苏州历史城市的九大园林更能体现出中国古典园林设计的自然微缩景观。它们通常被公认是这一流派的杰作。这些建于 11—19 世纪的园林,以其精雕细琢的设计,折射出中国文化中源于自然而又超越自然的深邃意境。

苏州位于江苏省南部,是一座具有 2 500 年历史的文化古城,是著名的园林城市。苏州园林历史悠久,可追溯至公元前 6 世纪春秋时吴国的离宫别苑,私家园林始于东晋,盛于宋、元、明、清。苏州古典园林以其意境深远、构筑精致、艺术高雅、文化内涵丰富而成为具有历史、文化、艺术和科学价值的珍贵的世界文化遗产。1997 年以拙政园、留园、网师园、环秀山庄为典型例证的苏州古典园林被列入《世界遗产名录》。2000 年,世界遗产委员会又将沧浪亭、狮子林、艺圃、耦园和退思园作为苏州古典园林扩展项目列入《世界遗产名录》。现存名园 10 余处,遐迩闻名的有拙政园、留园、网师园、环秀山庄、沧浪亭、狮子林、艺圃、耦园、退思园等。

拙政园：位于苏州娄门内,始建于明代正德四年(1509),是苏州最大的一处园林,也是苏州园林的代表作,享有“江南名园精华”的盛誉。拙政园以水为主,山径水廊起伏曲折,亭台楼阁临水而筑。全园分东、中、西三个部分,中园是其主体和精华所在。远香堂是中园的主体建筑,其他一切景点均围绕远香堂而建。

留园：坐落在苏州市阊门外,廊壁有历代书法家的石刻 300 余方。园内的冠云峰高约 9 米,玲珑剔透,有“江南园林峰石之冠”的美誉。

网师园：位于苏州城东南葑门十全街,始建于南宋。园中有屋宇、亭廊、泉石、花草,体现了苏州庭园布置的精粹。网师园的亭台楼榭无不面水,处处有水可观,布局紧凑,以精巧见长。

环秀山庄：位于景德路,原为五代钱氏金谷园故址,几经易手,多次扩建,清道光年间始称环秀山庄,又名颐园。环秀山庄面积不大,园景以山为主,池水辅之,池水缭绕,绿树掩映,步移景易,有“独步江南”之美誉。

沧浪亭：位于苏州城南三元坊内,是苏州最古老的一处园林,园内以山石为主

景,迎面一座土山,山顶有一沧浪石亭。山下凿有水池,山水之间以一条曲折的复廊相连,清幽古朴。

狮子林:位于苏州市园林路,始建于元代。园内石峰林立,形态似狮子,故名"狮子林"。园内以假山著称,洞穴岩壑曲折盘旋。园内廊壁嵌有宋代四大名家书法手笔。

艺圃:位于苏州市阊门内,始建于明代。园内景致宜人,风格质朴,较好地保存了建园初期的格局,具有很高的历史与艺术价值。全园以约占1/5面积的池水为中心。池水中有以土堆成的假山,并以湖石叠成绝壁,意趣盎然,堪称园中的主要景观。

耦园:位于苏州市内仓街小新巷,始建于清代初年。主体建筑是一组重檐楼厅。其东南角有小院三处,总称为"城曲草堂"。西园面积较小,以书斋"织帘老屋"为中心,分隔为前后两个小院,前院有湖石假山逶迤,后院有湖石花坛,园内假山、花木、湖石等意趣盎然。耦园内最著名的景观称"黄石假山",修筑于城曲草堂楼厅之前。园内池水随假山向南延伸,水上架有曲桥,池南端有阁跨水而筑,称"山水阁",隔山与城曲草堂相对,形成了以山为主体的优美景区。

退思园:位于吴江同里镇东溪街。全园简朴淡雅,水面过半,景色宜人。退思园集清代园林建筑之长,园内的每一处建筑既可独自成景,又与另一景观相对应,具有步移景异之妙,堪称江南古典园林中的经典之作。

苏州园林是文化意蕴深厚的"文人写意山水园"。苏州古代的造园者都有很高的文化修养,能诗善画,造园时多以画为本,以诗为题,通过凿池堆山、栽花种树,创造出具有诗情画意的园林景观,被称为"无声的诗,立体的画"。那些充满着书卷气的诗文题刻与园内的建筑、山水、花木自然和谐地糅合在一起,使园林的一山一水、一草一木均折射出深邃的文化内涵。

承德避暑山庄及周围寺庙

(Mountain Resort and its Outlying Temples, Chengde)

国家:中国
洲名:亚洲
时间:1994年列入《世界遗产名录》
标准:ii, iv
属性:文化遗产
功能:皇家园林和宗教寺庙

世界遗产委员会的评价:

避暑山庄,是清王朝的夏宫,位于河北省境内,建于1703年到1792年。它是由众多宫殿、政务建筑物、仪式建筑物构成的一个庞大建筑群。建筑风格各异的庙宇和皇家园林同周围的湖泊、牧场和森林巧妙地融为一体。避暑山庄不仅具有极高的美学价值,而且还保留着中国封建社会末期罕见的历史遗迹。

承德避暑山庄坐落于河北省承德市中心区以北、武烈河西岸一带狭长的谷地上。在历史上,承德避暑山庄是清朝皇帝的夏季行宫,是中国皇家行宫中规模最宏大的一座宫苑。这里地处要势,风景优美,气候宜人,北可俯视关内,外可控蒙古各部,因此为清朝皇帝选中,修建作为北巡围猎的行宫。它始建于康熙四十二年(1703),于乾隆五十五年(1790)竣工,占地564万平方米,是中国现存最大的皇家园林。避暑山庄有36景和山庄外的外八庙。

避暑山庄主要分为宫殿区和苑景区两部分。宫殿区位于山庄南部,宫室建筑林立,布局严整,包括正宫、松鹤斋、万壑松风和东宫四组建筑。正宫是清代皇帝在山庄时处理政务、休息和举行重大典礼的地方。

苑景区又分湖泊区、平原区和山峦区。宫殿区以北为湖泊区。湖泊区集南方园林之秀和北方园林之雄,区内湖泊总称"塞湖"。

避暑山庄周围分布着12座建筑风格各异的寺庙,其中的8座由清政府直接管理,故被称为"外八庙",名称分别为:溥仁寺、溥善寺(已毁)、普乐寺、安远庙、普宁寺、须弥福寿之庙、普陀宗乘之庙、殊像寺。外八庙以汉式宫殿建筑为基调,吸收了蒙、藏、维等民族建筑艺术特征,创造了中国的多样统一的寺庙建筑风格。

避暑山庄集中国古代造园艺术和建筑艺术之大成,是具有创造力的杰作。避暑山庄作为中国清朝的第二个政治中心,曾发生过一系列重要事件,这里的文物古迹见证了这些事件,因此更显珍贵。

帕多瓦植物园
[Botanical Garden (Orto Botanico), Padua]

国家:意大利
洲名:欧洲
时间:1997年列入《世界遗产名录》
标准:ii, iii
属性:文化遗产
功能:植物园

世界遗产委员会的评价:

世界上第一个植物园于1545年建于帕多瓦,它仍保留着最初的建筑设计风格,一块象征着世界的环形中心地带被水流所环绕。后来,这里又增添了一些其他设施，其中包括建筑设施（装饰过的大门和栅栏）和实物设施（水泵设备和温室），时至今日它仍一如既往地继续着它的初衷，即把植物园作为科学研究的中心。

七、宗教建筑（教堂、修道院和寺庙）

教堂：亚眠大教堂（Amiens Cathedral）（法国）、沙特尔大教堂（Chartres Cathedral）（法国）、布尔日大教堂（法国）、亚琛大教堂（Aachen Cathedral）（德国）、科隆大教堂（Cologne Cathedral）（德国）、施佩耶尔大教堂（Speyer Cathedral Bourges Cathedral）（德国）、布尔戈斯大教堂（Burgos Cathedral）（西班牙）、图尔奈的圣母大教堂（Notre－Dame Cathedral in Tournai）（比利时）、博亚纳教堂（Boyana Church）（保加利亚）、特罗多斯地区的彩绘教堂（Painted Churches in the Troodos Region）（塞浦路斯）、泽列纳—霍拉的内波穆克圣约翰朝圣教堂（Pilgrimage Church of St John of Nepomuk at Zelena Hora）（捷克）、佩泰耶韦西古教堂（Petäjävesi Old Church）（芬兰）、科洛缅斯科耶的耶稣升天教堂（Church of the Ascension, Kolomenskoye）（俄罗斯）、巴格拉特大教堂和格拉特修道院（Bagrati Cathedral and Gelati Monastery）（格鲁吉亚）、果阿教堂和修道院（Churches and Convents of Goa）（印度）、菲律宾巴洛克式教堂群（Baroque Churches of the Philippines）（菲律宾）、奇洛埃教堂（Churches of Chiloé）（智利）等。

修道院：丰特奈西多会修道院（Cistercian Abbey of Fontenay）（法国）、波布莱特修道院（Poblet Monastery）（西班牙）、里拉修道院（Rila Monastery）（保加利亚）、托马尔基督教修道院（Convent of Christ in Tomar）（葡萄牙）、巴塔拉修道院（Monastery of Batalha）（葡萄牙）、阿尔科巴萨修道院（Monastery of Alcobaça）（葡萄牙）、霍雷祖修道院（Monastery of Horezu）（罗马尼亚）、圣加尔的修道院（Convent of St Gall）（瑞士）、米斯泰尔的本笃会圣约翰女修道院（Benedictine Convent of St John at Müstair）（瑞士）、哈格帕特修道院（Monasteries of Haghpat and Sanahin）（亚美尼亚）等。

寺庙：巴赛的阿波罗·伊壁鸠鲁神庙（Temple of Apollo Epicurius at Bassae）（希腊）、科纳拉克太阳神庙（Sun Temple, Konarak）（印度）、普兰班南寺庙群（Prambanan Temple Compounds）（印度尼西亚）、日光的神殿与庙宇（Shrines and Temples of Nikko）（日本）等。

亚眠大教堂
（Amiens Cathedral）

国家：法国
洲名：欧洲

时间：1981 年列入《世界遗产名录》
标准：i，ii
属性：文化遗产
功能：教堂

世界遗产委员会的评价：

亚眠大教堂位于皮卡第的中心，是 13 世纪最大的古典哥特式教堂之一。它以其设计的连贯性、三层式拱顶的美丽以及在主体建筑物的正面上和南交叉甬道里的特别精致的雕刻造型而著称。

亚眠是一座历史悠久的城市、皮卡第大区的首府，位于法国北部的索姆河畔。亚眠大教堂是法国最大的教堂，高达 42.5 米。中殿建于 1220 年至 1236 年。高耸的拱顶特别引人注目。教堂的内外布满了美丽的雕刻和浮雕。三座拱门上的石雕堪称是艺术上的杰作。教堂内部装饰精致豪华，16 世纪存留下来的玫瑰窗依然可见。在教堂内唱诗班的橡木座位上雕刻着圣经的故事，记述着圣母的生平和平民百姓的日常生活。

科隆大教堂
（Cologne Cathedral）

国家：德国
洲名：欧洲
时间：1996 年列入《世界遗产名录》
标准：i，ii，iv
属性：文化遗产
功能：教堂

世界遗产委员会的评价：

科隆大教堂始建于 1248 年，是哥特式建筑杰作，历经几个阶段，一直到 1880 年才建成。7 个多世纪，相继的建筑者们被绝对忠实于原设计的共同信仰和精神所鼓舞。除了科隆大教堂内在的价值以及它所拥有的艺术杰作外，它还见证了欧洲基督教永恒的力量。

科隆大教堂于 1248 年开始破土动工，1880 年完工，其建筑期长达 630 多年，堪称世界之最。科隆大教堂是哥特式的建筑风格，高达 157 米，长 144 米，宽 86 米，是一座天主教堂，也是德国最大的教堂。它以其雄伟壮观和高耸的两塔尖顶闻名于世，是建筑史上最杰出的成就之一。157 米的高度使教堂在外形上就有着足够的震慑力。教堂中央的双尖塔高达161米,四周林立着许多小尖塔。这座大理石砌成的大教堂,其内外雕刻物皆似鬼斧神工之作。教堂里有森然罗列的高大石柱,色彩缤纷的玻璃,精致的拱廊式屋顶以及直刺云霄、显出傲然气势的双塔尖顶。如今,它已与巴黎的圣母院和梵蒂冈的圣彼得大教堂并称为欧洲三大宗教建筑。

大教堂内分为5个礼拜堂,中央大礼拜堂穹顶高达43.35米,教堂内部装饰也很讲究。玻璃窗上都用彩色玻璃镶嵌出图画,图画上是圣经故事。堂内还有好几幅石刻浮雕,描绘出圣母玛丽亚和耶稣的故事。大教堂四壁上方的玻璃窗用彩色玻璃嵌出圣经故事。最著名的是重达24吨的大摆钟和一个中世纪的黄金匣——三王龛。科隆大教堂还保存有许多珍贵的文物,其中包括成千上万张当时大教堂的设计图纸,成为研究中世纪建筑艺术和装饰艺术的宝贵资料。教堂内外还有无数的精美石雕。

夜色中的科隆大教堂最为壮观,一轮明月在高耸的双峰式的塔楼时隐时现,月光下的大教堂呈现绮丽的神秘色彩。整座教堂显得冷峻而充满力量。

圣母玛丽亚感恩教堂与达·芬奇的作品《最后的晚餐》
(Church and Dominican Convent of Santa Maria delle Grazie with "*The Last Supper*" by Leonardo da Vinci)

国家:意大利
洲名:欧洲
时间:1980年列入《世界遗产名录》
标准:i, ii
属性:文化遗产
功能:宗教建筑与绘画作品

世界遗产委员会的评价:

米兰的圣母玛丽亚感恩教堂修道院的餐厅构成了一个完整的建筑复合体,始建于1463年,15世纪末,由布拉蒙特扩建。餐厅的北墙上是一幅无与伦比的杰作《最后的晚餐》,由列奥纳多·达·芬奇绘于1495—1497年,这幅作品预示了艺术史上的一个新时代的到来。

这是文艺复兴时期最美丽的教堂之一,由索拉里(G. Solari)建于1466—1490年,为哥特式和伦巴第式风格的建筑。1492年,由布拉蒙特(Bramante)扩建后成了一个修道院。达·芬奇的名画《最后的晚餐》就绘在这座教堂修道院餐厅的墙壁上。这幅宽约9米、高近5米的巨幅壁画取材于耶稣与12门徒共进晚餐时宣布有人要出卖他的故事。画面上惟妙惟肖地刻画了耶稣受难前与门徒共进最后一次晚餐时每一位门徒的心理轨迹。耶稣和12个门徒在达·芬奇笔下得到了淋漓尽致的表现。这幅作品是世界上最杰出的绘画之一。

列奥纳多·达·芬奇(Leonardo da Vinci,1452—1519)为文艺复兴意大利艺坛三杰之一。他不仅是一位天才的画家,而且是工程师、科学家和建筑设计师,是一位多才多艺的天才人物,对人类作出过多方面的贡献。达·芬奇的一生创作了许许多多不朽的作品,如《蒙娜丽莎》、《最后的晚餐》等。达·芬奇出生在佛罗伦萨附近的小山村——安基亚诺村(Anchiano),后为米兰的大公爵效劳。

八、皇家陵园和墓地

历代的皇家陵寝都十分重视选择陵址,以图皇权永固。在世界范围内被联合国教科文组织世界遗产委员会列入《世界遗产名录》的皇家陵园和墓地有秦始皇陵(Mausoleum of the First Qin Emperor)(中国)、明清皇家陵寝(Imperial Tombs of the Ming and Qing Dynasties)(中国)、泰姬陵(Taj Mahal)(印度)、德里的胡马雍陵(Humayun's Tomb, Delhi)(印度)、卡苏比的乌干达王陵(Tombs of Buganda Kings at Kasubi)(乌干达)、孟菲斯及其墓地——吉萨至达舒尔金字塔地带(Memphis and Its Necropolis——the Pyramid Fields from Giza to Dahshur)(埃及)、阿斯基亚陵(Tomb of Askia)(马里)等。

帝王陵墓,实际上包括陵墓及其附属建筑,合称为陵寝。我国从第一个奴隶制王朝夏到最后一个封建王朝清,历时3 000余年,其间,汉族和其他少数民族建立的统一王朝和地方政权共有帝王500余人。至今地面有迹可寻、时代明确的帝王陵寝共有数百座,分布在全国许多省区。我国的皇家陵寝不仅数量众多、历史悠久、建筑宏伟、工艺精湛,而且具有独特的风格,在世界建筑工艺史上占有重要的地位。

秦始皇陵
(Mausoleum of the First Qin Emperor)

国家:中国
洲名:亚洲
时间:1987年列入《世界遗产名录》
标准:i, iii, iv, vi
属性:文化遗产
功能:帝王陵园

世界遗产委员会的评价:

毫无疑问,如果不是1974年被发现,这座考古遗址中的数以千计的陶俑将依旧沉睡于地下。秦始皇,这个第一个统一中国的皇帝,殁于公元前210年,葬于陵墓的中心,陵墓周围为著名的陶俑所环绕,复杂的设计反映了都城咸阳的城市布局。那些小的陶俑其形态各异,具有战马、战车和武器,既是现实主义的杰作,同时也保留了极高的历史价值。

秦始皇陵位于陕西省临潼县骊山脚下的下河村附近,面积500平方米,是中国历史上第一个统一中国的皇帝秦始皇的陵墓。秦始皇陵是秦始皇于公元前246年至公元前208年营建的,据史书记载,秦王嬴政从13岁即位不久就开始营建陵园,动用了70万个工匠,工程之浩大、气魄之宏伟、陪葬物之丰富居历代帝王陵之首。秦始皇陵是最大的皇帝陵,也是中国历史上第一个皇帝陵园。

秦始皇陵土陵冢高43米,底边周长1 700多米,筑有内外两重夯土城垣,象征都城的皇城和宫城。内城略呈方形,周长3 890米,除北面开两门外,其余三面各开一门。外城为长方形,周长6 294米,四面各开一门。陵墓地宫中心是安放秦始皇棺椁的地方,陵墓四周有陪葬坑和墓葬400多个。历年来已有5万多件重要历史文物出土。

秦始皇陵兵马俑坑是秦始皇陵的陪葬坑。秦始皇陵兵马俑陪葬坑坐西向东,分别为一号坑、二号坑和三号坑,三坑呈品字形排列。兵马俑仿秦宿卫军制作,与真人同大小,组成步、弩、车、骑4个兵种。武士陶俑形态各异,表情逼真,体现了秦代高超的雕塑技艺水平。兵马俑的发现被誉为“世界第八大奇迹”。

明清皇家陵寝

(Imperial Tombs of the Ming and Qing Dynasties)

国家:中国
洲名:亚洲
时间:2000年列入《世界遗产名录》,2003年和2004年扩展
标准:i, ii, iii, iv, vi
属性:文化遗产
功能:帝王陵园

世界遗产委员会的评价:

明清皇家陵寝依照风水理论,精心选址,将数量众多的传统建筑设计和装饰的建筑物安置于地下,是人类改变自然的产物。它们见证了封建中国5个多世纪的世界观与权力观。

明显陵

显陵位于中国湖北省钟祥市东北7.5公里的松林山,是嘉靖皇帝朱厚熜的父亲恭睿献皇帝和母亲章圣皇太后的合葬墓。显陵始建于明正德十四年(1519),嘉靖

四十五年(1566)建成。

清东陵

清东陵位于河北省遵化市西北昌瑞山南麓,葬有清代顺治、康熙、乾隆、咸丰和同治5位皇帝,再加上孝庄、慈禧和香妃等的大陵园。清东陵从顺治十八年(1661)首建顺治皇帝的孝陵开始,到光绪三十四年(1908)最后建成慈禧皇太后的菩陀峪定东陵为止,营建活动延续了247年。这些陵寝包括皇帝陵5座、皇后陵4座、妃园寝5座、公主园寝1座。

清西陵

清西陵坐落在距河北省易县县城15公里处的永宁山,始建于清雍正八年(1730),完工于1915年。陵区内有泰陵(雍正)、昌陵(嘉庆)、慕陵(道光)、崇陵(光绪)4座皇帝陵,3座后陵,3座妃园寝,4座王爷、公主园寝。

明孝陵

明孝陵在南京东郊的钟山西南麓独龙阜,明开国皇帝朱元璋和皇后马氏合葬于此。明孝陵依山而建,坐北朝南,主体建筑可以分为前后两个部分。前面为神道,自下马坊至棂星门;后面为陵寝,在棂星门东北方。孝陵环以城,城周22.5公里,自下马坊至明楼纵深2.62公里。明孝陵作为明清皇家陵寝扩展项目于2003年被列入《世界遗产名录》。

明十三陵

十三陵位于北京昌平境内的天寿山麓,是明朝(1368—1644)13位皇帝的陵墓群。十三陵是世界上埋葬皇帝最多的墓葬群。陵区三面环山,蟒山、虎峪雄踞两侧,体系完整,规模宏大,气势磅礴,体现了“天造地设”和“天人合一”的完美境界。十三陵有成祖朱棣的长陵、仁宗朱高炽的献陵、宣宗朱瞻基的景陵、英宗朱祁镇的裕陵、宪宗朱见深的茂陵、孝宗朱佑樘的泰陵、武宗朱厚照的康陵、世宗朱厚璁的永陵、穆宗朱载垕的昭陵、神宗朱翊钧的定陵、光宗朱常洛的庆陵、熹宗朱由校的德陵和思宗朱由检的思陵。十三陵以地面建筑宏伟的长陵和已发掘的地下宫殿定陵最为著名。十三陵作为明清皇家陵寝扩展项目于2003年被列入《世界遗产名录》。

定陵地下宫殿是十三陵中第一座被发掘的皇家陵寝。定陵位于十三陵陵区的大峪山东麓,是明朝第十三个皇帝朱翊钧和他的两位皇后——孝靖皇后与孝端皇后的合葬陵墓。万历十一年(1583),朱翊钧趁祭陵之便,带领文武官员、术士、钦天监等在天寿山亲自选定陵址,确定建陵规制。定陵建于1584—1590年(万历十二年至万历十八年),用时6年,耗银800余万两,占地约18万平方米。定陵规模宏大,仅当年役使的军卒、工匠就达3万余人。

1956年5月19日,经中国国务院批准,发掘工作队开始对中国皇陵第一次进行发掘。最开始,考古人员发现了宝城西南侧墙上露出了一处券门,于是就正对着券门开了第一条探沟,到了底部发现了用城砖砌成的隧道。沿着隧道的方向在明楼西面开了第二条探沟，在这条探沟的挖掘过程中，碰到了刻有“此石至金刚墙前皮十六丈深三丈五尺”字样的小石碑，从而得到了关于打开地宫的正确方向。考古人员沿着这个方向，又开了第三条探沟，最终找到了石隧道。考古人员经过1年多的艰苦发掘，终于在石隧道的尽端发现了金刚墙。他们将金刚门拆开，即进入地下宫殿的隧道券，玄宫打开前，门内顶有石条，石条上墨书“玄宫七座门自来石俱未验”十一字。考古人员用自制的“拐钉钥匙”打开了石门。中国古代帝王神秘莫测的地下宫殿终于重见天日，在玄宫的后室（玄宫的主室，又称“皇堂”）发现3口巨大的朱红色棺椁静静地排列在棺床上，里面分别是明朝第十三个皇帝朱翊钧和他的两位皇后——孝靖皇后与孝端皇后。棺椁周围有26只楠木制的陪葬箱子，里面是无数的金银玉器和成匹的罗纱织锦。

玄宫的中室设有3座汉白玉石雕成的宝座，分属万历皇帝及两位皇后。宝座前有黄色琉璃五供，即一个香炉、两个烛台、两个花瓶；五供前各有一口青花云龙大瓷缸，缸里装有香油、铜瓢、灯芯，这就是当时所称的“长明灯”，亦称“万年灯”，但是由于关门后玄宫缺氧，所以长明灯并没有长明。

定陵出土的文物达3 000多件，出土了一大批珍贵的文物和工艺品，如金冠、凤冠、丝织品、服装、木俑、金器、玉器、瓷器、首饰等弥足珍贵，是研究明代工艺的珍品。定陵皇家陵寝建筑和出土的3 000余件文物不仅反映了中国明代礼制习俗和丧葬文化，也为研究当时的政治、经济和文化提供了宝贵的资料。定陵皇家陵寝集陵墓、宫殿、苑囿于一身，凝聚了中国古代人民在建筑艺术领域里的精华，具有极其重要的历史价值、艺术价值和科学价值，是中华民族和全人类的宝贵文化遗产。

盛京三陵

位于辽宁的盛京三陵（福陵、昭陵和永陵），也称东北三陵，是开创满清皇室基业的祖先的陵墓。盛京三陵作为明清皇家陵寝扩展项目于2004年被列入《世界遗产名录》。

福陵：是清太祖努尔哈赤与皇后叶赫那拉氏的陵墓，是清朝命名的第一座皇陵。陵区坐落在沈阳市东北11公里处，俗称东陵。福陵始建于后金天聪三年（1629），崇德元年（1636）大清建国，定陵号为“福陵”，竣工于清顺治八年（1651）。福陵是清朝命名的第一座皇陵，现存古建筑32座（组），古建筑以神道为中轴线对称分布，平面规整，层次分明，是一处融满汉民族特色为一体的皇陵建筑群。

昭陵：是清太宗皇太极和孝端文皇后博尔济吉特氏的陵墓。昭陵始建于清崇德八年（1643），同年葬太宗皇太极于陵内，顺治元年（1644）定陵号称昭陵，顺治七年（1650）孝端文皇后入葬。昭陵竣工于清顺治八年（1651）。昭陵占地48万平方米，现存建筑38座（组），陵内殿宇密布，门、坊、碑、亭林立，彰显出皇家陵园的雄伟和壮丽。昭陵在盛京三陵中规模最大，是结构最完整的皇家陵园，因坐落在沈阳市北端，故又称北陵。作为清朝兴起之初营造技术水平的代表建筑，昭陵基本沿袭了明代的皇陵规制,建筑形式又融入了满族兴起时期的地方特色和民族特色,是一座独具风格的清代皇家陵寝建筑群。

永陵:建于1598年,是满清皇族的祖陵,坐落于辽宁新宾满族自治县城西21公里处的永陵镇。

明清皇家陵寝选址和规划设计充分运用了中国传统的风水理论,着力体现“天人合一”的宇宙观,将人的精神熔铸于大自然之中,造成一种崇高、伟大、永恒不朽的意象。这些陵墓体现了封建社会的最高丧葬制度以及千百年来封建社会的宇宙观、生死观、道德观和社会风习,凝聚了中国古代人民在建筑艺术领域的精华,具有极其重要的历史价值、艺术价值和科学价值。

德里的胡马雍陵
(Humayun's Tomb, Delhi)

国家:印度
洲名:亚洲
时间:1993年列入《世界遗产名录》
标准:ii, iv
属性:文化遗产
功能:王陵

世界遗产委员会的评价:

这座陵墓建于1570年,作为印度次大陆的第一座花园陵墓具有着特殊的文化意义。它引起了一些重要的建筑领域的创新,在泰姬陵的建筑中达到顶峰。

胡马雍陵是印度最早的莫卧儿式建筑,为莫卧儿王朝第二代皇帝胡马雍的陵墓,位于德里东南郊亚穆纳河畔,由其遗孀帝后哈吉·贝古姆(Haji Begum)主持建造。陵墓坐落在一个宽阔的大院内,规模宏大。陵寝建在长方形石台上,主体是用红色砂岩建成,顶部是白色大理石圆屋顶,胡马雍的石棺在寝宫中央,其他寝宫是王子、莫卧儿王朝其他帝王和皇室成员的石棺。后来,哈吉·贝古姆逝世后也被埋葬在这里。胡马雍陵红色砂岩雕刻的精细镂花、花园式的内景和四周墙壁上的拱形大门构成典型的莫卧儿建筑风格。

泰姬陵
(Taj Mahal)

国家:印度

洲名：亚洲
时间：1983 年列入《世界遗产名录》
标准：i
属性：文化遗产
功能：皇家陵墓

世界遗产委员会的评价：

泰姬陵是一座白色大理石建成的巨大陵墓，是按照莫卧儿皇帝沙·贾汗旨意为纪念他的爱妻于1631年至1648年建于阿格拉。泰姬陵是印度穆斯林艺术的瑰宝和普遍为世人赞叹的世界遗产杰作之一。

泰姬陵(泰姬·玛哈尔陵)位于印度北方邦的阿格拉，背依亚穆纳河。泰姬陵宏伟壮观，精美绝伦，全部用洁白的大理石建成。1631年，莫卧儿皇帝沙·贾汗的妻子泰姬(Taj)在分娩第十四个孩子时难产去世。她当时38岁，已结婚17年。为纪念爱妻，沙·贾汗在泰姬去世的同一年开始下令建造这座陵墓。泰姬陵由著名的建筑设计师提坦努斯(Titanus)设计，由波斯的建筑师乌斯塔德·伊萨(Ustad Isa)建于1631—1648年，动用了2万名工匠参与建造，历时17年才完成。据说，泰姬陵完工后皇帝沙·贾汗下令砍去乌斯塔德·伊萨的双手和弄瞎了他的双眼以防止他再建造第二个类似泰姬陵的建筑。

泰姬陵主体圆屋顶占地60平方英尺，高80英尺，周围四角为四座塔楼所环绕。泰姬陵内以中央八角大厅为中心，中心线上安放着泰姬的石棺，旁边是皇帝沙·贾汗的石棺。泰姬陵前有一条红色砂岩铺成的长通道，通道中间是一个清澈的水池，内有喷泉，波光潋滟，与泰姬陵交相辉映。泰姬陵是世界建筑艺术的典范，有人间建筑奇迹的美称。

据传说，沙·贾汗曾想在亚穆纳河对岸用黑色的大理石为自己建造一座与泰姬陵一样的陵墓，与泰姬陵以桥相连。但沙·贾汗未能实现他的愿望，他的三儿子奥朗则布(Aurangzeb)篡夺了王位，并将废黜王位的沙·贾汗监禁在阿格拉堡整整8年，沙·贾汗只能在阿格拉堡遥望几公里外的泰姬陵，在那里他度过了自己的最后时光，殁于1666年。

孟菲斯及其墓地——吉萨至达舒尔金字塔地带
(Memphis and Its Necropolis——the Pyramid Fields from Giza to Dahshur)

国家：埃及
洲名：非洲
时间：1979 年列入《世界遗产名录》

标准：i，iii，vi

属性：文化遗产

功能：陵墓

世界遗产委员会的评价：

古埃及王国首都有一些非凡的墓葬遗址，包括岩石墓、石室墓、庙宇和金字塔。在古代，这一遗址被认为是世界七大奇迹之一。

孟菲斯位于尼罗河三角洲南端，大约公元前3050年国王纳尔摩（又称美尼斯）统一了埃及，然后在孟菲斯建都。这个世界上第一座帝国都城现在除了几尊雕像、石柱和神庙的残垣断壁之外已所剩无几。金字塔墓葬群遗址坐落在古埃及王国首都孟菲斯的周围，主要在吉萨高原上。绝大多数金字塔分布在尼罗河西岸，这是因为古代埃及人认为，太阳西下那边有来世。

萨卡拉是埃及最大的墓地，左塞尔王的阶梯形金字塔作为萨卡拉最大的墓葬综合建筑的一部分建于公元前27世纪，是埃及第一座金字塔。达舒尔也有两座气势雄伟的金字塔。据资料表明，在埃及，大大小小的金字塔已有90座之多，在众多金字塔中，最著名的莫过于离首都开罗不远的吉萨金字塔。三座金字塔并排屹立，巍然壮观，其中规模最大的一座是法老胡夫的坟墓，又名大金字塔。塔高约146.6米，底部每边长230米，由230万块巨石筑成。每块石头平均重达2.5吨。在大金字塔附近，还有一座非常有名的狮身人面像。埃及最主要的金字塔的主人是法老。法老们关心死亡，因而为来世做物质方面的准备。来世是埃及宗教信仰的一个主要特征。金字塔的基座系正方形，四面呈四个相等的三角形。几千年以来，古埃及的金字塔和狮身人面像一直耸立在埃及吉萨高原的沙漠之中，与开罗旧城隔着尼罗河遥相呼应。吉萨金字塔被认为是“世界之谜”，是人类建筑史上的奇迹。

九、城堡和要塞

城堡和要塞：阿格拉堡（Agra Fort）（印度）、罗赫达斯要塞（Rohtas Fort）（巴基斯坦）、蒙特城堡（Castel del Monte）（意大利）、伦敦塔（Tower of London）（英国）、瓦特堡城堡（Wartburg Castle）（德国）、贝林佐纳集镇的三个城堡和防御城墙及防御工事（Three Castles, Defensive Wall and Ramparts of the Market——town of Bellinzone）（瑞士）、科隆伯格城堡（Kronborg Castle）（丹麦）、马尔堡的条顿骑士团城堡（Castle of the Teutonic Order in Malbork）（波兰）、米尔城堡（Mir Castle Complex）（白俄罗斯）、杰尔宾特城堡和古城及要塞建筑（Citadel, Ancient City and Fortress Buildings of Derbent）（俄罗斯）、苏门林纳要塞（Fortress of Suomenlinna）（芬兰）等。

阿格拉堡
(Agra Fort)

国家：印度
洲名：亚洲
时间：1983 年列入《世界遗产名录》
标准：iii
属性：文化遗产
功能：皇宫和城堡

世界遗产委员会的评价：

与泰姬陵花园毗邻的阿格拉红堡是16 世纪重要的莫卧儿王朝建筑。这座坚固的红色砂岩堡垒其围墙长2.5 公里，环绕着莫卧儿统治者的皇城。古堡里有许多流传着神话故事的宫殿，如由沙·贾汗建造的贾汗吉尔宫和卡斯·玛哈宫；还有觐见宫，如迪凡—伊—卡斯；还有两座非常美丽的清真寺。

阿格拉堡位于泰姬陵西北3 公里处的亚穆纳河畔上，于1565—1573 年由阿克巴(Akbar)大帝下令建造。阿格拉堡是一座极其奢华的宫殿，其后又增建了一些殿宇，使阿格拉堡成为一座无比壮丽的皇家都城和莫卧尔王朝几代王室的要塞。阿格拉堡被长2.5 公里和高20 米的城墙所环绕。整个城堡内约有500 座建筑，雄伟壮观，气势磅礴，主要有贾汗吉尔宫、卡斯·玛哈宫、觐见宫、清真寺、亭台楼阁等。

蒙特城堡
(Castel del Monte)

国家：意大利
洲名：欧洲
时间：1996 年列入《世界遗产名录》
标准：i, ii, iii
属性：文化遗产
功能：城堡

世界遗产委员会的评价：

当国王腓特烈二世于13 世纪在巴里附近建造这座城堡时，他赋予了这座城堡以符号意义，反映在城堡建筑设计的位置、数学和天文学上的精确度以及完美规则的外形上。作为中世纪一座具有独特风格的军事建筑，蒙特城堡无疑是古典建筑、东方伊斯兰建筑和北欧的哥特式修道会建筑风格的完美结合体。

蒙特城堡位于意大利南部的巴里附近,是一座建在山顶上的城堡。城堡建于1229—1240年,根据腓特烈二世的设想建造。城堡的每一处都展示数字上的和谐一致,特别是与数字8有关,如八角形的建筑布局、八角形的庭院、八座八角形钟楼。城堡中的八边设计格局是极具规则的几何图形。城堡的用途和设计让几代历史学家和学者感到费解,至今仍是一个没能解开的谜。有人认为它是狩猎行宫,还有人认为它是军事要塞。关于城堡的设计,有人说8代表王位或者代表上帝与人类的统一,还有人认为城堡的建筑比例反映天空中与占星术有关的一些位形。

伦敦塔
(Tower of London)

国家:英国
洲名:欧洲
时间:1988年列入《世界遗产名录》
标准:ii, iv
属性:文化遗产
功能:城堡、要塞、王宫等

世界遗产委员会的评价:

巨大的白塔是一个典型的诺曼底式的军事建筑的典范,其影响遍及整个英国。它由威廉一世(征服者威廉)下令沿泰晤士河建造以保护伦敦和维护他的权力。伦敦塔是一座具有历史意义的庄严城堡,已成为王权的象征之一,围绕白塔而建。

伦敦塔始建于11世纪,坐落在英国伦敦泰晤士河畔,历史上曾被用做城堡、王宫、天文台、监狱、军械库、造币厂、珠宝馆和刑场。伦敦塔最重要的建筑是位于要塞中心的白塔。这座宏伟的诺曼底式建筑是由威廉一世在1078年下令建造的,塔高27.4米,东西长35.9米,南北长32.6米,底部墙厚4.6米,顶部厚3.3米。白塔楼分为3层,塔楼的四角各建有一座高塔,东北角的塔楼为圆形,其他3个塔楼均为方形。

以白塔为中心,伦敦塔有内外两道防御墙,外防御墙的外沿以一道沟堑形成一道屏障,沿墙建有6座塔。内防御墙建有13座塔。伦敦塔的入口通道设在要塞的西南角。珍宝馆收藏有英国王室的许多珍宝,包括王冠、权杖、金银珠宝、器皿等。伦敦塔是伦敦最具有历史意义的地方,在英国历史上有不少王公贵族和政界名人被关押在这里,亨利八世的妻子安妮王后就是在伦敦塔被处以死刑的。伦敦塔是王权的象征,见证了英国许多个世纪的历史事件。

十、防御工程

主要的防御工程有长城(The Great Wall)(中国)、罗马帝国防线(Frontiers of the Roman Empire)(英国和德国)等。这里所指的防御工程主要是指长城。

长城
(The Great Wall)

国家:中国
洲名:亚洲
时间:1987 年列入《世界遗产名录》
标准:i, ii, iii, iv, vi
属性:文化遗产
功能:防御工程

世界遗产委员会的评价:

公元前220年,在秦始皇的统治下,将较早期的一些断续的防御工事修筑连接成一个完整的用来抵抗来自北方的侵略的防御系统。建筑工事持续至明代(1368—1644),从那时起长城就成为世界上最大的军事建筑物。它的历史和战略价值与它的建筑意义相媲美。

万里长城是中国古代的伟大建筑,始建于2 000 多年前的春秋战国时期,现存的长城修建于明代,东起山海关,西到嘉峪关,全长6 000 多公里,通称万里长城。公元前221 年,秦始皇统一中国后,将统一前北方互相争斗的诸侯小国各自建造的长城衔接起来,形成穿山越岭的北方边界的屏障,用来抵御来自北方的侵略。从战国以来,有20 多个诸侯国和封建王朝修筑过长城。最早是楚国,为防御北方游牧民族或敌国,开始营建长城,随后,齐、燕、魏、赵、秦等国基于相同的目的也开始修筑自己的长城。秦统一六国后,秦始皇派著名大将蒙恬北伐匈奴,把各国长城连起来,绵延万余里,称为万里长城。秦始皇为了修筑长城动用了30 万人,创造了人类建筑史上的奇迹。长城的修建客观上起到了防止匈奴南侵、保护中原经济文化发展的积极作用。

长城的主体工程是绵延万里的高大城墙,大都建在山岭最高处,构筑险峻,气势雄伟,是世界上修建时间最长和工程最大的军事性防御工程。长城是中华民族古老文化的丰碑和智慧的结晶,是人类文明史上最伟大的建筑工程之一。

在长城景观中,北京八达岭长城、慕田峪长城、司马台长城,河北山海关,甘肃嘉峪关都是著名的长城游览胜地。

十一、古人类遗址

古人类学(palaeoanthropology)是人类学的一个分支学科,是研究人类起源和发展规律的学科。它包括化石猿猴和现代猿猴与人类的亲缘关系、从猿到人的进化过程等。它以古人类化石及古人类所制造的工具和留下的生活遗迹等为主要的研究依据。一般把更新世晚期的新人化石划为古人类范畴;全新世以来,也就是新石器时代以后的属于人类范畴。

人类的进化大致经过如下阶段:森林古猿(*Dryopithecus*)—腊玛古猿(*Ramapithecus*)—南方古猿(*Australopithecus*)—人(*Homo*)。

在世界范围内被联合国教科文组织世界遗产委员会列入《世界遗产名录》的古人类遗址有周口店北京人遗址(Peking Man Site at Zhoukoudian)(中国),桑吉兰早期人类遗址(Sangiran Early Man Site)(印度尼西亚),斯泰克方丹、斯瓦特克朗、克罗德莱和艾维罗恩古人类化石遗址(Fossil Hominid Sites of Sterkfontein, Swartkrans, Kromdraai, and Environs)(南非),奥莫低谷(Lower Valley of the Omo)(埃塞俄比亚),阿瓦什低谷(Lower Valley of the Awash)(埃塞俄比亚),阿塔普埃尔卡考古遗址(Archaeological Site of Atapuerca)(西班牙)等。

周口店北京人遗址
(Peking Man Site at Zhoukoudian)

国家:中国
洲名:亚洲
时间:1987 年列入《世界遗产名录》
标准:iii, vi
属性:文化遗产
功能:古人类遗址

世界遗产委员会的评价:

遗址位于北京西南42 公里处,这里的科研工作仍然在进行中。到目前为止,这一研究导致了中国猿人北京种遗迹的发现,他们生活在中更新世;同时发现有各种各样的生活物品以及可以追溯到公元前18000—前11000 年的新人遗迹。这处遗址不仅是有关史前亚洲大陆人类社会的一个罕见的证据,而且也阐明了人类进化的进程。

周口店北京人遗址位于北京市房山区周口店龙骨山,距北京城约42 公里。“北京人”洞穴的堆积层厚达40 多米,形成于距今70 万年到23 万年前。“北京人”

在距今70万年到20万年间在此居住，长达50万年。地质年代属于中更新世早期。

1918年2月的一天，瑞典地质学家安特生(Johann Gunnar Andersson)被告知有一些化石采自周口店，他当时担任中国政府农商部矿政顾问。1921年，安特生和奥地利古生物学家师丹斯基(Otto Zdansky)曾在周口店采集到一些动物化石，其中包括两枚古人类牙齿的化石，其中一枚为上臼齿(upper molar)。1926年，安特生报道了采自周口店的两枚早期人类牙齿化石，当时这一消息震惊了科学界。加拿大人类学家步达生(Davidson Black)仔细研究了发现于1921年的上臼齿化石，将这一标本置于人科(Hominidae)，建立一新属和一新种，即 *Sinanthropus pekinensis* Black and Zdansky。这一拉丁学名已趋于废弃，现改为直立人北京亚种(*Homo erectus pekinensis*)。

1929年12月2日，中国古人类学家裴文中领导的考古小组发现了北京人头盖骨化石、石器和用火遗迹，成为震惊世界的重大考古发现。1933年，研究人员在周口店遗址还发现距今2万年前的山顶洞人化石和文化遗物，经测定山顶洞洞内堆积物年代为距今4万年至1万年前。1937年，由于日本帝国主义全面发动侵华战争，使北京人遗址的发掘工作被迫中断。由于随之而来的连年战乱，于1941年遗失了自1927年以来发现的全部北京人和山顶洞人的化石标本(除个别已发表的牙齿化石保存在瑞典外)，迄今下落不明，这一事件成为20世纪考古史上的世界之谜。第一个头盖骨是1929年由裴文中领导的考古小组发掘出来的。至1936年，考古学家们又陆续发现头盖骨5具、头骨残片9块、面骨6块、下颌骨14块、牙齿147颗、股骨断片7块、肱骨2块、锁骨1块、月骨1块，分别来自40多个不同年龄和性别的古人类个体。新中国成立后又先后发现头盖骨1具、下颌骨1块、牙齿6颗、肱骨、胫骨等。

北京人男性身高约1.56米，女性身高约1.44米，头骨顶部低平，前额后倾，头盖骨最宽处在两外耳门附近，骨壁厚度为9.7毫米，平均脑容量为1 059毫升，只有现代人的1/3。这些特征多与猿接近。下颌骨的齿槽缘前倾，颏部后缩，齿列齐平，与人类较接近。四肢骨的大小、形状、比例和肌肉附着点基本上具有现代人的形式。他们群居洞穴，以狩猎为生，使用的工具是石器和骨器，已会用火。

1973年，考古学家在这一地区还发现了距今10万年前的“新洞人”化石。经科学家测定，新洞堆积物的年代距今20万年至10万年前，属晚更新世初期。

北京周口店遗址自1927年发掘以来，共发现27个具有科研价值的化石地点，出土了近200件人类化石(代表40个古人类个体)、数万件石器和多处灰烬层及近百种动物化石，是世界上同时期古人类遗址中材料最丰富、最系统和最具有学术价值的遗址之一。

周口店北京人遗址的发现与研究，解决了19世纪爪哇人发现以来围绕科学界近半个世纪的“直立人”究竟是猿还是人的争论。北京人遗址是目前世界上发现的古人类化石最丰富的遗址之一，它的发现，为人类进化理论提供了有力的证据。

2003年7月7日，中国科学院和北京市政府联合举行新闻发布会宣布，中国科学家在北京周口店田园洞内新发现古人类化石。经初步鉴定，该人类为晚期智人，距今2.5万年前。因此，田园洞正式被确立为第27个化石地点。专家认为，田园洞内古人类化石的发现，为研究晚更新世晚期周口店乃至华北地区的古环境提供了重要的新资料，对东亚地区现代人演化研究具有重要意义。此次发现可向世人证明，作为世界文化遗产的周口店北京人遗址仍蕴藏着丰富的科学资源和可供继续发掘的巨大潜力。周口店北京人遗址作为世界著名的古人类遗址于1987年被联合国教科文组织世界遗产委员会列入《世界遗产名录》。

奥莫低谷
（Lower Valley of the Omo）

国家：埃塞俄比亚
洲名：非洲
时间：1980年列入《世界遗产名录》
标准：iii，iv
属性：文化遗产
功能：古人类遗址

世界遗产委员会的评价：

奥莫低谷靠近图阿卡那湖，是世界上著名的史前遗址。在这里发现的许多化石，特别是纤细人（*Homo gracilis*），对人类进化研究起着重要作用。

这里已经发掘出了南方古猿的骨骼、大量的牙齿和残骸。在这里发现了许多化石。此外，这里挖掘出的石器是迄今为止发现的人类最早的工具。

奥莫低谷史前遗址的研究归功于20世纪30年代Camille Aramburg教授和1968—1976年一支由古生物学家和史前考古学家组成的考古队所做的工作。在有关文物部门的监管下，这处史前时期的遗址得到了完好的保存。

阿瓦什低谷
（Lower Valley of the Awash）

国家：埃塞俄比亚
洲名：非洲
时间：1980年列入《世界遗产名录》
标准：ii，iii，iv
属性：文化遗产

功能：古人类遗址

世界遗产委员会的评价：

阿瓦什河谷是非洲大陆最重要的古生物遗址之一。这处遗址发现的残骸，其时代至少可追溯到400万年前，为研究人类演化史提供了证据，改写了我们对人类历史的认识。最为惊人的发现是在1974年，一具骨骼的52块碎片使著名的露西重建成为可能。

1973—1976年一支国际考察队在阿瓦什河谷考察和研究，挖掘出大量保存完好的人类和动物化石。1974年，美国加利福尼亚大学的学者唐纳德·约翰逊在埃塞俄比亚的阿瓦什河谷发现了十分完整的“原始人类化石”，该原始人类具有南方古猿和智人的特征，也就是著名的“露西”（Lucy）。这具名为“露西”的女性骨骼虽然尚未完全进化为人，臂长而腿短，但她的体态已体现出人的特征。“露西”生活的年代在320万年前，是非洲南方古猿的一种。这处遗址为研究人类的起源和生物的进化提供了重要的证据。据报道，2006年古人类学家又在距离出土“露西”之处仅4公里的地方发现了较为完整的南猿化石。

斯泰克方丹、斯瓦特克朗、克罗德莱和艾维罗恩古人类化石遗址
（Fossil Hominid Sites of Sterkfontein, Swartkrans, Kromdraai, and Environs）

国家：南非
洲名：非洲
时间：1999年列入《世界遗产名录》，2005年扩展
标准：iii, vi
属性：文化遗产
功能：古人类遗址

世界遗产委员会的评价：

汤恩头盖骨化石遗址作为扩展部分，是1924年非洲南猿（*Australopithecus africanus*）标本被发现的地方，也是在这处遗址，以许多人类居住和进化的考古洞穴遗迹为特征，其年代可追溯至3.3百万年前。这一地区含有解释人类起源和演化不可缺少的要素。此处发现的化石已经使几块早期人科标本的识别成为可能，尤其是傍人（*Paranthropus*），其时代可追溯至4.5—2.5百万年前，用火的证据在1.8—1百万年前。它是在1999年所列遗产的基础上的扩展。

一些重要的非洲南猿（*Australopithecus africanus*）和粗壮南猿（*Australopithecus ro-*

bustus)标本曾被发现于斯泰克方丹山谷洞穴。能人(*Homo habilis*)的一些标本也被发现于斯泰克方丹洞穴的角砾岩中。巨齿傍人(*Paranthropus crassidens*)被发现于斯瓦特克朗。克罗德莱是1938年首次发现粗壮傍人(*Paranthropu robustus*)标本的遗址,粗壮傍人现已改名为粗壮南猿(*Australopithecus robustus*)。斯泰克方丹、斯瓦特克朗和克罗德莱发现的石器和骨具其年代可追溯至2—1.5百万年前。斯瓦特克朗洞穴发现的古人类用火的证据其年代在1.8—1百万年前。

汤恩头盖骨化石遗址(The Taung Skull Fossil Site)于2005年是作为斯泰克方丹、斯瓦特克朗、克罗德莱和艾维罗恩古人类化石遗址扩展项目列入的。

桑吉兰早期人类遗址
(Sangiran Early Man Site)

国家:印度尼西亚
洲名:亚洲
时间:1996年列入《世界遗产名录》
标准:iii, vi
属性:文化遗产
功能:古人类遗址

世界遗产委员会的评价:

这处遗址从1936年至1941年进行发掘,导致了早期人类化石的发现。后来,50种古爪哇魁人、直立猿人和直立人化石被发现,占世界所有已知人类化石的一半。由于1 500 000年前就有人类在此居住,这就使得桑吉兰成为了解人类进化的关键遗址之一。

桑吉兰早期人类遗址位于印度尼西亚爪哇岛,距梭罗(Solo)以东15公里。桑吉兰(Sangiran)地区以发现古爪哇魁人(*Meganthropus palaeojayanicus*)和直立猿人的头骨化石而闻名于世。荷兰人Koenigswald于1936年在桑吉兰地区发现了直立猿人头骨化石、脊椎动物骨骼化石和一些石器。Koenigswald将桑吉兰早期人类遗址的地层划分了3个层位,其地质时代由老至新:第一层也称为Pucangan层,其时代为300—100万年前。在这一层中发现了古爪哇魁人(*Meganthropus palaeojayanicus*)的下颌骨。第二层称Kabuh层,其时代在100—20万年前。这一层是最丰富的化石层位,在这一层中发现了直立猿人属(爪哇猿人属)(*Pithecanthropus*)化石和脊椎动物骨骼化石。第三层称为Notopuro层,位于顶层,其时代为100—20万年前。桑吉兰早期人类遗址基于从老到新的地层序列所含化石为古爪哇魁人、直立猿人和梭罗猿人(*Meganthropus palaeojayanicus*, *Pithecanthropus erectus* and *Phitecanthropus soloencic*)。直立猿人属化石(*Pithecanthropus*)是由荷兰人 Eugene Dubois 于 1891 年在印度尼西亚爪哇岛特里尼尔(Trinil)发现的早期古人类头盖骨化石。后来,Eugene Dubois 宣布他发现了人类的祖先,并称其为直立猿人(*Pithecanthropus erectus*),意思是直立行走的猿人(Ape man)。在桑吉兰遗址中,研究人员还发现了其他保存完好的古人类头盖骨,被称为直立人(*Homo erectus*)。

十二、考古遗址

考古遗址:莫高窟(Mogao Caves)(中国),吴哥(Angkor)(柬埔寨),摩亨朱达罗考古遗址(Archaeological Ruins at Moenjodaro)(巴基斯坦),班清考古遗址(Ban Chiang Archaeological Site)(泰国),巴林－卡拉特考古遗址(Qal'at al－Bahrain Archaeological Site)(巴林),特洛伊考古遗址(Archaeological Site of Troy)(土耳其),亚述[Ashur(Qal'at Sherqat)](伊拉克),巴特、库特姆和艾因考古遗址(Archaeological Sites of Bat, Al－Khutm and Al－Ayn)(阿曼),庞贝、赫库兰尼姆和安努兹亚塔考古区(Archaeological Areas of Pompei, Herculaneum and Torre Annunziata)(意大利),阿格里真托考古区(Archaeological Area of Agrigento)(意大利),阿奎拉考古区和主教教堂(Archaeological Area and the Patriarchal Basilica of Aquileia)(意大利),梅里达考古遗址(Archaeological Ensemble of Mérida)(西班牙),阿塔普埃尔卡考古遗址(Archaeological Site of Atapuerca)(西班牙),塔拉科考古遗址(Archaeological Ensemble of Tarraco)(西班牙),德尔斐考古遗址(Archaeological Site of Delphi)(希腊),埃皮道鲁斯考古遗址(Archaeological Site of Epidaurus)(希腊),奥林匹克考古遗址(Archaeological Site of Olympia)(希腊),韦尔吉纳的考古遗址(Archaeological Site of Vergina)(希腊),迈锡尼和梯林斯考古遗址(Archaeological Sites of Mycenae and Tiryns)(希腊),莱普蒂斯·玛格纳考古遗址(Archaeological Site of Leptis Magna)(利比亚),昔兰尼考古遗址(Archaeological Site of Cyrene)(利比亚),萨布拉塔考古遗址(Archaeological Site of Sabratha)(利比亚),沃吕比利斯考古遗址(Archaeological Site of Volubilis)(摩洛哥),圣奥古斯汀考古公园(San Agustín Archeological Park)(哥伦比亚),铁拉登特罗国家考古公园(National Archeological Park of Tierradentro)(哥伦比亚),霍亚·德·塞伦考古遗址(Joya de Ceren Archaeoloical Site)(萨尔瓦多),基里瓜考古公园和玛雅文化遗址(Archaeological Park and Ruins of Quirigua)(危地马拉),霍契卡尔科考古遗址区(Archaeological Monuments Zone of Xochicalco)(墨西哥),大卡萨斯的帕奎美考古区(Archeological Zone of Paquimé, Casas Grandes)(墨西哥),查文(考古遗址)[Chavin(Archaeological Site)](秘鲁),昌昌考古区(Chan Chan Archaelogical Zone)(秘鲁)等。

庞贝、赫库兰尼姆和安努兹亚塔考古区

(Archaeological Areas of Pompei, Herculaneum and Torre Annunziata)

国家：意大利
洲名：欧洲
时间：1997年列入《世界遗产名录》
标准：iii, iv, v
属性：文化遗产
功能：历史城市

世界遗产委员会的评价：

公元79年8月24日维苏威火山的爆发，吞没了两个繁荣的古罗马城镇庞贝和赫库兰尼姆以及这个地区的许多富家别墅。从18世纪中叶以来，被掩埋的一切都逐渐地被挖掘出来并向公众开放。庞贝有广阔的商业城镇，与之相比赫库兰尼姆较小，但它有保存完好的假日胜地遗迹；安努兹亚塔考古区的奥普隆蒂斯别墅的华丽的壁画反映了早期古罗马帝国人们过着丰衣足食的生活，给人留下了深刻的印象。

公元79年8月24日，那不勒斯（那波利）湾地区海拔1 277米的维苏威火山突然爆发，强烈的火山活动喷出的岩浆、火山碎屑物质和气态喷出物把山下的庞贝城全部湮没，一座原本充满生机的城市顷刻之间被极其灼热的岩浆所凝固，瞬间即成了一座死亡之城。从此，庞贝从地球上消失了。同时火山喷发物质也掩埋了位于维苏威火山附近的另一座城市——赫库兰尼姆(Herculaneum)。1594年，人们在这一带修建水渠时发现了庞贝古城的遗迹，后来人们又陆续挖掘出一些雕像，但仍没有意识到地下深埋着一座城市。1748年，这里的发掘工作开始了，一个名叫阿尔库比雷(Alcubierre)的土地测量员开始了他的挖掘工作，可是没过多久，他去了赫库兰尼姆，直到1754年，他才再次返回庞贝进行挖掘。9年后，1763年的一天人们发现了一块刻有庞贝城市字样的标志。从那时起人们才意识到这里掩埋了一座城市——庞贝。

庞贝古城由于被火山物质瞬间掩埋，许多建筑的墙壁、门窗、家具、用具、器具都保存得相当完好，甚至炉里烤好的面包、柜橱里放的熟鸡蛋、瓦缸里盛的粮食等竟然奇迹般地保存了下来。发掘物还有一家三口人，在一间房子里，一个跪在地上的女人惊恐地用一块布捂住嘴以免吸进有毒的气体，一手紧紧地搂着自己的孩子，而他的丈夫则在竭尽全力地挣扎，试图改变这一突如其来的厄运。然而，他是那样的无助，在火山物质的强烈冲击中，他只能眼睁睁地看着妻子和孩子在自己面前死去。一位庞贝人死在绘有植物的壁画下，当人们于上千年后挖掘出他的遗骨时，同时发现那幅壁画上刻有一句铭文："没有任何东西可以永恒。"

昔日的庞贝古城:是当时世界上最美丽繁华的城市之一,庞贝是连接起古罗马帝国与世界各地的海上通商贸易往来的要地。最早庞贝古城是土著的奥斯克人(Osques)定居地。公元前6世纪,希腊人将其作为海上商道,在此居住,建起了一些神庙。从公元前524年到公元前474年,埃特鲁坎人(Etrusques)占领了这座城市,埃特鲁坎人后来被来自山区的桑尼特人(Samnites)征服。公元前424年,大批的桑尼特人来到这里,定居在平原的桑尼特人称为坎帕尼亚人(Campani)。公元前90年到公元前89年,罗马帝国动用强大的军事力量征服了庞贝的坎帕尼亚人,从此,庞贝成为罗马城市。庞贝西南毗邻那不勒斯湾,西北是海拔1 277米的维苏威火山,依山傍水,风光秀丽。城里有2万多居民。庞贝土壤肥沃,气候宜人,物产丰富。庞贝人栽种着小麦、蔬菜等,还种植葡萄,也饲养牛羊。自庞贝变成了罗马城市后,就成为一个安定的城市,人们过着丰衣足食的生活。遍及城区的竞技场、剧场、浴场体现了当时庞贝人的生活情趣。一座座富人宅邸则是权力和财富的象征。商业街上的小酒店、面包房、客栈等林立,幽暗的小巷深处徘徊着妓女的身影。保存至今的庞贝古城遗址的旧城区曲折蜿蜒的小巷里的残墙断壁上还刻有妓女的名字,留有庞贝人放纵情感的印记。庞贝人个性奔放、诙谐,而且极富于表现情欲,这从维蒂邸(Casa dei Vetti)的充满色情的壁画就可见一斑。C. W. 西拉姆曾记述道:“许多诗句写在旅馆的墙壁上,有的写得很潦草,有的写得缠绵悱恻,好像是热恋之人的手笔。”法国历史学家泰纳1860年来过意大利,1865年他在《意大利游记》中写道:“那时候的人,是以整个身体活着,而不像今天,只有头脑活着。”

庞贝古城遗址:其有两个入口。一个是在遗址的西南面朝海的方向,经过玛利娜门(Porta Marina)进入这个庞大的古城遗址。还有一个入口是在遗址的东南面,通过诺切拉门(Porta di Nocera)进入。围绕庞贝古城有8座城门:诺拉门(Porta di Mola)、萨尔诺门(Porta di Sarno)、诺切拉门(Porta di Nocera)、斯塔比门(Porta di Stabia)、玛利娜门(Porta Marina)、埃尔科拉诺门(Porta di Ercolano)、维苏威门(Porta del Vesuvio)和卡波门(Porta di Capua)。全城以3公里多长的城墙所围绕。城内共分为九个区,其中位于北部和东北部的第三、四、五、九区尚未开发。

从玛利娜门(Porta Marina)进入古城遗址,不远处是一广场(Foro),在广场附近是壮观的建筑遗迹,如玛利娜街(Via Marina)两侧的大会堂(Basilica)、维纳斯神庙(Tempio di Venere)、阿波罗神庙(Tempio di Apollo)。从广场向北走就来到了宙斯神庙(Tempio di Giove),在附近临街有凯旋门(Arco Onorario),再向北走穿过奥古斯塔利街(Via degli Augustali)就可看到著名的广场浴场(Terme del Foro),浴场设有热水、温水和冷水浴室。热水浴室在浴池的上方有一圆形天窗用于采光。广场浴场东面是幸运女神庙(Tempio della Fortuna)。向北穿过浴场街(Via delle Terme),一直到最北部,这一带属于第六区,有许多宅邸,如潘萨邸(Casa di Pansa)、波埃塔·特拉吉卡邸(Casa del Poeta Tragica)、萨吕斯特邸(Casa di Sallustio)、农牧神邸(福诺邸)(Casa del Fauno)、梅莱格尔邸(Casa di Meleagro)、阿波罗邸(Casa di Apollo)、维蒂邸(Casa dei Vetti)、阿莫里尼多拉蒂邸(Casa degli Amorini Dorati)等。在这些宅邸中最为引人注目的是农牧神邸和维蒂邸,是豪华住宅。农牧神邸占地面积很大,厅内有镶嵌画,庭院有拱形环廊。维蒂邸是一座非常豪华的住宅,许多厅里布满了华丽的壁画,大厅后面是一座庭院式的花园,花园中有喷泉、大理石雕像和环廊。阿莫里尼多拉蒂邸西侧是维苏威街(Via del Vesuvio),沿着这条大街向东南走不远进入斯塔比街(Via Stabiana),在诺拉街(Via di Nola)和斯塔比街(Via Stabiana)的交叉路口东侧是中央浴场(Terme Centrali)。沿着斯塔比街向东南走不远,在街的西侧是斯塔比浴场(Terme Stabiane)。庞贝古城有三个浴场,斯塔比浴场是这个城市最早期的浴场。与斯塔比浴场一街之隔的东南面是一些宅邸。斯塔比街北端分布着大剧场(Teatro Grande)、小剧场(Teatro Piccolo)、三角广场(Foro Triangolare)和几座神庙。大剧场是庞贝最大、最古老的剧场,建于公元前200年,可容纳5 000名观众。剧场的南面是一个花园。小剧场建于公元前1世纪,是一座室内剧场,有39级阶梯,可容纳1 000多位观众。这个剧场专门用于音乐会和演讲等。在古城遗址中最宏伟的建筑莫过于位于第二区古城最东端的椭圆形竞技场(Anfiteatro),它长140米,宽105米,场内有35排阶梯,可容纳约2万名观众。竞技场的西侧是一个大体育场(Palestra Grande)。这一带还有一些宅邸。参观完城东这一片即可从诺切拉门(Porta di Nocera)出古城遗址。

庞贝古城遗址不仅有雄伟壮观的建筑群,还分布着许多市场、客栈、商店、酒店、面包店、皮革店等,也有别具一格的庭院和保存精美的雕塑,甚至还有保存完好的民房中的石器灶台。庞贝古城遗址不愧为世界上最负盛名的古遗址发掘地,它再现了古罗马时期的文化、经济和生活。许多文人志士慕名而来,造访这一举世闻名的古城遗址,如德国大文豪歌德(Gothe)、法国作家司汤达和文学批评家泰纳(Taine)、美国作家马克·吐温(Mark Twain)等。在庞贝古城遗址你即可观赏到附近的维苏威火山,然而此时它却是那么沉寂。

赫库兰尼姆的规模要比庞贝小得多。公元79年,在摧毁附近的庞贝的同一次火山爆发中赫库兰尼姆也被湮没。这座被掩埋的城镇直到18世纪才被发掘。赫库兰尼姆毗邻那不勒斯湾,风光秀丽,景色宜人,曾以贵族度假胜地而驰名。由于火山物质瞬间掩埋了这座城市,因此住宅、庭院、店铺、面包房都保存得那样完好,甚至连住宅区的镶嵌图案装饰都得以保存下来。还有一家印染店因为保存完好的木制衣橱而名气大振。这里还有一座豪华住宅,称为“鹿宅”(Casa dei Cervi),其墙上的壁画和地板上的镶嵌装饰颇为引人注目。在赫库兰尼姆发掘出数以百计的雕像,有大理石和青铜雕刻成的;此外,还发现大量的青铜器和器皿,做工精致,造型优美。在这里还挖掘出许许多多的艺术品和生活用品。

安努兹亚塔毗邻那不勒斯湾,在庞贝的西南,以壁画而闻名,尤其是奥普隆蒂斯别墅的华丽的壁画颇有名气。

莫高窟

(Mogao Caves)

国家：中国
洲名：亚洲
时间：1987 年列入《世界遗产名录》
标准：i, ii, iii, iv, v, vi
属性：文化遗产
功能：考古遗址和宗教建筑遗址

世界遗产委员会的评价：

莫高窟是地处丝绸之路的一个战略要地。它不仅是贸易的中转站，同时也是宗教、文化和知识影响的交会处。莫高窟的 492 个小石窟和洞穴庙宇以其雕像和壁画闻名于世，展示了延续千年的佛教艺术。

敦煌莫高窟，又称"千佛洞"，位于甘肃省敦煌市东南 25 公里处的鸣沙山东麓断崖上，上下五层，高低错落，鳞次栉比。石窟南北长 1 600 米。石窟创建于前秦建元二年(东晋太和元年，即公元 366 年)。莫高窟现存壁画 45 000 多平方米、彩塑 2 400多身、唐宋木结构窟檐 5 座。藏经洞是莫高窟第 17 洞，洞内藏有从晋至宋代的文书和文物多达 5 万余件。莫高窟是一处由建筑、绘画、雕塑组成的博大精深的综合艺术殿堂，是世界上现存规模最宏大、保存最完好的佛教艺术宝库。敦煌也是闻名世界的"丝绸之路"的交通枢纽。

敦煌壁画反映了中国古代狩猎、耕作、纺织、交通、作战以及音乐舞蹈等生产活动和社会活动各个方面的内容。壁画中各类人物形象保留了大量的历代各族人民的衣冠服饰资料。敦煌的大量壁画和彩塑为研究中国美术史提供了丰富的实物资料。

敦煌莫高窟分南北两个部分，目前作为景点开放的是其中的南区，北区尚未开放。对北区的全面考古发掘始于 1998 年，考古人员最新确认莫高窟北区崖面共保存有洞窟 248 个，从而使莫高窟的总洞窟编号增加到 735 个。此外，考古人员在莫高窟北区还发现了许多重要的文物。

殷墟
（Yin Xu）

国家：中国
洲名：亚洲
时间：2006 年列入《世界遗产名录》
标准：ii，iii，iv，vi
属性：文化遗产
功能：考古遗址

世界遗产委员会的评价：

殷墟考古遗址位于安阳市，距北京以南约 500 公里，是商代晚期（公元前 1300—前 1046 年）的一座古都城。它见证了早期中国文化、工艺和科学的黄金时代和中国青铜时代的繁盛时期。许多的王陵和宫殿为晚期中国建筑物的原型，在这一遗址中已被发掘出。遗址包括宫殿和王室祖先圣陵区（1 000 米×650 米），拥有 80 多座房基，保留完整的商代王室家族成员唯一的陵墓——符号陵墓。在遗址中发现的大量的和华丽的埋葬品的技艺见证了商代手工业的先进水平，现在这些埋葬品是中国的国宝之一。在殷墟中还发现了许多含有牛肩胛骨和龟甲的地坑。这些甲骨文为说明世界最古老的文字系统、古代信念和社会体系提供了宝贵证据。

殷墟位于中国河南省安阳市，是中国第一个有文献记载并为考古发掘所证实的商代都城遗址，是中国历史上有文献可考、并为甲骨文和考古发掘所证实的最早的古代都城遗址。在这里先后出土了数量惊人的甲骨文、青铜器、玉器、陶器、骨器等精美文物，全面、系统地展现出 3 300 年前中国商代都城的风貌，为证明这一人类文明史上重要历史阶段的存在提供了坚实证据。近年来，殷墟仍不断有大量的重要发现，呈现出巨大的考古潜力。

吴哥
（Angkor）

国家：柬埔寨
洲名：亚洲
时间：1992 年列入《世界遗产名录》
标准：i，ii，iii，iv
属性：文化遗产

功能：考古遗址和宗教建筑遗址

世界遗产委员会的评价：

吴哥是东南亚最重要的考古学遗址之一，占地面积约400多平方公里，包括林地。吴哥考古公园含有从9世纪到15世纪高棉王朝各个都城的辉煌遗迹。这些遗址包括著名的吴哥窟寺庙。在吴哥城，巴戎寺里拥有无数的雕刻装饰品。联合国教科文组织为了保护这一遗址及其周边环境已经制订了一个广泛的保护计划。

吴哥出自梵语，意为“首都之城”，位于柬埔寨暹粒省境内洞里萨湖北面，曾是9—15世纪东南亚高棉王国的都城。从公元9世纪初高棉王朝开国皇帝嘉耶跋摩二世(Jayavarman II)开始到15世纪，王朝陆续在当地建造宫殿和寺庙，使那里成为高棉人的宗教和精神中心。吴哥各种建筑遗迹600多处，主要包括吴哥窟和吴哥城。现在保存下来的古建筑遗址还有40余处。吴哥窟即吴哥寺，又称“小吴哥”，是柬埔寨的三大圣庙之一，也是世界上最大的寺庙建筑群之一。吴哥窟全部用砂岩砌成，长1 500米，宽1 300米，周围长约5 000米，四周由宽190米的壕沟环绕。吴哥窟的建筑可分为东西南北四廊，每廊都有各自的城门。吴哥窟设计匀称典雅，规模宏大，其丰富多彩的雕塑装饰与严谨的匀称设计形成对比。长达800米的浮雕回廊上生动地描绘出印度史诗中的场面，内容多取材于印度史诗《摩诃婆罗多》和《罗摩衍那》中的神话故事。吴哥窟中最主要的建筑是建在寺庙中心三层台基上的圣塔。吴哥城，也称“大吴哥”，距吴哥窟约4公里，是真腊王国国都的遗址。吴哥城呈四方形，占地面积9平方公里，城墙全部用巨石砌成，共有5座城门，除了东南西北4座城门以外，在东南偏北的位置还有一座胜利之门。这里也有圣塔、长方形的回廊，中央有一个突起的圣坛。吴哥城的中心是佛教寺庙巴戎寺。吴哥城每个石塔顶上都刻有四个巨大的笑脸，象征神明保佑的祥和。

中国元朝人周达观早在1296年8月就曾来到柬埔寨，造访了吴哥。他回国后撰写了《真腊风土记》。法国人Bruno Dagens(顾微微译，2007)在他的书中写道：“1296年，周达观沿现在的越南的海岸前进，进入湄公河口，并顺流而上，然后离开它，进入柬埔寨平原中心的洞里萨湖。他穿过该湖，在离吴哥不远的东北岸登陆。他去了柬埔寨王国的首都，于1296年8月达到，并于1297年7月离去。”汉学家阿贝尔·雷米扎翻译了周达观的著作《真腊风土记》，于1819年发表了自己的译本。关于法国博物学家亨利·穆奥(Henri Mouhot)考察吴哥，Bruno Dagens(顾微微译，2007)是这样描述的：“1858年4月，穆奥乘船起程。他于9月份抵达曼谷——这里是他四次考察之旅的起点。第二次也是为时最长的一次(从1858年12月至1860年4月)考察，把他带到了柬埔寨和吴哥。而最后一次把他带到了老挝。1861年11月10日，他因精疲力竭而死在了琅勃拉邦。”

柬埔寨的吴哥与中国的万里长城、埃及的金字塔、印度尼西亚的婆罗浮屠并列为古代东方四大奇迹。吴哥作为文化遗产 1992 年被联合国教科文组织世界遗产委员会列入《世界遗产名录》。

特洛伊考古遗址
（Archaeological Site of Troy）

国家：土耳其
洲名：亚洲
时间：1998 年列入《世界遗产名录》
标准：ii，iii，vi
属性：文化遗产
功能：考古遗址

世界遗产委员会的评价：

特洛伊以其 4 000 年的历史成为世界上最著名的考古遗址之一。1870 年，由著名的考古学家海因里希·谢里曼对这个遗址进行了首次发掘，用科学术语讲，它广泛的遗物是安纳托利亚和地中海文明之间开始交往的最重要的证明。此外，特洛伊于公元前 13 或公元前 12 世纪曾遭到来自希腊的斯巴达人和亚该亚人的围攻，这一切由荷马写进史诗《伊利亚特》而流传千古，从那时起它还激发了世界上众多艺术家的创作灵感。

特洛伊考古遗址是土耳其古城，位于土耳其的西端，毗邻达达尼尔海峡。特洛伊是公元前 16 世纪前后为古希腊人渡海所建，公元前 13—前 12 世纪时，颇为繁荣。特洛伊城遗址的发掘始于 19 世纪中期，延续到 20 世纪 30 年代。考古学家在深达 30 米的地层中发现了从公元前 3000 年至公元 400 年间分属 9 个时期的特洛伊城遗迹，发现一些古建筑废墟、城堡、王宫等建筑，还发现了许多金银珠宝及青铜器、陶器、石器等。

公元前 9 世纪古希腊诗人荷马的史诗《伊利亚特》叙述的“特洛伊木马计”就发生在这里。当时特洛伊王子帕里斯来到希腊斯巴达王麦尼劳斯的宫殿做客，受到了麦尼劳斯的盛情款待，但是，帕里斯却看上了麦尼劳斯的年轻貌美的妻子海伦，把她带回了特洛伊。麦尼劳斯和他的兄弟决定讨伐特洛伊，由于特洛伊城池牢固，易守难攻，攻战 10 年未能如愿。最后英雄奥德赛献计，让迈锡尼士兵烧毁营帐，登上战船离开，造成撤退回国的假象，并故意在城下留下一具巨大的木马，特洛伊人把木马当做战利品拖进城内，当晚正当特洛伊人开怀畅饮欢庆胜利的时候，藏在木马中的迈锡尼士兵悄悄溜出，打开城门，放进早已埋伏在城外的希腊军队，结果一夜之间使特洛伊化为废墟。荷马史诗《伊利亚特》叙述的“特洛伊木马计”已成为西方国家文学艺术中传诵不绝的名篇。

亚述
[Ashur (Qal'at Sherqat)]

国家：伊拉克
洲名：亚洲
时间：2003年列入《世界遗产名录》
标准：iii，iv
属性：文化遗产
功能：古城遗址

世界遗产委员会的评价：

亚述古城位于美索不达米亚北部底格里斯河的特殊地带上，在雨水灌溉农业和人工灌溉农业的交界处，城市的历史可以追溯到公元前3000年。公元前14世纪到公元前9世纪，它是亚述帝国的第一个都城，是一个城邦和国际化的贸易平台。它同时也被作为亚述人的宗教之都，同亚述神紧密相连。亚述古城最后被巴比伦人攻占，但是在公元1世纪和2世纪帕提亚时代经历了短暂的复兴。

亚述是伊拉克北部古城遗址，位于底格里斯河西岸，在摩苏尔之南150公里。它为古亚述王国的第一个都城。亚述城的城市布局呈三角形，西面和北面有城墙。城墙长约4公里，分内外两层，已确定有8座城门。内墙厚7米，城门饰有彩色琉璃砖；外墙外有宽约20米的护城河，其两端通底格里斯河，东面和北面有砖石砌的堤墙以防洪水。城内建筑多位于北部。从亚述城出土的文物有石雕、印章、石板、首饰、金属碗、武器等。

十三、农业景观

农业景观：菲律宾科尔迪莱拉的水稻梯田(Rice Terraces of the Philippine Cordilleras)(菲律宾)、南厄兰岛的农业景观(Agricultural Landscape of Southern Öland)(瑞典)、皮克岛葡萄园文化景观(Landscape of the Pico Island Vineyard Culture)(葡萄牙)等。

菲律宾科尔迪莱拉的水稻梯田
(Rice Terraces of the Philippine Cordilleras)

国家：菲律宾
洲名：亚洲

时间：1995 年列入《世界遗产名录》
标准：iii，iv，v
属性：文化遗产
功能：农田

世界遗产委员会的评价：

2 000 年以来，伊富高的高原稻田沿着山脉的等高线分布。代代相传的知识、神圣的传统观念和微妙的社会平衡使这里形成了一道表现人类与环境之间和谐关系的非常美丽的景观。

十四、工业景观

工业景观主要有：布莱纳文工业景观（Blaenavon Industrial Landscape）（英国）、德文特河谷工业区（Derwent Valley Mills）（英国）、弗尔克林根炼铁厂（Völklingen Ironworks）（德国）、埃森关税同盟煤矿工业区（Zollverein Coal Mine Industrial Complex in Essen）（德国）、恩格尔斯堡炼铁厂（Engelsberg Ironworks）（瑞典）、法伦的大铜山矿区（Mining Area of the Great Copper Mountain in Falun）（瑞典）、韦尔拉木材加工厂（Verla Groundwood and Board Mill）（芬兰）、龙舌兰景观和古代工业设备（Agave Landscape and Ancient Industrial Facilities of Tequila）（墨西哥）等。

布莱纳文工业景观
（Blaenavon Industrial Landscape）

国家：英国
洲名：欧洲
时间：2000 年列入《世界遗产名录》
标准：iii，iv
属性：文化遗产
功能：工厂和矿山遗址

世界遗产委员会的评价：

围绕布莱纳文的这一地区在19 世纪作为世界铁和煤主要的生产者是南威尔士显赫一时的证据。所有必要的要素仍能看得见：煤矿、采石场、一个原始的铁路系统、高炉、工人的住宅和他们的社区的社会基础结构。

十五、水利工程

水利工程：加尔桥［Pont du Gard（Roman Aqueduct）］（法国）、南方运河（Canal du Midi）（法国）、维兹卡亚桥（Vizcaya Bridge）（西班牙）等。

加尔桥
［Pont du Gard（Roman Aqueduct）］

国家：法国
洲名：欧洲
时间：1985 年列入《世界遗产名录》
标准：i, ii, iv
属性：文化遗产
功能：桥梁

世界遗产委员会的评价：

加尔桥建于公元前不久，它使得尼姆的水道（长度约 50 公里）横跨加尔河。这座桥由罗马的建筑师和水利工程师建造，高约 50 米，分 3 层，最长为 275 米，创造了一个技术上同时也是艺术上的杰作。

加尔桥位于法国南部尼姆附近，它的修建是为了使水道横跨加尔河，为尼姆城提供用水。桥分为 3 层，每层都是一个接一个的拱状桥洞。最底的一层有 6 个半圆形拱，中间的一层有 11 拱，最上面的一层有 35 拱，水渠从最上层穿过。加尔桥的整个桥身微呈弧线形，目的是为了抵御洪水的冲击。

南方运河
（Canal du Midi）

国家：法国
洲名：欧洲
时间：1996 年列入《世界遗产名录》
标准：i, ii, iv, vi
属性：文化遗产
功能：运河

世界遗产委员会的评价：

这一蜿蜒流淌360公里的通航水路运河网穿越328座建筑物(船闸、沟渠、桥梁、隧道等)与地中海和大西洋相连,是现代史上最辉煌的土木工程奇迹之一。在1667—1694年,为工业革命修筑了这条水路。运河设计师彼埃尔·保罗·德里凯创造性的构思将技术成果转变为艺术作品,使运河与周边环境和谐地融为一体。

十六、交通运输

交通运输:塞梅林铁路(Semmering Railway)(奥地利)、印度山区铁路(Mountain Railways of India)(印度)等。

塞梅林铁路
(Semmering Railway)

国家：奥地利
洲名：欧洲
时间：1998年列入《世界遗产名录》
标准：ii, iv
属性：文化遗产
功能：铁路

世界遗产委员会的评价：

塞梅林铁路建于1848—1854年,位于高山地区,全长超过41公里,是铁路建造开拓阶段土木工程最伟大的功绩之一。高标准的隧道、高架桥和其他工程保证了线路畅通直到现在。火车穿行于壮观的崇山峻岭的景观之中。由于铁路的开通,沿线为休闲娱乐活动修建了许多别致的建筑物。

塞梅林铁路至今仍作为奥地利铁路的主要干线一直在正常运行。它是维也纳到里雅斯特(Trieste)(意大利海港)铁路中的一段(75—116.7公里)。这段全长近42公里的铁路始建于1848年7月27日,于1854年7月17日竣工,由此第一列旅客列车开往塞梅林(Semmering)。这项工程由卡尔·里特尔·冯·盖加(Carl Ritter von Ghega)设计。塞梅林铁路是在高山地区修建铁路的典范。塞梅林铁路的开通促进了当地的贸易和旅游业的巨大发展,也成为这一地区一道亮丽的风景。塞梅林铁路是第一条被列入《世界遗产名录》的铁路。

十七、历史建筑

历史建筑:塔塔城的历史建筑(Historical Monuments of Thatta)(巴基斯坦),法

隆寺地区的佛教建筑(Buddhist Monuments in the Horyu - ji Area)(日本),古京都的历史建筑[Historic Monuments of Ancient Kyoto(Kyoto, Uji and Otsu Cities)](日本),雅典卫城(Acropolis, Athens)(希腊),阿尔勒城的古罗马和罗马式建筑(Roman and Romanesque Monuments of Arles)(法国),特里尔的古罗马建筑、圣彼得大教堂和圣玛丽亚教堂(Roman Monuments, Cathedral of St. Peter and Church of Our Lady in Trier)(德国)等。

特里尔的古罗马建筑、圣彼得大教堂和圣玛丽亚教堂 (Roman Monuments, Cathedral of St. Peter and Church of Our Lady in Trier)

国家:德国
洲名:欧洲
时间:1986 年列入《世界遗产名录》
标准:i, iii, iv, vi
属性:文化遗产
功能:古罗马建筑和教堂

世界遗产委员会的评价:

特里尔位于摩泽尔河畔,公元1世纪时是古罗马的殖民地,到了公元2世纪成为一个大贸易中心。它在3世纪末成为了古罗马帝国辖区的都城之一,当时被称作"第二罗马"。众多的残留下来的建筑物是说明古罗马文明史的有力证据。

雅典卫城 (Acropolis, Athens)

国家:希腊
洲名:欧洲
时间:1987 年列入《世界遗产名录》
标准:i, ii, iii, iv, vi
属性:文化遗产
功能:宗教建筑遗址

世界遗产委员会的评价:

在希腊,文明、神话、宗教兴盛了1 000 多年。卫城,这一遗址包含了四个最伟大的古希腊艺术杰作：巴台农神庙、山门、厄瑞克修姆庙和雅典娜胜利女神庙，被认为是世界遗产理念的象征。

雅典卫城位于希腊首都雅典，距今已有近3 000年的历史。卫城建在一座四面陡峭的山丘上。公元前5世纪这里就成为宗教活动的中心。卫城拥有众多的历史古迹。巴台农神庙是卫城最著名的建筑，全部用洁白的大理石建成，呈长方形，长约69米，宽约31米，外部由46根高约10米呈环行排列的圆柱构成柱廊。巴台农神庙是雅典卫城建筑群中的杰作。巴台农神庙殿内原供奉着一尊雅典娜女神雕像。后来，神像被劫走后失踪，现仅存一台座。现在巴台农神庙庙顶已荡然无存，呈现的是残垣断壁，然而白色大理石柱支撑着的整个神庙的框架依然留存，耸立于山巅。

法塔赫布尔·西格里
（Fatehpur Sikri）

国家：印度
洲名：亚洲
时间：1986年列入《世界遗产名录》
标准：ii，iii，iv
属性：文化遗产
功能：古城遗址

世界遗产委员会的评价：

法塔赫布尔·西格里（胜利城）由阿克巴大帝建于16世纪下半叶，它作为莫卧儿王国的首都只有约10年的时间。建筑物和寺庙都为统一的建筑风格，其中包括印度最大的清真寺之一贾玛寺（Jama Masjid）。

西格里（Sikri）一词是巴布尔（Babur）在战胜拉其普特人（Rajputs）之后为感谢万能的神杜撰出来的。尽管名字保留了下来，然而，由巴布尔建造的一些建筑已荡然无存，而后这个地方似乎被人们在记忆中忘却了。许多年后，阿克巴大帝（Akbar）复兴了这个地方，为纪念Gujarat胜利，并在西格里（Sikri）名称前加上了法塔赫布尔（Fatehpur），演变成法塔赫布尔·西格里（Fatehpur Sikri），作为他的都城（1571—1585）。

法塔赫布尔·西格里（胜利城）由阿克巴大帝建于16世纪下半叶，距印度北方阿格拉市西南约36公里，1571年至1585年间是莫卧儿帝国的都城。

法塔赫布尔·西格里的意思是“胜利”，故后来又命名为胜利城。阿克巴大帝多年无子女，后由一位名叫沙利姆·奇斯蒂（Selim Chisti）的圣人指点迷津，最终求得一子，阿克巴皇帝喜出望外，决定以圣人的名字沙利姆（Selim）为其子命名，他的儿子即后来继承阿克巴帝位的莫卧儿王朝皇帝贾汗吉尔(Jehangir)。阿克巴为感谢沙利姆·奇斯蒂,在他的村庄即法塔赫布尔建造了自己的都城,并于1571年把国都从阿格拉迁到了这里。1573年,阿克巴皇帝远征西印度获胜,为纪念这次胜利,便把这座城命名为法塔赫布尔·西格里,意为"胜利城"、"凯旋城"。然而,这座城因缺水被废弃了。

法塔赫布尔·西格里长2英里,宽1英里,建在岩石高原之上,三面为城墙环绕,一面是湖。城墙设有塔楼和7座城门。城的主体建筑全部采用赤砂石,用白色大理石嵌出图案,并刻上各种细密精致的花纹雕饰。城分为清真寺区和宫廷区。清真寺区以贾玛寺(Jama Masjid)为主体,这一建筑融合了印度和波斯建筑艺术风格。贾玛寺内有沙利姆·奇斯蒂的墓,为红色砂岩建造,建于1573年,后来由贾汗吉尔用白色大理石加以装饰。宫廷区位于清真寺区的东北,旧日皇宫的赭红色城堡至今仍巍然屹立在嶙峋的石山之上。皇宫宽约1 600米,三边城垣约3 000多米,宫内有觐见宫、五层宫、土耳其苏丹宫、内宅、水池、庭院等。觐见宫内雕梁画栋,纵横排列着花卉草木图案,雕工细巧,引人入胜。四周门廊之间有御用凉廊直通宫殿,中心有一根7米高的石柱,柱上一个圆形的平台是阿克巴皇帝的御座。五层宫是一座金字塔式的五层建筑,没有围墙,四周装有护栏,最高一层是土耳其式圆顶凉亭,站在顶层可俯瞰全城。内宅是妃子们居住的地方,屋顶用绿色琉璃瓦建造,其建筑十分别致。这座由红色砂岩建成的奢华的都城是印度和穆斯林建筑艺术的典范。

阿克巴皇帝的寝宫是城堡中较为休闲的场所,皇帝常坐在水池边的平台上乘凉。在花园的庭院里有一巨大的棋盘,皇帝时常在此下棋。

十八、其他(石窟、岩画、大学、纪念碑等)

大足石刻(Dazu Rock Carvings)(中国)、龙门石窟(Longmen Grottoes)(中国)、云冈石窟(Yungang Grottoes)(中国)、阿旃陀石窟(Ajanta Caves)(印度)、埃洛拉石窟(Ellora Caves)(印度)、象岛石窟(Elephanta Caves)(印度)、比莫贝卡特石窟(Rock Shelters of Bhimbetka)(印度)、瓦尔卡莫尼卡岩画(Rock Drawings in Valcamonica)(意大利)、塔努姆的岩画(Rock Carvings in Tanum)(瑞典)、伊比利亚半岛地中海盆地的岩画艺术(Rock - Art of the Mediterranean Basin on the Iberian Peninsula)(西班牙)、科阿山谷史前岩画遗址(Prehistoric Rock - Art Sites in the Côa Valley)(葡萄牙)、自由女神像(Statue of Liberty)(美国)、圣弗朗西斯科山脉岩画(Rock Paintings of the Sierra de San Francisco)(墨西哥)、孔多阿岩画遗址(Kondoa Rock Art Sites)(坦桑尼亚)、纳斯卡和朱马纳草原的线条和地画(Lines and Geoglyphs of Nasca and Pampas de Jumana)(秘鲁)、奥斯维辛—比克瑙——德国纳粹集中营(1940—1945)[Auschwitz Birkenau: German Nazi Concentration and Extermination

Camp(1940—1945)](波兰)、广岛和平纪念碑[Hiroshima Peace Memorial(Genbaku Dome)](日本)等。

大足石刻
(Dazu Rock Carvings)

国家:中国
洲名:亚洲
时间:1999 年列入《世界遗产名录》
标准:i, ii, iii
属性:文化遗产
功能:石刻艺术

世界遗产委员会的评价:

大足地区的险峻山崖上保存着绝无仅有的系列石刻,其时代可追溯到从公元9世纪到13世纪。这些石刻以其艺术品质卓越、题材丰富多变而著称,从世俗到宗教,鲜明地反映了中国这一时期的日常生活。它们为说明这一时期佛教、道教和儒教的和睦相处提供了杰出的证据。

大足石刻位于中国重庆市的大足等县境内,最初开凿于初唐永徽年间(649),历经晚唐、五代,兴盛于两宋,延续于明清时期,其中以佛教造像为主,儒、道教造像并列,是中国晚期石窟造像艺术的代表,集中国石刻艺术精华之大成,与云冈石窟、龙门石窟和敦煌莫高窟齐名,具有很高的历史、艺术、宗教、科学研究价值。

大足石刻保存了以佛教为主的宗教石刻100 多处,公布为各级文物保护单位的77 处,共有造像1 030 个龛窟、6 万余尊,其中以北山、宝顶山、南山、石篆山、石门山5 处的石刻最为著名和集中。大足石刻在造像上与北方同时注重石刻、泥塑不同,大足石刻讲究石雕,工艺精湛,因此其造像均为精雕细刻,美轮美奂。大足石刻的造像内容也十分丰富,既有佛教、道教和儒教三教并列的造像,也有历史人物大型雕刻。其中佛教造像比重最大,占造像总数的60% 以上。佛教造像主要集中在宝顶山和北山等处,道教造像主要集中在南山、半边庙等处。

大足石刻以规模宏大、雕刻精美、题材多样、内涵丰富、保存完整而著称于世。它集中了中国佛教、道教、儒家“三教”造像艺术的精华,对中国石刻艺术的创新与发展作出了重要贡献,具有前代石窟不可替代的历史、艺术和科学价值。

龙门石窟
（Longmen Grottoes）

国家：中国
洲名：亚洲
时间：2000 年列入《世界遗产名录》
标准：i, ii, iii
属性：文化遗产
功能：石窟

世界遗产委员会的评价：

龙门的石窟和佛龛展现了中国北魏晚期至唐代(493—907)期间最具规模和最令人难忘的收藏品。这些艺术品完全是以佛教题材而塑造的，代表了中国石刻艺术的高峰。

龙门石窟位于中国河南省洛阳市南郊 12 公里处、龙门峡谷东西两崖的峭壁间。这里两山对峙，伊水于山间北流，远望犹如一座天然门厥，史称“伊厥”。龙门石窟始凿于北魏孝文帝迁都洛阳前后，后历经东魏、西魏、北齐、隋、唐等朝代连续大规模的营造，从而在这里形成了南北长达 1 公里的石窟遗存，有佛龛 2 345 个、碑刻题记 2 500 余块、佛塔 60 余座、造像 10 万余尊。

龙门石窟融汇了中国古代建筑、雕塑、壁画的精华，其中佛像雕刻美轮美奂，巧夺天工，充分体现了我国古代劳动人民的聪明智慧和精湛的技艺。龙门石窟同甘肃的敦煌莫高窟、山西大同的云冈石窟并称为中国古代佛教石窟艺术的三大宝库，具有相当高的历史价值和艺术价值。

云冈石窟
（Yungang Grottoes）

国家：中国
洲名：亚洲
时间：2001 年列入《世界遗产名录》
标准：i, ii, iii, iv
属性：文化遗产
功能：石窟

世界遗产委员会的评价：

云冈石窟，位于山西省大同市，有洞窟252个、造像51 000余尊，代表了公元5世纪至6世纪时中国杰出的佛教石窟艺术。其中的昙曜五窟，布局和设计严谨统一，是中国佛教艺术巅峰时期的经典杰作。

云冈石窟位于中国北部山西省大同市以西16公里处的武周山南麓，集中了大批的佛像雕刻群。石窟始凿于北魏兴安二年(453)，由当时的佛教高僧昙曜奉旨开凿。大部分完成于北魏迁都洛阳之前(494)，造像工程则一直延续到北魏孝明帝正光年间(520—525)。石窟依山而凿，东西绵亘约1公里。现存主要洞窟45个、大小窟龛252个、石雕造像51 000余躯，最大者达17米，最小者仅几厘米。云冈石窟与甘肃敦煌莫高窟、河南龙门石窟并称"中国三大石窟群"，也是世界闻名的石雕艺术宝库之一。云冈石窟的造像气势宏伟，内容丰富多彩，堪称公元5世纪中国石刻艺术之冠，被誉为中国古代雕刻艺术的宝库。

塔努姆的岩画
(Rock Carvings in Tanum)

国家：瑞典
洲名：欧洲
时间：1994年列入《世界遗产名录》
标准：i, iii, iv
属性：文化遗产
功能：艺术作品

世界遗产委员会的评价：

塔努姆岩画位于瑞典哥德堡以北，它们不仅丰富多彩(人物、动物、武器、船只和其他物品的雕刻画)，而且文化和年代统一，是一处独特的艺术成就。这些岩画展现了在青铜器时代欧洲人的生活和信仰，以众多的数量和杰出质量而著称。

纳斯卡和朱马纳草原的线条和地画
(Lines and Geoglyphs of Nasca and Pampas de Jumana)

国家：秘鲁
洲名：美洲
时间：1994年列入《世界遗产名录》
标准：i, iii, iv

属性：文化遗产
功能：线条和地画

世界遗产委员会的评价：

纳斯卡和朱马纳草原地画在利马以南约400公里处，位于秘鲁干旱的海岸平原上，占地约450平方公里。这些线条图是公元前500年到公元500年之间被刻画在地表上的，就其数量、性质、大小以及连续性来说，是考古学中最难解开的谜团之一。这些地画描绘了活着的动物、风格化的植物、想象的人物，还有数公里长的几何图形。它们被认为具有宗教仪式的天体功能。

德里的顾特卜塔
（Qutb Minar and its Monuments, Delhi）

国家：印度
洲名：亚洲
时间：1993年列入《世界遗产名录》
标准：iv
属性：文化遗产
功能：纪念塔

世界遗产委员会的评价：

位于德里南部数公里之外的顾特卜塔，建于13世纪早期，为红砂岩建成，塔高72.5米。塔基直径14.32米，塔峰直径2.75米，塔身有交错角和圆形凹槽。周围的考古地区包括一些葬礼建筑，尤为著名的是宏伟的阿拉伊—达尔瓦扎门，为印度—穆斯林艺术的杰作，建于1311年；还有两座清真寺，其中包括库瓦图—伊斯兰清真寺，是印度北部最古老的清真寺，其建筑材料源于大约20座婆罗门庙宇。

加拉加斯的修达德大学区
（Ciudad Universitaria de Caracas）

国家：委内瑞拉
洲名：美洲
时间：2000年列入《世界遗产名录》
标准：i, iv
属性：文化遗产

功能：大学

世界遗产委员会的评价：

加拉加斯的修达德大学区是由建筑师卡洛斯·罗·维拉诺瓦于1940—1960年之间设计建造的，是现代建筑学趋势的杰出典范。大学校园与大量的建筑物和功能合成一个清晰的有机整体，包括现代建筑和视觉艺术的杰作，例如奥拉·玛格纳与亚历山大·卡尔德的"云"、奥林匹克体育场和穹顶广场。

加拉加斯大学区是现代城市规划、建筑和艺术的杰作，由委内瑞拉建筑师卡洛斯·罗·维拉诺瓦和一群杰出的前卫艺术家所创建。加拉加斯大学区是20世纪早期城市、建筑和艺术理念完美结合的突出典范。

自由女神像
（Statue of Liberty）

国家：美国
洲名：美洲
时间：1984年列入《世界遗产名录》
标准：i, vi
属性：文化遗产
功能：纪念碑

世界遗产委员会的评价：

自由女神像由法国雕塑家巴托尔蒂制作于巴黎，古斯塔夫·埃菲尔负责完成钢构架，这一高耸象征自由的纪念碑是法国在1886年美国独立100周年纪念时作为礼物赠送的。从那时起，这个矗立在纽约港口入口处的自由女神已经迎来数以百万的移民来到美国。

奥斯维辛—比克瑙——德国纳粹集中营（1940—1945）
[Auschwitz Birkenau: German Nazi Concentration and Extermination Camp（1940—1945）]

国家：波兰
洲名：欧洲
时间：1979年列入《世界遗产名录》
标准：vi

属性：文化遗产
功能：集中营

世界遗产委员会的评价：

筑垒墙、有刺铁丝网、瞭望台、兵营、绞形架、毒气室和焚尸炉，这一切都表明了纳粹分子种族灭绝的罪证，发生在第三帝国中最大的第一集中营和奥斯维辛—比克瑙集中营。根据历史调查，在这个集中营，有150万人，他们中大部分是犹太人，被蓄意饿死、拷打和屠杀致死，对于20世纪同胞来说这是灭绝人性的见证。

德国纳粹集中营（1940—1945）（奥斯维辛集中营）是在第二次世界大战期间由德国纳粹分子建立的，位于波兰南部克拉科夫（Krakow）以西约35英里。奥斯威辛是波兰南部的一个小镇，叫Oswiecim，后由德国人改称为奥斯维辛（Auschwitz），也是集中营的名称。自德国侵略者建起了这座集中营，奥斯维辛一词就成了恐怖、种族灭绝和大屠杀的一个代名词。纳粹分子之所以选择奥斯维辛作为他们的集中营是因为奥斯维辛城外是波兰军队放弃的兵营和有铁路相通。这座建于1940年的集中营，几年之后就扩大为3个集中营（Auschwitz I，Auschwitz II - Birkenau and Auschwitz III - Monowitz）和40多个小集中营，其中奥斯维辛为主营。集中营关押了犹太人、波兰人、吉普赛人、苏联战俘和其他一些国家的囚犯。在奥斯维辛集中营，有150万人被屠杀，其中大部分人死于比克瑙（Birkenau）毒气室。1945年1月27日，苏联红军解放了集中营。1947年7月2日，波兰政府把奥斯维辛集中营改建为博物馆（Auschwitz - Birkenau State Museum），作为纳粹战争罪行的见证。为了使这一罪恶行径不再重演，让后人永远记住这段历史，1979年，奥斯维辛集中营被联合国教科文组织世界遗产委员会列入《世界遗产名录》。

波兰政府希望通过"奥斯维辛集中营"改名来强调，对这个罪恶的集中营负有责任的是纳粹德国，而绝对不是在战时同样饱受纳粹德国蹂躏的波兰。联合国教科文组织世界遗产委员会同意了波兰政府的申请，于2007年6月28日在新西兰基督城第31届世界遗产大会上正式将奥斯维辛集中营（Auschwitz Concentration Camp）更名为"奥斯维辛—比克瑙——德国纳粹集中营（1940—1945）"［Auschwitz Birkenau：German Nazi Concentration and Extermination Camp（1940—1945）］。

第四章

世界自然遗产

地球具有46亿年的历史，是一切生命的源泉。人类的历史与地球的历史紧密相连。自然遗产本身就是各种生物物种和自然生态系统的宝库。自然遗产反映出的动、植物种群的多样性，对于动、植物的生存发展，特别是对于保护濒危动、植物种群的栖息地，具有重要意义和价值。自然遗产对于研究生命起源、地球科学、生态系统、生物多样性以及人类与自然的和谐和可持续发展具有重要的意义。

截止到2012年第36届世界遗产大会，世界遗产委员会公布的全球世界自然遗产共有188项。

第一节　自然遗产的定义、标准和分类

1. 自然遗产的定义

自然遗产是指具有地质、自然地理、生物结构、生态、天然名胜和自然美学价值的自然区域，包括自然生态区、自然风景名胜区和化石遗址等。

《公约》给自然遗产的定义是符合下列规定之一者：

(1)从美学或科学角度看，具有突出的普遍价值的由物质和生物结构或这类结构群组成的自然面貌；

(2)从科学或保护角度看，具有突出的普遍价值的地质和自然地理结构以及明确划定的濒危动物和植物物种生态区；

(3)从科学、保护或自然美角度看，具有突出的普遍价值的天然名胜或明确划定的自然区域。

2. 自然遗产的标准

由世界遗产委员会制定的《执行世界遗产公约的操作准则》对自然遗产规定了4项标准。根据2005年2月2日联合国教科文组织世界遗产委员会发布的新版本《执行世界遗产公约的操作准则》(*Operational Guidelines for the Implementation of the World Heritage Convention*)，自然遗产的4条遴选标准顺序有所调整。

(vii)包括最显著的自然现象或特殊的自然美景和具美学价值的地区。

(viii)代表地球演化史中重要阶段的突出范例，包括生命记录、地形发展过程

中所进行的重要地质过程或具有重要的地貌或自然地理特征。

(ix)代表进化过程中所进行的重要生态和生物过程以及陆地、淡水、沿海和海洋生态系统以及植物和动物群落的发展的突出范例。

(x)在生物多样性保护方面具有最重要意义的生物栖息地,从科学和保护方面的观点来看,包括那些含有突出普遍价值的濒危物种的栖息地。

列入《世界遗产名录》的自然遗产项目必须符合上述一项或几项标准并获得批准。

3. 自然遗产的分类

根据自然遗产的定义和标准,可按其功能分为4类:

地球演化、生物进化、自然景观和生物保护区。

(1)地球演化:地质景观、化石遗址、火山和喀斯特(岩溶)。

(2)生物进化:生物进化和生态系统。

(3)自然景观。

(4)生物保护区:野生动植物、生物多样性和生物栖息地。

关于上述的自然遗产分类,由于多数自然遗产都符合2至3项遴选标准,所以符合多项标准的自然遗产如何分类并没有严格界限。如云南三江并流保护区、大峡谷国家公园、加拉帕戈斯群岛、堪察加火山、昆士兰湿热带等这样一些自然遗产均符合世界自然遗产全部四项遴选标准,可以归入上述4种分类的任何一种类型,但本书作者主要考虑到各遗产的主要功能并结合自然遗产的定义和标准来对世界遗产进行分类。

第二节 世界自然遗产分述

一、地球演化

地球演化包括:地质景观、化石遗址、火山和喀斯特(岩溶)。

1. 地质景观

云南三江并流保护区(Three Parallel Rivers of Yunnan Protected Areas)(中国)、大峡谷国家公园(Grand Canyon National Park)(美国)、黄石国家公园(Yellowstone)(美国)、格罗莫讷国家公园(Gros Morne National Park)(加拿大)、麦夸里岛(Macquarie Island)(澳大利亚)等。

云南三江并流保护区
（Three Parallel Rivers of Yunnan Protected Areas）

国家：中国
洲名：亚洲
时间：2003 年列入《世界遗产名录》
标准：vii，viii，ix，x
属性：自然遗产
功能：地质景观和自然保护区

世界遗产委员会的评价：

三江并流国家公园由8个保护区的地理片区组成，位于中国云南省西北山区，占地170万公顷，亚洲长江（金沙江）、湄公河和萨尔温江上游地段的三条大江在此区域并行，由北向南，途经3 000米深的陡谷和6 000多米高的冰蚀峰。这里是中国生物多样性的中心，也是世界上温带生物多样性最丰富的区域之一。

遴选标准：

标准 vii

极好的自然现象或自然美景和美学意义。

金沙江、澜沧江和怒江深而平行的峡谷体现了该区域突出的自然特征，而三条江的大截面正好处于该区域的边界外围；不过，河谷是这个地区主要的风景。区域中随处可见高山，与梅里冰蚀峰、白马雪山和哈巴雪山一起构成了一道壮观的空中风景线。闽咏卡冰川是一个颇为引人注目的自然现象，海拔高度从卡瓦吉布山（6 740米）下降到2 700 米，据说是北半球中在这一低纬度（28°N）下降最低的冰川。其他一些突出的风景地貌是高山喀斯特（特别是怒江峡谷上方月亮山风景区内的“月亮石”）和由高山丹霞砂岩风化而成的“龟甲”。

标准 viii

这一遗产突出的价值在于它展示了5 000 万年印度板块与欧亚板块碰撞的地质历史、古特提斯海的闭合以及喜马拉雅山和西藏高原的隆起。这些过去曾是亚洲地表演变的主要地质事件，而且它们现在还在不断发展着。这一区域内各种岩石类型记录了这一历史。此外，在这一高山带中包括了世界上山脉中一些典型的喀斯特分布区、花岗岩和丹霞砂岩地貌。

标准 ix

三江并流区域中激动人心的生态过程是地质、气候和地形作用的共同结果。最初，处于活动造山带内这一区域导致了从火成岩（四种类型）到各种沉积岩，包括灰岩、砂岩和砾岩的一个广泛的岩基分布区。一个特殊的地形特征分布区,从峡谷到喀斯特再到冰蚀峰,是与构造板块"碰撞点"的位置相关。而后,这一区域曾是更新世的残遗种保护区并位于生物地理的会聚带(如具有温带和热带分子);作为高度生物多样性的演化的物质基础则是现阶段的事情。沿着近6 000米的垂直陡坡呈现出景观多样性,季风气候影响着该区域绝大部分,从而提供了另一个有利的生态促进因素,使得古北极区温带生物群落的整个分布区得到发展。

标准 x

生物多样性和濒危物种。

云南省西北部是中国生物多样性最丰富的地区,也许也是世界上温带生物多样性最丰富的区域。这一地区包括了横断山脉中的绝大部分自然栖息地,是地球上生物多样性资源保护区中的最重要的残留区之一。这一地区具有突出的地形和气候多样性,它正好处于东亚、东南亚和西藏高原的生物地理区的会合处,是植物和动物运动的南北通道(特别是在冰期期间)。所有这一切使得这一地区形成了独一无二的景观,尽管人类在这一地区居住了数千年,但这一地区仍然保持着高度的自然特征。作为大量的稀有和濒危动、植物的最后残留的栖息地,该地区具有突出的普遍价值。

三江并流保护区位于中国云南省西北部境内,因怒江(下游为缅甸的萨尔温江)、澜沧江(下游为境外的湄公河)和金沙江(下游为长江)在云南省西北部自北向南并行170余公里,故名"三江并流"。三江穿越于横断山脉的担当力卡山、高黎贡山、怒山和云岭等崇山峻岭间,形成"三江并流而不交汇"的奇特自然奇观。澜沧江与金沙江最短直线距离为66公里,澜沧江与怒江的最短直线距离不到19公里。三江并流保护区包括云南丽江地区、迪庆藏族自治州和怒江傈僳族自治州,由高黎贡山、白马(白茫)—梅里雪山、哈巴雪山、千湖山、红山、云岭、老君山、老窝山8大片区组成。该区域有众多的雪山、冰山、冰川、高山湖泊、开阔的高原以及典型的高山峡谷地貌。

三江并流保护区拥有世界上最丰富的地质景观。印度板块与欧亚板块碰撞,引发了横断山脉的急剧挤压、隆升、切割,高山与大江交替展布,形成世界上独有的三江并行奔流的自然奇观。除独有的三江并流世界奇观外,这里又集雪山峡谷、高山湖泊、冰川、草甸、丹霞地貌等自然景观于一身。三江并流保护区是全世界单位面积内生态系统类型最丰富的地区,也是世界上生物多样性最丰富的地区之一。保护区有高等植物210余科、1 200余属、6 000种以上,其中45个地方性属、2 700个中国特有种。保护区拥有中国20%以上的高等植物,8.5%的植物是中国稀有和濒危物种。国家稀有和濒危保护植物33种,其中12种是稀有的,22种是濒危的。保护区内动物种类占中国动物总数的25%以上,哺乳动物173种(81个地方性种)、鸟类417种(22个地方性种)、爬行动物59种(27个地方性种)、两栖动物36种(25个地方性种)、鱼类76种(35个地方性种)。

三江并流保护区代表了地球演化的重要区域和特殊的地质构造,显示了典型的生态演变过程和奇特自然景观及生物多样性,是珍稀和濒危动、植物的主要栖息地。三江并流保护区符合世界自然遗产全部四项遴选标准而于2003年被联合国教科文组织世界遗产委员会列入世界自然遗产名录。

大峡谷国家公园
(Grand Canyon National Park)

国家:美国
洲名:美洲
时间:1979年列入《世界遗产名录》
标准:vii, viii, ix, x
属性:自然遗产
功能:地球演化和自然景观

世界遗产委员会的评价:

大峡谷深约1 500米,由科罗拉多河切割开,是世界上最壮观的峡谷,位于亚利桑那州,贯穿大峡谷国家公园。它的水平岩层可以追溯到20亿年前的地质历史时期。它也保留了人类适应当时极其恶劣的环境条件的史前遗迹。

亿万年来,奔腾的科罗拉多河从美国西部亚利桑那州北部的堪帕布高原中切割出这令人震撼的奇迹——科罗拉多大峡谷。大峡谷是地球上最伟大的地理奇迹之一。大峡谷全长约350公里,宽6—29公里,最大深度约1 740米。大峡谷呈V字形,大体呈东西走向,东起科罗拉多河汇入处,西到内华达州界附近的格兰德瓦什崖附近。

大峡谷的悬崖峭壁、奇峰异石、层峦叠嶂显现出大自然的苍茫迷幻。两侧谷壁呈现阶梯状,由各种代表不同地质年代的岩石叠覆而成,在沉积岩层中含有不同时期的古生物化石。大峡谷的壮观景色举世无双,在阳光照耀下,大峡谷的不同岩石呈现扑朔迷离而又变幻无穷的色彩。大峡谷中桧树、矮松郁郁葱葱,野花茂盛;此外,还有仙人掌、云杉、冷杉等植物。这里还栖息着许多野生动物。

大峡谷国家公园中野生动物、植物资源非常丰富:植物1 500多种、哺乳动物89种、鸟类355种、爬行动物47种、两栖动物9种、鱼类17种。

黄石国家公园
（Yellowstone）

国家：美国
洲名：美洲
时间：1978 年列入《世界遗产名录》
标准：vii, viii, ix, x
属性：自然遗产
功能：地球演化、自然景观和自然保护区

世界遗产委员会的评价：

黄石国家公园拥有辽阔的自然森林，位于怀俄明州（96%）、蒙大拿州（3%）和爱达荷州（1%），占地约 9 000 平方公里。黄石国家公园含有世界已知的地热地貌的一半，有 10 000 多处。这里聚集了世界最大的间歇泉（300 多处间歇泉，或地球上 2/3 的间歇泉）。黄石国家公园建于 1872 年，它还以拥有一些众所周知的野生生物，如灰熊、狼、野牛和马鹿而著称。

黄石国家公园是世界上第一个也是历史最悠久的国家公园。黄石公园里面有一个火山爆发后形成的美国最大的高山湖——黄石湖，湖岸长达 180 公里。湖两岸峡壁险峻巍峨，其中有一段叫黄石峡谷，谷长大约 24 公里，深约 400 米，宽约 500 米，两侧呈现出从橙黄到橘红色的岩层色彩，绚丽多彩，“黄石公园”由此得名。黄石公园最独特的景观是被称为世界奇观的间歇喷泉，最有名的是老忠实喷泉。黄石公园不仅有间歇泉、温泉等地热资源，还保留了完好的生态系统，拥有森林、草原、峡谷、湖泊、瀑布和野生动物。

格罗莫讷国家公园
（Gros Morne National Park）

国家：加拿大
洲名：美洲
时间：1987 年列入《世界遗产名录》
标准：vii, viii
属性：自然遗产
功能：地球演化和自然景观

世界遗产委员会的评价：

格罗斯莫讷公园位于纽芬兰岛的西海岸，这个公园展现了一个大陆漂移演变的罕见的例证，包括深部的洋壳和裸露地表的地幔岩石。近代的冰川活动已经导致一些蔚为壮观的景观，包括海岸低地、高山台地、峡湾、冰河谷、陡崖、瀑布和许多原始状态的湖泊。

格罗斯莫讷国家公园不仅有奇特而绚丽的自然风光，而且拥有许许多多特殊的地质现象。这些地质现象为大陆漂移学说和板块构造学说提供了宝贵的证据。

6 亿年前欧洲大陆和北美大陆是一体的，但是已经逐渐开始分离，同时岩浆从地壳下喷涌而出，填满了两块大陆间的空隙。现在，在格罗斯莫讷地区西小溪湖的悬崖上可以看到已经凝固的岩浆。5.7 亿年到 4.2 亿年以前，这个公园的位置是两块大陆之间被称为亚派图斯海的大洋。到 4.6 亿年前，欧洲大陆与北美大陆被挤压到一起，阿巴拉契亚山脉升起，填满了亚派图斯海，亚派图斯海消亡了。一部分大洋地壳与地幔板块向东移动并升起成为陆地的表面。地表又经过多年冰川的地质作用，形成了各种各样壮观的地质景观。

格罗斯莫讷国家公园还拥有丰富的生物资源和独具特色的生态特征。多样的地形给动、植物提供了各种栖息地和生长环境，这里的野生生物包括陆地哺乳动物、鸟类、鱼类、植物等。

2. 化石遗址

古生物学是研究地质历史时期中的生物及其进化的科学，即根据保存在地层中的化石，研究地质历史时期生物的形态、构造、分类、分布、进化关系等。古生物是指地质历史时期中曾经生活在地球上的生物。化石是由于自然作用保存在地层中的地史时期的生物遗体和活动遗迹。

化石遗址：澳大利亚哺乳动物化石遗址[Australian Fossil Mammal Sites (Riversleigh/ Naracote)]（澳大利亚）、米瓜莎国家公园（Miguasha National Park）（加拿大）、艾伯塔省恐龙公园（Dinosaur Provincial Park）（加拿大）、加拿大落基山脉公园（Canadian Rocky Mountain Parks）（加拿大）、麦塞尔化石遗址（Messel Pit Fossil Site）（德国）、伊沙瓜拉斯托—塔拉姆佩雅自然公园（Ischigualasto / Talampaya Natural Parks）（阿根廷）、圣乔治山（Monte San Giorgio）（瑞士）等。

加拿大落基山脉公园
（Canadian Rocky Mountain Parks）

国家：加拿大
洲名：美洲

时间：1984 年列入《世界遗产名录》,1990 年扩展

标准：vii，viii，ix

属性：自然遗产

功能：地球演化、化石遗址和自然景观

世界遗产委员会的评价：

毗邻的班夫、贾斯珀、库特奈和约霍国家公园以及罗布森山、阿西尼博因山和汉伯省立公园组成的落基山脉公园，遍布着山峰、冰川、湖泊、瀑布、峡谷和石灰岩溶洞，构成了一道亮丽的高山景观。著名的伯吉斯页岩化石遗址里的软体海洋动物化石也在这里被发现。

加拿大落基山脉公园拥有丰富的自然景观和完整的生态系统，有山峰、冰河、湖泊、瀑布、峡谷、溶洞，还有著名的含有海洋软体动物化石的伯吉斯页岩动物化石产地。加拿大落基山脉公园有多姿多彩的地貌和风光旖旎的景观，栖息着许多野生动物。在班夫和贾斯珀两处公园就有约 996 种维管植物被记录。公园还有许多哺乳动物、鸟类等。1909 年发现了加拿大落基山脉（大不列颠哥伦比亚省库特奈国家公园）中寒武统的伯吉斯页岩动物群，该动物群距今约 5.15 亿年，是当时世界上最早的脊索动物，被认为是寒武纪生物大爆发最具代表性的动物化石。

艾伯塔省恐龙公园
（Dinosaur Provincial Park）

国家：加拿大

洲名：美洲

时间：1979 年列入《世界遗产名录》

标准：vii，viii

属性：自然遗产

功能：化石遗址

世界遗产委员会的评价：

除了秀丽的风景之外，坐落在艾伯塔省的这个公园还有许多极为重要的称为“爬行动物时代”的化石，特别是大约 35 种恐龙的化石，可以追溯到 7 500 万年前。

在加拿大艾伯塔省西南角红鹿河谷一带，有一座世界闻名的恐龙公园，占地 7 493公顷。这座公园地形十分奇特，土地贫瘠荒凉，荒原形态各异，岩石台地、低洼的河谷、天然石柱、山峰、沉积岩层等构成了一幅幅奇观异景。这里也是迄今为止世界发现的中生代白垩纪晚期恐龙化石的最大产地。

在白垩纪7 500万年以前，现在的艾伯塔东部地区是大片浅海边的低洼沿海平原。气候温暖潮湿，属亚热带气候。生物种类繁多，除了大量繁盛的恐龙外，还有鱼类、两栖类、爬行类、原始哺乳类、鸟类动物等。恐龙是中生代陆生爬行动物的一类。这些恐龙中有食草的，也有食肉的，它们自由自在地生活在这里的陆地或沼泽附近，这里可以说是恐龙的世界。自从19世纪80年代这里的挖掘工作开始以来，人们沿着红鹿河谷长约27公里的沿岸，已发现300多具保存完整的恐龙化石骨骼，分属于35种不同类型。

现在，这座恐龙公园保持着远古时代的自然状态。这里是种类繁多的鸟类的栖息地。冬天有叉角羚羊和白尾鹿等珍稀动物来此繁衍生息。这一切为恐龙公园增添了新的生机。

米瓜莎国家公园
（Miguasha National Park）

国家：加拿大
洲名：美洲
时间：1999年列入《世界遗产名录》
标准：viii
属性：自然遗产
功能：化石遗址

世界遗产委员会的评价：

米瓜莎国家公园古生物化石遗址坐落在加斯普半岛南部的海岸上的魁北克东南部，被认为是泥盆纪“鱼类时代”的世界最著名的例证。追溯到370 003万年前，上泥盆统Escuminac组代表了与这个时期有关的6个化石类群中的5个类群。它的重要性在于大量保存完好的鱼石螈化石标本的发现揭示了第一个进化为四条腿、呼吸空气的陆地脊椎动物——四足动物。

米瓜莎国家公园位于沙勒尔湾、卡尔顿山的西部，是一处世界闻名的独特的鱼类化石遗址。这座公园大约有8公里长的距离，一直延伸到瑞斯帝科河的北岸，宽1公里，最高高度可达100米，地面以下延伸至300—600米。米瓜莎国家公园泥盆纪鱼类群化石揭示了生物进化的一个重要时期，使科学家们了解到从水生到陆生的生物进化历程。这些鱼类化石对于研究地史时期生物进化，特别是研究四足动物类动物的起源具有重要的意义。

澳大利亚哺乳动物化石遗址(里弗斯利/纳拉库特)
[Australian Fossil Mammal Sites(Riversleigh/ Naracote)]

国家:澳大利亚
洲名:大洋洲
时间:1994 年列入《世界遗产名录》
标准:viii, ix
属性:自然遗产
功能:化石遗址

世界遗产委员会的评价:

里弗斯利和纳拉库特分别位于东澳大利亚北部和南部,排在世界十大化石产地之列。它们是澳大利亚独特的动物群主要演化阶段的一个极好的例证。

澳大利亚哺乳动物化石遗址发现的一些重要的化石包括袋狮、袋狼等已经灭绝的哺乳动物的化石。此外,在化石产地还含有蝙蝠、昆虫、鸟类、爬行类动物化石和一些植物化石。这些化石记录最早可追溯到 2 000 多万年前的渐新世。这些化石的发现向人们揭示了澳大利亚的古气候与古环境变迁,特别是一些哺乳动物化石的发现为研究有袋类动物的进化提供了化石证据。

麦塞尔化石遗址
(Messel Pit Fossil Site)

国家:德国
洲名:欧洲
时间:1995 年列入《世界遗产名录》
标准:viii
属性:自然遗产
功能:化石遗址

世界遗产委员会的评价:

对于了解 5 700 万年前至 3 600 万年前之间的始新世的生活环境,麦塞尔化石遗址是世界上有关的化石最丰富的遗址,特别是它提供了这个时期关于哺乳动物的早期进化极难得的信息,包括保存特别完好的哺乳动物化石,从动物完整的关节骨骼到胃部都有保存。

麦塞尔化石遗址位于法兰克福南部，在达姆施塔特(Dramstadt)附近。麦塞尔化石遗址占地面积为70公顷，南北长约1 000米，东西宽约700米。麦塞尔化石遗址发掘出的哺乳动物、鱼类、鸟类、昆虫化石等数不胜数。化石遗址中哺乳动物化石颇为丰富且保存完好，包括有袋类动物、奇蹄类动物、啮齿类动物化石等。此外，化石产地中还发现有卷柏科、紫萁科、海金砂科等一些植物化石。

伊沙瓜拉斯托—塔拉姆佩雅自然公园
(Ischigualasto / Talampaya Natural Parks)

国家：阿根廷
洲名：美洲
时间：2000年列入《世界遗产名录》
标准：viii
属性：自然遗产
功能：化石遗址

世界遗产委员会的评价：

这两个相邻的公园位于阿根廷中部 Sierra Pampeanas 西缘的荒漠地区，连绵275 300多公顷，含有三叠纪(2.45亿—2.08亿年以前)最完整的大陆化石记录。在公园的6个地质岩层中含有哺乳动物的大范围祖先的化石、恐龙和植物化石揭示了三叠纪脊椎动物的演化和古环境特征。

这处自然公园包括伊沙瓜拉斯托省公园(Ischigualasto Provincial Park)和塔拉姆佩雅国家公园(Talampaya National Park)。这一地区化石的研究始于20世纪早期，德国古生物学家 Friedrich Von Huene 于1929年最早描述了这里的化石遗迹。后来，地质学家 Joaquin Frenguelli 在伊沙瓜拉斯托组(Ischigualasto Formation)中采集到第一枚动物化石。真正意义上的古生物学研究是在20世纪50年代，来自阿根廷自然历史博物馆和美国哈佛大学的联合考察队于1958年对这一地区进行了考察。迄今为止，在这一地区三叠纪地层中已有大约100种植物化石被鉴定，包括一些蕨类化石、巨大的硅化木等；此外，还发现56属脊椎动物化石，包括鱼类、两栖类、爬行类和哺乳类动物化石。

圣乔治山
(Monte San Giorgio)

国家：瑞士
洲名：欧洲
时间：2003 年列入《世界遗产名录》
标准：viii
属性：自然遗产
功能：化石遗址

世界遗产委员会的评价：

这座呈金字塔形、树木繁茂的山(海拔 1 096 米)位于提奇诺州的卢戈诺湖南部,被认为是三叠纪(245—230 百万年前)海洋生物最好的记录。该层序记录了由近海岸礁遮蔽和部分与开阔海隔开的热带泻湖环境中的生物。多种多样的海洋生物繁盛在泻湖中,包括爬行动物、鱼类、双壳类、菊石类、棘皮类动物和甲壳类动物。因为泻湖是靠近陆地的,化石也包括了一些陆生的化石:爬行类、昆虫和植物。这一产地具有极为丰富的化石资源。

圣乔治山化石产地具有独一无二的三叠纪海洋生物化石,同时也有重要的陆地的生物化石。这个地区保存了各种各样、数目众多和完好的化石,为研究海相三叠纪的生物演化提供了化石证据。

3. 火山

火山是地壳内部喷出的高温物质堆积成的高地,故在地理学上又称为堆积山。典型的火山在地貌上一般表现为顶部有凹形洼地的锥形孤立山峰,但因喷出物质性质不同,可以有不同的形态。

被联合国教科文组织世界遗产委员会列入《世界遗产名录》的火山有堪察加火山(Volcanoes of Kamchatka)(俄罗斯)、伊索莱·约里(伊奥利亚群岛)[Isole Eolie (Aeolian Islands)](意大利)、夏威夷火山国家公园(Hawaii Volcanoes National Park)(美国)等。

堪察加火山
(Volcanoes of Kamchatka)

国家：俄罗斯
洲名：欧洲
时间：1999 年列入《世界遗产名录》,2001 年扩展

标准：vii，viii，ix，x

属性：自然遗产

功能：火山、自然景观和生物保护区

世界遗产委员会的评价：

这是世界上最著名的火山区之一，它拥有高密度的活火山，类型多样，特征各异。6个遗址包括在堪察加半岛的大多数火山地貌的系列名称群之中。活火山和冰川的相互作用构成了美丽壮观的动态景观。这些遗址含有极大的物种多样性，包括世界最大的鲑鳟亚目的鱼（大马哈鱼）的已知变种、海獭、棕熊和Stellar海鹰。

堪察加火山符合自然遗产规定的全部四项标准。它是地球演化的产物，以其独特的地质现象、美丽的自然景色和生物的多样化而被世界遗产委员会列入《世界遗产名录》。

伊索莱·约里（伊奥利亚群岛）
[Isole Eolie（Aeolian Islands）]

国家：意大利

洲名：欧洲

时间：2000年列入《世界遗产名录》

标准：viii

属性：自然遗产

功能：火山

世界遗产委员会的评价：

伊奥利亚群岛提供一个火山岛建造和破坏以及进行中的火山现象的杰出的记录。至少从18世纪起，研究结果表明群岛已经为火山学提供了两种喷发类型（火山式的和斯特隆博利式的）的例证；因此，200多年来在地质学家教育方面起到了重要的作用。目前，该群岛仍继续丰富着火山学领域的研究。

夏威夷火山国家公园
（Hawaii Volcanoes National Park）

国家：美国

洲名：美洲

时间：1987年列入《世界遗产名录》

标准：ix
属性：自然遗产
功能：火山和自然保护区

世界遗产委员会的评价：

这一地区含有世界上两个最活跃的火山：冒纳罗亚（高 4 170 米）和基拉韦厄（高 1 250 米）火山，它们就像矗立在太平洋上的两座塔。火山喷发已经形成不断变化的景观，熔岩流展现了奇异的地质岩层。此处还发现了稀有的鸟类、地方性物种和大片的蕨类植物森林。

夏威夷火山国家公园符合《保护世界文化和自然遗产公约》给自然遗产的定义的“具有突出的普遍价值的地质和自然地理结构以及明确划定的濒危动物和植物物种生态区”这条标准，因而被联合国教科文组织列入《世界遗产名录》。

4. 喀斯特（岩溶）

可溶性岩石经水（主要是地下水）溶蚀为主产生的各种地表和地下地形以及作用的过程，称为喀斯特或岩溶。

被联合国教科文组织世界遗产委员会列入《世界遗产名录》的喀斯特（岩溶）有丰芽－格邦国家公园（Phong Nha－Ke Bang National Park）（越南）、阿格泰莱克喀斯特和斯洛伐克喀斯特溶洞（Caves of Aggtelek Karst and Slovak Karst）（斯洛伐克和匈牙利）、猛犸象洞穴国家公园（Mammoth Cave National Park）（美国）、卡尔斯巴德洞穴国家公园（Carlsbad Caverns National Park）（美国）、中国南方喀斯特（South China Karst）（中国）等。

丰芽－格邦国家公园
（Phong Nha－Ke Bang National Park）

国家：越南
洲名：亚洲
时间：2003 年列入《世界遗产名录》
标准：viii
属性：自然遗产
功能：喀斯特

世界遗产委员会的评价：

丰芽－格邦国家公园的喀斯特地貌的形成历史始于古生代（大约 4 亿年前），是亚洲最古老的喀斯特地区。由于经历了巨大的构造变化，这个公园的喀斯特景观异常复杂，具有许多典型的地貌特征。这一广阔的地区，一直延伸到老挝边界地带，在长达65公里壮观的岩层范围内布满了众多溶洞和地下河。

丰芽－格邦国家公园是亚洲最古老的喀斯特地貌。洞深邃宽大，洞内溪流清澈。洞中景色奇妙，石壁色彩缤纷，钟乳石光怪陆离。丰芽－格邦国家公园是地质作用的产物，它为说明这一地区的地球演变历史提供了大量的证据。

丰芽－格邦国家公园符合由世界遗产委员会制定的《执行世界遗产公约的操作准则》自然遗产中的第一条标准："代表地球演化史中重要阶段的突出范例，包括生命记录、地形发展过程中所进行的重要地质过程或具有重要的地貌或自然地理特征"，因而被联合国教科文组织列入《世界遗产名录》。

卡尔斯巴德洞穴国家公园
（Carlsbad Caverns National Park）

国家：美国
洲名：美洲
时间：1995年列入《世界遗产名录》
标准：vii，viii
属性：自然遗产
功能：喀斯特

世界遗产委员会的评价：

位于新墨西哥州的这一喀斯特地形由80多个溶洞组成。这些溶洞之所以突出不仅在于它们的大小，而且还体现出丰富多样和矿物结构之美。Lechuguilla溶洞比其他的溶洞更为突出，它提供了一个地下实验室，在那里能研究早期喀斯特的地质和生物过程。

卡尔斯巴德洞穴国家公园位于新墨西哥爱迪县（Eddy county）西南瓜达鹿白河山脉（Guadalupe Mountains）山脚处，占地面积18 926公顷。公园包括81个溶洞，其中Lechuguilla溶洞最深为477米和最长达133公里。这一地区生长着大约800种耐旱的灌木植物。30多属94种真菌的记录来自Lechuguilla溶洞。这里还栖息着64种哺乳动物、331种鸟类和许多爬行类动物物种。

二、生物进化

1. 生物进化

生物进化：加拉帕戈斯群岛（Galapagos Islands）（厄瓜多尔）、科科斯岛国家公园（Cocos Island National Park）（哥斯达黎加）等。

加拉帕戈斯群岛
（Galapagos Islands）

国家：厄瓜多尔

洲名：美洲

时间：1978 年列入《世界遗产名录》,2001 年扩展

标准：vii, viii, ix, x

属性：自然遗产

功能：生物进化、生态系统、地球演化和生物保护区

世界遗产委员会的评价：

加拉帕戈斯群岛从南美洲大陆延伸入太平洋,连绵约 1 000 公里,这 19 个岛屿和周围的海洋保护区被称作独特的“活的生物进化博物馆和陈列柜”。位于三洋流汇合处的加拉帕戈斯是海洋物种的“熔锅”。不断活动的地震和火山作用反映了形成群岛的变化过程。这些过程,加之这些岛屿的极度隔离,导致了不寻常动物的发展的吗？例如陆生鬣蜥、巨龟和多种类型的雀类。1835 年,查尔斯·达尔文考察了这片岛屿后,从中得到感悟,为他的进化论的形成奠定了基础。

加拉帕戈斯群岛位于厄瓜多尔西部的加拉帕戈斯省。美丽的加拉帕戈斯群岛由 19 个岛屿、众多的小岛和岩礁组成,保护区面积约 7 665 平方公里（占群岛的 97%）,其中 96.6% 的面积现为国家公园。加拉帕戈斯群岛是由海底抬升的熔岩堆积物形成的群岛,有许多原始生存的动、植物,是世界上最大的动植物生态系统,同时也是厄瓜多尔的主要旅游区。

加拉帕戈斯群岛由巴拿马主教（Bishop of Panama）贝兰加（Fray Tomas de Berlanga）于 1535 年发现。英国生物学家达尔文乘坐“贝格尔”号（Beagle）远洋船进行环球考察时,于 1835 年来到该岛。加拉帕戈斯群岛生物的多样性和独特性,特别是加拉帕戈斯的 13 种雀科的鸣鸟（finch）的进化特征给他留下深刻的印象。鸣鸟的祖先种几百万年前从南美洲大陆飞抵这里。祖先种曾是一个个体小、食种子的鸣鸟。这种鸣鸟面对加拉帕戈斯群岛的新的栖息地,利用不同的食物资源以适应新的生存方式。由于适应辐射（adaptive radiation）,同一类鸣鸟产生生理和形态的分化,以适应不同的生活环境,最后演变为 13 个现代种。达尔文曾用自然选择来解释这些鸣鸟的适应辐射。加拉帕戈斯群岛的生物多样性为达尔文提出自然选择的论点和撰写《物种起源》这一旷世巨著奠定了基础。

加拉帕戈斯群岛大约有植物 560 种和亚种,其中大约 40% 是地方性的,植被以仙人掌、灌木和红树林沼泽为主。岛上栖息着脊椎动物 24 种、无脊椎动物 2 000 余

种、爬行动物35种、昆虫1 600多种。这里还栖息着陆生鬣蜥(terrestrial iguana)和海生鬣蜥(marine iguana)。加拉帕戈斯群岛特有的海生鬣蜥以海草为食,并且通过发育不完全的蹼足适应了海上生活。群岛还以另一种爬行动物——巨龟(giant tortoise)而闻名于世。群岛的两个重要的海龟物种绿海龟(Chelonia mydas)和玳瑁(Eretmochelys imbricata)常见于周边海域。群岛诸多海湾栖息着海狮、海豹、海豚、鲸等。海洋中含有丰富的鱼类,多达92科306种,至少有51种是本区特有的。鱼类中有12种鲨鱼和6种鹞鱼。岛上有鸟类88种,其中有57种留鸟和31种候鸟,包括信天翁、火烈鸟等。此外,岛上还有1 600种昆虫。

1835年,查尔斯·达尔文考察了加拉帕戈斯群岛,并于1859年出版了《物种起源》,书中对加拉帕戈斯群岛的生物多样性和演化作了详尽的描述。1936年,加拉帕戈斯群岛就成为了厄瓜多尔第一个国家公园。1964年,在Santa Cruz岛建起了查尔斯·达尔文研究站。1984年,加拉帕戈斯群岛被联合国教科文组织选定作为人类和生物圈计划的生物圈保护区。1986年,建立加拉帕戈斯海洋生物保护区。1998年,厄瓜多尔政府制定了《加拉帕戈斯群岛特别法》以保护该群岛和周围水域。一个多世纪以来,有关加拉帕戈斯群岛生物多样性和生物进化方面的研究为国际生物学界所关注,其研究成果已为生物学和生态学等方面的教科书所广泛引用。加拉帕戈斯群岛因符合世界自然遗产全部4条遴选标准而于1978年被联合国教科文组织世界遗产委员会列入《世界遗产名录》。

科科斯岛国家公园
(Cocos Island National Park)

国家:哥斯达黎加
洲名:美洲
时间:1997年列入《世界遗产名录》,2002年扩展
标准:ix, x
属性:自然遗产
功能:生物进化和生态系统

世界遗产委员会的评价:

科科斯岛国家公园距哥斯达黎加太平洋海岸550公里,是热带东太平洋上唯一拥有热带雨林的岛屿。它的位置作为连接北赤道逆流的第一点,又是岛屿和周围海洋的生态系统的相互作用的交互点,因此使得这个地区成为研究生物进程的一个理想的实验室。国家公园的水下世界之所以著名,是因为它吸引了众多的潜水员,他们认为这里是世界上观看远洋物种的最好的地方之一,例如鲨鱼、鹞鱼、金枪

鱼和海豚。

科科斯岛国家公园因符合自然遗产规定的两条标准而被列入《世界遗产名录》。科科斯岛国家公园之所以符合自然遗产的规定主要是因为它为海洋生物提供了重要的栖息地,包括远洋物种,特别是鲨鱼。

2. 生态系统

生态系统:大堡礁(Great Barrier Reef)(澳大利亚)、贝加尔湖(Lake Baikal)(俄罗斯)、伯利兹堡礁保护区(Belize Barrier – Reef Reserve System)(伯利兹)、潘塔奈尔保护区(Pantanal Conservation Area)(巴西)、亚马孙河中心保护区(Central Amazon Conservation Complex)(巴西)、达连国家公园(Darien National Park)(巴拿马)等。

大堡礁
(Great Barrier Reef)

国家: 澳大利亚
洲名: 大洋洲
时间: 1981 年列入《世界遗产名录》
标准: vii, viii, ix, x
属性: 自然遗产
功能: 生物进化、海洋生态系统和自然保护区

世界遗产委员会的评价:

大堡礁位于澳大利亚东北海岸,是一处千姿百态、景色迷人的景观。它是世界上最大的珊瑚礁区,拥有 400 种不同类型的珊瑚,鱼类 1 500 种,软体动物达 4 000 余种。作为濒临灭绝的物种如儒艮(海牛)和大绿龟的栖息地它也具有极大的科学意义。

大堡礁作为世界上最大的珊瑚礁区,北面从托雷海峡起,向南直到弗雷泽岛附近,沿澳大利亚东北海岸线连绵 2 300 多公里。除了种类繁多的珊瑚、鱼类和软体动物以外,还有棘皮动物约 800 种、海鸟 22 种、海洋哺乳动物 30 种、海龟 6 种等。种类繁多的热带海洋生物,如海蜇、管虫、海绵、海胆、海葵、海龟以及蝴蝶鱼、天使鱼、鹦鹉鱼等与色彩斑斓的珊瑚礁构成了天然的海洋生态系统。从上空俯瞰,珊瑚礁岛绚丽多姿、熠熠生辉,宛如艳丽花朵,在碧波万顷的大海上构成一道千姿百态的海上奇观。

贝加尔湖
（Lake Baikal）

国家：俄罗斯
洲名：欧洲
时间：1996年列入《世界遗产名录》
标准：vii，viii，ix，x
属性：自然遗产
功能：生物进化

世界遗产委员会的评价：

贝加尔湖位于西伯利亚东南部，占地315万公顷，是世界上最古老的（2 500万年）和最深的（1 700米）湖泊。它拥有世界总数的20%的不冻淡水储量。被誉为“俄罗斯的加拉帕戈斯”的贝加尔湖，因其久远的年代和人迹罕至，成为拥有世界上种类最多和最独特的淡水动物群的地区之一，这对于进化科学具有不可估量的价值。

贝加尔湖位于俄罗斯伊尔库茨克（Irkutsk）和赤塔（Chita）地区，长约636公里，最宽处约为80公里，平均宽度为48公里。贝加尔湖有安加拉河（Angara）、色楞格河（Selenga）等336条大小河流和溪流注入湖内。贝加尔湖是世界上最古老和最深的淡水湖，也是世界著名的淡水生态系统。贝加尔湖水极其清澈，透明度达40.5米，被誉为“西伯利亚明眸”。贝加尔湖周围群山环绕，林木苍翠，风景奇丽。褐熊、鹿、麋常常出没在贝加尔湖地区。贝加尔湖有动物约1 340种（745种为特有的）。湖中的鱼类有50余种，包括鲱鱼、鲑鱼、鳕鱼、鲟鱼（sturgeon）、杜父鱼（bullhead）等。贝加尔湖中还拥有世界唯一的淡水海豹（fresh water seal）。水域和沿岸植物有570种，其中150种为本区特有的。贝加尔湖符合自然遗产规定的全部四项标准，因而被列入《世界遗产名录》。

伯利兹堡礁保护区
（Belize Barrier – Reef Reserve System）

国家：伯利兹
洲名：美洲
时间：1996年列入《世界遗产名录》
标准：vii，ix，x

属性：自然遗产

功能：生态系统和自然保护区

世界遗产委员会的评价：

伯利兹沿海地区是一个典型的自然生态系统，构成了北半球最大的堡礁，包括近海环礁、数百个沙洲、美洲红树林、沿海潟湖和港湾。这一自然生态系统的7处地方说明了礁发育的演化历史，并且为一些濒危物种提供了重要的栖息地，包括海龟、海牛和美洲海鳄。

伯利兹堡礁保护区位于伯利兹大西洋—加勒比海沿岸，由7处保护区组成（Bacalar Chico National Park and Marine Reserve, Blue Hole Natural Monument, Half Moon Caye Natural Monument, South Water Caye Marine Reserve, Glover's Reef Marine Reserve, Laughing Bird Caye National Park and Sapodilla Cays Marine Reserve），占地总面积为96 300公顷。伯利兹海底大陆架及其堡礁是世界上第二大堡礁系统，同时也是大西洋—加勒比海地区最大的生物礁复合体。在堡礁区大约有247个海生植物类群。在这一地区栖息着鱼类500多种、珊瑚65种、软体动物350种和水螅类65种。

三、自然景观

自然景观：武陵源风景名胜区（Wulingyuan Scenic and Historic Interest Area）（中国）、九寨沟风景名胜区（Jiuzhaigou Valley Scenic and Historic Interest Area）（中国）、黄龙风景名胜区（Huanglong Scenic and Historic Interest Area）（中国）、萨加玛塔国家公园（Sagarmatha National Park）（尼泊尔）、伊路利萨特冰湾（Ilulissat Icefjord）（丹麦）、维多利亚瀑布（莫西奥图尼亚）（Mosi - oa - Tunya / Victoria Falls）（赞比亚和津巴布韦共有）、约塞米蒂国家公园（Yosemite National Park）（美国）、伊瓜苏国家公园（Iguazu National Park）（阿根廷）、冰川国家公园（Los Glaciares）（阿根廷）、瓦特顿冰川国际和平公园（Waterton Glacier International Peace Park）（美国和加拿大共有）等。

武陵源风景名胜区
（Wulingyuan Scenic and Historic Interest Area）

国家：中国

洲名：亚洲

时间：1992年列入《世界遗产名录》

标准：vii

属性：自然遗产

功能：自然景观

世界遗产委员会的评价：

这一壮观的地区位于中国湖南省境内，连绵26 000多公顷，以3 000余座狭长的砂岩柱和砂岩峰为主，大部分都有200多米高。在峰峦之间，沟壑、峡谷纵横，溪流、潭和瀑布随处可见，还有大约40个溶洞和2座天然大石桥。除了惊人的美景外，这一地区还因有许多本地的濒危动植物物种而引人注目。

武陵源风景名胜区位于中国湖南省西北部武陵源山脉中段，隶属张家界市，由张家界国家森林公园和索溪峪、天子山自然保护区组成，总面积390.8平方公里，中心景区面积264平方公里，外围保护地带面积126.8平方公里。最近又发现了杨家界新景区。武陵源的景观类型主要为石英砂岩峰林景观；此外，还有众多的喀斯特景观、峡谷景观、高山湖泊景观等，到处是石柱石峰、断崖绝壁、古树名木、云气烟雾、流泉飞瀑、珍禽异兽，风光秀美，堪称人间奇迹。景区以"奇峰、幽谷、秀水、深林、溶洞"而享有盛誉，称为武陵源"五绝"。武陵源的风景整体宏大、景观丰富、气势磅礴。景区主要景观为石英砂岩峰林地貌，共有3 103座奇峰，峰体分布在海拔500—1 100米，高度由几十米至400米不等，许多砂岩峰超过200米以上。石峰姿态万千，蔚为壮观，加之沟壑纵横，溪涧密布，森林茂密，田园风光淳朴，更是美不胜收。武陵源水景类型齐全，溪、泉、湖、瀑、潭异彩纷呈，有"秀水八百"之称。

武陵源天子山的云涛雾海神秘莫测，千变万化，连绵浩瀚，波澜壮阔，犹如梦幻境界。最高峰天子峰面北而峙，海拔1 260米。立峰凭眺，台地错列，石峰嶙峋，云雾缭绕，峰、峡、瀑、林遍布千山万壑。金鞭溪因溪畔有一金鞭岩而得名，全长约7.5公里，是武陵源最美的一条溪流，溪流穿行在峰峦幽谷之间，蜿蜒曲折，秀美清幽。

溶洞主要集中于索溪峪河谷北侧及天子山东南缘，总数达数十个。其中最为著名的是索溪峪的"黄龙洞"，景观奇异，是武陵源最为著名的游览胜地之一。黄龙洞地处武陵源核心景区的东端，为典型的喀斯特岩溶地貌，现已探明总面积48公顷，全长15公里，垂直高度140米，内分二层旱洞、二层水洞。黄龙洞洞中有洞，洞中有河，由石灰质溶液凝结而成石钟乳、石笋、石花、石柱、石瀑等洞穴景观，洞天高阔，暗河幽深，瀑布悬空，石笋密集，仿佛一座神奇的地下宫殿。

武陵源具有众多的野生珍稀动、植物物种，高等植物有3 000余种，其中木本植物有107科，包括250属和700余种。水杉、银杏、珙桐、龙虾花等珍稀植物比比皆是。陆生脊椎动物50科116种、哺乳动物34种、爬行动物17种、两栖动物12种、鸟类53种。景区内珍稀动物有大鲵、亚洲黑熊、云豹、豹等。雉鸡、穿山甲、猕猴等珍禽异兽出没于丛林和山涧之中。

石英砂岩峰林是武陵源奇绝超群、蔚为壮观的奇观，堪称大自然中最为杰出的作品。武陵源拥有众多的水景、溶洞和生物资源，为一个特殊的生态地域，具有极其重要的科研价值。

九寨沟风景名胜区
（Jiuzhaigou Valley Scenic and Historic Interest Area）

国家：中国

洲名：亚洲

时间：1992年列入《世界遗产名录》

标准：vii

属性：自然遗产

功能：自然景观

世界遗产委员会的评价：

九寨沟位于四川省北部，连绵超过72 000公顷，蜿蜒的九寨沟山谷海拔可达4 800多米，因而形成了一系列多种多样的森林生态系统。它壮丽的景观因一系列狭长的圆锥状喀斯特地貌和壮观的瀑布而特别引人入胜。大约140种鸟类也栖息在山谷中，还有许多濒危动、植物物种，包括大熊猫和四川扭角羚。

九寨沟自然风景区位于中国四川省阿坝藏族羌族自治州南坪县，因为沟内有盘信、彭布、故洼、盘亚、则查洼、黑角寨、树正、菏叶、扎如九个藏族村寨而得名。全区面积720平方公里，外围保护地带600平方公里，大部分为森林覆盖。九寨沟位于青海—西藏和扬子板块的边缘，地质背景复杂，碳酸盐岩分布广泛，褶皱断裂发育，新构造运动强烈，地壳抬升幅度大，加之冰川、水文的作用和构造运动，发育了大规模喀斯特作用的钙华沉积，形成了形态各异的冰斗、U形谷、悬谷、喀斯特等地貌。九寨沟以高原钙华湖群、钙华瀑群和钙华滩流等水景为主体。九寨沟主沟呈"Y"字形，由则树正沟、查洼沟和日则沟三条沟组成，总长50余公里。在青山环抱的"Y"字形山沟内，分布着许多湍流、滩流、瀑布和大小湖泊100多处。大小湖泊114个，湖泊之间有17个瀑布群、11段激流、5处钙华滩流，形成以高山湖泊群和瀑布群以及钙华滩流为特色的自然景观。著名的景点有剑竹海、熊猫海、镜海、五花海、犀牛海、芳草海、高瀑布、珍珠滩瀑布、诺日朗瀑布、树正瀑布、树正海、卧龙瀑布、火花海、芦苇海、长海、上下季节海等。

九寨沟体现出原始美、自然美。九寨沟的景观类多景异，湖、瀑、滩、泉一应俱全，异彩纷呈。九寨沟四周为群山环抱，森林茂密，景色奇幻，集湖泊、瀑布、深林、雪峰于一身，有"人间仙境"和"童话世界"的美誉。

九寨山水天然原始，四季景色变幻无穷，尤其是秋季，沿湖连绵数十里、色彩缤纷的森林美不胜收。九寨沟的地下水富含大量的碳酸钙质，湖底、湖堤、湖畔水边均可见乳白色碳酸钙形成的结晶体。来自雪山、森林的活水异常洁净,加之梯形状的湖泊层层过滤,其水色愈加透明,能见度深达20米。翠海、叠瀑、彩林、雪峰、藏情被誉为九寨沟“五绝”。诺日朗瀑布宽320米,高24.5米,为中国最宽的瀑布,位于九寨沟中部,为九寨沟的象征。

九寨沟为多种自然要素交会地区,山地切割较深,高差悬殊,植物垂直带谱明显,植物资源丰富。现有天然森林近3万公顷,有高等植物2 576种,其中国家级保护植物24种。低等植物400余种,藻类达40余种,植被类型多样,隐藏着不同气候带的地带性植被类型。植物区系成分十分丰富,还包括许多古老和孑遗植物,如独叶草、星叶草、箭竹等。

九寨沟野生珍稀动物资源丰富,主要包括脊椎动物170种、鸟类141种,还有17种珍稀动物,其中一类保护动物有大熊猫、四川扭角羚、金丝猴等,二类保护动物有毛冠鹿、白唇鹿、小熊猫、猕猴、大天鹅等,三类保护动物有鬃羚、斑羚、碉羊、蓝马鸡、血雉等。

九寨沟作为中国西南地区一个独特的自然资源高度整合并集中分布的地区,具有非常高的美学、生物学、生态学等科学研究价值。

黄龙风景名胜区
(Huanglong Scenic and Historic Interest Area)

国家: 中国
洲名: 亚洲
时间: 1992年列入《世界遗产名录》
标准: vii
属性: 自然遗产
功能: 自然景观

世界遗产委员会的评价:

黄龙风景名胜区位于四川省西北部,是由众多雪盖峰和中国最东边的冰川组成的山谷。除了山脉景观和各种不同的森林生态系统被发现之外,还有壮观的石灰岩岩层、瀑布和温泉。这一地区还有许多濒危动物种群,包括大熊猫和四川疣鼻金丝猴。

黄龙风景名胜区位于四川省西北部,隶属阿坝藏族羌族自治州松潘县,海拔在3 000米以上,是中国最高的风景名胜区之一。风景区由黄龙景区和牟尼沟景区两部分组成。

黄龙风景名胜区总面积为700平方公里,外围缓冲区面积为640平方公里,其中黄龙景区的核心区面积600平方公里,缓冲区面积为580平方公里;牟尼沟景区的核心区面积100平方公里,缓冲区面积为60平方公里。最高峰为岷山主峰雪宝鼎,海拔5 588米,终年积雪,是中国存有现代冰川的最东点。黄龙风景名胜区主要景观集中于长约3.6公里的黄龙沟,沟内遍布碳酸钙华沉积,并呈梯田状排列,仿佛是一条金色巨龙。黄龙风景名胜区以彩池、雪山、峡谷、森林而著称于世,其间镶嵌着形态各异的池、湖、滩、瀑、泉、洞等各种景观,五彩缤纷,绚丽多姿,有"世界奇观,人间瑶池"的美誉。

黄龙地区地貌总体特征是山雄峡峻。其特点是,峡谷深切,崖壁陡峭;枝状江源,南直北曲。黄龙高程范围在海拔1 700—5 588米,一般峰谷相对高差千米以上,3 700—4 000米以上多为冰蚀地貌,气势磅礴,雄伟壮观。黄龙多喀斯特峡谷,空间多变,崖峰峻峭。黄龙地区海拔3 000米以上广泛发育着清晰的第四纪冰川遗迹,其中以岷山主峰雪宝鼎地区最为典型。黄龙地区古生界岩石类型以碳酸盐岩为主,厚度达4 000米以上;中生代以碎屑沉积的各种沉积岩为主,沉积厚度至少达1 000米;新生代沉积岩由冲积砾石、冰碛和碳酸盐沉积物组成。

黄龙以规模宏大、类型繁多、结构奇巧、色彩丰艳的地表钙华景观为主景,在中国风景名胜区中独树一帜,成为中国一绝。黄龙钙华景观类型齐全,钙华池、钙华滩、钙华扇、钙华湖、钙华塌陷湖、钙华瀑布、钙华洞穴、钙华泉、钙华台、钙华盆景等一应俱全,是一座名副其实的天然钙华博物馆。黄龙沟连绵分布钙华段长达3 600米,最长钙华滩长1 300米,最宽170米;彩池数达3 400余个。彩池规模大小不一,形状各异,波光粼粼,晶莹透亮,在光线照射下形成五光十色、色彩斑斓的"五彩池",犹如瑶池仙境,为黄龙景区一大秀丽景观。

黄龙气候垂直分带明显,特点是高山湿润寒冷,河谷干燥温凉,冬季漫长,春秋相连,基本无夏,温度变化大,日照充足。黄龙的植被处于东部湿润森林区向青藏高寒高原亚高山针叶林草甸草原灌丛区的过渡地带,属东亚、喜马拉雅、北半球亚热带和热带四个植物区系的交会地带,垂直带谱明显,植物种类丰富,植被类型复杂,群落结构和森林生态系统完整。森林覆盖率为65.8%。

牟尼沟景区位于松潘县城西南10余公里,但通往两地的蜿蜒山路却有几十公里。主要为原始大森林分布区。牟尼沟的景点分布在扎嘎沟和二道海沟之中。扎嘎沟有著名的扎嘎瀑布,扎嘎瀑布是高约104米、宽35米的台阶式钙华瀑布,大瀑布从山崖中飞流而下,溅起巨大的水花,声若雷鸣,极为壮观。扎嘎瀑布为中国最大的钙华瀑布。二道海沟为牟尼沟风景区北部景段,分布有天鹅湖、百花湖、犀牛群湖等,四周为郁郁葱葱的原始森林,蓝天、白云倒映湖中,水光山色,景色宜人。

黄龙风景名胜区拥有许多珍贵的动、植物资源,高等植物达1 500种,多为中国特有的,包括四川落叶松、岷山冷杉、红杉、云杉、独叶草、星叶草等。区内栖息着哺乳动物59种、鸟类155种、爬行动物5种、两栖动物5种、鱼类2种。珍稀动物有大熊猫、四川疣鼻金丝猴、四川扭角羚、小熊猫、白唇鹿、褐熊、亚洲黑熊、盘羊、豹等。

黄龙风景名胜区不仅分布有独一无二的地表钙华景观,而且还具有中国最东部的现代冰川保存区,另外还栖息有大熊猫等珍稀动物,这些都成为黄龙风景名胜区独具特色之处。另外黄龙作为一个生态过渡带,是各类资源交会的地区,在地质、地貌、动植物各方面都具有独特性,构成了一个完整的自然生态区。黄龙风景名胜区风景奇特、地质现象复杂、生物资源丰富,具有重要的科学价值和美学价值。

大雾山国家公园
(Great Smoky Mountains National Park)

国家: 美国
洲名: 美洲
时间: 1983 年列入《世界遗产名录》
标准: vii, viii, ix, x
属性: 自然遗产
功能: 自然景观和生物保护区

世界遗产委员会的评价:

大雾山国家公园占地200 000 多公顷,是一处极为美丽的公园,拥有3 500 多种特有植物,包括欧洲所有的树种(130 个自然种)。许多濒危动物物种在此处也有发现,包括世界最大的蝾螈变种。由于这个公园相对处于原始状态,在人类未曾涉足以前,它给定了一个温带植物群的概念。

大雾山国家公园位于美国田纳西州和北卡罗来纳州。这里拥有许许多多的山峰、瀑布、溪流、茂密的森林和野生生物。这里空气湿度大,森林蒸腾出的水蒸气形成的滞留于地表附近的浓雾环绕于群山之间。密林深处栖息着约 50 种哺乳动物、200 多种鸟类,还有爬行动物、无脊椎动物等。溪流中还生活着 40 多种鱼类。这里的地貌特征、生物演化性和生物物种多样性都使这个公园成为世界上最好的自然保护区之一。

约塞米蒂国家公园
(Yosemite National Park)

国家: 美国
洲名: 美洲
时间: 1984 年列入《世界遗产名录》

标准：vii，viii，ix
属性：自然遗产
功能：自然景观和自然保护区

世界遗产委员会的评价：

约塞米蒂国家公园位于加利福尼亚中心。它所拥有的"悬"谷、许多瀑布、冰斗湖、磨光穹隆、冰碛和U形谷，展现了由冰川作用形成的各种花岗岩地形的一处极好景观。在海拔600—4 000米之间，植物群和动物群的巨大变化在这里也能被发现。

约塞米蒂国家公园占地308 283公顷，有山峰、幽谷、瀑布、湖泊、溪流、草甸、险峻的花岗岩峭壁，景色各异，奇趣盎然，美不胜收，为一处罕见的自然美景。公园中生长着高大繁茂的美洲杉。公园中拥有许多不同的植被类型，包括37种树种。公园中还栖息着许多野生动物，哺乳动物74种、鸟类230多种、两栖类约10种和爬行类18种。

冰川国家公园
（Los Glaciares）

国家：阿根廷
洲名：美洲
时间：1981年列入《世界遗产名录》
标准：vii，ix
属性：自然遗产
功能：自然景观

世界遗产委员会的评价：

冰川国家公园是一处罕见的自然美景区，有着崎岖而高耸的山脉和众多的冰湖，其中包括160公里长的阿根廷湖。在湖的远端三条冰河汇合处，乳灰色的冰水倾泻而下，带着雷鸣般的轰响把圆顶冰屋一样巨大的流冰冲入湖中。

下龙湾
（Ha Long Bay）

国家：越南
洲名：亚洲
时间：1994年列入《世界遗产名录》，2000年扩展

标准：vii，viii

属性：自然遗产

功能：自然景观

世界遗产委员会的评价：

下龙湾坐落在东京海湾，包括大约1 600个岛屿和小岛，构成了一幅石灰岩溶蚀岩柱的壮观海景。由于那里地势陡峭，大部分岛屿杳无人迹，未受人类的影响。超乎寻常的生物影响为这一地区突出的自然美景增添了几分色彩。

越南下龙湾国家公园位于越南北方广宁省。风景区共分3个小湾，占地约150 000公顷。在碧波万顷的海面上，石灰岩岛屿星罗棋布，岛上可见尖峰耸峙的岩柱、形状奇特的钟乳石和石笋，以景色瑰丽、秀美而著称。下龙湾的鱼类有上千种，在岛上还栖息有哺乳动物、爬行动物和各种鸟类。

四、生物保护区

生物保护区包括野生动植物、生物多样性和生物栖息地。

生物保护区：四川大熊猫栖息地（Sichuan Giant Panda Sanctuaries）（中国）、马纳斯野生生物保护区（Manas Wildlife Sanctuary）（印度）、盖奥拉德奥国家公园（Keoladeo National Park）（印度）、孙德尔本斯国家公园（Sundarbans National Park）（印度）、辛哈拉加森林保护区（Sinharaja Forest Reserve）（斯里兰卡）、通艾—会卡肯野生生物保护区（Thungyai - Huai Kha Khaeng Wildlife Sanctuaries）（泰国）、多纳纳国家公园（Doñana National Park）（西班牙）、斯雷巴尔纳自然保护区（Srebarna Nature Reserve Srebarna）（保加利亚）、马德拉岛的阔叶常绿乔木群落（Laurisilva of Madeira）（葡萄牙）、科米原始森林（Virgin Komi Forests）（俄罗斯）、弗兰格尔岛自然保护区（Natural System of Wrangel Island Reserve）（俄罗斯）、圣基尔达岛（St. Kilda）（英国）、朱吉鸟类保护区（Djoudj National Bird Sanctuary）（塞内加尔）、尼奥科罗—科巴国家公园（Niokolo - Koba National Park）（塞内加尔）、德贾动物保护区（Dja Faunal Reserve）（喀麦隆）、霍加皮野生动物保护区（Okapi Wildlife Reserve）（刚果民主共和国）、塔伊国家公园（Taï National Park）（科特迪瓦）、宁巴山自然保护区（Mount Nimba Strict Nature Reserve）（科特迪瓦和几内亚共有）、肯尼亚山国家公园/自然森林（Mount Kenya National Park/Natural Forest）（肯尼亚）、黥基·德·贝玛拉哈自然保护区（Tsingy de Bemaraha Strict Nature Reserve）（马达加斯加）、阿伊尔和泰内雷自然保护区（Air and Ténéré Natural Reserves）（尼日尔）、玛依谷地自然保护区（Vallée de Mai Nature Reserve）（塞舌尔）、恩戈罗恩戈罗自然保护区（Ngorongoro Conservation Area）（坦桑尼亚）、塞伦盖蒂国家公园（Serengeti National Park）（坦桑尼亚）、大圣卢西亚湿地公园（Greater St. Lucia Wetland Park）（南非）、开普植物群保护区

(Protected Areas of the Cape Floral Region)(南非)、大西洋沿岸的森林保护区(Discovery Coast Atlantic Forest Reserves)(巴西)、玛努国家公园(Manu National Park)(秘鲁)、瓜纳卡斯特自然保护区[Area de Conservacíón Guancaste(Extension to include the Sector Santa Elena)](哥斯达黎加)、苏里南中部自然保护区(Central Suriname Nature Reserve)(苏里南)、雷奥普拉塔诺生物圈保护区(Río Plátano Biosphere Reserve)(洪都拉斯)、埃尔维采诺鲸鱼禁捕区(Whale Sanctuary of El Vizcaino)(墨西哥)、红杉树国家公园(Redwood National Park)(美国)、昆士兰湿热带(Wet Tropics of Queensland)(澳大利亚)、大蓝山地自然保护区(Greater Blue Mountains Area)(澳大利亚)、中东部雨林保护区[Central Eastern Rainforest Reserves(Australia)](澳大利亚)、新西兰次南极区群岛(New Zealand Sub - Antarctic Islands)(新西兰)等。

四川大熊猫栖息地
(Sichuan Giant Panda Sanctuaries)

国家:中国
洲名:亚洲
时间:2006 年列入《世界遗产名录》
标准:x
属性:自然遗产
功能:生物保护区

世界遗产委员会的评价:

生活着全球30%以上的濒危大熊猫的四川大熊猫栖息地位于邛崃山脉和夹金山山脉,占地面积为924 500 公顷,拥有7个自然保护区和9个风景区。栖息地构成了来自第三纪古热带森林的孑遗物种的最大的连续生境,也是大熊猫生存繁衍最重要的区域。栖息地还是其他全球濒危动物如红熊猫、雪豹和云豹的家园。栖息地是世界上植物最丰富的区域,拥有1 000 多属和5 000—6 000 种,超出了热带雨林的范围。

四川大熊猫栖息地是保持生物多样性和生态完整性的重要区域。这里生活着全世界30%以上的野生大熊猫,是全球最大和最完整的大熊猫栖息地。有关专家认为,栖息地的整体保护将有助于改善大熊猫栖息地"破碎化"、"岛屿化"的现象,扩大大熊猫的基因库,确保生态系统的真实性和完整性。

马纳斯野生生物保护区
(Manas Wildlife Sanctuary)

国家:印度
洲名:亚洲
时间:1985 年列入《世界遗产名录》
标准:vii, ix, x
属性:自然遗产
功能:生物保护区

世界遗产委员会的评价:
马纳斯野生生物保护区位于喜马拉雅山脚下缓坡一片冲积草原和热带森林里,是多种野生生物的家园,包括许多濒危物种,如老虎、俾格猪、印度犀牛和印度大象。

马纳斯野生生物保护区处在喜马拉雅山脉外围的丘陵地带,海拔在 100—250 米之间。马纳斯河从保护区西部分成三个支流穿流而过,直到保护区南约 64 公里处汇入雅鲁藏布江。马纳斯野生生物保护区位于阿萨姆邦(Assam)的 Barpeta 和 Kokrajhar 地区。保护区北部毗邻不丹,南部靠近北卡姆鲁浦(Kamrup)的居民区,东部和西部则与大片森林保护区接壤。该保护区包括马纳斯森林保护区的一部分和整个北卡姆鲁浦森林保护区。马纳斯野生生物区是马纳斯老虎保护区的核心区,占地面积 39 100 公顷。马纳斯老虎保护区作为缓冲区占地面积为 283 712 公顷,该地被列为野生生物保护区的时间是在 1928 年 10 月 1 日,其部分地区早在 1907 年和 1927 年就被列为森林保护区。1973 年,这里被认定为马纳斯老虎保护区的核心地带;1985 年 12 月,印度马纳斯野生生物保护区被列为世界文化遗产,保护区于是成为国家级公园。1971 年,印度从保护区划出 809 公顷作为种子农场。

印度马纳斯野生生物保护区主要有三种植被类型:

(a)热带半常绿林(Tropical semi - evergreen forests),位于保护区北部,常见树种包括:Aphanamixis polystachya, Anthocephalus chinensis, Syzygium cumini, S. formosum, S. oblatum, Bauhinia purpurea, Mallotus philippensis, Cinnamomum tamala, Actinodaphne obvata 等。

(b)热带干湿落叶林(Tropical moist and dry deciduous forests)(最为常见的类型),代表树种有:Bombax ceiba, Sterculia villosa, Dillenia indica, D. pentagyna, Careya arborea, Lagerstroemia parviflora, L. speciosa, Terminalia bellirica, T. chebula, Trewia polycarpa, Gmelina arborea, Oroxylum indicum, Bridelia spp. 等。

(c)冲积草原(alluvial grasslands),位于保护区西部,由不同的草种与各种树木和灌木物种组成：Imperata cylindrica，Saccharum naranga，Phragmites karka，Arundo donax，Dillenia pentagyna，Phyllanthus emblica，Bombax ceiba 等。这片草原又可进一步细分为湿润的冲积草原和高地稀树大（干）草原。水生植物群沿着河岸和在水池中分布。保护区内干燥落叶林代表了演替的早期阶段，后来被远离水体的湿润落叶林所取代，依此又分布茂密的热带半常绿林。草原覆盖了保护区一半的面积。目前保护区内被正式确认的双子叶植物一共有 393 种，单子叶植物 98 种。

在神秘而富饶的马纳斯野生生物保护区丛林中栖息着各种各样的动物。保护区中总共有 55 种哺乳动物、36 种爬行动物和 3 种两栖动物。哺乳动物主要包括金叶猴（Presbytis geei）、长臂猿（Hylobates hoolock）、云豹（Neofelis nebulosa）、豹（Panthera pardus）、老虎（Panthera tigris）、金猫（Felis temmincki）、鱼猫（Felis viverrinus）、黑熊（Selenarctos thibetanus）、沼泽鹿（Cervus duvauceli）、野狗（Cuon alpinus）、恒河海豚（Platanista gangeticus）、印度大象（Elephas maximus）、野牛（Bos gaurus）、印度犀牛（Rhinoceros unicornis）、俾格猪（Sus salvanius）、印度穿山甲（Manis crassicaudata）、水牛（Bubalus arnee）等。

保护区内的爬行类动物包括各种蛇类，如蔓蛇（Ahaetulla nasutas）、飞蛇（Chrysopelea ornata）、阿萨姆小蛇（Elaphe frenata）、蟒蛇（Python molurus）、金环蛇（Bangarus fasciatus）等。蜥蜴：Varanus flavescens、V. salvator。龟：Kachuga sylhetensis。

马纳斯野生生物保护区有记录可查的鸟类达 300 多种，其中包括濒危的鸟类物种：Buceros bicornis、Rhyticeros undulatus 等。1989 年，研究人员在这里首次正式发现了杂色鹞鹰（Circus melanoleucos）。

大约有 5.5 万人分布在保护区缓冲地带的 144 个村落里。由于干旱季节的燃烧、过度地猎杀野生动物和过度地砍伐树木，对保护区构成了极大的威胁。此外，保护区基础设施遭到了相当大的破坏，偷猎行为猖獗，许多野生动物被偷猎，数量大幅度减少。这里老虎的数量在印度位居第二，从 1984 年的 123 只到 2000 年下降到 70 只。印度犀牛在 1980 年时大约有 75 只，到了 1997 年只剩下 39 只。在 1992 年 12 月 14 日的世界遗产委员会第 16 届会议上将马纳斯野生生物保护区列入《濒危世界遗产名录》。

马纳斯野生生物保护区的重要价值在于它具有突出的生物演化特征、独特的自然景观以及它为珍稀和濒危物种提供了良好的栖息地。

盖奥拉德奥国家公园
（Keoladeo National Park）

国家：印度
洲名：亚洲

时间：1985 年列入《世界遗产名录》
标准：x
属性：自然遗产
功能：生物保护区

世界遗产委员会的评价：
默哈拉杰的前猎鸭保护区是来自阿富汗、土库曼斯坦、中国和西伯利亚的水生鸟类主要的冬季栖息地之一。大约 364 种鸟，包括稀有的西伯利亚鹤在这个公园里已有记录。

盖奥拉德奥国家公园位于印度拉贾斯坦邦，距阿格拉西部 50 公里，即在巴拉德普尔（Bharatpur）东南 2 公里处，占地 2 873 公顷。1900 年，它曾是土邦主（Maharaja）的私人猎鸭区。1965 年它被指定为鸟类禁猎区，但直到 1972 年印度土邦主仍保留有狩猎权限。1982 年，这里被设为国家公园。

盖奥拉德奥国家公园是由恒河平原的湿地组成。公园里主要包含一个内河湿地。一年中的绝大部分时间，湿地的面积只有 1 000 公顷。到 7—9 月雨季，洪水就会淹没这片土地，平均水深可达 1—2 米。10 月至来年 1 月间，水位会逐渐下降，到了 2 月，土地开始逐渐变干涸。到了 6 月分，湿地几乎完全干涸。这一地区温差变化大，冬季气温只有 5°C 左右，夏季最高气温可达 50°C。平均相对湿度变化从 3 月的 62% 到 12 月的 83.3%。年平均降雨量为 662 毫米，一年之中平均有 36 天是雨天。

盖奥拉德奥国家公园主要的植被类型是热带干旱落叶林与干旱草地，大部分地区被中等大小的树木和沼泽所覆盖，森林主要分布在公园的东北部。

盖奥拉德奥国家公园里的水生植物应有尽有，为水鸟们提供了充足的养料。植物的种类主要有水生百合、水莲、浮萍、蕨类植物、软水草、莎草、香蒲属植物和野生水稻。其他植被属典型的半干旱植物，例如假阿拉伯胶树、枣树、菊科类植物和桃树。动物群则包括恒河猴、短尾猿、叶猴以及一些小型食肉动物，例如孟加拉狐狸、豺狗、土狼、普通麝猫、印度麝猫、印度灰猫鼬、鱼猫、虎猫、丛林野猫和长着光滑皮毛的水獭。有蹄类动物则包括印度羚、白斑鹿、黑鹿、拱鹿、蓝牛和野猪。其他哺乳动物还有印度豪猪和印度野兔。

盖奥拉德奥国家公园里生活着 364 种鸟类，被认为是世界上鸟类品种最珍贵和最丰富的地区之一。这里是濒临灭绝的西伯利亚仙鹤过冬的主要栖息地。1984 年 12 月仙鹤的数量达到了几年来的最高，有确切记录的总共有 41 只，其中包括 8 只幼鹤。但 1988—1989 年，仙鹤的数量锐减到 19 只。其他禽鸟有普通水鸭、棉水鸭、穗饰鸭子、带冠鸭子、白篦鹭、大小鸬鹚、花鹳、印度鹳、东方朱鹭、环状领狮鼻贝（也许是公园里最多的涉禽类鸟）、善奔的鸵鸟、带点塘鹅、普通矶鹞、木矶鹞和绿矶鹞。

仅鱼鹰的品种就有很多，像白色鱼鹰、隼、雅典娜鱼鹰、短趾鱼鹰、茶色鱼鹰、鱼鹰王和带点鱼鹰等，不胜枚举。

从1964年起，盖奥拉德奥国家公园就再也没有发现过豹。先前存在的捕鱼和放牧对生态的威胁已经不复存在了，取而代之的是河内的大量污染物。由于饮用了受到污染的水，越来越多的水鸟功能发生紊乱，有的都难以展翅飞翔了。据记录，1984年栖息在这里的鸟类生存状况大不如从前。当然来自游客的干扰也不容忽视。

豪勋爵群岛
（Lord Howe Island Group）

国家：澳大利亚
洲名：大洋洲
时间：1982年列入《世界遗产名录》
标准：vii，x
属性：自然遗产
功能：生物保护区和自然景观

世界遗产委员会的评价：

豪勋爵群岛是孤立的海洋群岛，由海下2 000多米深处的火山活动而形成。群岛以其壮观的地势和所拥有的大量的地方性物种，特别是鸟类而著称于世。

豪勋爵群岛属于澳大利亚新南威尔士州，位于悉尼东北部约780公里处，是一个南北向延展的狭长岛屿，占地面积约1 540公顷。豪勋爵群岛以奇特的地貌和优美的景色堪称世界上最美丽的岛屿之一。植被类型以亚热带雨林为主，还分布一些温带植物。岛屿的大部分覆盖着雨林，长满了棕榈树。岛上维管植物241种，其中105种是地方性的。蕨类植物32属48种，被子植物149属180种。豪勋爵群岛鸟类有129种。在群岛珊瑚礁附近生活着许多海洋生物，包括鱼类477种，还有蟹类、贝类等。

中东部雨林保护区（澳大利亚）
[Central Eastern Rainforest Reserves（Australia）]

国家：澳大利亚
洲名：大洋洲
时间：1986年列入《世界遗产名录》，1994年扩展

标准：viii，ix，x
属性：自然遗产
功能：生物保护区

世界遗产委员会的评价：

这一地区位于澳大利亚东海岸的巨大斜坡处，由几个保护区组成。在环绕着盾形火山口处呈现的突出的地质特征以及大量的稀有和濒危雨林物种对于科学和自然保护都具有重要的国际意义。

澳大利亚中东部雨林保护区位于新南威尔士州和昆士兰州。尽管澳大利亚只有0.3%的面积是热带雨林区，但这些地区里保存着澳大利亚大约一半的植物种群和1/3的哺乳动物与鸟类物种。

这个地区之所以被列入《世界遗产名录》，是因为它具有十分显著的生物多样性和生存着大量的稀有生物。中东部雨林保护区有很高的保护价值，是大约200种稀有甚至濒危动、植物的理想栖息地。

澳大利亚中东部雨林保护区的前身被称作"澳大利亚东海岸温带与亚热带雨林公园"，1994年，新南威尔士地区的温带与亚热带雨林被扩展列入《世界遗产名录》。

开普植物群保护区
（Protected Areas of the Cape Floral Region）

国家：南非
洲名：非洲
时间：2004年列入《世界遗产名录》
标准：ix，x
属性：自然遗产
功能：生物保护区

世界遗产委员会的评价：

开普植物群保护区位于南非开普省，由8个保护区组成，占地553 000公顷。开普植物群保护区是世界上植物物种最丰富的地区之一。这个不到非洲面积0.5%的地方却有将近20%的陆地植物群。这一保护区展示了与Fynbos植被相关的突出的生态和生物过程，Fynbos植被是开普植物群区所特有的。植物群突出的分异度、密度和特有分布在全球范围都是屈指可数的。在植物群中发现的特有植物的繁殖对策，包括对于火的适应性，通过昆虫来散布种子的方式以及特有的分布模式和适应辐射具有突出的科学价值。

开普植物群保护区是世界上植物多样性最高的区域之一，拥有数以万计的植物物种。构成开普植物区80%的植物丰度的一个独特的植物群是硬叶灌木地(sclerophyllous shrubland)，被称为fynbos(纤细的灌木 fine bush)。这一地区的野生动物有鸟类310种、哺乳动物58种、爬行动物56种、两栖动物17种、鱼类15种和蝴蝶55种。

弗兰格尔岛自然保护区
(Natural System of Wrangel Island Reserve)

国家：俄罗斯
洲名：欧洲
时间：2004年列入《世界遗产名录》
标准：ix, x
属性：自然遗产
功能：生物保护区

世界遗产委员会的评价：

保护区位于北极圈内，包括巨大的弗兰格尔岛(7 608平方公里)、赫洛德岛(11平方公里)及其周围水域。弗兰格尔岛在第四纪冰期并没有被冻结，因此在这一地区导致了生物多样性的异常高水平状态。这个岛以其拥有世界最大的太平洋海象种群和最高密度的祖先北极熊巢穴而著称。这里也是从墨西哥迁徙来的灰鲸的主要觅食之处，是100种候鸟(许多是濒危种)最北端的筑巢地。目前，在这个岛上417种和亚种维管植物已被鉴定，其数量是其他类似大小的北极冻原地区的两倍，多于北极岛其他任何地方。一些种是广泛分布的大陆类型的衍生种，其他种是新近杂交的结果，23种是地方性的。

弗兰格尔岛自然保护区位于俄罗斯东北端的北极圈内，是一个岛屿生态系统，它经历了一个长期演化过程。在一个小的地理空间范围内，植物物种的数量和类型、植物群落的多样性、冻原类型的快速演替和镶嵌性、猛犸象牙齿和头骨的存在、地质岩层的地域范围都是这个岛屿丰富的自然历史和独特演化特征的见证。

昆士兰湿热带
(Wet Tropics of Queensland)

国家：澳大利亚
洲名：大洋洲

时间：1986年列入《世界遗产名录》，1994年扩展
标准：vii, viii, ix, x
属性：自然遗产
功能：生物保护区和自然景观

世界遗产委员会的评价：

沿澳大利亚的东北海岸延伸约450公里的这一地区绝大部分由热带雨林组成。这一生物区为植物、有袋目动物、鸣禽以及其他珍稀和濒危动、植物提供了一个特别广泛和各种各样的栖息环境。

昆士兰湿热带占地894 420公顷，是澳大利亚最大的雨林。它已有1亿3 000万年的历史，其中一些树种是世界上最古老的树种。崎岖的山路、浓密的热带雨林、湍急的河流、深邃的峡谷、白色的沙滩、绚丽的珊瑚礁等自然景观构成了昆士兰湿热带奇特的美景。

昆士兰湿热带几乎保存着世界上最完整的地球植物进化记录。在澳大利亚已知的雨林中没有其他的雨林像这里这样多样化，这些雨林有着众多的层次和不同的植物种类。在这一地区的雨林中大约有1 161种高等植物已被记录，分属于119个科和523个属。在这些植物类群中，75属是澳大利亚特有的，43属仅限于这一地区；大约710种是澳大利亚特有的，500种仅见于这一地区。昆士兰的湿热带已被识别为13个主要的结构类型，这些类型被划分为27个雨林群落。这里是澳大利亚保存的最广阔的湿热带雨林保护区。这里也是其他的生物，如袋鼠、两栖类动物、脊椎动物、爬行类动物、昆虫、鸟类、鱼类等的栖息地。

昆士兰湿热带是为数不多的几个能符合世界自然遗产全部遴选标准的地区之一，它展现了地球上生物进化历史过程的主要阶段，是一个正在进行的生态与生物进程的突出实例，还是最重要的生物栖息地之一。

苏门答腊热带雨林遗产
（Tropical Rainforest Heritage of Sumatra）

国家：印度尼西亚
洲名：亚洲
时间：2004年列入《世界遗产名录》
标准：vii, ix, x
属性：自然遗产
功能：生物保护区

世界遗产委员会的评价:

苏门答腊热带雨林占地250万公顷,由三个国家公园组成:Gunung Leuser 国家公园、Kerinci Seblat 国家公园和 Bukit Barisan Selatan 国家公园。这里作为苏门答腊独特的和多种多样的以及包括许多濒危物种的生物群的长期保护区具有巨大的潜力。保护区中约有植物10 000种,包括17个地方属;哺乳动物200多种;鸟类大约580种,其中465种是留鸟,21种是地方种。在哺乳动物中,这个群岛有22种是亚洲特有的,15种仅限于印度尼西亚地区,包括地方性的苏门答腊猩猩。这个保护区也提供了该岛的生物地理进化的证据。

苏门答腊热带雨林由3个分离的国家公园组成,位于苏门答腊岛的西面,占地总面积为2 595 124公顷,其中 Gunung Leuser 国家公园为862 975公顷、Kerinci Sablat 国家公园为1 375 349公顷、Bukit Barisan Selatan 国家公园为356 800公顷。热带雨林区拥有极其丰富的野生动、植物,以丰富的有花植物和珍稀动物为特征,包括一些地方性物种和濒危物种。

德贾动物保护区

(**Dja Faunal Reserve**)

国家:喀麦隆

洲名:非洲

时间:1987年列入《世界遗产名录》

标准:ix, x

属性:自然遗产

功能:动物保护区

世界遗产委员会的评价:

这是非洲最大的和保护最好的雨林之一,90%没有受到任何干扰。保护区完全被德贾河所环绕,德贾河形成了一个自然界线,由于生物多样性和多种灵长类动物,保护区因而特别引人注目。保护区含有107种哺乳动物,其中5种是濒危的。

德贾动物保护区位于喀麦隆南部高原的中心地区,面积为526 000公顷,是非洲最大的保护区之一。保护区内热带森林浓密苍郁,野生动物数量和种类众多,德贾河在这里蜿蜒流淌,形成一道天然保护疆界。这里人烟稀少,生态环境保护完好,是人类的一处珍贵的自然遗产。德贾动物保护区拥有丘陵、平原、河间地等多样化的地形,位于赤道气候区域内,年平均气温为23.4℃,年均降水量达1 570毫米以上,德贾河及其支流纵横交错,水源异常充足,为野生动物提供了天然的栖息地。野生动物非常繁盛,有大象、野牛、大猩猩、黑猩猩、长尾猴、金丝猫,还有两栖类、鸟类等。

大圣卢西亚湿地公园
(Greater St. Lucia Wetland Park)

国家:南非
洲名:非洲
时间:1999年列入《世界遗产名录》
标准:vii, ix, x
属性:自然遗产
功能:生物保护区和自然景观

世界遗产委员会的评价:

在这里不断进行的河流、海洋和风蚀作用形成了各种各样的地形,包括珊瑚礁、长长的沙滩、海岸沙丘、湖泊系统、沼泽、大片的芦苇丛和纸莎草湿地。公园环境的异质性与大洪水、海岸风暴以及亚热带和热带非洲之间过渡的地理位置的相互作用,导致了异常的物种多样性和不断发生的物种形成。不同的地形和栖息地类型的相互作用形成激动人心的自然景色。这里是来自非洲的海洋、湿地和稀树干草原环境的物种的主要栖息地。

大圣卢西亚湿地公园由13个相邻的保护区组成,总面积为239 566公顷,是非洲最大的河口湾系统。河流、海洋和风蚀作用形成了各种各样的地形,包括海底峡谷、沙滩、湿地、草原、森林、湖泊和稀树干草原等。大圣卢西亚湿地公园这一巨大的生态系统栖息着许多动物物种,包括哺乳动物、两栖动物、爬行动物、鱼类,其中陆生哺乳动物97种、海洋哺乳动物32种、爬行动物109种、两栖动物50种、鸟类521种。植物种类繁多,总计有152个科、734个属和2 173个种。植物群落类型多样,包括森林、灌木丛、草地、湿地等。

红杉树国家公园
(Redwood National Park)

国家:美国
洲名:美洲
时间:1980年列入《世界遗产名录》
标准:vii, ix

属性：自然遗产

功能：生物保护区

世界遗产委员会的评价：

红杉树国家公园位于旧金山北部，沿太平洋海岸，由沿岸山脉区组成。这一带充满了壮观的红杉树森林，拥有世界最高的和最令人难忘的树种。海洋生物和陆地生物同样引人注目，特别是海狮、秃鹰和濒危的加利福尼亚的褐色鹈鹕。

红杉树国家公园占地面积为44 610公顷，包括普莱尔·克里克州立公园（Prairie Creek Redwoods State Park）、杰迪亚·史密斯州立公园（Jedediah Smith Redwoods State Park）和德诺特海岸红杉树州立公园（Del Norte Coast Redwoods State Park）。红杉树国家公园拥有大约856个植物物种，以红杉为主，最高达112.1米。公园中还栖息着75种哺乳动物，包括黑尾鹿（black - tailed deer）、黑熊（black bear）、麋鹿（elk）、美洲野猫（bobcat）、水獭（river otter）等。无脊椎动物有168种。鸟类（avifauna）多达400多种。淡水湿地和溪流为迁徙的水鸟提供了良好的筑巢地和觅食处。岩石海岸是海鸟主要的筑巢地。

第五章

文化与自然双重遗产

截至2012年第36届世界遗产大会，世界遗产委员会公布的全球文化和自然双重遗产（混合遗产）共有29项被列入《世界遗产名录》，其中亚洲7项、欧洲7项、大洋洲6项、非洲5项和美洲4项。

第一节　亚　洲

泰山
（Mount Taishan）

国家：中国
洲名：亚洲
时间：1987年列入《世界遗产名录》
标准：i，ii，iii，iv，v，vi，vii
属性：自然遗产和文化遗产
功能：自然景观和人文景观

世界遗产委员会的评价：

神圣的泰山，2 000年来一直是帝王朝拜的对象，那里的艺术杰作与自然景观完美地融合在一起。泰山一直是中国艺术家和学者灵感的源泉，象征着古代中国的文明和信仰。

泰山位于山东省中部，跨越泰安和济南两市，总面积426平方公里，最高峰天柱峰海拔1 545米。泰山，古时称岱山、岱宗，春秋时改为泰山，称为东岳，位居五岳之首。泰山雄伟挺拔、山势陡峻、峰峦突兀、气势非凡，以奇、险、秀、幽、奥、旷的自然景观和遍布的名胜古迹而著称。玉皇顶是泰山的主峰，因峰顶有玉皇庙而得名。东有观日亭，可观旭日东升。西有观河亭，可远眺黄河。东南平坦处为平顶峰，有“五岳独尊”、“登峰造极”等大字石刻。岱庙是历代帝王到泰山举行封禅大典的地方，是位于山下泰安城中轴线上的主体建筑,前连通天街,后接盘道,形成山城一体的格局。泰山不但在地质学和历史文化方面具有研究价值,而且还具有很高的艺术价值和美学价值。泰山日出壮观而动人心弦,是岱顶奇观之一,随着旭日东升,黎明前的黑暗在瞬息间变幻着层出不穷、斑斓夺目的色彩,令人叹为观止。

泰山地区在太古代经历了剧烈的地壳抬升和沉降,这一地区的前寒武纪片麻岩群是华北地台的基底——泰山杂岩,即太古界泰山群,其绝对年龄为25亿年左右,是中国最古老的地层之一。北部上升幅度小,盖层保存着典型的华北地台上发育的古生代地层。泰山北侧张夏——崮山地区的寒武纪地层是中国北方寒武纪地层标准剖面,含有丰富的海相化石三叶虫,是中国的地层和古生物研究历史最长、最详细的地层剖面之一。

泰山自然资源丰富,已发现高等植物1 000余种,植被覆盖率为78%,常绿乔木有银杏、油松、赤松、栓皮栎、侧柏、刺槐、梓树等。泰山100年树龄以上的古树名木有34个树种,共有1万多株。泰山动物兽类有10余种,鸟类140多种,鱼类中以赤鳞鱼最负盛名。

泰山人文历史悠久,文化遗产丰厚,是佛教和道教两教的圣地,也是历代帝王朝拜之山。从秦皇汉武到清代帝王,或封禅,或祭祀,绵延不断,并且在泰山上下建庙塑神,刻石题字。文人雅士更是对泰山仰慕备至,千百年来,纷纷前来游历,作诗记文。泰山宏大的山体上留下了众多的古建筑群和碑碣石刻。

泰山以历史悠久、雄伟壮丽而著称于世,泰山的自然景观和人文景观融为一体,是一座天然的历史和艺术博物馆,被誉为中华民族精神文化的缩影。泰山以符合文化遗产的全部6条遴选标准和1条自然遗产标准而被列入《世界遗产名录》。

黄山
(Mount Huangshan)

国家:中国
洲名:亚洲
时间:1990年列入《世界遗产名录》
标准:ii, vii, x
属性:自然遗产和文化遗产
功能:自然景观和人文景观

世界遗产委员会的评价:

黄山,在中国历史上文学艺术的鼎盛时期(16世纪中叶的“山水”风格)曾受到广泛的赞誉,以“中国第一奇山”而闻名。今天,它以其同样的魅力吸引着无数的游客、诗人、画家和摄影家来此造访，以其由花岗岩山峰构成的壮观景色和浮现在云海中的磐石而著称。

黄山位于中国安徽省南部，地处黄山市、黟县、休宁、歙县等市县之间，是中国最著名的山岳风景区之一。黄山风景名胜区范围154平方公里，外围保护地带142平方公里。区内峰林地貌独特，山体险峻，巧石玲珑，万姿千态，变幻莫测的烟云使自然美景千变万化，构成奇、伟、幻、险的奇观。主峰周围千米以上的山峰有70余座。风景区内共有自然景点400余处。黄山以奇松、怪石、云海、温泉“四绝”闻名中外，号称“天下第一奇山”，素有“五岳归来不看山，黄山归来不看岳”之美誉。黄山千峰竞秀，万壑峥嵘，峡谷幽深，溪涧纵横，树木葱茏。黄山著名胜景有二湖、三瀑、十六泉、二十四溪、三十大峰、三十六小峰，尽得造化之神奇，令人心驰神往。景区内奇峰耸立，险峻雄伟，其中莲花峰、天都峰、光明顶三大主峰海拔均在1 800米以上。黄山经历了漫长的造山运动和地壳抬升，加之冰川的洗礼和自然风化作用，形成气势磅礴的峰林，成为黄山特有的地质景观。

黄山有丰富的动植物资源，是生物的宝库，植物覆盖率达到80%以上，植物种类达1 450种之多。属于国家一类保护的有水杉，二类保护的有银杏等8种，是中国南方的植物资源宝库。黄山还生存着大量的野生动物，包括脊椎动物300种、哺乳动物48种、鸟类170种、爬行类38种、两栖类20种和鱼类24种。

黄山不仅自然资源丰富，还具有深厚的文化底蕴。黄山古名黟山，唐代时，相传古代轩辕黄帝曾在这里修真炼丹，得道升天，于是在天宝六年(747)，由唐玄宗亲自下令，改名为黄山。黄山的历史文化积淀丰厚，历代遗留的寺庙、亭阁、盘道、古桥和摩崖石刻共200多处，散布在名峰秀水之间。黄山以博大的情怀将各历史时期、各社会阶层的各种文化意识融为一体，体现在其自然景观与人文景观之中，形成了特定的黄山文化。

峨眉山和乐山大佛

(Mount Emei Scenic Area, including Leshan Giant Buddha Scenic Area)

国家：中国
洲名：亚洲
时间：1996年列入《世界遗产名录》
标准：iv, vi, x
属性：自然遗产和文化遗产
功能：自然景观和人文景观

世界遗产委员会的评价：

公元1世纪，中国第一座佛教寺院建于四川省峨眉山巅上美丽的环境之中。其他寺庙的增加使这一地区成为佛教的圣地之一。许多世纪以来，文化财富大量积淀，最著名的是乐山大佛，它是8世纪时人们在一座山坡上雕凿出来的，俯瞰着三江汇合处。佛像身高71米，是世界最大的佛像。峨眉山还以其异常多种多样的植被而著称，从亚热带植被到亚高山松林可谓应有尽有。有些树木的年龄已逾千年。

峨眉山位于四川省峨眉山市西南，最高峰海拔3 099米。风景区面积154平方公里。特殊的地理位置、独特的地质构造形成了峨眉山海拔高、面积大、景点层次丰富、植物繁茂的特色。峨眉山以其秀丽的自然风光和传奇般的佛教圣地而闻名于世。峨眉山山脉绵延曲折，有千岩万壑、瀑布溪流，奇秀清雅，故有“峨眉天下秀”之美称，身临其境，使人感到超然于尘世之外，身心都得到净化。

佛教传入峨眉山已有2 000年历史，峨眉山与五台山、九华山、普陀山并称为中国佛教四大名山。在过去漫长的历史岁月中，峨眉山不仅积累了丰富的佛教文化瑰宝，还遗存了大量珍贵的文物。景区内现存寺庙近30处，其中规模大、历史悠久的主要寺庙约10余处，如报国寺、万年寺、仙峰寺等。峨眉山千百年来以其独具的魅力，吸引着无数的文人、学者和僧人前来游山礼佛、说法传经、赋诗作画、述文纪游，创造了璀璨的峨眉山文化，闻名海内外。

峨眉山植物种类极为丰富，现已知拥有高等植物242科、3 200种以上，约占中国植物物种总数的1/10。在这些植物中药用植物达1 600多种。峨眉山具有世界上最典型、保存最好的亚热带植被类型，具有原始的、完整的亚热带森林垂直带，从低至高分布着常绿阔叶林、常绿与落叶阔叶混交林、针阔叶混交林、亚高山针叶林，形成了完整的森林垂直带谱，构成了峨眉山自然景观的多样性。峨眉山的野生动物丰富，约2 300种，包括哺乳动物51种、鸟类256种、爬行动物34种、两栖动物33种、鱼类60种和昆虫1 000种，其中国家级保护动物有29种。

乐山大佛景区位于乐山市区东南的凌云山，大佛坐落在栖鸾峰，依山开凿而成。乐山大佛始建于公元713年，历时90年才建成。佛像通高71米，坐身高59.96米，为世界最大的佛像。乐山大佛面临岷江、青衣江、大渡河三江汇流处，背负九峰凝翠，庄严肃穆，气势恢弘。乐山大佛景区内有秦离堆、汉崖墓和唐代佛、塔、寺，还有宋代抗元九顶城和明清建筑群等。乐山大佛景区人文景观与自然景观融为一体，令人心旷神怡。

武夷山
（Mount Wuyi）

国家：中国
洲名：亚洲
时间：1999 年列入《世界遗产名录》
标准：iii，vi，vii，x
属性：自然遗产和文化遗产
功能：自然景观和人文景观

世界遗产委员会的评价：

武夷山是中国东南部最著名的生物多样性保护区，也是许多古代孑遗物种的保护区，其中许多生物为中国所特有。九曲溪两岸峡谷秀美，寺院庙宇众多，但其中许多已成为废墟。这一地区为新儒教的发展和传播提供了环境，自 11 世纪以来，一直对东亚的文化产生深远的影响。公元前 1 世纪时，汉朝统治者在程村附近建立了一处大行政首府。巨大的围墙环绕着一处极具价值的考古遗址。

武夷山坐落于福建省北部武夷山市西南，位于福建和江西两省的交界处，呈东北—西南走向，长约 540 公里。武夷山自然保护区是中国东南现存面积最大、保留最为完整的中亚热带森林生态系统，区内峰峦林立，原始森林茂密，景色融雄浑、古朴、隽秀为一体，而且有着极为丰富的生物资源。武夷山以秀水、奇峰、幽谷、险壑等诸多美景和悠久的历史文化及众多的文物古迹而享有盛誉。武夷山属中亚热带季风气候区，区内峰峦叠嶂、高差悬殊，良好的生态环境和特殊的地理位置使其成为地理演变过程中许多动植物的“天然避难所”，生物物种资源极其丰富。武夷山已知高等植物有 283 科、1 107 属和 2 888 种，其中包括 13 种珍稀物种和 15 种濒危物种。区内已知的动物种类约有 5 000 种，其中包括脊椎动物 475 种、哺乳动物 71 种、鸟类 256 种、爬行动物 73 种、两栖动物 35 种和鱼类 40 种。此外，还有 4 635 种昆虫被记录在本区。

武夷山风景的精华在九曲溪，九曲溪溪水碧清，折复绕山，贯穿于丹崖群峰之间，宛如玉带将 36 峰、99 岩连为一体，构成“一溪贯群山”的独特自然美景。武夷山中最著名的一些山峰和高插于悬崖峭壁上的神秘悬棺都在九曲溪边。景区内还有遇林亭宋代瓷窑遗址、武夷宫等游览景点，极具人文价值。

武夷山不仅山水奇秀迷人，而且历史文化悠久，人文景观丰富。武夷山古越人的架壑船棺、汉代的古城墟、宋代的古瓷窑遗址、元代的御茶园等成为人们访古探奇、寻幽览胜之地。

戈雷梅国家公园和卡帕多西亚石窟遗址
（Göreme National Park and the Rock Sites of Cappadocia）

国家：土耳其
洲名：亚洲
时间：1985 年列入《世界遗产名录》
标准：i，iii，v，vii
属性：自然遗产和文化遗产
功能：自然景观和宗教建筑遗址

世界遗产委员会的评价：

在一处完全由侵蚀作用形成的壮观的景观中，戈雷梅山谷及其周围地区含有岩石凿成的圣殿，它提供了反对崇拜圣像后期拜占庭艺术的独一无二的证据。在那里我们可以看到4世纪时期传统人类居住的遗迹，如住所、史前人类穴居的村落和地下城镇。

戈雷梅国家公园和卡帕多西亚石窟遗址位于土耳其的安纳托利亚高原。卡帕多西亚由火山喷发出来的熔岩构成的高原由于长期的风化作用和水流侵蚀，形成了石林、峭壁、深谷等蔚为壮观的景观。山岩之中有数以百计的古老的岩穴圣殿、教堂、许多洞穴和地下城镇。这些迷宫式的建筑和美不胜收的壁画使这一地区充满了神秘的色彩，人们称之为神秘的卡帕多西亚。

戈雷梅国家公园拥有许多珍稀动物和植物，包括红狐、獾、水獭等 100 余种动物。

希拉波利斯和帕姆卡莱
（Hierapolis – Pamukkale）

国家：土耳其
洲名：亚洲
时间：1988 年列入《世界遗产名录》
标准：iii，iv，vii
属性：自然遗产和文化遗产
功能：自然景观、古城遗址和要塞

世界遗产委员会的评价：

从俯瞰平原之上几乎200米高的一处悬崖中流出的泉水和水中的方解石形成了帕姆卡莱(棉花宫殿)这一特殊景观，它由石林、石瀑布和一系列的梯形盆地组成。公元前2世纪末阿塔利德斯王朝的帕加马国王们建造了希拉波利斯温泉疗养地。这处遗址包括温泉浴场废墟、庙宇和其他希腊建筑。

遗址位于土耳其东南部的代尼兹利省(Denizli)。希拉波利斯是公元前2世纪修筑的要塞，帕姆卡莱是“棉花宫殿”的意思。从罗马时代起，热泉连同雪白的石灰岩一起就被认为具有神奇的巨大魔力。这一遗址的著名景观是地热泉和石灰华沉积。这里的泉水含有丰富的矿物质，平均温度达35℃。这些石灰华沉积的地质时代属于第四纪。

希拉波利斯的罗马城镇废墟便在这个遗址附近，包括剧院、神庙、浴场、陵墓等。这一罗马城镇建立于公元前2世纪末期，在公元3世纪的末期它的发展达到了顶峰，在公元4世纪至5世纪，这个城镇成为一个主教辖区。

第二节　欧　洲

比利牛斯—佩尔杜山
(Pyrénées – Mont Perdu)

国家：法国(与西班牙共有)
洲名：欧洲
时间：1997年列入《世界遗产名录》，1999年扩展
标准：iii, iv, v, vii, viii
属性：自然遗产和文化遗产
功能：自然景观和人文景观

世界遗产委员会的评价：

这一杰出的山脉景观横跨了法国和西班牙两国的国界，大致以佩尔杜山峰为中心，其石灰质的山岳海拔为3 352米。这一地区总面积可达30 639公顷。在西班牙一侧包括欧洲两个最大和最深的峡谷，在法国一侧更加陡峭的北坡有3个大冰斗墙，是典型的地质地貌景观。这个地区所拥有的田园风光反映出地处欧洲高地的人们从前普遍的农业生活方式，但现在这种农业生活方式仅仅在比利牛斯山脉这一地区得以延续。因而，通过村庄、农场、原野、高地牧场和山路这些独特的景观

提供回顾久远的欧洲社会的特殊见证。

比利牛斯山脉位于法国和西班牙两国交界处,东西走向,一般海拔在 2 000 米以上,以海拔 3 352 米的佩尔杜山峰为中心,面积达 30 639 公顷。比利牛斯山以蔚为壮观的山体、裸露的岩层、深邃的河谷、湍急的瀑布、恬静的田园风光和特有的珍稀野生生物而著称。

自从旧石器时代起,居民就已经开始在这里居住。比利牛斯山脉在法国和西班牙的长期交往中起着重要的作用,比利牛斯山脉的法国一侧和西班牙一侧在文化传统和农业生产等方面具有极大的相似性。比利牛斯山脉具有独特的自然风光,夏有温泉,冬可滑雪,是著名的旅游胜地。

迈泰奥拉
(Meteora)

国家: 希腊
洲名: 欧洲
时间: 1988 年列入《世界遗产名录》
标准: i, ii, iv, v, vii
属性: 自然遗产和文化遗产
功能: 自然景观和宗教遗址

世界遗产委员会的评价:

从 11 世纪起, 在几乎都是险峻的砂岩峰的地区, 修道士们选定了这些“天空之柱”。在 15 世纪隐士思想大复兴的时代,尽管有令人难以置信的困难,还是在这里建造了 24 座修道院。16 世纪的壁画记录了拜占庭后期绘画发展的一个关键阶段。

迈泰奥拉位于希腊东北部的特萨利区(District of Thessaly, Prefecture of Trikala, Province of Kalambaka),占地 375 公顷,以奥林匹斯山和迈泰奥拉修道院而闻名于世。迈泰奥拉修道院就坐落在这些高耸的山岩上。隐遁在这里的修道士靠绳索和网梯攀上高耸入云的峰顶,居住在天然岩洞内祈祷、赞颂和忏悔。迈泰奥拉是“悬在空中”的意思。11 世纪中叶,到迈泰奥拉来的修道士人数逐渐增加。在随后的几个世纪里,迈泰奥拉成为这一地区最有权威的宗教中心,它的鼎盛时期共拥有 24 座分布在大小山岭上的修道院。一些修道院内保存着精美的 16 世纪壁画。

阿索斯山
(Mount Athos)

国家：希腊
洲名：欧洲
时间：1988 年列入《世界遗产名录》
标准：i，ii，iv，v，vi，vii
属性：自然遗产和文化遗产
功能：自然景观和宗教遗址

世界遗产委员会的评价：

自从 1054 年以来，阿索斯山就成为东正教神圣的中心，从拜占庭时期起，它就享有自治法。这座“圣山”拒绝接纳妇女和儿童，也是一处公认的艺术遗址。这些隐修院（大约有 20 座修道院，现在住着大约 1 400 名修道士）的设计影响远至俄罗斯，它的绘画流派影响了东正教艺术史。

伊维萨岛——生物多样性和文化
(Ibiza，biodiversity and culture)

国家：西班牙
洲名：欧洲
时间：1999 年列入《世界遗产名录》
标准：ii，iii，iv，ix，x
属性：自然遗产和文化遗产
功能：生态保护区和考古遗址

世界遗产委员会的评价：

伊维萨岛提供了海洋生态系统和沿海生态系统之间相互作用的极好范例。仅见于地中海盆地茂密的波西多尼亚海草是一种重要的地方性物种，蕴涵和支撑着海洋生物的多样性。伊维萨岛保存了它的长期历史的大量证据。萨·卡莱塔（居住地）考古遗址和普伊格·德斯·墨林斯（墓地）考古遗址证明在史前，特别是腓尼基—迦太基时期，该岛对于地中海经济发展起到了重要的作用。坚固的上城（阿尔塔·维拉）是文艺复兴时期军事建筑的杰出范例，它对于西班牙新大陆殖民地的防御性建筑的发展具有深远的影响。

这处世界遗产地位于西地中海的巴利亚利群岛(Balearic Islands),占地面积8 564公顷。伊维萨岛波西多尼亚海草和珊瑚礁具有极高的多样性,是地中海盆地海洋群落最高的纪录。伊维萨岛鸟类物种丰富,多达205种,其中171种是候鸟。哺乳动物为5种,均为地方性分子。无脊椎动物达56种,爬行动物为11种。这一地区拥有伊维萨古城和防御系统,还有10余处与青铜时代晚期有关的考古遗址。

拉普尼安地区
(Laponian Area)

国家:瑞典
洲名:欧洲
时间:1996年列入《世界遗产名录》
标准:iii, v, vii, viii, ix
属性:自然遗产和文化遗产
功能:自然景观和人文景观

世界遗产委员会的评价:

瑞典北部的北极圈地区是萨米人或拉普人的家园。这里的人们以季节性游牧为主,是延续祖传方式进行生活的世界上最大的(最后一个)地区。每年夏天,萨米人赶着他们的大群驯鹿走向大山,穿越至今还保存着的自然景观,但是现在这些由于机动车的出现而受到威胁。历史和不断发展中的地质作用在冰碛和变化中的河道中能被观察到。

保护区位于瑞典北部的耶利瓦勒(Gällivare)、约克莫克(Jokkmokk)和阿尔耶普卢格(Arjeplog)一带,占地面积约940 000公顷。这里有险峻的山峦、起伏的丘陵、广阔的平原、奔腾的河流、清澈的湖泊,还有沼泽、瀑布、冰川等。植物以松树、云杉、桦树为主。野生动物有狼獾、水獭、棕熊、驼鹿等,还有25种哺乳动物和150多种鸟类。早在4 000—5 000年以前萨米人就来到这里,至今他们仍然保留着传统的生活方式,以驯鹿业谋生,过着游牧的生活。

奥赫里德地区文化和历史面貌及其自然环境
(Ohrid Region with its Cultural and Historical Aspect and its Natural Environment)

国家:马其顿(前南斯拉夫马其顿共和国)

洲名：欧洲

时间：1979 年列入《世界遗产名录》，1980 年扩展

标准：i，iii，iv，vii

属性：自然遗产和文化遗产

功能：自然景观、文化和历史遗址

世界遗产委员会的评价：

奥赫里德镇位于奥赫里德湖岸，是欧洲最古老的人类居住地之一。它主要建于7—19世纪，拥有最古老的斯拉夫人修道院和800多幅拜占庭风格的画像，这些画像出自11—14世纪末。除了莫斯科托里托拉可夫(Tretrakov)美术馆的那些画像之外，该处被认为是世界上最重要的画像收集。

圣基尔达岛
(St. Kilda)

国家：英国和北爱尔兰

洲名：欧洲

时间：1986 年列入《世界遗产名录》，2004 年和 2005 年扩展

标准：iii，v，vii，ix，x

属性：文化和自然遗产

功能：自然保护区和文化景观

世界遗产委员会的评价：

最初是在1986年这处遗址以其杰出的自然属性和野生生物被描述在《世界遗产名录》上，今天它被扩展涵盖其文化价值，因而成为一处混合遗产。这处火山群岛是由赫塔岛、丹村岛、索厄岛和博雷岛等岛屿组成，自1930年以来就无人居住了，但有迹象表明人类居住在赫布里底群岛极度条件下长达2 000多年之久。人类遗迹包括建筑物、田地、院落和传统的高地石房。人们是靠鸟类、农产品和牧羊谋生的，保存下来的生活物质遗迹极其脆弱。

第三节 非 洲

阿杰尔的塔西利
（Tassili n'Ajjer）

国家：阿尔及利亚
洲名：非洲
时间：1982 年列入《世界遗产名录》
标准：i, iii, vii, ix
属性：自然遗产和文化遗产
功能：自然景观和史前艺术遗址

世界遗产委员会的评价：

这一遗址位于一处超乎寻常的地质影响的奇妙的新月形景观之中，是世界上最重要的史前窑洞艺术群之一。15 000 多幅绘画和雕刻艺术作品记录了从公元前 6000 年到 1 世纪撒哈拉边缘的气候变化、动物迁徙和人类生命的进化。由于砂岩被侵蚀而形成"石林"，地质岩层成为引人注目的景观。

阿杰尔的塔西利位于阿尔及利亚的东南部，是撒哈拉沙漠的一部分，与尼日尔和利比亚两国接壤，占地面积为 8 000 000 公顷［生物圈保留地（Biosphere Reserve）7 200 000 公顷］。阿杰尔的塔西利是一片幅员辽阔的高原。塔西利高原（Tassili Plateau）于 1986 年被指定为人类和生物圈计划的生物圈保留地（Biosphere Reserve in the Man and the Biosphere Program）。在 Adrar 山脉海拔一般为 1 150—2 158 米。在高原的北部和西北部平均海拔 1 500 米，在中部和南部海拔为 1 800 米。岩石类型以砂岩和火山岩为主，以砂岩"石林"特别引人注目。由于地质作用，在这里形成了沟壑和河谷，为野生生物提供了良好的环境。这一地区最为著名的植物是撒哈拉柏树和撒哈拉橄榄（Saharan Olive）。动物群含有地中海和古北极物种（Palaearctic Species），还有大约 23 种大型哺乳动物和许多鸟类物种。15 000 多幅保存完好的新石器时代的壁画和雕刻艺术作品展示了 8 000 年前这一地区的久远文化。

邦贾加拉悬崖
［Cliff of Bandiagara（Land of the Dogons）］

国家：马里
洲名：非洲

时间：1989年列入《世界遗产名录》
标准：v，vii
属性：自然遗产和文化遗产
功能：自然景观和古村落

世界遗产委员会的评价：

邦贾加拉地区是一处突出的悬崖和砂质高原景观，具有一些美丽的建筑（房屋、粮仓、祭坛、圣殿和公共会场）。一些古老的社会传统留存于此（面具、庆典、宗教仪式、礼仪，包括祖先崇拜）。地质、考古和人种学的影响与这一景观交织在一起使邦贾加拉高原成为了西非最令人难忘的遗址之一。

尤克哈兰巴/德拉肯斯堡公园
（UKhahlamba/Drakensberg Park）

国家：南非
洲名：非洲
时间：2000年列入《世界遗产名录》
标准：i，iii，vii，x
属性：自然遗产和文化遗产
功能：自然景观和岩画遗址

世界遗产委员会的评价：

尤克哈兰巴/德拉肯斯堡公园所拥有的罕见的自然美景在于公园内高耸的玄武岩峭壁、林立的深切脊和金色的砂岩壁垒。绵延起伏的高地草原、原始状态的峭壁河谷和岩石峡谷同样增添了这一地区的美景。公园栖息地的多样化保护了高水平的地方性的和全球性的濒危物种，特别是鸟类和植物。这一壮观的自然遗址还含有许多非洲撒哈拉南部最大的和最集中的绘画群的山洞和岩穴，这些绘画是由桑人作于4 000多年前的久远时期。岩画是以动物和人物为主题的，以其色泽鲜明和题材多样而著称。它们象征不再生活在这一地区的桑人的精神生活。

洛佩—奥坎德生态系统和文化遗迹景观
（Ecosystem and Relict Cultural Landscape of Lopé – Okanda）

国家：加蓬
洲名：非洲

时间：2007 年列入《世界遗产名录》
标准：iii，iv，ix，x
属性：自然遗产和文化遗产
功能：生态系统和文化景观

世界遗产委员会的评价：

洛佩—奥坎德生态系统和文化遗迹景观表明了茂密而又保存完好的热带雨林和残余的热带草原环境之间不同寻常的分界面，这里具有大量物种多样性，包括濒危的大型哺乳动物和栖息地。这处遗址说明了物种和栖息地适应冰川作用后期气候变化的生态和生物进程。该遗址含有不同民族相继移居的证据，他们遗留在广阔而又保存相当完好的聚居地的遗迹在山顶、洞穴和掩蔽所随处可见，还有铁制品和大约 1 800 处岩刻证据。该遗址新石器时代和铁器时代的物件连同在那里发现的岩刻艺术，展示了班图人和西非其他民族沿着奥国韦河谷到茂密常绿的刚果森林的北部，以及到非洲的中东部和南部的主要移徙路线，对整个非洲撒哈拉次大陆的发展产生了影响。这是加蓬的第一处世界遗产地。

第四节 美 洲

蒂卡尔国家公园
（Tikal National Park）

国家：危地马拉
洲名：美洲
时间：1979 年列入《世界遗产名录》
标准：i，iii，iv，ix，x
属性：自然遗产和文化遗产
功能：自然保护区、玛雅文明遗址和宗教遗址

世界遗产委员会的评价：

蒂卡尔国家公园位于丛林的中心，被繁茂的植被环绕，是玛雅文明的主要遗址之一。这里自公元前 6 世纪到公元 10 世纪一直就有人居住。仪式中心包括华丽的庙宇和宫殿以及通过坡道进入的公共广场。民居遗址分散于周围的乡村之中。

蒂卡尔是坐落在丛林中的宏大的古城遗址，位于危地马拉的北部。蒂卡尔古城主要的名胜古迹有金字塔、庙宇、宫殿、广场、石碑等，是玛雅文明的主要遗址之一。

马丘比丘历史圣地
(Historic Sanctuary of Machu Picchu)

国家：秘鲁
洲名：美洲
时间：1983 年列入《世界遗产名录》
标准：i，iii，vii，ix
属性：自然遗产和文化遗产
功能：自然景观和古城遗址

世界遗产委员会的评价：
马丘比丘位于热带高山丛林中部的一处非常美丽的环境之中，海拔 2 430 米。它可能是印加帝国全盛时期最令人惊异的城市创造物，那巨大的城墙、台阶、坡道在绵延起伏的岩石悬崖绝壁之中就好像是被自然切割而形成的一样。在安第斯山脉东边的斜坡上，自然环境包括具有丰富的植物群和动物群多样性的亚马孙河上游盆地。

马丘比丘在秘鲁的南部，距离库斯科城(Cuzco)西北 112 公里，占地面积 32 592 公顷，是建在悬崖峭壁上的古印加帝国的都城。这一隐藏于崇山峻岭、密林深处之中的要塞都城，被认为是印加帝国精神与文化的代表。出现于 15 世纪的马丘比丘原为一个崇拜太阳并有着神秘的宗教仪式的民族的居住地。马丘比丘意为“古老的山巅”，源于附近一座高山而得此名。马丘比丘古城多用巨石砌成，包括神庙、宫殿、祭坛、堡垒、广场、街道、居室、庭院、浴室和千级台阶等建筑物。马丘比丘古城于 1911 年被美国学者发现，当时这座被遗弃了数百年之久的古城已是一片废墟，唯独其石砌建筑得以保存下来。这些巨石砌成的建筑物是令人难以置信的奇观。印加人在没有铁制工具和运输设施的情况下是如何将巨大的石块砌在一起，至今仍是一个难解的谜。各种不同形状的石块被如此巧妙而又精确地相互拼合起来，所筑成的石墙使人难以觉察到石块间的接缝，在远古时期如此超凡的技巧建造出如此绝妙的石砌建筑，堪称建筑史上的奇迹。

里奥阿比塞奥国家公园
(Rio Abiseo National Park)

国家：秘鲁
洲名：美洲
时间：1990 年列入《世界遗产名录》，1992 年扩展

标准：iii，vii，ix，x
属性：自然遗产和文化遗产
功能：生物保护区和考古遗址

世界遗产委员会的评价：

里奥阿比塞奥国家公园建于1983年，目的是为了保护安第斯山脉地区特有的雨林动物群和植物群。这个公园里的动物群和植物群具有一个高水平的特有分布。在这一地区发现了以前被认为已经绝灭了的黄尾毛猴。自1985年以来进行的研究，在海拔2 500米到4 000米之间已经发掘出36个前所未知的考古遗址，提供了前印加社会的真实写照。

里奥阿比塞奥国家公园位于安第斯山脉，在Maranon河和Huallaga河的交汇处，占地面积274 520公顷。它地处圣马丁区特鲁稀略市（City of Trujillo, in the Department of San Martin）的东部。这一地区的海拔从500—4 200米。国家公园可以划分为4个生态区：干燥的森林、潮湿山区森林、热带高山森林和山区雨林。近千种植物在这一地区被记录，其中被子植物779种、裸子植物2种、蕨类植物159种。茂密的森林中栖息着许多野生动物，如兀鹰、长尾小鹦鹉、欧夜鹰等。海拔高度决定了鸟类的分布，在海拔3 000米到4 100米之间，有超过132种鸟生活在那里。著名的哺乳动物有黄尾毛猴（yellow - tailed wooly monkey）、长毛蜘蛛猴（long - haired spider monkey）、卷尾猴（capuchin monkey）和夜猴（night monkey）。哺乳动物有眼镜熊（spectacled bear）、美洲虎（jaguar）、貘（tapir）等。

里奥阿比塞奥国家公园及其周围方圆1 500平方公里土地上残留了大量的古遗址，留下了人类曾经在此活动的痕迹。自1985年以来，研究人员已经发现了36个前所未知的考古遗址，包括人类居住过的岩穴、篱笆、道路、仪式建筑、平台、储存室、农业梯田等。这些考古遗址对于了解前印加社会具有重要的意义。

第五节 大洋洲

卡卡杜国家公园
（Kakadu National Park）

国家：澳大利亚
洲名：大洋洲
时间：1981年列入《世界遗产名录》，1987年和1992年扩展
标准：i，vi，vii，ix，x

属性：自然遗产和文化遗产
功能：生物保护区、岩画艺术和考古遗址

世界遗产委员会的评价：

这一独特的考古学和人种学保护区位于北部地区，土著人陆续居住在这里已有40 000多年。山洞绘画、石雕和考古遗址记录了从史前的狩猎者到仍生活在那里的土著人的那个地区居民的生活技能和生活方式。它是一个复合生态系统的独特范例，包括潮坪、漫滩、低地和高原，为珍稀和地方性植物及动物提供了一个广阔的栖息地。

卡卡杜国家公园位于澳大利亚北部地区、达尔文市以东200公里的鳄鱼河地区，占地面积19 804平方公里，是南半球最重要的热带湿地之一。它既是野生生物的重要栖息地，又是土著居民重要的生活场所。卡卡杜国家公园有鸟类、哺乳动物、爬行动物、两栖动物和昆虫等，包括澳洲特有的有袋类动物、海湾鳄鱼、淡水鳄鱼、岩鸽、青鹇等。植物种类丰富，有棕榈林、红树林、南洋杉和大片的雨林。公园内拥有壮观的自然景观，包括悬崖峭壁、飞流直下的瀑布、神秘莫测的洞穴。许多洞穴里有着许许多多不同风格的岩画，为当地土著人绘制。卡卡杜国家公园以郁郁苍苍的原始森林，各种珍稀的野生动、植物，以及保存有上万年的山崖洞穴的原始壁画和重要的考古遗址而遐迩闻名。

鳄鱼河流域是澳大利亚北部生物多样性最丰富的地区。卡卡杜国家公园拥有1 600多种植物。植被可分为13大类：除7类以独特的桉树属的一些种占优势外，其他类别是红树林（mangrove）、海蓬子（samphire）植物、低地雨林、纸皮树沼泽（paper-bark swamp）、季节性泛滥平原与沙地雨林。动物类群包括爬行动物128种、哺乳动物64种、鸟类275种、蛙25种、淡水鱼类59种。卡卡杜国家公园拥有许多艺术装饰的土著居民洞穴，分布在阿纳姆高地一带，这些装饰艺术的时代可追溯至1.8万年前。公园内有1 000余处考古学遗址和土著居民文化艺术遗址。公园还有数以千计的岩画遗址，时代久远，可追溯至2.5万年前。这些发掘出来的岩画艺术不仅揭示了澳大利亚早期人类居住的证据，还为澳大利亚的考古学、艺术史学以及人类史学提供了珍贵的研究资料。卡卡杜国家公园作为文化和自然双重遗产于1981年被联合国教科文组织世界遗产委员会列入《世界遗产名录》，1987年和1992年扩展。

威蓝德拉湖区
（Willandra Lakes Region）

国家：澳大利亚
洲名：大洋洲

时间：1981 年列入《世界遗产名录》
标准：iii, viii
属性：自然遗产和文化遗产
功能：化石遗址和考古遗址

世界遗产委员会的评价：

更新世的湖相和砂质岩层中的化石连同 45 000—60 000 年前人类居住的考古证据在这一地区被发现。它是有关澳大利亚大陆人类进化研究的一个独一无二的里程碑。7 个保存完好的大有袋类化石在这里也被发现。

威蓝德拉湖区位于澳大利亚新南威尔士的西南部。这里生长着半干旱的植物群落，以稀疏的灌木、草地和林地为主。大约有 20 种哺乳动物栖息此处，包括袋鼠、针鼹(echidna)和蝙蝠。这里的考古发现包括 26 000 年前的火葬遗址、30 000 年前的赭石埋藏遗址、大有袋类动物的遗迹和 18 000 年前的磨石。

塔斯马尼亚荒原
(Tasmanian Wilderness)

国家：澳大利亚
洲名：大洋洲
时间：1982 年列入《世界遗产名录》，1989 年扩展
标准：iii, iv, vi, vii, viii, ix, x
属性：自然遗产和文化遗产
功能：自然保护区和早期人类居住地

世界遗产委员会的评价：

这些公园和保留地曾经历了剧烈的冰川作用，具有陡峭的峡谷，占地 100 多万公顷，是世界上剩下的为数不多的广阔的温带雨林之一。在石灰岩洞穴内发现的遗物证明了早在 20 000 多年前这一地区就曾有人类居住。

塔斯马尼亚荒原位于澳大利亚的塔斯马尼亚州，由三个公园和保护区组成，占地面积约 1 383 640 公顷。塔斯马尼亚荒原拥有澳大利亚最大的河系、最深的湖泊和最壮观的山脉。这一地区栖息着种类繁多的野生动物，其中有世界上仅存的食肉有袋类动物。塔斯马尼亚荒原的混交林汇集了澳大利亚和亚南极特有树种，混交林中的桉树高达 90 米，是世界上最高的树种之一。早在 20 000 年前，塔斯马尼亚的土著居民就曾在这里生活。

乌卢鲁—卡塔尤塔国家公园
（Uluru – Kata Tjuta National Park）

国家：澳大利亚
洲名：大洋洲
时间：1987 年列入《世界遗产名录》，1994 年扩展
标准：v, vi, vii, ix
属性：自然遗产和文化遗产
功能：自然景观和早期人类居住地

世界遗产委员会的评价：

这个公园的前身称为乌卢鲁（艾尔斯岩石—奥尔加山）国家公园，以壮观的地质岩层占据澳大利亚中部广阔的红色砂质平原。乌卢鲁是巨大的独块岩石，卡塔尤塔为岩丘，位于乌卢鲁的西部，它们形成了最原始的人类社会之一的传统信念系统的一部分。乌卢鲁—卡塔尤塔的传统所有者是 Anangu 土著人。

汤加里罗国家公园
（Tongariro National Park）

国家：新西兰
洲名：大洋洲
时间：1990 年列入《世界遗产名录》，1993 年扩展
标准：vi, vii, ix
属性：自然遗产和文化遗产
功能：自然景观和文化景观

世界遗产委员会的评价：

根据文化景观的修改标准，汤加里罗于 1993 年成为被列入《世界遗产名录》的第一个遗产。地处公园中心的群山对毛利人具有文化和宗教意义，象征着这一社区与它的环境的精神联系。公园拥有活火山、死火山、多样化的生态系统和一些壮观的景观。

汤加里罗公园位于新西兰北岛（North Island）中央地带，是新西兰国家公园，占地面积 79 596 公顷。汤加里罗公园是一个独具特色的火山公园，公园里有 15 个火山口，其中包括 3 个著名的活火山：汤加里罗（Tongariro）（1 968 米）、恩奥鲁霍艾

(Ngauruhoe)(2 290 米)和鲁阿佩胡(Ruapehu)(2 797 米)火山。汤加里罗公园以蔚为壮观的活火山、层峦叠嶂的群山、茂密的原始森林和碧波荡漾的湖泊而著称。在公园里栖息着的鸟类达56种之多,包括新西兰特有的国鸟——几维鸟。汤加里罗公园地热资源丰富,沸泉、间歇泉、沸泥塘、喷气孔数不胜数。这里还是新西兰登山、滑雪的旅游胜地。根据文化景观的修改标准,汤加里罗公园是第一个被联合国教科文组织列入《世界遗产名录》的遗产。

第六章

文化景观遗产

文化景观这一概念是1992年12月在美国圣菲召开的联合国教科文组织世界遗产委员会第16届会议提出并纳入《世界遗产名录》中的。

第一节　文化景观的定义

文化景观主要分为三类：

(1)由人类有意设计和建筑的景观。这类景观包括出于美学原因建造的园林和公园景观,它们经常(但并不总是)与宗教或其他纪念性建筑物或建筑群有联系。

(2)有机进化的景观。它产生于最初始的一种社会、经济、行政以及宗教需要,并通过与周围自然环境的相联系或相适应而发展到目前的形式。它又包括两种类别:一是残遗物(或化石)景观,代表一种过去某段时间已经完结的进化过程,不管是突发的还是渐进的。它们之所以具有突出、普遍价值,还在于显著特点依然体现在实物上。二是持续性景观,它在当今与传统生活方式相联系的社会中保持一种积极的社会作用,而且其自身演变过程仍在进行之中,同时又展示了历史上其演变发展的物证。

(3)关联性文化景观。这类景观列入《世界遗产名录》,以与自然因素、强烈的宗教、艺术或文化相联系为特征,而不是以文化物证为特征。

第二节　文化景观遗产概述

庐山国家公园
(Lushan National Park)

国家：中国
洲名：亚洲
时间：1996年列入《世界遗产名录》
标准：ii，iii，iv，vi

属性：文化遗产

功能：文化景观

世界遗产委员会的评价：

江西庐山是中华文明的发祥地之一。这里的佛教和道教庙观与代表理学观念的白鹿洞书院一起以其独特的方式融汇在具有突出价值的自然美景之中，激发了无数艺术家以美学的态度看待自然，开拓中华文化。

庐山位于中国中部江西省九江市南，北濒长江，东接鄱阳湖。全山共90多座山峰，最高峰为大汉阳峰，海拔1 474米。群峰间散布有许多壑谷、岩洞、瀑布、溪涧，地形地貌复杂多样。庐山风光以"奇、秀、险、雄"闻名于世，素有"匡庐奇秀甲天下"之美誉。庐山有众多的奇峰怪石壑谷瀑泉岩洞等，形成了奇特瑰丽的山岳景观。现主要有12个景区、37个景点、230个景物景观。其景点主要包括五老峰、三叠泉、含鄱口、龙首崖、芦林湖、大天池、花径、如琴湖、锦绣谷、仙人洞、小天池等。"飞流直下三千尺，疑是银河落九天"，这是唐代诗人李白对庐山瀑布的描写。

庐山早有"神仙之庐"的传说。水气缭绕的万顷江湖使庐山夏日清凉，雨水充沛，云雾弥漫。庐山处于亚热带季风区，雨量充沛，气候温和宜人，年降水量可达1 950～2 000毫米，而山下的九江则年降水量为1 400毫米左右，故山中温差大，云雾多，千姿百态，变幻无穷。庐山的年平均雾日多达191天，弥漫的云气为庐山平添了许多迷人秀色和神秘色彩。

庐山生物资源丰富，生态系统完整。植被覆盖率达到80%以上，有植物3 000余种，良好适宜的自然条件使庐山植被丰富，呈垂直地带性分布。

庐山有独特的第四纪冰川遗迹，有河流、湖泊、坡地、山峰等多种地貌类型。庐山是第四纪强烈上升的断块山，周围断层颇多，形成了多种地貌，表现出极高的地质科学价值。

创建于公元940年的庐山白鹿洞书院曾被誉为"海内书院第一"、"天下书院之首"，是中国古代教育和理学的中心学府，是中国宋代最高学府之一。宋代著名的理学大师朱熹曾在此讲学。白鹿洞书院历史悠久，以其深厚的学术文化底蕴而影响着一代代的学子。公元386年，佛教名僧慧远在庐山建寺讲学，创建了东林寺，由此这里成为了中国南方的佛教中心。庐山是历代名人和文人墨客游览观赏之地，陶渊明、李白、白居易、陆游等都曾造访于此。庐山是一座融风景、文化、宗教、教育、政治为一体的千古名山，自然与文化积淀非常深厚。

庐山是闻名中外的避暑胜地。庐山还荟萃了各种风格迥异的建筑杰作，至今保存完好的国际别墅群包括著名的美庐别墅、歇尔曼别墅等。庐山还是一座政治名山，20世纪30年代，庐山成为国民政府的"夏都"。新中国成立后，中共中央在庐山召开了三次重要会议，留下了许多珍贵文物，极具历史价值。

五台山
（Mount Wutai）

国家:中国

洲名:亚洲

时间:2009 年列入《世界遗产名录》

标准:ii, iii, iv, vi

属性:文化遗产

功能:文化景观

世界遗产委员会的评价:

五台山由五座台顶组成,是一处佛教圣山。文化景观多达53 处寺院,包括佛光寺的东大殿,为唐代等级最高的木结构建筑,拥有众多真人般大小的泥塑。它也以拥有明代代表佛教故事的500 罗汉雕像的殊像寺为特征,这些场面恰似立体的山水画。总的来说,此遗址的建筑展示了佛教建筑方面的成就,发展和影响了1 000 多年以来中国的官殿建筑。按字义,五台山,即五座平台式山峰,是中国北方最高的山峰,它以5 座山峰开阔无树和边部险峻而著称。自公元1 世纪到20 世纪初寺庙就被建在这一遗址上。

五台山位于山西省东北部,跨五台县、繁峙县、代县、原平市、定襄县,西南距省会太原市 230 公里。核心区 18 415 公顷,缓冲区 42 312 公顷。五台山与四川峨嵋山、安徽九华山、浙江普陀山共称“中国佛教四大名山”,居于中国四大佛教名山之首,以浓郁的佛教文化闻名海内外。五台山由东西南北中五大高峰组成,东台海拔2 795 米,因其东望明霞,如波似海,故称望海峰;南台海拔 2 485 米,细草杂花,灿若铺锦,故称锦绣峰;西台海拔 2 773 米,月坠峰巅,宛如悬系,称挂月峰;北台海拔3 058米,云浮山腰,巅摩斗杓,称叶斗峰,是五台山最高峰;中台 2 895 米,石翠岩碧,碧霭浮空,称翠岩峰,是五台中心。五台山气候寒冷,台顶终年有冰,盛夏天气凉爽,故又称清凉山,为避暑胜地。

五台山是地球上最早露出水面的升迁陆地之一。它的孕育,可以追溯到 26 亿年前的太古代。到了震旦纪,又经历了著名的“五台隆起”运动,形成了华北地区最为壮观的山地。第四纪时期,冰川覆盖了五台山,留下了弥足珍贵的冰缘地貌。五台山地层完整丰富,特别是前寒武纪地层,是地质科考的重点地区。五台山由古老结晶岩构成,北部切割深峻,五峰耸立,峰顶平坦如台,故称五台。五峰之外称台外,五峰之内称台内,台内以台怀镇为中心。

台怀镇是寺庙集中分布的地方,是五台山佛事活动和经济生活的中心。相传五台山是文殊师利菩萨讲经弘法的场所。历史上,印度、尼泊尔、朝鲜、日本、蒙古、斯里兰卡等国的佛教信徒,来此朝圣求法的甚多。五台山是当今中国唯一兼有汉地佛教和藏传佛教的佛教道场。每逢盛夏,海内外游人香客前来游览观光、烧香拜佛、络绎不绝。

五台山是中国佛教寺庙建筑建造最早的地方之一,自东汉永平(58—75)年间起,历代修造的寺庙鳞次栉比,佛塔摩天,殿宇巍峨,金碧辉煌,是中国历代建筑荟萃之地。雕塑、石刻、壁画、书法遍及各寺,均具有很高的艺术价值。唐代全盛时期,五台山共有寺庙数百余座,经历几次变迁,寺庙建筑遭到破坏。目前台内外尚有寺庙数十座,其中南禅寺和佛光寺是中国现存最早的两座木结构建筑。显通寺、塔院寺、菩萨顶、殊像寺、罗睺寺被列为"五台山五大禅寺"。五台山著名的寺院有南禅寺、佛光寺、显通寺、塔院寺、菩萨顶、罗睺寺、殊像寺、碧山寺、金阁寺、广宗寺、广仁寺、黛螺顶、南山寺、龙泉寺、碧山寺、岩山寺、圆照寺等。

1982 年,五台山被列入第一批国家级风景名胜区名单。2000 年,五台山被评为国家 AAAA 级旅游区"。2003 年,五台山被推选为"中华十大名山"之一。2005 年,五台山被列入"国家地质公园"。2009 年,五台山作为文化遗产被联合国教科文组织世界遗产委员会列入《世界遗产名录》。

杭州西湖文化景观
(West Lake Cultural Landscape of Hangzhou)

国家:中国
洲名:亚洲
时间:2011 年被列入《世界遗产名录》
标准:ii, iii, vi
属性:文化遗产
功能:文化景观

世界遗产委员会的评价:

杭州西湖文化景观由西湖及三面环绕的山峰组成。自公元9世纪以来,西湖的湖光山色激发无数诗人、学者、艺术家创作的灵感。景区内遍布庙宇、亭台、宝塔、园林,其间点缀着奇花异木、岸堤岛屿,为江南的杭州城增添了无限美景。数百年来,西湖对中国其他地区乃至日本和韩国的园林设计都产生了影响,在景观营造的文化传统中,西湖是对天人合一这一理想境界的最佳阐释。

西湖位于浙江省杭州市西面,旧称武林水、钱塘湖、西子湖,宋代始称西湖。杭州西湖风景区以西湖为中心,分为湖滨区、湖心区、北山区、南山区和钱塘区。西湖的美在于晴中见潋滟，雨中显空蒙。无论雨雪晴阴，在落霞、烟雾下都能成景；在春花，秋月，夏荷，冬雪中各具美态，被誉为人间天堂。

西湖不但独擅山水秀丽之美，林壑幽深之胜，而且还有丰富的文物古迹、优美动人的神话传说，自然、人文、历史、艺术，巧妙地融合在一起。杭州西湖历史悠久，拥有国家、省、市文物保护单位100余处，博物馆、纪念馆20余座，古迹遍布。

阿玛尔菲海岸

（**Costiera Amalfitana**）

国家：意大利
洲名：欧洲
时间：1997年列入《世界遗产名录》
标准：ii, iv, v
属性：文化遗产
功能：文化景观

世界遗产委员会的评价：

阿玛尔菲海岸是一处绝妙的自然美景和自然多样性地区。从中世纪早期始，就有人类居住于此。这里有诸如阿玛尔菲和拉韦洛的大量有着颇具意义的建筑和艺术作品的城镇。乡村地区展示了居民根据地形的多样性特征合理利用土地的才能，缓坡的梯田是葡萄园和果园，开阔的高地则是牧场。

阿玛尔菲海岸位于意大利坎帕尼亚区（Campania），是意大利最美丽的一段海岸线。阿玛尔菲（Amalfi）小镇建立于公元4世纪。它与威尼斯、比萨和热那亚均为沿海共和国，后来发展成为商业中心。镇上著名的景点是建于9世纪的圣安德烈亚大教堂（Duomo di Sant' Andrea）。拉韦洛（Ravello）是意大利最美丽的小镇之一，坐落在有梯田的陡峭山坡上。这里有茂盛的花园、宁静的小巷和古老的建筑。小镇中心是一座大教堂和鲁佛洛别墅（Villa Rufolo）。大教堂因12世纪的青铜大门而著名。鲁佛洛别墅曾接待过教皇。这一地区的城镇拥有许多杰出的建筑和艺术作品，在城镇周围既有低矮的山坡果园，也有广阔的丘陵牧场，从19世纪末开始，这里美丽的自然风光和独特的中世纪小镇景观吸引了越来越多的游客。

中上游莱茵河谷

（**Upper Middle Rhine Valley**）

国家：德国

洲名：欧洲

时间：2002 年列入《世界遗产名录》

标准：ii, iv, v

属性：文化遗产

功能：文化景观

世界遗产委员会的评价：

绵延 65 公里的中莱茵河河谷，和它沿途的城堡、历史城镇和葡萄园生动地展示了人类与激动人心和各种各样的自然景观相互交融的漫长历史。几个世纪以来，这里发生了众多历史事件，演绎了许多传奇，为作家、艺术家和作曲家提供了灵感。

莱茵河发源于瑞士东南部的阿尔卑斯山北麓，流经奥地利、法国、德国、荷兰，在荷兰的鹿特丹附近注入北海，全长 1 320 公里。莱茵河在德国境内有 865 公里，是德国最长的河流。莱茵河沿途风景最美的一段在中游的莱茵河谷段，从德国的美因兹（Mainz）到科布伦茨（Koblenz）间。地理坐标为北纬 50°10′25″，东经 7°41′39″。中上游莱茵河谷核心区有 27 250 公顷，缓冲区为 34 680 公顷。2 000 年来，中莱茵河河谷作为欧洲最重要的运输线路之一，一直促进着地中海地区和北方之间的文化交流。中莱茵河河谷是一处杰出的文化景观，这里不但环境优美，风景如画，而且积聚了 2 000 多年的丰厚文化底蕴，人们的传统生活方式、民居、运输设施、土地使用都有浓厚的文化色彩。沿河两岸山坡上遍布葡萄园，点缀着古老的城堡，是自然与人文浑然一体的景观。

瓦豪文化景观
（Wachau Cultural Landscape）

国家：奥地利

洲名：欧洲

时间：2000 年列入《世界遗产名录》

标准：ii, iv

属性：文化遗产

功能：文化景观

世界遗产委员会的评价：

瓦豪是多瑙河河谷的一个分支，地处梅尔克和克雷姆斯之间，风景秀丽，是一处极具吸引力的景观。它完好地保存了许多遗迹，如建筑（修道院、城堡和遗迹）、城市规划（城镇和乡村）和农业利用，主要用于葡萄种植，其历史源远流长，可以追溯到史前时期。

辛特拉的文化景观
(Cultural Landscape of Sintra)

国家：葡萄牙
洲名：欧洲
时间：1995 年列入《世界遗产名录》
标准：ii, iv, v
属性：文化遗产
功能：文化景观

世界遗产委员会的评价：

19 世纪，辛特拉成为第一个欧洲浪漫主义建筑的中心。费迪南德二世把毁坏了的教堂改建成了一个城堡，这一新理念由哥特式、埃及式、摩尔式和文艺复兴时期式建筑风格融合而体现，并在公园的建造过程中，将本地树种与外来树种融合在一起。其他一些造型别致的寓所沿着围绕萨拉的同一条线建筑，形成了一个独特的公园和庭院的联合体，对整个欧洲的景观建筑的发展产生了深远的影响。

南厄兰岛的农业景观
(Agricultural Landscape of Southern Öland)

国家：瑞典
洲名：欧洲
时间：2000 年列入《世界遗产名录》
标准：iv, v
属性：文化遗产
功能：文化景观

世界遗产委员会的评价：

厄兰岛南部位于波罗的海，由一片广阔的石灰石高地构成，人类已经在此居住了大约 5 000 年之久，他们的生活方式已适应了岛上恶劣的自然环境。因此，从史前时代一直到今天，这里拥有丰富的人类居住证据，景观显得极为独特。

莱德尼斯和瓦尔梯斯文化景观
（Lednice – Valtice Cultural Landscape）

国家：捷克
洲名：欧洲
时间：1996 年列入《世界遗产名录》
标准：i，ii，iv
属性：文化遗产
功能：文化景观

世界遗产委员会的评价：

17 世纪开始至 20 世纪期间，列支敦士登的统治者们将位于摩拉维亚南部的领土改造成一处引人注目的景观。莱德尼斯和瓦尔梯斯的城堡建筑风格是巴洛克式、古典式和新哥特式风格的相结合；乡村则带有当时风靡英国的浪漫主义景观建筑的色调。该景观占地面积为 200 平方公里，是欧洲最大的人工景观之一。

托考伊葡萄酒产区历史文化景观
（Tokaj Wine Region Historic Cultural Landscape）

国家：匈牙利
洲名：欧洲
时间：2002 年列入《世界遗产名录》
标准：iii，v
属性：文化遗产
功能：文化景观

世界遗产委员会的评价：

托考伊文化景观生动地表现了这一地区低山和河谷地带历史悠久的葡萄酒酿造传统。葡萄园、农场、村庄、小镇与历史遗留下来的网络般的地下酒窖，构成了一个繁杂的系统，完好表明了 3 个世纪以来著名的托考伊葡萄酒的每个酿造流程及其质量和管理都受到严格控制的事实。

托考伊葡萄酒产区代表了当地独特的葡萄栽培传统，这种传统世代延续，至今已有 1 000 多年的历史。托考伊葡萄酒依旧保持着原汁原味，酒味甜润醇美，色泽晶莹剔透，是匈牙利的“国酒”。这里良好的自然生态环境具备优质葡萄生长和葡萄酒酿制的有利条件,该地区生产的葡萄酒闻名于世。托考伊葡萄酒产区充分展示了匈牙利葡萄酒生产的悠久历史和灿烂文化。整个托考伊地区既是葡萄和葡萄酒的产区,同时也是自然和人文景观完美结合的游览胜地。这里从12世纪就开始人工种植葡萄,被认为是世界最早的葡萄种植园和葡萄酒加工地之一。在这里,农舍、种植园、酒窖和教堂全部被保护起来。托考伊地区每年都举办葡萄节、品酒会等民间活动,形成了极具当地文化特色的品牌,吸引了众多的国内外游人。

文化景观遗产名录[①]

阿富汗(Afghanistan)

2003 巴米杨山谷文化景观和考古遗址(Cultural Landscape and Archaeological Remains of the Bamiyan Valley)(C)

安道尔(Andorra)

2004 马德留 - 配拉菲塔 - 克拉罗尔峡谷(The Madriu - Perafita - Claror Valley)(C)

阿根廷(Argentina)

2003 塔夫拉达·德乌玛瓦卡(Quebrada de Humahuaca)(C)

澳大利亚(Australia)

1987,1994 乌卢鲁 - 卡塔曲塔国家公园(Uluru - Kata Tjuta National Park)(C, N)

奥地利(Austria)

1997 哈尔施塔特 - 达赫施泰因萨尔茨卡默古特文化景观(Hallstatt - Dachstein Salzkammergut Cultural Landscape)(C)

2000 瓦豪文化景观(Wachau Cultural Landscape)(C)

2001 费尔特 - 新锡德尔文化景观(Fertö / Neusiedlersee Cultural Landscape)(C)(与匈牙利共有)

阿塞拜疆(Azerbaijan)

2007 戈布斯坦岩石艺术文化景观(Gobustan Rock Art Cultural Landscape)(C)

---

① http://whc.unesco.org/en/culturallandscape/

中国（China）

1996 庐山国家公园（Lushan National Park）（C）

2009 五台山（Mount Wutai）（C）

2011 杭州西湖文化景观（West Lake Cultural Landscape of Hangzhou）（C）

哥伦比亚（Colombia）

2011 哥伦比亚咖啡文化景观（Coffee Cultural Landscape of Colombia）（C）

克罗地亚（Croatia）

2008 史塔瑞格拉德平原（Stari Grad Plain）（C）

古巴（Cuba）

1999 维纳勒斯山谷（Viñales Valley）（C）

2000 古巴东南部最早的咖啡种植园考古景观（Archaeological Landscape of the First Coffee Plantations in the Southeast of Cuba）（C）

捷克（Czech Republic）

1996 莱德尼斯和瓦尔梯斯文化景观（Lednice – Valtice Cultural Landscape）（C）

埃塞俄比亚（Ethiopia）

2011 孔索文化景观（Konso Cultural Landscape）（C）

法国（France）

1997,1999 比利牛斯 – 佩尔杜山（Pyrénées – Mont Perdu）（C，N）（与西班牙共有）

1999 圣艾米伦辖区（Jurisdiction of Saint – Emilion）（C）

2000 卢瓦尔河畔的叙利和沙洛呐之间的卢瓦尔河谷（The Loire Valley between Sully – sur – Loire and Chalonnes）（C）

2011 喀斯和塞文——地中海农牧文化景观（The Causses and the Cévennes, Mediterranean agro – pastoral Cultural Landscape）（C）

加蓬（Gabon）

2007 洛佩 – 奥坎德生态系统和文化遗迹景观（Ecosystem and Relict Cultural Landscape of Lopé – Okanda）（C,N）

德国（Germany）

2000 德绍－沃利茨的皇家园林（Garden Kingdom of Dessau – Wörlitz）（C）

2002 中上游莱茵河谷（Upper Middle Rhine Valley）（C）

2004 马斯科夫公园/马扎科夫斯基公园（Muskauer Park / Park Muzakowski）（C）（与波兰共有）

匈牙利（Hungary）

1999 霍尔托巴吉国家公园——普斯兹塔（Hortobágy National Park——the Puszta）（C）

2001 费尔特－新锡德尔文化景观（Fertö / Neusiedlersee Cultural Landscape 2001）（C）（与奥地利共有）

2002 托考伊葡萄酒产区历史文化景观（Tokaj Wine Region Historic Cultural Landscape）（C）

冰岛（Iceland）

2004 平威利尔国家公园（Pingvellir National Park）（C）

印度（India）

2003 比莫贝卡特石窟（Rock Shelters of Bhimbetka）（C）

以色列（Israel）

2005 香路—内盖夫的沙漠城（Incense Route – Desert Cities in the Negev）（C）

意大利（Italy）

1997 阿玛尔菲海岸（Costiera Amalfitana）（C）

1997 韦内雷港、五村镇和群岛［Portovenere, Cinque Terre, and the Islands（Palmaria, Tino and Tinetto）］（C）

1998 齐兰托、迪阿纳峡谷国家公园和佩斯托姆、维利亚考古遗址及帕多拉修道院（Cilento and Vallo di Diano National Park with the Archeological sites of Paestum and Velia, and the Certosa di Padula）（C）

2003 皮埃蒙特和伦巴第的撒克利山（Sacri Monti of Piedmont and Lombardy）（C）

2004 维得斯卡（瓦尔·迪奥西亚）（Val d'Orcia）（C）

2008 阿尔布拉－伯尔尼纳景观中的雷塔恩铁路（Rhaetian Railway in the Albula / Bernina Landscapes)(C)(与瑞士共有)

日本(Japan)

2004 纪伊山脉圣地和朝圣之路(Sacred Sites and Pilgrimage Routes in the Kii Mountain Range)(C)

2007 根县石见银矿及其文化景观(Iwami Ginzan Silver Mine and its Cultural Landscape)(C)

约旦(Jordan)

2011 瓦迪拉姆保护区(Wadi Rum Protected Area)(C,N)

哈萨克斯坦(Kazakhstan)

2004 泰姆格里考古景观岩刻(Petroglyphs within the Archaeological Landscape of Tamgaly)(C)

肯尼亚(Kenya)

2008 米吉肯达圣林(Sacred Mijikenda Kaya Forests)(C)

吉尔吉斯斯坦(Kyrgyzstan)

2009 苏莱曼圣山(Sulaiman – Too Sacred Mountain)(C)

老挝(Lao People's Democratic Republic)

2001 占巴塞文化景观中的瓦普及相关古遗址(Vat Phou and Associated Ancient Settlements within the Champasak Cultural Landscape)(C)

黎巴嫩(Lebanon)

1998 瓦迪·卡蒂沙(圣谷)和神杉林(霍尔沙·阿兹·埃尔·拉博)[Ouadi Qadisha (the Holy Valley) and the Forest of the Cedars of God (Horsh Arz el – Rab)] (C)

立陶宛(Lithuania)

2000 库罗尼亚岬(Curonian Spit)(C)(与俄罗斯联邦共有)

2004 克拿维考古遗址(克拿维文化保护区)[Kernavė Archaeological Site (Cultural Reserve of Kernavė)](C)

马达加斯加（Madagascar）

2001 阿波希曼加王室山岭（Royal Hill of Ambohimanga）（C）

马里（Mali）

1988 杰内古城（Old Towns of Djenné）（C）

1988 廷巴克图（Timbuktu）（C）

马耳他（Malta）

1980 瓦莱塔城（City of Valletta）（C）

毛里塔尼亚（Mauritania）

1996 瓦丹、欣盖提、提希特和瓦拉塔古城镇（Ancient Ksour of Ouadane, Chinguetti, Tichitt and Oualata）（C）

毛里求斯（Mauritius）

2008 莫纳山文化景观（Le Morne Cultural Landscape）（C）

墨西哥（Mexico）

1987 墨西哥城和霍奇米尔科区历史中心（Historic Centre of Mexico City and Xochimilco）（C）

1987 瓦哈卡历史中心和蒙特阿尔班考古区（Historic Centre of Oaxaca and Archaeological Site of Monte Albán）（C）

1987 普埃布拉历史中心（Historic Centre of Puebla）（C）

1988 瓜纳尤阿托历史城及其周围矿区（Historic Town of Guanajuato and Adjacent Mines）（C）

1991 莫雷利亚历史中心（Historic Centre of Morelia）（C）

1993 扎卡特卡斯历史中心（Historic Centre of Zacatecas）（C）

1996 克雷塔罗历史建筑区（Historic Monuments Zone of Querétaro）（C）

1998 特拉科塔尔潘的历史建筑区（Historic Monuments Zone of Tlacotalpan）（C）

2006 龙舌兰景观和古代工业设备（Agave Landscape and Ancient Industrial Facilities of Tequila）（C）

2010 瓦哈卡州中央谷地的亚古尔与米特拉史前洞穴（Prehistoric Caves of Yagul and Mitla in the Central Valley of Oaxaca）（C）

蒙古（Mongolia）

2004 鄂尔浑峡谷文化景观（Orkhon Valley Cultural Landscape）(C)

2011 蒙古阿尔泰山脉的石刻群（Petroglyphic Complexes of the Mongolian Altai）(C)

新西兰（New Zealand）

1990,1993 汤加里罗国家公园（Tongariro National Park）(C, N)

尼日利亚（Nigeria）

1999 苏库尔文化景观（Sukur Cultural Landscape）(C)

2005 奥孙－奥索博神树林（Osun－Osogbo Sacred Grove）(C)

挪威（Norway）

1980,2010 勒罗斯矿城及周边地区（Røros Mining Town and the Circumference）(C)

2004 维加群岛（Vegaøyan －The Vega Archipelago）(C)

菲律宾（Philippines）

1995 菲律宾科尔迪莱拉的水稻梯田（Rice Terraces of the Philippine Cordilleras）(C)

波兰（Poland）

1999 卡尔瓦利亚·泽日多夫斯卡：别致建筑、园林景观和朝圣公园（Kalwaria Zebrzydowska：the Mannerist Architectural and Park Landscape Complex and Pilgrimage Park）(C)

2004 马斯科夫公园／马扎科夫斯基公园（Muskauer Park／Park Muzakowski）(C)(与德国共有)

葡萄牙（Portugal）

1995 辛特拉的文化景观（Cultural Landscape of Sintra）(C)

2001 阿尔托都罗葡萄酒产区（Alto Douro Wine Region）(C)

2004 皮克岛葡萄园文化景观（Landscape of the Pico Island Vineyard Culture）(C)

俄罗斯（Russian Federation）

2000 库罗尼亚岬（Curonian Spit）(C)(与立陶宛共有)

南非（South Africa）

2003 马蓬古布韦文化景观（Mapungubwe Cultural Landscape）(C)

2007 理查德斯维德文化和植物景观（Richtersveld Cultural and Botanical Landscape）(C)

西班牙（Spain）

1997,1999 比利牛斯－佩尔杜山（Pyrénées － Mont Perdu）(C,N)（与法国共有）

2001 阿兰约兹文化景观（Aranjuez Cultural Landscape）(C)

2011 特拉蒙塔那山区文化景观（Cultural Landscape of the Serra de Tramuntana）(C)

瑞典（Sweden）

2000 南厄兰岛的农业景观（Agricultural Landscape of Southern Öland）(C)

瑞士（Switzerland）

2007 拉沃葡萄园梯田（Lavaux, Vineyard Terraces overlooking the Lake and the Alps）(C)

2008 阿尔布拉－伯尔尼纳景观中的雷塔恩铁路（Rhaetian Railway in the Albula / Bernina Landscapes）(C)（与意大利共有）

叙利亚（Syrian Arab Republic）

2011 叙利亚北部古村落群（Ancient Villages of Northern Syria）(C)

多哥（Togo）

2004 库塔玛库——巴塔玛里巴陆地（Koutammakou, the Land of the Batammariba）(C)

土库曼斯坦（Turkmenistan）

2007 尼萨帕提亚要塞（The Parthian Fortresses of Nisa）(C)

阿拉伯联合酋长国（United Arab Emirates）

2011 艾恩文化遗址：哈菲特、西里、比达－宾特－沙特以及绿洲［Cultural Sites of Al Ain（Hafit, Hili, Bidaa Bint Saud and Oases Areas）］(C)

英国和北爱尔兰（United Kingdom of Great Britain and Northern Ireland）

1986,2004,2005 圣基尔达岛（St. Kilda）(N,C)

2000 布莱纳文工业区景观（Blaenavon Industrial Landscape）(C)

2003 基尤皇家植物园（Royal Botanic Gardens, Kew）(C)

2006 康沃尔和西德文矿区景观（Cornwall and West Devon Mining Landscape）(C)

美国（United States of America）

2010 帕帕哈瑙莫夸基亚国家海洋保护区（Papahānaumokuākea）(N,C)

瓦努阿图（Vanuatu）

2008 马塔王酋长领地（Chief Roi Mata's Domain）(C)

津巴布韦（Zimbabwe）

2003 马托博山（Matobo Hills）(C)

第七章

濒危遗产

并不是所有列入世界遗产名录的遗产都得到了有效的保护，由于种种原因，有一些遗产正在遭到破坏，而这些遗产有必要得到特殊的关注与保护。世界遗产委员会设立《濒危世界遗产名录》的目的就是想把全世界的注意力和需要保护的紧迫性放在那些已经包括在世界遗产名录中的、且其价值受到威胁的遗产上，呼吁国际社会为保护世界遗产贡献力量。

缔约国成员应当及时向世界遗产委员会通报他们的遗产受威胁情况。个人、非政府组织或者其他团体也可以提请委员会注意世界遗产存在的威胁。如果这个威胁被证实且问题严重，那么委员会就要考虑将这个世界遗产列入《濒危世界遗产名录》。

2007 年，在新西兰基督城召开的第 31 届世界遗产大会上世界遗产委员会将阿曼的阿拉伯羚羊保护区（Arabian Oryx Sanctuary）从《世界遗产名录》中除名。2009 年，在西班牙塞维利亚召开的第 33 届世界遗产大会上世界遗产委员会将德国的德累斯顿易北河谷（Dresden Elbe Valley）从《世界遗产名录》中除名。2010 年，在第 34 届世界遗产大会上，美国的大沼泽地国家公园（Everglades National Park）第二次被列入《濒危世界遗产名录》。截止到目前，全球有 38 项世界遗产被列入《濒危世界遗产名录》，这说明世界遗产保护工作任重而道远。

第一节　产生濒危遗产的危险因素

由于自然的缘故和人类的介入，各种危险正在不断地威胁着世界遗产，这些危险包括：

（1）掠夺（looting）；

（2）战争（war）；

（3）蓄意破坏（deliberate destruction）；

（4）采矿（mining）；

（5）未受限制的旅游发展（unchecked tourist development）；

（6）工业污染（industrial pollution）；

(7)失控的都市化(uncontrolled urbanisation);

(8)自然灾害(natural disasters)。

正是由于这样一些原因,一些进入世界遗产名录中的遗产被列为濒危世界遗产。截止到2012年第36届世界遗产大会,全世界有38项世界遗产被列入《濒危世界遗产名录》中。联合国教科文世界遗产委员会制定濒危遗产名录的目的是向国际社会表明列入该名单中的世界遗产受到威胁和破坏,必须采取保护措施,在联合国教科文组织和相关国际组织之间的合作下有效监管保护遗址,将一个遗产列入濒危世界遗产名单的目的是为了有效地达到特别保护需要的一种方法和措施。例如,德国的科隆大教堂(Cologne Cathedral)、塞内加尔的朱吉国家鸟类保护区(Djoudj National Bird Sanctuary)、印度的亨比古迹群(Group of Monuments at Hampi)和突尼斯的伊其克乌尔国家公园(Ichkeul National Park)被列入《濒危世界遗产名录》后,鉴于这些国家管理部门采取了有力的保护措施,在保护方面做出了显著的成绩,联合国教科文组织世界遗产委员会经过审核于2006年7月在第30届世界遗产委员会上将这些遗产从《濒危世界遗产名录》中去掉。

根据《公约》,这些危险是:(1)蜕变加剧;(2)大规模公共或私人工程;(3)城市或旅游业迅速发展造成的消失威胁;(4)土地的使用变动或易主造成的破坏;(5)未知原因造成的重大变化;(6)随意摒弃;(7)武装冲突的爆发或威胁;(8)灾害和灾变,如严重火灾、地震、山崩、火山爆发、水位变动、洪水、海啸等。

具备了以上条件,某一遗产地就可能被列为濒危遗产,但并不是所有符合要求的遗产都包括在濒危遗产目录中。有的国家将其与本国的名誉和主权联系在一起,只肯被列入《世界遗产名录》,不肯被列入《濒危世界遗产名录》;有的国家的主管机构或专家却将自己无力有效管理的遗产建议列入濒危世界遗产,以促进本国公众和政府关注有关状况,改善遗产的管理条件。应当说,《濒危世界遗产名录》的确立,对各缔约国政府和公众确实有警示、督促和约束作用。一个国家的世界遗产被列为濒危遗产,其政治影响是不容低估的,对各遗产地管理机构和政府的压力也是不言而喻的。

非洲的刚果民主共和国现有5处世界遗产,包括4个国家公园和1个野生动物保护区,其中维龙加、卡胡兹别加和萨龙加3个国家公园生存着热带雨林特有的大猩猩。由于政治的不稳定受到不利的影响,这5处世界遗产均被列为濒危世界遗产名录中。连绵不断的战争已导致该国自然遗产地被列入《濒危世界遗产名录》。战火带来的生态环境的极度恶化,使世代栖息在国家公园的大猩猩时刻面临绝迹的厄运。

在阿富汗,具有1 500年历史的阿富汗巴米杨大佛被人为地无情摧毁。这座世界最高的石雕,已经变成一片废墟,成为人类文明的悲剧。

第二节　濒危世界遗产的保护与恢复

克罗地亚(Croatia)杜布罗夫尼克旧城(Old City of Dubrovnik)位于亚得里亚海滨,达尔马提亚海岸的半岛上,有“亚得里亚海的珍珠”之称,于1979年被列入《世界遗产名录》。经历了几个世纪的风风雨雨和几次地震的破坏,杜布罗夫尼克仍保持了其美丽的哥特式、文艺复兴式和巴洛克式的建筑群。然而,在1991年11月和12月期间,这座城市被炮火严重破坏,后随即被列入濒危世界遗产名单。在联合国教科文组织提供技术指导和财政资助下,克罗地亚政府修复了被破坏的修道院、宫殿等建筑。1998年12月这座城市已从《濒危世界遗产名录》中被解除。

柬埔寨吴哥(Angkor)是东南亚主要的考古学遗址之一,占地面积400多平方公里,包括林地、吴哥遗址公园。这个公园有从9—15世纪高棉王国各个首都的辉煌遗迹。1992年作为文化遗产列入《世界遗产名录》。吴哥遗址面临长期的国内骚乱威胁:遗址内文物不断遭受掠夺,雕刻被猖獗走私。国际社会对吴哥遗址保护之尽心,使吴哥遗址保护成为当今世界上最大的保护工程。1992年12月14日的世界遗产委员会第18届会议上将吴哥遗址同时列入《世界遗产名录》和《濒危世界遗产名录》。

吴哥存在的问题多且复杂,包括供水系统损毁后,雨水泛滥对众多古建筑土基的冲击侵蚀加快了这些古建筑的坍塌,近现代对吴哥的开发和修复项目中许多不得当的方法也对吴哥造成了不可忽视的破坏作用,然而最严重的问题却还是来自人类的破坏。从吴哥发现至今,数百年来文物偷盗猖獗已经到了令人发指的地步,20世纪80年代越军入侵后,吴哥曾遭有组织的洗劫,90年代实施开放政策后,游客剧增,艺术品失窃情况更为严重,尤其在1993年,竟然接二连三地发生了武装袭警抢劫文物馆艺术珍品的事件。针对这一情况,除了联合国采取措施与柬埔寨政府合作,在吴哥古迹范围内增设照明系统和保安人员外,20世纪90年代执政的柬埔寨王国政府也采取一系列措施,加强与一些国际组织合作,并鼓励外国机构和专家参加吴哥地区的保护和开发工作,寻求国际援助修复古迹。

为了有效地保护吴哥古迹,近年来柬埔寨政府先后同日本和法国签订了保护和开发暹粒吴哥旅游区的协定。从法国远东学院、世界古建筑基金会、匈牙利吴哥基金会和日本的大学请来考古专家,并征集了数千名工作人员对已毁的吴哥古迹原址、寺庙和雕像进行修复。柬内政部在暹粒省成立一支特别警察部队,专门负责加强吴哥古迹的保护工作。国际刑警组织和联合国科教文组织也加强与柬政府合作,共同打击偷窃文物和追查散落在世界各地的文物。长年战乱中,遗址不断面临严重抢夺、盗卖文物等威胁。联合国教科文组织对这一遗址及其周边已经制订了一个广泛的保护计划,帮助柬埔寨保护吴哥窟的国际行动始于1993年,联合国教科文组织在日本东京举行保护吴哥窟遗址政府间国际会议,通过了《东京宣言》,建立了保护遗址的国际协调委员会,先后有10多个国家包括法国、印度、日本等参与了对吴哥的维修保护行动,主要解决的是文物古迹的修复、防止非法挖掘、排雷等问题。中国政府也曾派遣工程技术人员参与这一重大的文物保护国际行动。

在国际组织之间的合作下,有效监管保护遗址。鉴于目前对保护吴哥遗址工程所作出成绩,于2004年7月4日在苏州召开的第28届世界遗产大会上,世界遗产委员会解除了柬埔寨的吴哥濒危世界遗产。

美国黄石国家公园(Yellowstone National Park)位于美国西北部怀俄明、蒙大拿和爱达荷三州交界处,是美国建立最早的,也是目前世界上最大的国家公园。黄石国家公园建立于1872年,是世界上第一个也是历史最悠久的国家公园。它广博的天然森林中有世界上最大的间歇泉集中地带——全球的三分之二都在这里。这些地热奇观是世界上最大的活火山存在的证据之一。它上一次喷发形成的火山口范围差不多相当于整个公园面积的一半。大黄石生态系统是地球上保留的最大且完好的温带生态系统之一,而黄石国家公园正是这个生态系统的核心。

美国黄石国家公园于1978年被列入《世界遗产名录》,而在1995年被列入了《濒危世界遗产名录》。这个公园面临着各种威胁:计划开采金属矿、整年不断的旅游活动、污水和废物的污染以及外来鲑鱼的非法引进。1996年9月,在克林顿总统的直接干涉下,政府出资6 500万美元收回了紧靠着黄石公园的一块土地,这块土地是指定用来开采金矿的;此外,违规引入非本地物种、伐木、火灾、筑路、采矿、游人压力和新的居民聚集点持续侵犯着公园周围的敏感的荒野和重要的野生动物生境。为了恢复黄石的自然环境,政府和民间组织及个人都投入了大量人力物力财力,做了大量的工作。在2003年召开的第27届世界遗产委员会会议上,黄石国家公园从《濒危世界遗产名录》上被解除。

由于阿塞拜疆的巴库围城及城内的希尔凡沙宫殿和少女塔(Walled City of Baku with the Shirvanshah's Palace and Maiden Tower)保护状况改善,2009年在西班牙塞维利亚召开的第33界世界遗产大会上世界遗产委员会将其从联合国教科文组织《濒危世界遗产名录》上解除。在本次大会上,世界遗产委员会将伯利兹堡礁保护区(Belize Barrier - Reef Reserve System)、哥伦比亚的洛斯卡蒂奥斯国家公园(Los Katios National Park)和格鲁吉亚的姆茨赫塔历史建筑(Historical Monuments of Mtskheta)列入《濒危世界遗产名录》。在本次大会上,世界遗产委员会决定将德国的德累斯顿易北河谷(Dresden Elbe Valley)从《世界遗产名录》中除名,原因是在这一文化景观的核心区修建了一座四车道桥梁,这就意味着此处遗产的真实性和完整性受到了威胁。鉴于保护工作卓有成效,联合国教科文组织世界遗产委员在2012年俄罗斯圣彼得堡举行的第36届世界大会上宣布:将巴基斯坦的拉合尔古堡和夏拉玛尔花园(Fort and Shalamar Gardens in Lahore)和菲律宾科尔迪莱拉的水稻梯田(Rice Terraces of the Philippine Cordilleras)从《濒危世界遗产名录》上解除。世界遗产委员会在此次会议上将巴拿马勒比海岸的防御工事——波尔多贝罗-圣洛伦佐(Fortifications on the Caribbean Side of Panama: Portobelo - San Lorenzo)、巴勒斯坦的伯利恒的耶稣诞生地:诞生教堂和朝圣线路(Birthplace of Jesus: Church of the Nativity and the Pilgrimage Route, Bethlehem)、英国和北爱尔兰的利物浦——沿海贸易之城(Liverpool - Maritime Mercantile City)、马里的廷巴克图(Timbuktu)和马里的斯基亚陵(Tomb of Askia)列入《濒危世界遗产名录》。

第三节 目前的濒危世界遗产

截止到2012年6月24日至7月6日在俄罗斯圣彼得堡开的第36届世界遗产大会,经过本届大会审议和更新后的濒危世界遗产总数为38项,即非洲17项、亚洲11项、美洲8项、欧洲2项。

一、亚洲

贾姆尖塔及其周围的考古遗址
(Minaret and Archaeological Remains of Jam)

阿富汗65米高的贾姆尖塔(Minaret of Jam),其历史可追溯于公元12世纪。贾姆尖塔塔外砌烧制精巧的砖石,顶部饰有蓝色釉面的琉璃瓦铭刻,建筑工艺高超,装饰精美,代表了该地区建筑和艺术的最高水平。贾姆尖塔地处阿富汗古尔省(Ghur Province)中心,依山傍水,环境优美。该处世界遗产还包括附近的考古遗址。

2002年,贾姆尖塔及其周围的考古遗址作为文化遗产被列入《世界遗产名录》。贾姆尖塔已成为非法挖掘和掠夺的目标,缺乏法律保护,缺乏有效的管理,贾姆尖塔还面临着河水渗入的危险,现已轻微倾斜,阿富汗政府计划中的一条公路将从遗址中间穿过。为此,在2002年6月27日的世界遗产委员会第26届会议将其列入《濒危世界遗产名录》。

巴米扬山谷文化景观和考古遗址
(Cultural Landscape and Archaeological Remains of the Bamiyan Valley)

阿富汗巴米扬山谷文化景观和考古遗址是1世纪到13世纪古代巴克特里亚(Bakhtria)文化和宗教发展的杰出代表,在这片保护区内,汇集了大量佛教寺院、庙宇、圣地以及防御建筑。雕刻在一片绝壁之上的两尊巨大的巴米杨大佛已在2001

年3月被阿富汗塔利班(Taliban)武装动用大炮、炸药以及火箭筒等战争武器摧毁,变成一片废墟,成为人类文明的悲剧。由于经历了战事及2001年那次震惊世人的故意爆破的摧毁,现在的所有遗迹都处于极其易碎的状态。主要的危险来自佛像剩余部分的随时坍塌,更进一步的危险来自洞穴内的壁画剥落以及非法挖掘与盗抢文物行为。目前,遗产地缺乏有效管理,监测系统不到位。

巴米扬山谷文化景观和考古遗址于2003年7月5日世界遗产委员会第27届会议上作为文化遗产被列入《世界遗产名录》,同时也被列入《濒危世界遗产名录》。

巴姆及其文化景观
(Bam and its Cultural Landscape)

巴姆位于伊朗高原南部边缘的一个沙漠环境。巴姆曾是丝绸和棉花贸易的会聚地,其历史可以追溯至公元前6—前4世纪,在7—11世纪达到全盛期。巴姆城堡是采用地方技术用泥层建造的一座防御式的中世纪城镇的最具代表性的典范。巴姆的考古遗址遭受了地震的严重破坏。遗址的主要古迹是在防御城堡区内,包括38个瞭望塔、管辖区和8或9世纪的伊斯兰教寺院的历史城镇。考古学家们已经在考古区和周边地区发现了这个地区历史的新证据,包括古村落和灌溉系统的遗址,其历史可以追溯至帕提亚-古希腊时期(Parthian - Hellenistic period),即公元前2世纪。

2003年12月的一场地震使遗产地遭到破坏。此外,综合管理计划也缺乏。巴姆文化景观于2004年7月2日在世界遗产委员会第28届会议上作为文化遗产被列入《世界遗产名录》,同时也被列入《濒危世界遗产名录》。

亚述
Ashur(Qal'at Sherqat)

伊拉克的亚述古城位于美索不达米亚北部底格里斯河(Tigris River)的特殊地带上。城市的历史可以追溯到公元前3000年。公元前14世纪到公元前9世纪,它是亚述帝国的第一个都城,同时也是进行国际贸易的场所。这个城市曾遭到巴比伦人的摧毁,但在公元1世纪和2世纪的帕提亚人时期,它又得以重建,被提名为世界遗产之前,亚述古城面临被一项大型水坝工程淹没的威胁。

2003年,亚述古城作为文化遗产被列入《世界遗产名录》。当这处遗产在美伊战争前被提名的时候,萨达姆的大坝计划就威胁着这处遗产,部分遗产将被水库淹没。虽然这个大坝计划中断了,但世界遗产委员会觉得将来还有可能建造大坝,加上缺乏必要的保护和管理,以及国家处于战争状态。2003年7月5日,世界遗产委员会第27届会议将其列入《濒危世界遗产名录》。

萨迈拉考古城

(Samarra Archaeological City)

这处遗产地位于伊拉克巴格达北部130公里的底格里斯河两岸,曾是9世纪阿巴思德(Abbasid)王朝的伊斯兰都城。遗址从北到南长为41.5公里,宽4至8公里,在9世纪,这里为数众多的建筑物中最有影响的是大清真寺(Great Mosque)和螺旋尖塔(Spiral Minaret)。

为了保护伊拉克这一古城遗址,同时鉴于那里的战乱状态,世界遗产委员会于2007年6月29日的世界遗产委员会第31届会议将萨迈拉考古城作为文化遗产列入《世界遗产名录》,同时将其列入《濒危世界遗产名录》。

耶路撒冷旧城及其城墙

(Old City of Jerusalem and its Walls)

耶路撒冷作为犹太教、基督教和伊斯兰教三大宗教的圣城,具有极高的象征意义。在它的220个历史建筑物中,建于7世纪的岩石圆顶寺显得特别醒目,并装饰有许多美丽的几何图案和植物图案。三大宗教都认为耶路撒冷是亚伯拉罕的殉难地。圣墓教堂的耶稣复活圆形建筑物保存有耶稣的墓地。著名的阿克萨清真寺、圣石萨赫莱清真寺等,都是世界建筑史上辉煌的杰作。

1981年,耶路撒冷旧城及其城墙作为文化遗产被列入《世界遗产名录》,但是无序的城市发展、观光旅游又缺乏必要的维护,导致城市建筑物老化。1982年12月17日,世界遗产委员会第6届会议将这处遗产列入《频危世界遗产名录》。

扎比德历史城镇

(Historic Town of Zabid)

也门历史古城扎比德的建筑以其杰出的城市规划成为一处闻名遐迩的考古和历史遗址,在13—15世纪,它曾是也门的首都。扎比德以伊斯兰大学而著称。

1993年,扎比德历史城镇作为文化遗产被列入《世界遗产名录》。因40%的古城房屋被混凝土建筑代替,其他的古建筑和露天剧场也被严重毁坏,缺乏修复和保护。2000年12月2日,世界遗产委员会第24届会议将其列入《濒危世界遗产名录》。

姆茨赫塔历史建筑
（Historical Monuments of Mtskheta）

格鲁吉亚的姆茨赫塔历史建筑位于姆茨赫塔市(City of Mtskheta)，是中世纪宗教建筑的杰出典范，包括一些著名的教堂、修道院等。1994 年，姆茨赫塔历史建筑作为文化遗产被世界遗产委员会列入《世界遗产名录》。

由于遗产地缺乏综合管理计划，一些重要宗教建筑正在受到威胁。2009 年 6 月 28 日，世界遗产委员会在第 33 届会议上将姆茨赫塔历史建筑列入《濒危世界遗产名录》。

巴格拉特大教堂和格拉特修道院
（Bagrati Cathedral and Gelati Monastery）

巴格拉特大教堂是以统一后的格鲁吉亚第一位国王巴格拉特三世命名的，于 10 世纪末开始建造。11 世纪初竣工，尽管部分建筑在 1691 年遭土耳其人摧毁，但其遗址仍保存在库塔伊西市中心。格拉特修道院的一些主体建筑物，作为保存完好的建筑群，建于 12 世纪和 17 世纪。大教堂和修道院代表了格鲁吉亚中世纪建筑风格的繁盛时期。

1994 年，巴格拉特大教堂和格拉特修道院作为文化遗产被世界遗产委员会列入《世界遗产名录》。世界遗产委员会认为，目前涉及这一遗产地的一项改建工程将会破坏其完整性，强烈建议停止该工程。2010 年 7 月 29 日，世界遗产委员会在第 34 届会议上将巴格拉特大教堂和格拉特修道院列入《濒危世界遗产名录》。

苏门答腊热带雨林遗产
（Tropical Rainforest Heritage of Sumatra）

印度尼西亚的苏门答腊热带雨林占地 250 万公顷，由三个国家公园组成，保护区拥有极其丰富的野生动、植物，以丰富的有花植物和珍稀动物为特征，包括一些地方性物种和濒危物种。

2004 年，苏门答腊热带雨林遗产作为自然遗产被世界遗产委员会列入《世界遗产名录》。近年来，这处世界遗产地因偷猎、非法采伐、农业占地及穿越遗产地修建公路等问题面临威胁。2011 年 6 月 22 日，世界遗产委员会在第 35 届会议上将其列入《濒危世界遗产名录》。

二、欧洲

科索沃中世纪建筑
(Medieval Monuments in Kosovo)

科索沃中世纪建筑于2006年作为塞尔维亚科索沃中世纪的主要建筑物,反映了13—17世纪在巴尔干半岛各国发展起来的拜占庭—罗马风格的基督教文化。这些建筑都留有许多壁画。教堂内的浮雕也别具特色,它们的美学价值都是显而易见的。这些艺术品在几个世纪中历经战火,很多被毁,又有许多新的建筑出现。

2004年,这处遗址作为文化遗产被世界遗产委员会列入《世界遗产名录》,由于该国的政治局势动荡、遗产保护和管理不完善,2006年7月11日,世界遗产委员会第30届会议上将其列入《濒危世界遗产名录》。

三、非洲

马诺沃-贡达-圣弗洛里斯国家公园
(Manovo-Gounda St Floris National Park)

中非的马诺沃-贡达-圣弗洛里斯国家公园拥有大量的植物群和动物群。广阔热带大草原上栖息着许多野生动物,包括黑犀牛(black rhinoceroses)、大象、猎豹(cheetahs)、豹(leopards)、野狗、红面瞪羚(red-fronted gazelles)和野牛(buffalo),还在北部漫滩发现了不同品种的水鸟。

1988年,马诺沃-贡达-圣弗洛里斯国家公园作为自然遗产被列入《世界遗产名录》。由于非法放牧、偷猎等使这一公园造成了巨大的破坏。偷猎者大约破坏了公园内80%的野生动物。1997年12月6日,世界遗产委员会第21届会议将其列入《濒危世界遗产名录》。

科莫埃国家公园
(Comoé National Park)

科特迪瓦(Côte d'Ivoire)的科莫埃国家公园位于东北部,是西非最大的自然保护区之一,以植物多样性为特征。科莫埃河流经这里,使得公园中生长着灌木草原和繁茂的雨林。

1983 年,科莫埃国家公园作为自然遗产被列入《世界遗产名录》。由于国内政局不稳定,偷猎野生动物行为猖獗,偷猎者又引起了火灾,大型家畜过度放牧,缺乏有效管理等,2003 年 7 月 5 日,世界遗产委员会第 27 届会议将其列入《濒危世界遗产名录》。

宁巴山自然保护区
(Mount Nimba Strict Nature Reserve)

宁巴山自然保护区为科特迪瓦和几内亚两国共有,坐落于几内亚和科特迪瓦之间的宁巴山,周围为一片热带草原,山坡被浓密的森林所覆盖。这里拥有特别丰富的动植物群,其中一些为地方性物种,如胎生蟾蜍(viviparous toad)、黑猩猩(chimpanzees)等。

目前面临的问题:

(1)开矿(mining);

(2)难民涌入(influx of refugees);

(3)农业侵占(agricultural encroachment);

(4)伐木(deforestation);

(5)偷猎(poaching);

(6)管理能力薄弱(weak management capacity);

(7)资源匮乏(lack of resources);

(8)缺乏与境外合作(lack of transboundary cooperation)。

宁巴山自然保护区于 1981 年作为自然遗产被列入《世界遗产名录》,1982 年扩展。1992 年 12 月 14 日,世界遗产委员会第 16 届会议将宁巴山自然保护区列入《濒危世界遗产名录》。宁巴山自然保护区被列入濒危世界遗产,主要的原因是提议对铁矿进行开采,并得到了批准,大批难民涌进几内亚,闯入保护区内或保护区周边地区。

维龙加国家公园
(Virunga National Park)

维龙加国家公园位于刚果民主共和国东北部,与卢旺达和乌干达接壤,占地790 000公顷,地貌多种多样,从沼泽地到海拔 5 000 米以上的鲁文佐里山(Rwenzori),从熔岩平原到火山山坡处的大草原。这里是山地大猩猩的栖息地,有约 20 000 头河马生活在这一地区的河畔地带,还有野牛、羚羊、疣猪(Warthogs)、大象、豹、狮子等栖息在公园中。此外,从西伯利亚飞来的鸟儿也在这里过冬。

1979 年，维龙加国家公园作为自然遗产被联合国教科文组织列入《世界遗产名录》。1992 年由于毗邻的卢旺达发生内战，这一地区受到邻境卢旺达战乱的影响，大批难民涌入此地，砍伐林木，进行偷猎活动，给这一地区造成极大破坏。这里的守护者经常得不到薪水，并且公园的巡逻常处于停止状态。1994 年 12 月 17 日，世界遗产委员会第 18 届会议将维龙加国家公园列入《濒危世界遗产名录》。

加兰巴国家公园
（Garamba National Park）

刚果民主共和国加兰巴国家公园拥有广阔的热带草原、草地和林地，森林沿着河岸边和沼泽低地生长。公园拥有许多野生生物，包括大型哺乳动物大象、长颈鹿、河马、白犀牛（white rhinoceros）等。

1980 年，加兰巴国家公园作为自然遗产被列入《世界遗产名录》。由于国内武装冲突和政治不稳定，缺乏有效管理和保护，1960 年公园里的白犀牛数量大约为 1 000 头，但因为防不胜防的偷猎，白犀牛逐年递减，后来只剩下 30 多头。该公园在 1984—1992 年由于白犀牛的数量急剧减少而被列入《濒危世界遗产名录》。在世界遗产委员会、国际自然资源保护同盟、世界野生动物基金会、法兰克福动物协会以及专家们的努力下，白犀牛的数量得以恢复。1992 年，加兰巴国家公园的名字从濒危名单中消除。不过，随后的国内动乱使公园的基础设施被破坏，一些野生动物被猎杀，于是在 1996 年的世界遗产委员会第 20 届会议上又被列入《濒危世界遗产名录》。

卡胡兹－别加国家公园
（Kahuzi－Biega National Park）

刚果民主共和国的卡胡兹－别加国家公园以大片原始热带森林和壮观的死火山 Kahuzi 火山和 Biega 火山而著称，公园里还有种类繁多、数量丰富的动物群。大约 250 只山地大猩猩生活在海拔 2 100～2 400 米的地带。

1980 年，卡胡兹－别加国家公园作为自然遗产被列入《世界遗产名录》。这处遗址因为武装冲突和政治不稳定，难民的大量涌入而受到很大影响，严重的乱砍滥伐、偷猎、开矿、设备被掠夺和破坏。1997 年 12 月 6 日，世界遗产委员会第 21 届会议上将其列入《濒危世界遗产名录》。

霍加皮野生生物保护区
（Okapi Wildlife Reserve）

刚果民主共和国的霍加皮野生生物保护区占据了东北部的伊图里（Ituri）森林大约五分之一的面积。保护区内栖息着灵长类的濒危物种、鸟类和大约5 000只霍加皮。生物自然保护区的植物形态各异，种类繁多。保护区还有让人心旷神怡的景致，包括伊图里河（Ituri）和埃普卢（Epulu）河上游的瀑布在内的独特景致。

1996年，霍加皮野生生物保护区作为自然遗产被列入《世界遗产名录》。由于武装冲突导致了公园设备遭到破坏，野生动物被捕杀，许多物种已逃离了这个地区。此外，当地民居建设不断扩张，农业活动也在不断扩大。1997年12月6日，世界遗产委员会第21届会议将其列入《濒危世界遗产名录》。

萨龙加国家公园
（Salonga National Park）

刚果民主共和国的萨龙加国家公园是非洲最大的热带雨林保护区，位于扎伊尔河流域的中心盆地。这一公园处于与外界隔离状态，只能通过水路进入。萨龙加国家公园是许多当地濒危物种的栖息地，如矮黑猩猩（dwarf chimpanzee）、扎伊尔孔雀（Zaire peacock）、森林象（forest elephant）等。

1984年，萨龙加国家公园作为自然遗产被列入《世界遗产名录》。由于武装冲突和形形色色的偷猎行为使得公园里的野生动物急剧减少，森林大火造成的生态破坏以及人为伐木等使公园受到破坏。此外，公园没有足够的管理设施和缺乏受过专门培训的管理人员。1999年11月30日，世界遗产委员会第23届会议上将其列入《濒危世界遗产名录》。

阿布米那
（Abu Mena）

阿布米那遗址位于埃及马里尤特沙漠（Mariut desert）之中。在这座早期的基督教圣城中有许多建筑物，包括教堂、洗礼池、修道院、公共建筑物、街道、住宅、工场等，它们是建在一位殉教者——亚历山大的米那斯的坟墓之上。米那斯（Menas）死于公元296年。

1979年，埃及阿布米那遗址作为文化遗产被列入《世界遗产名录》。由于遗址的地面沉降，地下水上升，使大量建筑物倒塌。2001年12月16日，世界遗产委员会第25届会议将其列入《濒危世界遗产名录》。

塞米恩国家公园
(Simien National Park)

埃塞俄比亚的塞米恩国家公园以其峰峦叠起的山峰、深邃的峡谷和高约 1 500 米的悬崖峭壁而著称,构成了世界上最壮观的自然景观。这一公园也是杰拉达狒狒(Gelada baboon)、塞米恩狐狸(Simien fox)、瓦利亚野生山羊(Walia ibex)等稀有动物的栖息地。

1978 年,塞米恩国家公园作为自然遗产被列入《世界遗产名录》。由于人类捕杀,野生动物瓦利亚野生山羊、塞米恩狐狸和其他大型哺乳动物种群急剧减少,道路建设和遗址内的人口增加,公园内部基础设施被破坏殆尽,管理活动因经费短缺受到严重制约,土壤侵蚀和生态系统改变加剧。1996 年 12 月 7 日,世界遗产委员会第 20 届会议将塞米恩国家公园列入《濒危世界遗产名录》。

阿伊尔和泰内雷自然保护区
(Air and Ténéré Natural Reserves)

尼日尔的阿伊尔和泰内雷自然保护区是非洲最大的一个保护区,占地约 770 万公顷。保护区包括阿伊尔火山岩体。保护区以多样化的景观、植物和野生动物而著称。

1991 年,阿伊尔和泰内雷自然保护区作为自然遗产被列入《世界遗产名录》。军事冲突和国内骚乱是对这处遗产的主要威胁。1992 年 12 月 14 日,在世界遗产委员会第 16 届会议上这一保护区被列入《濒危世界遗产名录》。目前,这一遗产地仍然存在管理不当、土壤侵蚀、人口压力等问题。

基尔瓦·基西瓦尼遗址和松戈·姆纳拉遗址
(Ruins of Kilwa Kisiwani and Ruins of Songo Mnara)

基尔瓦·基西瓦尼遗址和松戈·姆纳拉遗址位于坦桑尼亚的林迪地区(Lindi Region)。两个被早期欧洲探险家所称颂的伟大的东非港口遗址坐落在林迪地区海岸附近的两个小岛上。从 13 世纪到 16 世纪,基尔瓦的商人从事黄金、白银、珍珠、香料、阿拉伯陶器、波斯土陶器和中国瓷器的贸易。

1981 年,基尔瓦·基西瓦尼遗址和松戈·姆纳拉遗址作为文化遗产被列入《世界遗产名录》。由于海水侵蚀、缺乏有效的管理和人口压力,遗址的一些建筑已经倒塌。2004 年 7 月 7 日,世界遗产委员会第 28 届会议上将这处遗址列入《濒危世界遗产名录》。

尼奥科罗 - 科巴国家公园
(Niokolo - Koba National Park)

塞内加尔的尼奥科罗 - 科巴国家公园位于冈比亚河(the Gambia river)沿岸的湿地地区,种类繁多的野生动物栖息在茂密的森林和热带草原中,有羚羊、黑猩猩、狮子、豹、大象、鸟类、爬行动物和两栖动物。

1981 年,尼奥科罗 - 科巴国家公园被列入《世界遗产名录》,然而屡禁不止的偷猎活动使保护区的野生动物数量下降;计划兴建水坝以及大批的游客也对当地生物造成严重威胁。2007 年 6 月 26 日,世界遗产委员会第 31 届会议将尼奥科罗 - 科巴国家公园列入《濒危世界遗产名录》。

卡苏比的布干达王陵
(Tombs of Buganda Kings at Kasubi)

乌干达的名称是从"布干达"转变而来。公元 1000 年,布干达已经是一个统一强盛的王国了。卡苏比的布干达王陵位于坎帕拉的小山上,山顶的中心地带是过去布干达王国的王宫,建成于 1882 年,1884 年以后成为皇家墓地,埋葬着布干达王国最后 4 任国王。

2001 年,卡苏比的布干达王陵作为文化遗产被列入《世界遗产名录》。2010 年 3 月 16 日,位于乌干达首都坎帕拉市郊的卡苏比的布干达王陵失火,王陵内的主建筑物基本被大火烧毁。2010 年 7 月 29 日,世界遗产委员会第 34 届会议将这处遗址列入《濒危世界遗产名录》。

阿钦安阿纳雨林
(Rainforests of the Atsinanan)

该雨林由分布在马达加斯加岛东部的 6 个国家公园组成,那里遍布珍稀和濒危物种。6 000 多万年前,马达加斯加与非洲大陆板块分离后,导致这里不同寻常的地质和生物演化,生物多样性丰富,具有许多独特的动植物种群。这里的动植物就在孤立隔绝的状态下完成了进化过程。此外,这里还生活着许多珍稀濒危物种,特别是灵长类动物和狐猴。

2007 年,阿钦安阿纳雨林作为自然遗产被世界遗产委员会列入《世界遗产名录》。阿钦安阿纳雨林遭到乱砍滥伐和大量狩猎使生活在其中的狐猴等 70 多种濒危动物受到威胁。政府对遗产地非法的伐木缺乏有效管理。这些对遗产地特有的生态系统构成的破坏将不易复原。2010 年 7 月 30 日，世界遗产委员会第 34 届会议将这处遗址列入《濒危世界遗产名录》。

四、美洲

昌昌考古区
（Chan Chan Archaelogical Zone）

昌昌考古区位于秘鲁西北部太平洋沿岸的沙漠地带。昌昌古城曾是奇穆王国（Chimu Kingdom）的都城，15 世纪是其鼎盛时期，不久即被印加帝国吞并。这座巨大古城被划分为 9 个"城堡"或"宫殿"，城里一些主要的建筑群，都是用土砖建造起来的。

1986 年，昌昌考古区作为文化遗产被列入《世界遗产名录》；同时，考虑到暴雨和洪水等来自大自然的侵蚀和破坏，1986 年 11 月 28 日，世界遗产委员会第 10 届会议将这一考古区列入《濒危世界遗产名录》。

亨伯斯通和圣劳拉硝石采石场
（Humberstone and Santa Laura Saltpeter Works）

智利亨伯斯通和圣劳拉硝石采石场遗址位于潘帕（Pampa）沙漠地区，由 200 多个采矿点组成。从 1880 年开始，数千矿工在这里开采世界上最大的硝石矿，长达 60 多年之久，为整个美洲和欧洲的农业发展提供必不可少的化肥——硝酸钠，也为智利这个国家创造了巨大的财富。

由于智利硝石采石场遗址建筑物的结构极其脆弱，40 年来缺乏必要的修缮，一些建筑物坍塌，还有来自大风的破坏。2005 年 7 月 15 日，这处遗址作为文化遗产在世界遗产委员会第 29 届会议上被列入《世界遗产名录》，同时也被列入《濒危世界遗产名录》。

科罗及港口
（Coro and its Port）

科罗及港口位于委内瑞拉西北部的法尔孔州，在首都加拉加斯西北约 320 公里处。科罗城区内保存着大量风格独特的历史性建筑物，是当地西班牙和荷兰风格相交融唯一现存的例证。科罗是最早的殖民地之一，建于 1527 年，城内有 602 座历史建筑。

1993年,科罗及港口作为文化遗产被列入《世界遗产名录》。2004年11月和2005年2月其间的暴雨对许多历史性建筑物的结构造成了严重破坏。此外,新建筑、海滨人行道和通往城区的大门在科里纳(Colina)计划实施,这些均位于该世界遗产地的缓冲区,破坏了城镇规划格局,是对遗产地价值的很大冲击。此外,这一遗产地还缺乏完善的管理、规划和保护机制。2005年7月15日,世界遗产委员会在第29届会议上将其列入《濒危世界遗产名录》。

伯利兹堡礁保护区
(Belize Barrier – Reef Reserve System)

伯利兹沿海地区是一个典型的自然生态系统,构成了北半球最大的堡礁,包括近海环礁、数百个沙洲、美洲红树林、沿海泻湖和港湾。1996年,伯利兹堡礁保护区作为自然遗产被列入《世界遗产名录》。

2009年6月27日,世界遗产委员会在第33届会议上将伯利兹堡礁保护区列入《濒危世界遗产名录》,主要是由于该区域的红树林砍伐和过度开发。委员会要求对该地开发进行严格控制,同时也要求恢复2008年过期的红树林砍伐禁令。

洛斯卡蒂奥斯国家公园
(Los Katíos National Park)

洛斯卡蒂奥斯国家公园位于哥伦比亚的西北部,占地72 000公顷,包括许多低矮的丘陵、森林和湿地。生物多样性丰富,公园已经成为许多濒危动物和一些特有植物的家园。1994年,洛斯卡蒂奥斯国家公园作为自然遗产被世界遗产委员会列入《世界遗产名录》。

这一遗产地主要面临非法树木砍伐、捕鱼和狩猎的威胁。2009年6月27日,世界遗产委员会在第33届会议上将洛斯卡蒂奥斯国家公园列入《濒危世界遗产名录》。

大沼泽地国家公园
(Everglades National Park)

位于美国佛罗里达州南端的大沼泽地国家公园曾经被比作从腹地流到海洋的青草之河,是众多鸟类、爬行动物和濒危物种海牛(manatee)的栖息地。

1979年,大沼泽地国家公园作为自然遗产被列入《世界遗产名录》。1992年8

月24日,安德鲁飓风极大地改变了佛罗里达海湾及其生态系统,破坏了公园中供参观的中心地带;此外,周边城市建设、化肥污染、公园内鸟类数量减少、鱼和野生动物的汞中毒以及防洪措施造成的水位下降等多种原因,大沼泽地国家公园在1993年12月11日的世界遗产委员会第17届会议上被列入《濒危世界遗产名录》。2007年,世界遗产委员会第31届会议将大沼泽地国家公园从《濒危世界遗产名录》上解除。由于城市发展、公园水生态系统不断恶化,水生生物大量死亡等原因,2010年7月30日,世界遗产委员会第34届会议将其再次列入《濒危世界遗产名录》。

雷奥普拉塔诺生物圈保护区
(Río Plátano Biosphere Reserve)

洪都拉斯的雷奥普拉塔诺生物圈保护区是中美洲少数几个湿热带雨林保护区之一。保护区内有数量丰富、种类繁多的植物和野生动物。1982年,洪都拉斯的雷奥普拉塔诺生物圈保护区作为自然遗产被列入《世界遗产名录》。该遗址曾于1996年至2007年间曾被列入《世界濒危遗产名录》。由于非法采伐和偷猎等因素,2011年6月22日,世界遗产委员会第35届会议上将其再次列入《濒危世界遗产名录》。

濒危世界遗产名录
(The List of World Heritage in Danger)

阿富汗(Afghanistan):贾姆尖塔及其周围的考古遗址(Minaret and Archaeological Remains of Jam)

阿富汗(Afghanistan):巴米杨山谷文化景观和考古遗址(Cultural Landscape and Archaeological Remains of the Bamiyan Valley)

伯利兹(Belize):伯利兹堡礁保护区(Belize Barrier - Reef Reserve Syste)

中非(Central African Republic):马诺沃-贡达-圣弗洛里斯国家公园(Manovo - Gounda St Floris National Park)

智利(Chile):亨伯斯通和圣劳拉硝石采石场(Humberstone and Santa Laura Saltpeter Works)

哥伦比亚(Colombia):洛斯卡蒂奥斯国家公园(Los Katios National Park)

科特迪瓦(Côte d'Ivoire):科莫埃国家公园(Comoé National Park)

科特迪瓦(Côte d'Ivoire):宁巴山自然保护区(Mount Nimba Strict Nature Reserve)(与几内亚共有)

刚果民主共和国(Democratic Republic of the Congo):维龙加国家公园(Virunga National Park)

刚果民主共和国（Democratic Republic of the Congo）：加兰巴国家公园（Garamba National Park）

刚果民主共和国（Democratic Republic of the Congo）：卡胡兹－别加国家公园（Kahuzi－Biega National Park）

刚果民主共和国（Democratic Republic of the Congo）：霍加皮野生生物保护区（Okapi Wildlife Reserve）

刚果民主共和国（Democratic Republic of the Congo）：萨龙加国家公园（Salonga National Park）

埃及（Egypt）：阿布米纳（Abu Mena）

埃塞俄比亚（Ethiopia）：塞米恩国家公园（Simien National Park）

格鲁吉亚（Georgia）：姆茨赫塔历史建筑（Historical Monuments of Mtskheta）

格鲁吉亚（Georgia）：巴格拉特大教堂和格拉特修道院（Bagrati Cathedral and Gelati Monastery）

几内亚 Guinea）：宁巴山自然保护区（Mount Nimba Strict Nature Reserve）（与科特迪瓦共有）

洪都拉斯（Honduras）：雷奥普拉塔诺生物圈保护区（Río Plátano Biosphere Reserve）

印度尼西亚（Indonesia）：苏门答腊热带雨林遗产（Tropical Rainforest Heritage of Sumatra）

伊朗［Iran（Islamic Republic of Iran）］：巴姆及其文化景观（Bam and its Cultural Landscape）

伊拉克（Iraq）：亚述［Ashur（Qal'at Sherqat）］

伊拉克（Iraq）：萨马拉考古城（Samarra Archaeological City）

耶路撒冷［Jerusalem（Site proposed by Jordan）］：耶路撒冷旧城及其城墙（Old City of Jerusalem and its Walls）

马达加斯加（Madagascar）：阿钦安阿纳雨林（Rainforests of the Atsinanana）

马里（Mali）：廷巴克图（Timbuktu）

马里（Mali）：斯基亚陵（Tomb of Askia）

尼日尔（Niger）：阿伊尔和泰内雷自然保护区（Air and Ténéré Natural Reserves）

巴勒斯坦（Palestin）：伯利恒的耶稣诞生地：诞生教堂和朝圣线路（Birthplace of Jesus：Church of the Nativity and the Pilgrimage Route，Bethlehem）

巴拿马（Panama）：巴拿马加勒比海岸的防御工事——波尔多贝罗－圣洛伦佐（Fortifications on the Caribbean Side of Panama：Portobelo－San Lorenzo）

秘鲁（Peru）：昌昌考古区（Chan Chan Archaeological Zone）

塞内加尔(Senegal)：尼奥科罗－科巴国家公园（Niokolo – Koba National Park）

塞尔维亚(Serbia)：科索沃中世纪建筑（Medieval Monuments in Kosovo）

乌干达（Uganda)：卡苏比的乌干达王陵（Tombs of Buganda Kings at Kasubi）

坦桑尼亚(United Republic of Tanzania)：基尔瓦·基西瓦尼遗址和松戈·玛纳拉遗址（Ruins of Kilwa Kisiwani and Ruins of Songo Mnara）

英国和北爱尔兰（United Kingdom of Great Britain and Northern Ireland)：利物浦——沿海贸易之城（Liverpool – Maritime Mercantile City）

美国(United States of America)：大沼泽地国家公园（Everglades National Park）

委内瑞拉(Venezuela)：科罗及港口（Coro and its Port）

也门(Yemen)：扎比德历史古城（Historic Town of Zabid）

第八章

非物质文化遗产

20 世纪 80 年代以来，非物质文化遗产的保护问题开始逐步引起世界各国的普遍关注，联合国教科文组织对文化遗产做了进一步划分，即分为物质遗产（Tangible Heritage）和非物质遗产（Intangible Heritage）。

联合国教科文组织公布的《人类非物质文化遗产代表作名录》包括：2001 年第一批 19 项、2003 年第二批 28 项、2005 年第三批 43 项、2009 年第四批 76 项、2010 年第五批 47 项、2011 年第六批 19 项。截止到目前，全球被列入《人类非物质文化遗产代表作名录》的非物质文化遗产已达 232 项；此外，还包括急需保护的非物质文化遗产名录 27 项和被认为最能体现公约的非物质文化遗产保护计划、项目和活动 8 项。

第一节　非物质文化遗产的产生和定义

1972 年 11 月，联合国教科文组织在巴黎通过了《保护世界文化和自然遗产公约》（以下简称《公约》），《公约》将对人类的整体有特殊意义的文物古迹、风景名胜及自然风光和文化及自然景观列入世界遗产名录。但是，这个公约不适用于非物质文化遗产。因此，在 1972 年世界遗产公约获得通过之后，一部分会员国提出在联合国教科文组织内制定有关民间传统文化非物质遗产各个方面的国际标准文件。因此，在 1989 年 11 月联合国教科文组织第 25 届大会上通过了关于民间传统文化保护的建议。

1982 年，联合国教科文组织设立了专家委员会和非物质遗产部门（Section for the Non－Physical Heritage），用以保护民间传统文化。

1989 年 11 月，联合国教科文组织第 25 届大会上通过了《关于保护民间传统文化的建议》（保护民间创作建议案）（Recommendation on the Safeguarding of Traditional Culture and Folklore）。本建议案要求各会员国充分意识到大量包含丰富的文化特性和各地民族文化渊源的口头遗产正面临消失的危险，应当采取法律手段和一切必要措施，对那些容易受到严重威胁的遗产施行保护。同时，告诫遗产国政府及遗产的拥有者，重视遗产的重要价值，拟定保护措施。建议在最后的一章关于促进国际合作的条文中指出，会员国要对那些民众或社团的具有象征性精神价值的非物质遗产给予更大的关注。

1997 年 11 月,联合国教科文组织在第 29 次全体会议上通过了关于"人类口头与非物质遗产代表作条例"(The Proclamation of Masterpieces of the Oral and Intangible Heritage of Humanity)的决议。联合国教科文组织执委会第 154 次会议指出:由于"口头遗产"和"非物质遗产"是不可分的,因此在以后的鉴别中,在"口头遗产"的后面加上"非物质"的限定。执委会在 155 次会议上制定了关于由联合国教科文组织宣布为人类口头及非物质遗产杰出作品的评审规则,规则中关于"口头及非物质遗产"的定义和目的如下。

(1)定义:传统的民间文化是指来自某一文化社区的全部创作,这些创作以传统为依据、由某一群体或一些个体所表达并被认为是符合社区期望的,作为其文化和社会特性的表达形式、准则和价值通过模仿或其他方式口头相传。它的形式包括:语言、文学、音乐、舞蹈、游戏、神话、礼仪、习惯、手工艺、建筑艺术及其他艺术。除此之外,还包括传统形式的联络和信息。

(2)目的:号召各国政府、非政府组织和地方社区采取行动对那些被认为是民间集体的保管和记忆的口头及非物质遗产进行鉴别、保护和利用。只有这样,才能保证这些文化特异性永存不灭。

由此,"人类口头与非物质遗产代表作"(Masterpieces of Oral and Intangible Heritage of Humanity)的概念被确认。

2001 年 11 月 2 日,在巴黎联合国教科文组织大会第三十一届会议上通过了《世界文化多样性宣言》(以下简称《宣言》)(Universal Declaration on Cultural Diversity)。《宣言》中第一条指出:"文化在不同的时代和不同的地方具有各种不同的表现形式。这种多样性的具体表现是构成人类的各群体和各社会的特性所具有的独特性和多样化。文化多样性是交流、革新和创作的源泉,对于人类来讲就像生物多样性对维持生物平衡那样必不可少。从这个意义上讲,文化多样性是人类共同的财产,应当从当代人和子孙后代的利益考虑予以承认和肯定。"

2003 年 10 月,联合国教科文组织又通过了《保护非物质文化遗产公约》(Convention for the Safeguarding of the Intangible Cultural Heritage)。在公约第 31 条指出:"委员会应把在本公约生效前宣布为'人类口述和非物质遗产代表作'的遗产纳入《人类非物质文化遗产代表作名录》。"

本公约的宗旨如下:

(a)保护非物质文化遗产;

(b)尊重有关社区、群体和个人的非物质文化遗产;

(c)在地方、国家和国际一级提高对非物质文化遗产及其相互鉴赏的重要性的意识;

(d)开展国际合作及提供国际援助。

在公约中将"非物质文化遗产"定义为:"非物质文化遗产"是指被各社区、群体,有时是个人,视为其文化遗产组成部分的各种实践、观念表述、表现形式、知识和技能及相关的工具、实物、手工艺品和文化场所。

"非物质文化遗产"包括以下方面的内容:

(a)口头传统和表现形式,包括作为非物质文化遗产媒介的语言;

(b)表演艺术;

(c)社会实践、礼仪、节庆;

(d)有关自然界和宇宙的知识和实践;

(e)传统手工艺。

第二节 非物质文化遗产概述

昆曲
(Kun Qu Opera)

昆曲也叫"昆山腔"、"昆剧",是戏曲剧种最古老的一种。昆曲形成的历史可谓源远流长,它起源于元朝末年的昆山地区(今属于江苏省),明代中叶至清代中叶成为影响最大的声腔剧种,至今已有600多年的历史。昆曲成为现今中国乃至世界现存最古老的具有悠久传统的戏曲形态。

昆曲行腔优美,以缠绵婉转、柔曼悠远见长,在演唱技巧上注重声音的控制、节奏速度的顿挫和咬字吐音的讲究。场面伴奏乐曲齐全,以声若游丝的笛为主奏乐器,使昆曲音乐以婉丽妩媚、一唱三叹著称。

昆曲的起源最初仅是民间清曲小唱,到明嘉靖年间,戏剧家魏良辅对昆山腔进行改革,使唱腔委婉,细腻而动听。魏良辅的弟子梁辰鱼谱写第一部昆腔传奇《浣纱记》轰动朝野,从此昆曲流传浙江各地并远至北京。大量文人雅士为昆曲撰写剧本,明代汤显祖的《牡丹亭》,清代洪昇的《长生殿》、孔尚任的《桃花扇》传唱至今。至清朝乾隆年间,昆曲的发展进入了全盛时期,从此昆曲开始独霸曲坛。至今浙江、上海、南京、北京还有独立的昆曲剧团,继续演出。

昆曲于2001年5月18日被联合国教科文组织列入《人类非物质文化遗产代表作名录》(人类口述遗产和非物质遗产代表作名录)。

古琴音乐
(The Guqin and Its Music)

古琴,亦称瑶琴、玉琴、七弦琴,是中国最古老且富有民族色彩的弹拨乐器,至今已有3 000多年历史。西周时期古琴已广为演奏,《诗经·关雎》有"窈窕淑女,琴瑟友之"等记载。春秋战国时期,琴的演奏形式以独奏为主,而此时的乐队则多以打击乐器和管乐器为主奏,弹拨乐器的发展仍是初级阶段。汉魏六朝是古琴艺术发展的重要时期,其中有大量的器乐曲问世,著名的古琴曲《广陵散》就是本时期的代表作品。唐代是古琴艺术的鼎盛时期,由于经济的繁荣、社会的稳定,古琴艺术得到了空前的发展。宋、元时期的古琴音乐发展显著,琴坛上出现了欣欣向荣的景象,是古琴流派产生的重要时期。

"琴、棋、书、画"四种文人技艺中"琴"居首位。古琴艺术追求意境美、人格美,体现了中国古代哲学的特征。古琴形成独特的文化记忆,对中国文化史、艺术史乃至中国人的精神、气度、品格、行为产生了持久而广泛的影响,是中国文化的杰出代表。古琴不仅是一种演奏音乐的乐器,而且有着丰富深厚的文化内涵和很高的审美价值,在中国音乐史中的乐器领域里,古琴所承载的文化底蕴可谓是得天独厚、无与伦比。

古琴艺术在中国音乐史、美学史、社会文化史、思想史等方面具有广泛影响,是中国古代精神文化在音乐方面的主要代表之一。2003年11月7日,古琴艺术被联合国教科文组织列入《人类非物质文化遗产代表作名录》。

新疆维吾尔木卡姆
(The Uyghur Muqam of Xinjiang)

新疆维吾尔木卡姆是集歌、舞、乐于一体的大型综合艺术形式,流传于新疆维吾尔族居住区。"木卡姆"一词原指"大型套曲",还有"法则、规则、曲调、乐曲、散板序(唱)奏"等多种含义。但在维吾尔人的特定文化语境中,"木卡姆"已成为包容文学、音乐、舞蹈、说唱、戏剧乃至民族认同、宗教信仰等各种艺术成分和文化意义的词语。"木卡姆"是一种维吾尔族古典音乐曲牌的音译名称,有"古典音乐"的含义,融音乐、文学、舞蹈和民俗表演为一体。"新疆维吾尔木卡姆艺术"以"十二木卡姆"为代表,包括"刀郎木卡姆"、"吐鲁番木卡姆"和"哈密木卡姆"。"十二木卡姆"每套包括"琼乃额曼"(系列叙咏歌曲、器乐曲、歌舞曲)、"达斯坦"(系列叙事歌曲、器乐曲)、"麦西热甫"(歌舞曲)三大部分。伴奏乐器多达16种。演唱内容包括哲人箴言、文人诗作、先知告诫、民间故事、地方传说,更有普通百姓对美好爱情的赞美和追求,还有对艰虞苦境的生命叹息,是反映维吾尔人民生活和社会风貌的百科全书。

新疆维吾尔木卡姆艺术在文化、历史、社会、哲学、审美等方面具有很高的科学价值。2005年11月25日,新疆维吾尔木卡姆艺术被联合国教科文组织列入《人类非物质文化遗产代表作名录》。维吾尔木卡姆作为东、西方乐舞文化交流的结晶,记录和印证了不同人群乐舞文化之间相互传播、交融的历史。

中国政府从20世纪50年代初开始着手“维吾尔木卡姆”的抢救和保护工作，并在几十年的实践中培养了一支抢救、保护、传承维吾尔木卡姆艺术的专业队伍，积累了一大批研究成果。目前，政府部门已建立传承和研究木卡姆艺术的机构新疆艺术研究所、新疆木卡姆艺术团等。同时，政府部门也加大对木卡姆艺人的保护力度，使原汁原味的木卡姆艺术得以传承下去。目前，国家和地方政府正在开展维吾尔木卡姆保护和传承计划，包括对木卡姆传承情况进行切实的普查、培养各种维吾尔木卡姆的接班人、将维吾尔木卡姆引进到普通教育和专业艺术教育中、筹建资料中心和数据库。

蒙古族长调民歌
（Urtiin Duu – Traditional Folk Long Song）

“蒙古族长调民歌”作为一种古老的文化形式早在蒙古族形成时期就已经存在。蒙古民歌分为长调和短调，长调字少腔长，高亢悠远，舒缓自由，宜于叙事，又长于抒情。长调民歌由马头琴伴奏更具草原文化的韵味。长调一般为上、下各两句歌词，演唱者根据生活积累和对自然的感悟来发挥，演唱的节律各不相同。长调歌词绝大多数内容是描写草原、骏马、牛羊、蓝天、白云、江河、湖泊等。蒙古族长调民歌与草原和蒙古民族游牧生活方式息息相关，是蒙古民族生产、生活和精神性格的标志性展示。蒙古族长调民歌也是一种跨国境分布的文化，中国的内蒙古自治区和蒙古国是蒙古族长调民歌最主要的文化分布区。

长调民歌是反映蒙古族游牧生活的牧歌式体裁，因地区不同而风格各异。锡林郭勒草原的长调民歌声音嘹亮悠长，流行有《小黄马》、《走马》等。呼伦贝尔草原的长调民歌则热情奔放，有《辽阔草原》、《盗马姑娘》等。阿拉善地区的民歌节奏缓慢，流行有《富饶辽阔的阿拉善》、《辞行》等。科尔沁草原的民歌以抒情为主，流行的有《思乡曲》、《威风矫健的马》等。昭乌达草原民歌流行的有《翠玲》、《孟阳》等。长调民歌在一些长音的演唱上可以根据演唱者的情绪自由延长，在旋律风格及唱腔上具有辽阔、豪爽、粗犷的草原民歌特色。

2005年11月25日，中国和蒙古国共同将“蒙古族长调民歌”成功申报为“人类非物质文化遗产代表作”。

伊富高人哈德哈德圣歌
（The Hudhud Chants of the Ifugao）

菲律宾的伊富高人的哈德哈德圣歌吟诵这种形式早在公元前7世纪就有了。

哈德哈德包括200多首圣歌,每首圣歌由40个篇章组成,如果要把这样一部完整的圣歌全部吟诵一遍的话,需要几天的时间。吟诵圣歌是一种很古老的传统。伊富高人在播种、收获稻谷、葬礼或其他仪式上都会举行隆重的仪式,吟诵哈德哈德圣歌。圣歌的语言几乎无法形成对应的文字,很少用文字来进行记录,其传承主要靠的是口传心授。圣歌以领唱、合唱的形式表现出来,所有的圣歌通篇只有一个曲调,歌词中大量使用反复、象征、明喻和暗喻等修辞手法。

柬埔寨皇家芭蕾
(The Royal Ballet of Cambodia)

柬埔寨皇家芭蕾舞团的表演有着优雅的手势和细腻的技巧,极富美感。柬埔寨舞蹈分为两大类,即古典舞蹈和民间舞蹈。古典舞蹈亦称宫廷舞蹈,它体现高棉人的灵魂和文化。柬埔寨在历史上深受婆罗门教与佛教的影响,因此,它的古典舞蹈也带有浓厚的宗教色彩。古典舞蹈有两大特点,第一个特点是象征性,古典舞蹈舞姿典雅,动作优美,静中有动,动中寓静,静动自如,宽舒洒脱,通过每一个带有明确象征意义的姿势,用类似祈祷般的安静、平缓的节奏表达人物的痛苦、喜悦、愤怒、疑惑等各种复杂的内心活动;第二个特点是用歌唱来说明剧情的发展,在民族乐队伴奏下,歌唱演员随着舞蹈演员臂膀、手、脚的各种动作,用歌词来解释舞蹈的含义和显示舞蹈的不同进程。

马头琴传统音乐
(The Traditional Music of the Morin Khuur)

马头琴是蒙古民族的拉弦乐器,因琴头雕有马头而得名。它历史久远,源于奚琴,公元13世纪初便在蒙古民族中广泛流传。马头琴为独奏乐器,也可用于器乐合奏和为说唱、民歌、舞蹈伴奏或参加民族乐队演奏。由于流传地区不同,马头琴的名称、造型(有正梯形、倒梯形,还有六方形或八方形的)、音色和演奏方法也各异。马头琴由共鸣箱、琴杆、琴头、弦轴、琴弦、弓子等部分组成,全长100厘米左右,琴箱两面都蒙皮膜,琴箱框板用硬质木板制作,上下两板开有装入琴杆的孔眼。马头琴多为演奏者自制自用。演奏马头琴一般采用坐势,将琴箱夹于两腿中间,琴杆偏向左侧。左手虎口稍张开,拇指微扶琴杆。指法有颤指、滑音、双音、拨弦、揉弦和泛音等技巧。马头琴所演奏的乐曲具有深沉粗犷、激昂的特点,体现了蒙古民族的生产、生活和草原风格。马头琴的琴声优美动听,是适合演奏蒙古古代长调的最好的乐器,它能够准确地表达出蒙古人的生活,如:辽阔的草原、呼啸的狂风、悲伤的心情、奔腾的马蹄声、欢乐的牧歌等。

歌舞伎
（Kabuki Theatre）

歌舞伎是日本传统的戏剧表演形式，形成于17世纪的伊豆时期（Edo Period），在城市居民中相当流行。起初，男女演员都有，但后来禁止了女演员的表演。这一限制保留至今，所以现在所有的歌舞伎表演都是男演员。歌舞伎表演的多是有关历史事件和恋爱关系中道德冲突的题材。歌舞伎的重要特点包括独特的音乐、服饰、舞台设置、道具以及保留剧目、说白和表演风格，比如“mie”，即演员用一个特殊的姿势塑造人物的性格特征；“Keshŷ”，即特殊的扮相。今天，歌舞伎成了日本最广泛流行的传统戏剧表演形式。

西西里木偶戏
（Opera dei Pupi，Sicilian Puppet Theatre）

意大利西西里木偶戏产生于19世纪早期的意大利西西里岛，它主要表现的是宏伟的史诗、英雄的传奇故事。除了表演一些传统的历史题材的史诗故事之外，艺人们还根据诗歌、浪漫传奇或流行的歌剧以及一些来源于生活的基本的故事情节，用精雕细刻的木偶人和道具进行即席创作，对白也都是即席编创。艺人专门请手工精湛的工匠设计木偶形象。采用数十年流传下来的制作方法，经过雕刻、着色等繁复制作过程制作出来的木偶精美异常，看上去让人赏心悦目。

波罗的海歌舞庆典
（The Baltic Song and Dance Celebrations）

在爱沙尼亚、拉脱维亚和立陶宛，波罗的海歌舞表演庆祝是大规模的节日活动。歌舞表演一般持续数天，场面宏大，人数众多，参加的歌手和舞者可达4万人。在爱沙尼亚、拉脱维亚和立陶宛反映出多种音乐的传统。唱诗班和音乐团体于18世纪首先在爱沙尼亚变得制度化。随后，唱诗班唱歌在整个乡村和城市展开，并不断普及。波罗的海歌舞庆典于1869年在爱沙尼亚率先开始，而后于1873年在拉脱维亚、于1924年在立陶宛举行了首次庆典。波罗的海歌舞表演庆典作为认定波罗的海文化身份的方法，民间的歌舞表演及其庆祝活动至今仍在继续。

塞梅斯基的文化空间和口头文化
（The Cultural Space and Oral Culture of the Semeiskie）

塞梅斯基是俄罗斯一个古老的民族，长期居住在西伯利亚特兰斯贝加尔地区（Transbaikal region）。在与世隔绝的偏远地区，这个民族的人们至今仍然固守着从中世纪沿袭下来的传统的生活方式，保留了自己的传统文化，形成了独特的群体。这一群体其总数约20万人。他们的现有生活方式展示了16—17世纪俄罗斯的民俗文化和风土人情，如传统的民居、手工艺、服饰、礼仪、音乐、舞蹈、典礼、谚语、箴言和宗教信仰。塞梅斯基文化中令人印象最深刻的是其独特的合唱乐队，在家庭聚会和公共节日，乐队都要演唱传统歌曲，这些歌曲都是产生于中世纪的古老的俄罗斯教会音乐。从20世纪30年代以来，一些乡村唱诗班的演出就已经开始了，直到现在仍然经久不衰。

十字架工艺及其象征意义
（Cross - crafting and Its Symbolism）

立陶宛的十字架可以追溯到15世纪，传统的木制十字架手工制作工艺反映了当地的文化特性、信仰和礼仪。十字架工艺作为一种受欢迎的传统文化，表达了人们的历史观、艺术观、社会观和民族价值观。十字架一般的高度为1米至5米，用木头为材质，上面雕刻有典型的花纹和几何图形，并在显著位置雕刻有基督或圣徒的塑像。十字架往往置于路旁、村口、建筑物附近、墓地等，与天主教仪式和庆祝丰收有关，祈祷和祝福时十字架往往被视为神圣无比。十字架也是自由独立的象征。

巴亥瑞康卡乌的圆圈桑巴舞
（The Samba of Roda of the Recôncavo of Bahia）

圆圈桑巴舞是巴西诸多桑巴舞中的一种，意为将音乐、舞蹈、编舞、诗歌和节日活动融为一体的桑巴舞。所有参与者围成圆圈，是圆圈桑巴的主要特点之一。通常，圆圈桑巴舞舞者为妇女，盛行于宗教仪式等场合。它17世纪出现在巴亥州的瑞康卡乌地区，起源于当地非洲奴隶的舞蹈和文化习俗。而后，葡萄牙文化的因素如语言、诗歌的特殊形式、乐器等融入进来并改变了圆圈桑巴舞的节奏和编舞。虽然外来影响不少，但圆圈桑巴舞基本保持了非裔巴西人的音乐形态，并成为这一地区流行文化的见证。

巴兰基亚狂欢节
（The Carnival of Barranquilla）

巴兰基亚(Barranquilla)是哥伦比亚最大的海港城市,位于马格达雷那河河口左岸15公里处的加勒比海岸,建于1629年,是哥伦比亚主要工业城市之一。巴兰基亚狂欢节一年一度。狂欢节期间,盛装的游行队伍走上街头,舞蹈、音乐、彩车、美女使这座海滨城市充满了色彩和欢乐。巴兰基亚狂欢节是加勒比沿岸地区最重要的节日之一。狂欢节成为一个在巴兰基亚的所有种族社区受欢迎的和壮观的庆祝典礼。

萨培拉人的口头遗产与文化现象
（The Oral Heritage and Cultural Manifestations of the Zápara People）

4个多世纪以来,萨培拉人生活在分属于厄瓜多尔和秘鲁两个国家的亚马逊丛林中。萨培拉人居住的亚马逊河流域地区在地球上以生物多样性而著称。萨培拉人通过语言、宗教仪式、神话、艺术以及传统医药表达他们与生活环境的密切关系,发展了他们的口头文化,使萨培拉人的独特的文化延续至今。目前,萨培拉人的独特的文化已经面临着极大的威胁。据2001年的统计数据,现有的萨培拉人口还不到300人,其中200人居住在厄瓜多尔,100人居住在秘鲁。然而,更为严峻的是,目前只有5位70岁以上的老人在使用萨培拉语言(Zápara language)。

扎非曼尼里的木雕工艺
（The Woodcrafting Knowledge of the Zafimaniry）

扎非曼尼里人仍保留了独特的木雕工艺文化。今天,在扎非曼尼里,大约有2 500人生活在大约100个小村庄里,这些村落分布在这一地区的高地之中。扎非曼尼里的工匠利用当地的木材施展他们的知识和技能,精心制作的木雕工艺传统得到了发扬。在扎非曼尼里随处可以看见精美的木制建筑、雕刻和装饰。全部木制的墙、窗子构架、房梁、家具和精心制作的装饰品无疑都是扎非曼尼里木雕工艺最精彩的组成部分。这些木制建筑以传统的榫眼和凸榫关节进行连接,不使用一枚钉子、绞链或者其他金属硬件。更令人叫绝的是扎非曼尼里工匠的木雕创造性:没有两个主题是雷同的。

人类非物质文化遗产代表作名录
Representative List of the Intangible Cultural Heritage of Humanity

2001 年 5 月 18 日公布的第一批人类非物质文化遗产代表作名录,19 项

伯里兹(Belize)

加利弗那语言、舞蹈和音乐 (Language, Dance and Music of the Garifuna)(与危地马拉、洪都拉斯和尼加拉瓜共有)

贝宁(Benin)

杰莱德口头遗产 (The Oral Heritage of Gelede)(与尼日利亚和多哥共有)

玻利维亚(Bolivia)

奥鲁罗狂欢节 (The Carnival of Oruro)

中国(China)

昆曲 (Kun Qu Opera)

科特迪瓦(Côte d'Ivoire)

塔格巴纳人的横吹喇叭音乐 (The Gbofe of Afounkaha – the Music of the Transverse Trumps of the Tagbana Community)

多米尼加(Dominican Republic)

维拉·麦拉康果斯圣灵兄弟会文化空间 (The Cultural Space of the Brotherhood of the Holy Spirit of the Congos of Villa Mella)

厄瓜多尔(Ecuador)

萨培拉人的口头遗产与文化现象 (The Oral Heritage and Cultural Manifestations of the Zápara People)(与秘鲁共有)

格鲁吉亚(Georgia)

格鲁吉亚复调演唱 (Georgian Polyphonic Singing)

危地马拉(Guatemala)

加利弗那语言、舞蹈和音乐 (Language, Dance and Music of the Garifuna)(伯里

兹、洪都拉斯和尼加拉瓜共有）

几内亚（Guinea）
苏苏－巴拉文化空间（The Cultural Space of Sosso-Bala）

洪都拉斯（Honduras）
加利弗那语言、舞蹈和音乐（Language, Dance and Music of the Garifuna）（伯里兹、危地马拉和尼加拉瓜共有）

印度（India）
库提亚达姆梵剧（Kutiyattam, Sanskrit Theatre）

意大利（Italy）
西西里木偶戏（Opera dei Pupi, Sicilian Puppet Theatre）

日本（Japan）
能剧（Nôgaku Theatre）

拉脱维亚（Latvia）
十字架工艺及其象征意义（Cross－crafting and its Symbolism）（与立陶宛共有）

立陶宛（Lithuania）
十字架工艺及其象征意义（Cross－crafting and its Symbolism）（与拉脱维亚共有）

摩洛哥（Morocco）
德迦玛·艾尔法纳广场的文化空间（The Cultural Space of Jemaa el－Fna Square）

尼加拉瓜（Nicaragua）
加利弗那语言、舞蹈和音乐（Language, Dance and Music of the Garifuna）（伯里兹、危地马拉和洪都拉斯共有）

尼日利亚（Nigeria）
杰莱德口头遗产（The Oral Heritage of Gelede）（贝宁和多哥共有）

秘鲁(Peru)

萨培拉人的口头遗产与文化现象(The Oral Heritage and Cultural Manifestations of the Zápara People)(与厄瓜多尔共有)

菲律宾(Philippines)

伊富高人哈德哈德圣歌(The Hudhud Chants of the Ifugao)

韩国(Republic of Korea)

宗庙皇家祭祖仪式及其音乐(The Royal Ancestral Ritual in the Jongmyo Shrine and its Music)

俄罗斯(Russian Federation)

塞梅斯基的文化空间和口头文化(The Cultural Space and Oral Culture of the Semeiskie)

西班牙(Spain)

埃尔切的神秘剧(The Mystery Play of Elche)

多哥(Togo)

杰莱德口头遗产(The Oral Heritage of Gelede)(与贝宁和尼日利亚共有)

乌兹别克斯坦(Uzbekistan)

博恩逊地区的文化空间(The Cultural Space of the Boysun District)

2003 年 11 月 7 日公布的第二批人类非物质文化遗产代表作名录,28 项

阿塞拜疆(Azerbaijan)

阿塞拜疆木卡姆(The Azerbaijani Mugham)

比利时(Belgium)

班什的狂欢节(The Carnival of Binche)

玻利维亚(Bolivia)

安第斯卡拉瓦亚的宇宙信仰形式(The Andean Cosmovision of the Kallawaya)

巴西(Brazil)

瓦加皮口头和图形表达形式(Oral and Graphic Expressions of the Wajapi)

中非共和国(Central African Republic)

中非阿卡俾格米人的复调歌曲(The Polyphonic Singing of the Aka Pygmies of Central Africa)

柬埔寨(Cambodia)

柬埔寨皇家芭蕾(The Royal Ballet of Cambodia)

中国(China)

古琴音乐(The Guqin and its Music)

哥伦比亚(Colombia)

巴兰基亚狂欢节(The Carnival of Barranquilla)

古巴(Cuba)

法兰西鼓乐(La Tumba Francesa)

埃及(Egypt)

艾尔希拉-艾尔黑拉里亚史诗(The Al-Sirah Al-Hilaliyyah Epic)

爱沙尼亚(Estonia)

基努文化空间(The Kihnu Cultural Space)

波罗的海歌舞庆典(The Baltic Song and Dance Celebrations)(与拉脱维亚和立陶宛共有)

印度(India)

吠陀传统颂歌(The Tradition of Vedic Chanting)

印度尼西亚(Indonesia)

哇扬木偶戏(The Wayang Puppet Theatre)

伊拉克(Iraq)

伊拉克木卡姆音乐(The Iraqi Maqam)

牙买加(Jamaica)
摩尔镇的马隆人遗产（The Maroon Heritage of Moore Town）

日本(Japan)
净琉璃文乐木偶戏（Ningyo Johruri Bunraku Puppet Theatre）

吉尔吉斯斯坦(Kyrgyzstan)
阿肯弹唱艺术与吉尔吉斯史诗传统艺人（The Art of Akyns, Kyrgyz Epic Tellers）

拉脱维亚(Latvia)
波罗的海歌舞庆典（The Baltic Song and Dance Celebrations）(与爱沙尼亚和立陶宛共有)

立陶宛(Lithuania)
波罗的海歌舞庆典（The Baltic Song and Dance Celebrations）(与爱沙尼亚和拉脱维亚共有)

马达加斯加(Madagascar)
扎菲曼尼里的木雕工艺（The Woodcrafting Knowledge of the Zafimaniry）

墨西哥(Mexico)
土著亡灵节（The Indigenous Festivity dedicated to the Dead）

蒙古(Mongolia)
马头琴传统音乐（The Traditional Music of the Morin Khuur）

韩国(Republic of Korea)
盘索里史诗说唱（The Pansori Epic Chant）

塔吉克斯坦(Tajikistan)
沙什马贡音乐（Shashmaqom Music）(与乌兹别克斯坦共有)

汤加(Tonga)

拉卡拉卡——说唱舞蹈（Lakalaka, Sung Speeches with Choreographed Movements）

土耳其(Turkey)
麦达赫艺术——公共说书人（The Arts of the Meddah, Public Storytellers）

乌兹别克斯坦(Uzbekistan)
沙什马贡音乐（Shashmaqom Music)(与塔吉克斯坦共有）

瓦努阿图(Vanuatu)
瓦努阿图沙画（Vanuatu Sand Drawings）

越南(Viet Nam)
雅乐—越南宫廷音乐（Nha Nhac, Vietnamese Court Music）

也门(Yemen)
萨那歌曲（The Song of Sana'a）

2005年11月25日公布的第三批人类非物质文化遗产代表作名录,43项
阿尔巴尼亚(Albania)
阿尔巴尼亚民间低声部复调音乐（Albanian Folk Iso – polyphony）

阿尔及利亚(Algeria)
古拉拉地区阿赫里（The Ahellil of Gourara）

亚美尼亚(Armenia)
杏木双簧管音乐（The Duduk and its Music）

孟加拉(Bangladesh)
保勒演唱艺术（Baul Songs）

比利时(Belgium)
比利时和法国巨人和巨龙游行（Processional Giants and Dragons in Belgium and France)(与法国共有）

不丹(Bhutan)
德拉麦茨的鼓乐面具舞（The Mask Dance of the Drums from Drametse）

巴西(Brazil)
巴亥瑞康卡乌的圆圈桑巴舞（The Samba de Roda of the Recôncavo of Bahia）

保加利亚(Bulgaria)
比斯萃萨的巴比——肖普鲁克地区古老的复调音乐、舞蹈和仪式习俗(The Bistritsa Babi – Archaic Polyphony, Dances and Rituals from the Shoplouk Region)

柬埔寨(Cambodia)
斯贝克托姆——高棉皮影戏（Sbek Thom, Khmer Shadow Theatre）

中国(China)
新疆维吾尔木卡姆（The Uyghur Muqam of Xinjiang）
蒙古族长调民歌（Urtiin Duu – Traditional Folk Long Song)(与蒙古国共有)

哥伦比亚(Colombia)
圣巴西里奥帕伦克文化空间（The Cultural Space of Palenque de San Basilio）

哥斯达黎加(Costa Rica)
哥斯达黎加的牧牛传统和牛车（Oxherding and Oxcart Traditions in Costa Rica）

捷克(Czech Republic)
斯洛伐克新兵舞（Slovácký Verbuňk, Recruit Dances）

多米尼加(Dominican Republic)
库库鲁舞蹈戏剧（Cocolo Dance Drama Tradition）

法国(France)
比利时和法国巨人和巨龙游行（Processional Giants and Dragons in Belgium and France)(与比利时共有)

冈比亚(Gambia)
坎科冉,曼丁成人礼（The Kankurang, Manding Initiatory Rite)(与塞内加尔共

有）

危地马拉（Guatemala）
瑞宾瑙－艾基舞剧（The Rabinal Achí Dance Drama Tradition）

印度（India）
拉姆里拉——《罗摩衍那》的传统表演（Ramlila – the Traditional Performance of the Ramayana）

印度尼西亚（Indonesia）
印度尼西亚佩剑（Indonesian Keris）

意大利（Italy）
撒丁岛牧歌（Canto a Tenore，Sardinian Pastoral Songs）

日本（Japan）
歌舞伎（Kabuki Theatre）

约旦（Jordan）
佩特拉和维地拉姆的贝都人文化空间（The Cultural Space of the Bedu in Petra and Wadi Rum）

马拉维（Malawi）
维布扎康复舞蹈仪式（The Vimbuza Healing Dance）
古勒·沃姆库鲁（The Gule Wamkulu）（与莫桑比克和赞比亚共有）

马来西亚（Malaysia）
马克·扬戏剧（Mak Yong Theatre）

马里（Mali）
亚饶和戴高文化空间（The Cultural Space of the Yaaral and Degal）

蒙古（Mongolia）
蒙古族长调民歌（Urtiin Duu – Traditional Folk Long Song）（与中国共有）

摩洛哥(Morocco)
坦坦地区的木赛姆牧民大会（The Moussem of Tan – Tan）

莫桑比克(Mozambique)
朝比木琴音乐（The Chopi Timbila）
古勒·沃姆库鲁（The Gule Wamkulu）(马拉维和赞比亚共有)

尼加拉瓜(Nicaragua)
艾尔·圭根斯讽刺剧（El Güegüense）

尼日利亚(Nigeria)
艾法预言体系（The Ifa Divination System）

巴勒斯坦(Palestine)
巴勒斯坦希卡耶说书（The Palestinian Hikaye）

秘鲁(Peru)
塔奎勒岛及其纺织工艺（Taquile and its Textile Art）

菲律宾(Philippines)
兰瑙湖玛冉瑙人的达冉根史诗唱述（The Darangen Epic of the Maranao People of Lake Lanao）

韩国(Republic of Korea)
江陵端午祭（The Gangneung Danoje Festival）

罗马尼亚(Romania)
卡鲁斯仪式（The Căluş Ritual）

俄罗斯(Russian Federation)
欧隆克——雅库特英雄叙事诗（The Olonkho, Yakut Heroic Epos）

塞内加尔(Senegal)
坎科冉,曼丁成人礼（The Kankurang, Manding Initiatory Rite）(与冈比亚共有)

斯洛伐克(Slovakia)
伏佳拉及其音乐（The Fujara and its Music）

西班牙(Spain)
帕特姆流行节日（The Patum of Berga）

土耳其(Turkey)
托钵僧舞蹈仪式（The Mevlevi Sema Ceremony）

乌干达(Uganda)
乌干达树皮衣制作（Barkcloth Making in Uganda）

越南(Vietnam)
铜锣文化空间（The Space of Gong Culture）

赞比亚(Zambia)
迈基石化装舞会（The Makishi Masquerade）
古勒·沃姆库鲁(The Gule Wamkulu)(与马拉维和莫桑比克共有)

津巴布韦(Zimbabwe)
姆班德耶路撒勒玛舞（The Mbende Jerusarema Dance）

2009年9月30日公布的第四批人类非物质文化遗产代表作名录,76项

阿根廷(Argentina)
探戈(The Tango)(与乌拉圭共有)

阿塞拜疆(Azerbaijan)
阿塞拜疆游吟诗人音乐艺术（The art of Azerbaijani Ashiq）
诺鲁兹(Novruz, Nowrouz, Nooruz, Navruz, Nauroz, Nevruz)(与印度、伊朗、吉尔吉斯斯坦、乌兹别克斯坦、巴基斯坦和土耳其共有)

比利时(Belgium)
布鲁日的圣血游行(Procession of the Holy Blood in Bruges)

保加利亚(Bulgaria)

蹈火舞仪式——保加利村庄的圣－康斯坦丁和圣－海伦娜节（Nestinarstvo, messages from the past: the Panagyr of Saints Constantine and Helena in the village of Bulgari）

中国（China）
雕版印刷技艺（China engraved block printing technique）
中国书法（Chinese calligraphy）
中国剪纸（Chinese paper－cut）
中国传统木结构营造技艺（Chinese traditional architectural craftsmanship for timber－framed structures）
中国朝鲜族农乐舞（Farmers' dance of China's Korean ethnic group）
格萨（斯）尔（Gesar epic tradition）
侗族大歌（Grand song of the Dong ethnic group）
花儿（Hua'er）
玛纳斯（Manas）
蒙古族歌唱艺术：呼麦（Mongolian art of singing: Khoomei）
南音（Nanyin）
热贡艺术（Regong arts）
中国传统桑蚕丝织技艺（Sericulture and silk craftsmanship of China）
端午节（The Dragon Boat festival）
妈祖信俗（The Mazu belief and customs）
中国篆刻（The art of Chinese seal engraving）
南京云锦织造技艺（The craftsmanship of Nanjing Yunjin brocade）
龙泉青瓷传统烧制技艺（The traditional firing technology of Longquan celadon）
宣纸传统制作技艺（The traditional handicrafts of making Xuan paper）
藏戏（Tibetan opera）
西安鼓乐（Xi'an wind and percussion ensemble）
粤剧（Yueju opera）

哥伦比亚（Colombia）
黑人白人狂欢节（Carnaval de Negros y Blancos）
波帕扬的圣周游行（Holy Week processions in Popayán）

克罗地亚（Croatia）
卡斯塔夫地区年度狂欢节鸣钟人游行盛会（Annual carnival bell ringers'pageant

from the Kastav area)

克罗地亚的花边制作(Lacemaking in Croatia)

赫瓦尔岛的“跟随十字架”游行[Procession Za Krizen（‘following the cross’）on the island of Hvar]

格里亚尼的里耶里耶/克拉耶斯(王后)的春季游行[Spring procession of Ljelje/Kraljice (queens) from Gorjani]

杜布罗夫尼克的守护神——圣布莱斯节(The festivity of Saint Blaise, the patron of Dubrovnik)

哈瓦斯科 - 扎国基的儿童木质玩具的传统制作(Traditional manufacturing of children's wooden toys in Hrvatsko Zagorje)

伊斯特尼亚风格的双声部歌唱和演奏（Two - part singing and playing in the Istrian scale)

塞普路斯(Cyprus)

莱夫卡拉花边(Lefkara laces or Lefkaritika)

爱沙尼亚（Estonia)

塞托多声部合唱（Seto Leelo, Seto polyphonic singing tradition)

法国(France)

奥布松挂毯(Aubusson tapestry)

玛洛亚(Maloya)

法国的木构架划线放样传统工艺(The scribing tradition in French timber framing)

匈牙利（Hungary)

莫哈奇的冬末面具狂欢节习俗（Busó festivities at Mohács: masked end - of - winter carnival custom)

印度（India)

拉曼:印度喜马拉雅地区加瓦尔的宗教节日和仪式戏剧表演(Ramman: religious festival and ritual theatre of the Garhwal Himalayas, India)

诺鲁兹(Novruz, Nowrouz, Nooruz, Navruz, Nauroz, Nevruz)(与阿塞拜疆、伊朗、吉尔吉斯斯坦、乌兹别克斯坦、巴基斯坦和土耳其共有)

印度尼西亚（Indonesia）

印度尼西亚的蜡染印花工艺（Indonesian Batik）

伊朗［Iran（Islamic Republic of）］

伊朗的拉笛夫音乐（The Radif of Iranian music）

诺鲁兹（Novruz，Nowrouz，Nooruz，Navruz，Nauroz，Nevruz）（与阿塞拜疆、印度、吉尔吉斯斯坦、乌兹别克斯坦、巴基斯坦和土耳其共有）

日本（Japan）

秋保的插秧舞（Akiu no Taue Odori）

女孩舞蹈节（Chakkirako）

题目立（Daimokutate）

大日堂舞乐（Dainichido Bugaku）

雅乐（Gagaku）

早池峰神乐（Hayachine Kagura）

日立风流物（Hitachi Furyumono）

甑岛来访神（Koshikijima no Toshidon）

新泻县鱼沼地区苎麻布织造工艺（Ojiya－chijimi，Echigo－jofu：techniques of making ramie fabric in Uonuma region，Niigata Prefecture）

奥能登的田神祭（Oku－noto no Aenokoto）

石州半纸－岛根县石见地区的造纸术（Sekishu－Banshi：papermaking in the Iwami region of Shimane Prefecture）

阿伊努人的传统舞蹈（Traditional Ainu dance）

京都祇园节日彩车庆典（Yamahoko，the float ceremony of the Kyoto Gion festival）

吉尔吉斯斯坦（Kyrgyzstan）

诺鲁兹（Novruz，Nowrouz，Nooruz，Navruz，Nauroz，Nevruz）（与阿塞拜疆、印度、伊朗、乌兹别克斯坦、巴基斯坦和土耳其共有）

马里（Mali）

在库鲁坎－弗噶宣布的《曼德宪章》（The Manden Charter，proclaimed in Kurukan Fuga）

康加巴的圣屋卡玛布隆屋顶落成仪式（The septennial re－roofing ceremony of the Kamablon，sacred house of Kangaba）

墨西哥(Mexico)

托利曼的奥托米－希希美卡斯民族的纪念地和生活传统:伯纳尔巨石,圣地的守护者(Places of memory and living traditions of the Otomí － Chichimecas people of Tolimán: the Peña de Bernal, guardian of a sacred territory)

飞人典礼(Ritual ceremony of the Voladores)

尼日利亚(Nigeria)

伊耶勒面具舞(Ijele masquerade)

巴基斯坦(Pakistan)

诺鲁兹(Novruz, Nowrouz, Nooruz, Navruz, Nauroz, Nevruz)(与阿塞拜疆、印度、伊朗、吉尔吉斯斯坦、乌兹别克斯坦和土耳其共有)

韩国(Republic of Korea)

处容舞(Cheoyongmu)

羌羌水月来(Ganggangsullae)

济州七美瑞岛的永登仪式(Jeju Chilmeoridang Yeongdeunggut)

绳索舞(Namsadang Nori)

灵山斋(Yeongsanjae)

罗马尼亚(Romania)

德诺依娜(Doina)

西班牙(Spain)

西班牙地中海海岸的灌溉者法庭:穆尔西亚平原贤人委员会和巴伦西亚平原水法庭(Irrigators' tribunals of the Spanish Mediterranean coast: the Council of Wise Men of the plain of Murcia and the Water Tribunal of the plain of Valencia)

戈梅拉岛(加纳利群岛)的哨语(Whistled language of the island of La Gomera (Canary Islands), the Silbo Gomero)

土耳其(Turkey)

卡拉格兹(Karagöz)

吟游诗歌传统(Âşıklık (minstrelsy) tradition)

诺鲁兹(Novruz, Nowrouz, Nooruz, Navruz, Nauroz, Nevruz)(与阿塞拜疆、印

度、伊朗、吉尔吉斯斯坦、乌兹别克斯坦和巴基斯坦共有)

乌拉圭 (Uruguay)

冈东贝及其社会文化空间:一种社会活动 (The Candombe and its socio - cultural space: a community practice)

探戈(The Tango)(与阿根廷共有)

乌兹别克斯坦 (Uzbekistan)

卡塔阿苏拉 (Katta Ashula)

诺鲁兹(Novruz, Nowrouz, Nooruz, Navruz, Nauroz, Nevruz)(与阿塞拜疆、印度、伊朗、吉尔吉斯斯坦、巴基斯坦和土耳其共有)

越南(Vietnam)

北宁官贺民歌(Quan Ho Băc Ninh folk songs)

2010 年 11 月 16 日公布的第五批人类非物质文化遗产代表作名录,47 项

亚美尼亚 (Armenia)

亚美尼亚十字架石艺术:(Khachkars)的象征与工艺(Armenian cross - stones art. Symbolism and craftsmanship of Khachkars)

阿塞拜疆 (Azerbaijan)

阿塞拜疆地毯编织传统技艺(The traditional art of Azerbaijani carpet weaving in the Republic of Azerbaijan)

比利时(Belgium)

阿尔斯特狂欢节(Aalst carnival)

豪特姆年市,圣利芬斯 - 豪特姆年度冬季集市及牲畜市场(Houtem Jaarmarkt, annual winter fair and livestock market at Sint - Lievens - Houtem)

克拉克林根与格拉兹伯根,赫拉尔德斯贝尔亨冬末火与面包节(Krakelingen and Tonnekensbrand, end - of - winter bread and fire feast at Geraardsbergen)

中国(China)

中医针灸(Acupuncture and moxibustion of traditional Chinese medicine)

京剧(Peking opera)

哥伦比亚（Colombia）

哥伦比亚南太平洋区的马林巴音乐与传统吟唱(Marimba music and traditional chants from Colombia's South Pacific region)

瓦尤社区"话事人"执行的规范体系[The Wayuu normative system, applied by the Pütchipü'üi (palabrero)]

克罗地亚（Croatia）

克罗地亚北部的姜饼制作技艺（Gingerbread craft from Northern Croatia）

锡尼城(Sinj)锡尼斯卡圆环(Sinjska Alka)骑士竞赛(The Sinjska Alka, a knights' tournament in Sinj)

捷克（Czech Republic）

赫林奈科地区村庄的挨家串户的忏悔节假面游行(Shrovetide door - to - door processions and masks in the villages of the Hlinecko area)

法国（France）

手工业行会，按行业进行知识传承并保持身份认同的网络(Compagnonnage, network for on - the - job transmission of knowledge and identities)

阿朗松的针织花边技艺(The craftsmanship of Alençon needle lace - making)

法国美食大餐(The gastronomic meal of the French)

印度（India）

查乌舞(Chhau dance)

拉贾斯坦邦卡贝利亚民间歌舞(Kalbelia folk songs and dances of Rajasthan)

喀拉拉邦穆迪耶图仪式戏剧与舞蹈剧(Mudiyettu, ritual theatre and dance drama of Kerala)

印度尼西亚（Indonesia）

印度尼西亚昂格隆(Indonesian Angklung)

伊朗[Iran (Islamic Republic of)]

呼罗珊的巴克谢西音乐(The music of the Bakhshis of Khorasan)

帕勒瓦尼和祖卡内仪式（The Pahlevani and Zoorkhanei rituals）

塔兹耶仪式戏剧艺术（The ritual dramatic art of Ta'zīyeIran）

法尔斯地毯编织传统技艺(Traditional skills of carpet weaving in Fars)
卡山地毯编织传统技艺(Traditional skills of carpet weaving in Kashan)

日本(Japan)
冲绳传统音乐戏剧(Kumiodori, traditional Okinawan musical theatre)
结城丝绸生产工艺(Yuki - tsumugi, silk fabric production technique)

立陶宛(Lithuania)
苏塔廷内斯,立陶宛的多调歌曲(Sutartinės, Lithuanian multipart songs)

卢森堡(Luxembourg)
埃希特纳赫的跳步游行(The hopping procession of Echternach)

墨西哥(Mexico)
恰帕德科尔索城一月传统盛会中的帕拉奇克舞(Parachicos in the traditional January feast of Chiapa de Corzo)
皮卢瓜,普热佩贾人的传统歌曲(Pirekua, traditional song of the P'urhépecha)
传统的墨西哥烹饪-世代相传、不断发展的社区文化,米却肯州范例(Traditional Mexican cuisine - ancestral, ongoing community culture, the Michoacán paradigm)

蒙古(Mongolia)
蒙古的传统艺术呼麦(The Mongolian traditional art of Khöömei)
蒙古的传统节日那达慕(Naadam, Mongolian traditional festival)

阿曼(Oman)
阿巴尔,阿曼佐法尔山谷的音乐和舞蹈(Al - Bar'ah, music and dance of Oman Dhofari valleys)

秘鲁(Peru)
米驼村的仪式舞蹈"华空纳达"(Huaconada, ritual dance of Mito)
剪刀舞(The scissors dance)

韩国(Republic of Korea)
大木匠与传统的木结构建筑艺术(Daemokjang, traditional wooden architecture)

“歌曲”,乐队伴奏的歌曲组曲(Gagok, lyric song cycles accompanied by an orchestra)

西班牙(Spain)
马略卡的西比尔咏唱(The chant of the Sybil on Majorca)
弗拉明戈(Flamenco)
叠人塔(Human towers)
地中海饮食(The Mediterranean diet)(希腊、意大利和摩洛哥共有)

土耳其(Turkey)
克尔克普那尔传统涂油摔跤节(Kırkpınar oil wrestling festival)
塞玛贺,阿里维-贝查兹教派的仪式(Semah, Alevi-Bektaşi ritual)
传统的索贝会(Traditional Sohbet meetings)

越南(Vietnam)
扶董庙与硕苗的天王节(Gióng festival of Phù Dông and Sóc temples)

阿拉伯联合酋长国(United Arab Emirates)
猎鹰训练术(Falconry, a living human heritage)(比利时、捷克、法国、韩国、蒙古、摩洛哥、卡塔尔、沙特阿拉伯、西班牙和叙利亚共有)

急需保护的非物质文化遗产名录
List of Intangible Cultural Heritage in Need of Urgent Safeguarding

2009年9月30日公布的急需保护的非物质文化遗产名录,12项
白俄罗斯(Belarus)
圣诞沙皇仪式[Rite of the Kalyady Tsars (Christmas Tsars)]

中国(China)
羌族农历新年(Qiang New Year festival)
黎族传统纺染织绣技艺(Traditional Li textile techniques: spinning, dyeing, weaving and embroidering)
中国传统木拱桥营造技艺(Traditional design and practices for building Chinese wooden arch bridges)

法国(France)

Paghjella 歌曲:科西嘉的世俗式、礼拜式口头传统(The Cantu in paghjella: a secular and liturgical oral tradition of Corsica)

肯尼亚(Kenya)

米吉肯达圣林卡亚居住区的传统和习俗(Traditions and practices associated to the Kayas in the sacred forests of the Mijikenda)

拉脱维亚(Latvia)

Suiti 文化空间(Suiti cultural space)

马里(Mali)

桑科蒙:桑科的集体捕鱼仪式(The Sanké mon: collective fishing rite of the Sanké)

蒙古(Mongolia)

蒙古 Biyelgee 舞:蒙古传统民间舞蹈(Mongol Biyelgee: Mongolian traditional folk dance)

蒙古图利:蒙古史诗(Mongol Tuuli: Mongolian epic)

潮尔传统音乐(Traditional music of the Tsuur)

越南(Vietnam)

歌筹(Ca trù singing)

2010 年 11 月 16 日公布的急需保护的非物质文化遗产名录,4 项

中国(China)

麦西来甫(Meshrep)

中国帆船水密舱壁制作技艺(The watertight - bulkhead technology of Chinese junks)

中国木版活字印刷术(Wooden movable - type printing of China)

克罗地亚(Croatia)

奥耶康吉演唱(Ojkanje singing)

被认为最能体现公约的非物质文化遗产保护计划、项目和活动
Programmes, projects and activities for the safeguarding of intangible cultural heritage considered to best reflect the principles and objectives of the Convention

2009 年 9 月 30 日公布的被认为最能体现公约的
非物质文化遗产保护计划、项目和活动 3 项

玻利维亚(Bolivia)

保护玻利维亚、智利和秘鲁艾马拉人社会的非物质文化遗产(Safeguarding intangible cultural heritage of Aymara communities in Bolivia, Chile and Peru)(与智利和秘鲁共有)

印度尼西亚(Indonesia)

印度尼西亚北加浪岸的蜡染布博物馆——小学、初高中、职业学校和工艺学校的非物质文化遗产教育和培训(Education and training in Indonesian Batik intangible cultural heritage for elementary, junior, senior, vocational school and polytechnic students, in collaboration with the Batik Museum in Pekalongan)

西班牙(Spain)

传统文化中心——普索尔教育计划的学校博物馆(Centre for traditional culture-school museum of Pusol pedagogic project)

(注:2011 年 11 月 27 日公布的第六批人类非物质文化遗产代表作名录 19 项，急需保护的非物质文化遗产名录 11 项，被认为最能体现公约的非物质文化遗产保护计划、项目和活动名录 5 项)

附 录1

保护世界文化和自然遗产公约

(联合国教育、科学及文化组织大会第十七届会议于1972年11月16日在巴黎通过)

联合国教育、科学及文化组织大会于1972年10月17日至11月21日,在巴黎举行的第17届会议注意到文化遗产和自然遗产越来越受到破坏的威胁一方面因年久腐变所致,同时变化中的社会和经济条件使情况恶化,造成更加难以应付的损害和破坏现象;

考虑到任何文化或自然遗产的坏变或丢失都有使全世界遗产枯竭的有害影响;

考虑到国家一级保护这类遗产的工作往往不很完善,原因在于这项工作需要大量手段而列为保护对象的财产的所在国却不具备充足的经济、科学和技术力量;

回顾本组织《组织法》规定,本组织将通过保存和维护世界遗产和建议有关国家订立必要的国际公约来维护、增进和传播知识;

考虑到现有关于文化和自然遗产的国际公约、建议和决议表明,保护不论属于哪国人民的这类罕见且无法替代的财产,对全世界人民都很重要;

考虑到部分文化或自然遗产具有突出的重要性,因而需作为全人类世界遗产的一部分加以保护;

考虑到鉴于威胁这类遗产的新危险的规模和严重性,整个国际社会有责任通过提供集体性援助来参与保护具有突出的普遍价值的文化和自然遗产;这种援助尽管不能代替有关国家采取的行动,但将成为它的有效补充;

考虑到为此有必要通过采用公约形式的新规定,以便为集体保护具有突出的普遍价值的文化和自然遗产建立一个根据现代科学方法制定的永久性的有效制度;

在大会第十六届会议上,曾决定应就此问题制定一项国际公约。于1972年11月16日通过本公约。

Ⅰ 文化和自然遗产的定义

第一条 在本公约中,以下各项为“文化遗产”:

文物：从历史、艺术或科学角度看，具有突出的普遍价值的建筑物、雕刻和绘画，具有考古意义的成分或结构，铭文、窟洞以及联合体；

建筑群：从历史、艺术或科学角度看，在建筑式样、分布均匀或与环境景色结合方面，具有突出的普遍价值的单立或连接的建筑群；

遗址：从历史、审美、人种学或人类学角度看，具有突出的普遍价值的人造工程或自然与人结合的工程以及考古遗址地区。

第二条　在本公约中，以下各项为“自然遗产”：

从美学或科学角度看，具有突出的普遍价值的由物质和生物结构或这类结构群组成的自然面貌；

从科学或保护角度看，具有突出的普遍价值的地质和自然地理结构以及明确划定的濒危动物和植物物种的生态区；

从科学、保护或自然美角度看，具有突出的普遍价值的天然名胜或明确划定的自然区域。

第三条　本公约缔约国均可自行确定和划分的上面第一条和第二条中提及的、本国领土内的文化和自然财产。

Ⅱ　文化和自然遗产的国家保护和国际保护

第四条　本公约缔约国均承认，保证第一条和第二条中提及的、本国领土内的文化和自然遗产的确定、保护、保存、展出和遗传后代主要是有关国家的责任。该国将为此目的竭尽全力，最大限度地利用本国资源，必要时利用所能获得的国际援助和合作，特别是财政、艺术、科学及技术方面的援助和合作。

第五条　为保证、保护、保存和展出本国领土内的文化和自然遗产采取积极有效的措施，本公约各缔约国应视本国具体情况尽力做到以下几点：

1. 通过一项旨在使文化和自然遗产在社会生活中起一定作用并把遗产保护工作纳入全面规划计划的总政策；

2. 如本国内尚未建立负责文化和自然遗产的保护、保存和展出的机构，则建立一个或几个此类机构，配备适当的工作人员和为履行其职能所需的手段；

3. 发展科学和技术研究，并制定出能够抵抗威胁本国文化或自然遗产的危险的实际方法；

4. 采取为确定、保护、保存、展出和恢复这类遗产所需的适当的法律、科学、技术、行政和财政措施；

5. 促进建立或发展有关保护、保存和展出文化和自然遗产的国家或地区培训中心，并鼓励这方面的科学研究。

第六条

1. 本公约缔约国在充分尊重第一条和第二条中提及的文化和自然遗产的所在国的主权、并不使国家立法规定的财产受到损害的同时，承认这类遗产是世界遗产的一部分，因此，整个国际社会有责任合作予以保护。

2. 缔约国根据本公约的规定，应有关国家的要求，帮助该国确定、保护、保存和展出第十一条第2段和第4段中提及的文化和自然遗产。

3. 本公约各缔约国不得故意采取任何可能直接或间接损害本公约其他缔约国领土的、第一条和第二条中提及的文化和自然遗产的措施。

第七条　在本公约中，世界文化和自然遗产的国际保护应被理解为建立一个旨在支持本公约缔约国保存和确定这类遗产的努力的国际合作和援助系统。

Ⅲ　保护世界文化和自然遗产政府间委员会

第八条

1. 在联合国教育、科学及文化组织内，要建立一个保护具有突出的普遍价值的文化和自然遗产的政府间委员会，称为“世界遗产委员会”。委员会由联合国教育、科学及文化组织大会常会期间召集的本公约缔约国大会选出的15个缔约国组成。委员会成员国的数目将在至少40个缔约国实施本公约之后的大会常会之日起增至21个。

2. 委员会委员的选举须保证均衡地代表世界的不同地区和不同文化。

3. 国际文物保护与修复研究中心（罗马中心）的一名代表、国际古迹遗址理事会的一名代表以及国际自然及资源保护联盟的一名代表可以咨询者身份出席委员会的会议；此外，应联合国教育、科学及文化组织大会常会期间举行大会的本公约缔约国提出的要求，其他具有类似目标的政府间或非政府组织的代表亦可以咨询者身份出席委员会的会议。

第九条

1. 世界遗产委员会成员国的任期自当选之应届大会常会结束时起至应届大会后第三次常会闭幕时止。

2. 但是，第一次选举时指定的委员中，有三分之一的委员的任期应于当选之应届大会后第一次常会闭幕时截止；同时指定的委员中，另有三分之一的委员的任期应于当选之应届大会后第二次常会闭幕时截止。这些委员由联合国教育、科学及文化组织大会主席在第一次选举后抽签决定。

3. 委员会成员国应选派在文化或自然遗产方面有资历的人员担任代表。

第十条

1. 世界遗产委员会应通过其议事规则。

2. 委员会可随时邀请公共或私立组织或个人参加其会议，以就具体问题进行磋商。

3. 委员会可设立它认为可履行其职能所需的咨询机构。

第十一条

1. 本公约各缔约国应尽力向世界遗产委员会递交一份关于本国领土内适于列

入本条第 2 段所述《世界遗产名录》的、组成文化和自然遗产的财产的清单。这份清单不应看做是齐全的，它应包括有关财产的所在地及其意义的文献资料。

2. 根据缔约国按照第 1 段规定递交的清单，委员会应制定、更新和出版一份《世界遗产名录》，其中所列的均为本公约第一条和第二条确定的文化遗产和自然遗产的组成部分，也是委员会按照自己制定的标准认为是具有突出的普遍价值的财产。这份最新目录应至少每两年分发一次。

3. 把一项财产列入《世界遗产名录》需征得有关国家同意。当几个国家对某一领土的主权或管辖权均提出要求时，将该领土内的一项财产列入《世界遗产名录》不得损害争端各方的权利。

4. 委员会应在必要时制定、更新和出版一份《濒危世界遗产名录》，其中所列财产均为载于《世界遗产名录》之中、需要采取重大活动加以保护并为根据本公约要求给予援助的财产。《濒危世界遗产名录》应载有这类活动的费用概算，并只可包括文化和自然遗产中受到下述严重的特殊危险威胁的财产，这些危险是：蜕变加剧、大规模公共或私人工程、城市或旅游业迅速发展计划造成的消失威胁；土地的使用变动或易主造成的破坏；未知原因造成的重大变化；随意摒弃；武装冲突的爆发或威胁；灾害和灾变；严重火灾、地震、山崩；火山爆发；水位变动；洪水和海啸等。委员会在紧急需要时可随时在《濒危世界遗产名录》中增列新的条目并立即予以发表。

5. 委员会应确定属于文化或自然遗产的财产可被列入本条第 2 段和第 4 段中提及的目录所依据的标准。

6. 委员会在拒绝一项要求列入本条第 2 段和第 4 段中提及的目录之一的申请之前，应与有关文化或自然财产所在缔约国磋商。

7. 委员会经与有关国家商定，应协调和鼓励为拟定本条第 2 段和第 4 段中提及的目录所需进行的研究。

第十二条

未被列入第十一条第 2 段和第 4 段提及的两个目录的属于文化或自然遗产的财产，绝非意味着在列入这些目录的目的之外的其他领域不具有突出的普遍价值。

第十三条

1. 世界遗产委员会应接受并研究本公约缔约国就已经列入或可能适于列入第十一条第 2 段和 4 段中提及的目录的本国领土内成为文化或自然遗产的财产要求国际援助而递交的申请。这种申请的目的可能是保证这类财产得到保护、保存、展出或恢复。

2. 本条第 1 段中提及的国际援助申请还可能涉及鉴定哪些财产属于第一和二条所确定的文化或自然遗产，当初步调查表明此项调查值得进行下去。

3. 委员会应就对这些申请所需采取的行动作出决定，必要时应确定其援助的性质和程度,并授权以它的名义与有关政府作出必要的安排。

4. 委员会应制定其活动的优先顺序并在进行这项工作时应考虑到需予保护的财产对世界文化和自然遗产各具的重要性、对最能代表一种自然环境或世界各国人民的才华和历史的财产给予国际援助的必要性、所需开展工作的迫切性、该地受到威胁的财产的国家现有的资源、特别是这些国家利用本国资源保护这类财产的能力大小。

5. 委员会应制定、更新和发表已给予国际援助的财产目录。

6. 委员会应就本公约第十五条下设立的基金的资金使用问题作出决定。委员会应设法增加这类资金,并为此目的采取一切有益的措施。

7. 委员会应与拥有与本公约目标相似的目标的国际和国家级政府组织和非政府组织合作。委员会为实施其计划和项目,可约请这类组织,特别是国际文物保护与修复研究中心(罗马中心)、国际古迹遗址理事会和国际自然及自然资源保护联盟并可约请公共和私立机构与个人。

8. 委员会的决定应经出席及参加表决的委员的三分之二多数通过。委员会委员的多数构成法定人数。

第十四条

1. 世界遗产委员会应由联合国教育、科学及文化组织总干事任命组成的一个秘书处协助工作。

2. 联合国教育、科学及文化组织总干事应尽可能充分利用国际文物保护与修复研究中心(罗马中心)、国际古迹遗址理事全和国际自然及自然资源保护联盟在各自职权范围内提供的服务,以为委员会准备文件资料,制定委员会会议议程,并负责执行委员会的决定。

Ⅳ 保护世界文化和自然遗产基金

第十五条

1. 现设立一项保护具有突出的普遍价值的世界文化和自然遗产的基金,称为"世界遗产基金"。

2. 根据联合国教育、科学及文化组织《财务条例》的规定,此项基金应构成一项信托基金。

3. 基金的资金来源应包括:

(1)本公约缔约国义务捐款和自愿捐款;

(2)下列方面可能提供的捐款、赠款和遗赠:

(i)其他国家;

(ii)联合国教育、科学及文化组织、联合国系统的其他组织(特别是联合国开发计划署)或其他政府间组织;

(iii)公共或私立机构或个人;

(3)基金款项所得利息；

(4)募捐的资金和为本基金组织的活动的所得收入；

(5)世界遗产委员会拟订的基金条例所认可的所有其他资金。

4. 对基金的捐款和向委员会提供的其他形式的援助只能用于委员会限定的目的。委员会可接受仅用于某个计划或项目的捐款，但以委员会业已决定实施该计划或项目为条件。对基金的捐款不得带有政治条件。

第十六条

1. 在不影响任何自愿补充捐款的情况下，本公约缔约国每两年定期向世界遗产基金纳款，本公约缔约国大会应在联合国教育、科学及文化组织大会届会期间开会确定适用于所有缔约国的一个统一的纳款额百分比，缔约国大会关于此问题的决定需由未作本条第2段中所述声明的、出席及参加表决的缔约国的多数通过。本公约缔约国的义务纳款在任何情况下都不得超过对联合国教育、科学及文化组织正常预算缴款的百分之一。

2. 然而，本公约第三十一条或第三十二条中提及的国家均可在交存批准书、接受书或加入书时声明不受本条第1段的约束。

3. 已作本条第2段中所述声明的本公约缔约国可随时通过通知联合国教育、科学及文化组织总干事收回所作声明。然而，收回声明之举在紧接的一届本公约缔约国大会之日以前不得影响该国的义务纳款。

4. 为使委员会得以有效地规划其活动，已作本条第2段中所述声明的本公约缔约国应至少每两年定期纳款，纳款不得少于它们如受本条第1段规定约束所须交纳的款额。

5. 凡拖延交付当年和前一日历年的义务纳款或自愿捐款的本公约缔约国不能当选为世界遗产委员会成员，但此项规定不适用于第一次选举。属于上述情况但已当选委员会成员的缔约国的任期应在本公约第八条第1段规定的选举之时截止。

第十七条　本公约缔约国应考虑或鼓励设立旨在为保护本公约第一条和第二条中所确定的文化和自然遗产募捐的国家、公共及私立基金会或协会。

第十八条　本公约缔约国应对在联合国教育、科学及文化组织赞助下为世界遗产基金所组织的国际募款运动给予援助。它们应为第十五条第3段中提及的机构为此目的所进行的募款活动提供便利。

V　国际援助的条件和安排

第十九条　凡本公约缔约国均可要求对本国领土内组成具有突出的普遍价值的文化或自然遗产之财产给予国际援助。它在递交申请时还应按照第二十一条规定拥有有助于委员会作出决定的文件资料。

第二十条　除第十三条第2段、第二十二条第3段和第二十三条所述情况外，本公约规定提供的国际援助仅限于世界遗产委员会业已决定或可能决定列入

第十一条第2段和第4段中所述目录的文化和自然遗产的财产。

第二十一条

1. 世界遗产委员会应制定对向它提交的国际援助申请的审议程序,并应确定申请应包括的内容,即打算开展的活动、必要的工程、工程的预计费用和紧急程度以及申请国的资源不能满足所有开支的原因所在。这类申请须尽可能附有专家报告。

2. 对因遭受灾难或自然灾害而提出的申请,由于可能需要开展紧急工作,委员会应立即给予优先审议,委员会应掌握一笔应急储备金。

3. 委员会在作出决定之前,应进行它认为必要的研究和磋商。

第二十二条　世界遗产委员会提供的援助可采取下述形式:

1. 研究在保护、保存、展出和恢复本公约第十一条第2段和第4段所确定的文化和自然遗产方面所产生的艺术、科学和技术性问题;

2. 提供专家、技术人员和熟练工人,以保证正确地进行已批准的工作;

3. 在各级培训文化和自然遗产的鉴定、保护、保存、展出和恢复方面的工作人员和专家;

4. 提供有关国家不具备或无法获得的设备;

5. 提供可长期偿还的低息或无息贷款;

6. 在例外和特殊情况下提供无偿补助金。

第二十三条　世界遗产委员会还可向培训文化和自然遗产的鉴定、保护、保存、展出和恢复方面的各级工作人员和专家的国家或地区中心提供国际援助。

第二十四条　在提供大规模的国际援助之前,应先进行周密的科学、经济和技术研究。这些研究应考虑采用保护、保存、展出和恢复自然和文化遗产方面最先进的技术,并应与本公约的目标相一致。这些研究还应探讨合理利用有关国家现有资源的手段。

第二十五条　原则上,国际社会只担负必要工程的部分费用。除非本国资源不许可,受益于国际援助的国家承担的费用应构成用于各项计划或项目的资金的主要份额。

第二十六条　世界遗产委员会和受援国应在它们签订的协定中确定享有根据本公约规定提供的国际援助的计划或项目的实施条件。应由接受这类国际援助的国家负责按照协定制定的条件对如此维护的财产继续加以保护、保存和展出。

Ⅵ　教育计划

第二十七条

1. 本公约缔约国应通过一切适当手段,特别是教育和宣传计划,努力增强本国人民对本公约第一和二条中确定的文化和自然遗产的赞赏和尊重。

2. 缔约国应使公众广泛了解对这类遗产造成威胁的危险和根据本公约进行的

活动。

第二十八条 接受根据本公约提供的国际援助的缔约国应采取适当措施，使人们了解接受援助的财产的重要性和国际援助所发挥的作用。

Ⅶ 报 告

第二十九条

1. 本公约缔约国在按照联合国教育、科学及文化组织大会确定的日期和方式向该组织大会递交的报告中，应提供有关它们为实行本公约所通过的法律和行政规定和采取的其他行动的情况，并详述在这方面获得的经验。

2. 应提请世界遗产委员会注意这些报告。

3. 委员会应在联合国教育、科学及文化组织大会的每届常会上递交一份关于其活动的报告。

Ⅷ 最后条款

第三十条 本公约以阿拉伯文、英文、法文、俄文和西班牙文拟定，五种文本同一标准。

第三十一条

1. 本公约应由联合国教育、科学及文化组织会员国根据各自的宪法程序予以批准或接受。

2. 批准书或接受书应交存联合国教育、科学及文化组织总干事。

第三十二条

1. 所有非联合国教育、科学及文化组织会员的国家，经该组织大会邀请均可加入本公约。

2. 向联合国教育、科学及文化组织总干事交存一份加入书后，加入方才有效。

第三十三条 本公约须在第二十份批准书、接受书或加入书交存之日的三个月之后生效，但这仅涉及在该日或之前交存各自批准书、接受书或加入书的国家。就任何其他国家而言，本公约应在这些国家交存其批准书、接受书或加入书的三个月之后生效。

第三十四条 下述规定须应用于拥有联邦制或非单一立宪制的本公约缔约国：

1. 关于在联邦或中央立法机构的法律管辖下实施的本公约规定，联邦或中央政府的义务应与非联邦国家的缔约国的义务相同；

2. 关于在无须按照联邦立宪制采取立法措施的联邦各个国家、地区、省或州法律管辖下实施的本公约规定，联邦政府应将这些规定连同其关于予以通过的建议一并通告各个国家、地区、省或州的主管当局。

第三十五条

1. 本公约缔约国均可通告废除本公约。

2. 废约通告应以一份书面文件交存联合国教育、科学及文化组织的总干事。

3. 公约的废除应在接到废约通告书一年后生效，废约在生效日之前不得影响退约国承担的财政义务。

第三十六条

联合国教育、科学及文化组织总干事应将第三十一条和第三十二条规定交存的所有批准书、接受书和加入书和第三十五条规定的废约等事通告本组织会员国、第三十二条中提及的非本组织会员的国家以及联合国。

第三十七条

1. 本公约可由联合国教育、科学及文化组织的大会修订。但任何修订只对将成为修订的公约缔约国具有约束力。

2. 如大会通过一项全部或部分修订本公约的新公约，除非新公约另有规定，本公约应从新的修订公约生效之日起停止批准、接受或加入。

第三十八条　按照《联合国宪章》第102条，本公约须应联合国教育、科学及文化组织总干事的要求在联合国秘书处登记。

1972年11月23日订于巴黎，两个正式文本均有大会第十七届会议主席和联合国教育、科学及文化组织总干事的签字，由联合国教育、科学及文化组织存档，并将证明无误之副本发送第三十一条和第三十二条述之所有国家以及联合国。

前文系联合国教育、科学及文化组织大会在巴黎举行的于1972年11月21日宣布闭幕的第十七届会议通过的《公约》正式文本。

1972年11月23日签字，以昭信守。

附 录2

保护非物质文化遗产公约

(巴黎,2003 年 10 月 17 日)

联合国教育、科学及文化组织(以下简称教科文组织)大会于 2003 年 9 月 29 日至 10 月 17 日,在巴黎举行的第三十二届会议参照现有的国际人权文书,尤其是 1948 年的《世界人权宣言》以及 1966 年的《经济、社会、文化权利国际盟约》和《公民及政治权利国际盟约》这两个盟约;考虑到 1989 年的《关于保护民间传统文化的建议》、2001 年的《教科文组织世界文化多样性宣言》和 2002 年第三次文化部长圆桌会议通过的《伊斯坦布尔宣言》强调非物质文化遗产的重要性,它是文化多样性的熔炉,又是可持续发展的保证;考虑到非物质文化遗产与物质文化遗产和自然遗产之间的内在相互依存关系,应承认全球化和社会变革进程除了为各群体之间开展新的对话创造条件外,也不应使非物质文化遗产面临损坏、消失和破坏的严重威胁,而这主要是因为缺乏保护这种遗产的资金;意识到保护人类非物质文化遗产是普遍的意愿和共同关心的事项,承认各群体,尤其是土著群体,各团体,有时是个人在非物质文化遗产的创作、保护、保养和创新方面发挥着重要作用,从而为丰富文化多样性和人类的创造性作出贡献;注意到教科文组织在制定保护文化遗产的准则性文件,尤其是 1972 年的《保护世界文化和自然遗产公约》方面所做的具有深远意义的工作,还注意到迄今尚无有约束力的保护非物质文化遗产的多边文件;考虑到国际上现有的关于文化遗产和自然遗产的协定、建议书和决议需要有非物质文化遗产方面的新规定有效地予以充实和补充;考虑到必须提高人们,尤其是年轻一代对非物质文化遗产及其保护的重要意义的认识;考虑到国际社会应当本着互助合作的精神与本公约缔约国一起为保护此类遗产作出贡献,以及教科文组织有关非物质文化遗产的各项计划,尤其是“宣布人类口述遗产和非物质遗产代表作”计划认为非物质文化遗产是密切人与人之间的关系以及他们之间进行交流和了解的要素,它的作用是不可估量的,于 2003 年 10 月 17 日通过本公约。

Ⅰ　总则

第 1 条　本公约的宗旨

本公约的宗旨如下:

(a)保护非物质文化遗产;

(b)尊重有关群体、团体和个人的非物质文化遗产；

(c)在地方、国家和国际一级提高对非物质文化遗产及相互鉴赏的重要性的意识；

(d)开展国际合作及提供国际援助。

第2条　定义

在本公约中：

1.“非物质文化遗产”指被各群体、团体、有时为个人视为其文化遗产的各种实践、表演、表现形式、知识和技能及其有关的工具、实物、工艺品和文化场所。各个群体和团体随着其所处环境、与自然界的相互关系和历史条件的变化不断使这种代代相传的非物质文化遗产得到创新，同时使它们自己具有一种认同感和历史感，从而促进了文化多样性和人类的创造力。在本公约中，只考虑符合现有的国际人权文件，各群体、团体和个人之间相互尊重的需要和顺应可持续发展的非物质文化遗产。

2. 按上述第1段的定义，“非物质文化遗产”包括以下方面：

(a)口头传说和表述，包括作为非物质文化遗产媒介的语言；

(b)表演艺术；

(c)社会风俗、礼仪和节庆；

(d)有关自然界和宇宙的知识和实践；

(e)传统的手工艺技能。

3.“保护”指采取措施，确保非物质文化遗产的生命力，包括这种遗产各个方面的确认、立档、研究、保存、保护、宣传、弘扬、传承(主要通过正规和非正规教育)和振兴。

4.“缔约国”指受本公约约束且本公约在它们之间也通用的国家。

5. 根据本条款所述之条件，本公约经必要修改对成为其缔约方之第33条所指的领土也适用。从这个意义上说，“缔约国”亦指这些领土。

第3条　与其他国际文书的关系

本公约的任何条款均不得解释为：

(a)有损被宣布为1972年《保护世界文化和自然遗产公约》的世界遗产、直接涉及非物质文化遗产内容的财产的地位或降低其受保护的程度；

(b)影响缔约国从其作为缔约方的任何有关知识产权或使用生物和生态资源的国际文书所获得的权利和所负有的义务。

Ⅱ　公约的有关机关

第4条　缔约国大会

1. 兹建立缔约国大会，下称“大会”。大会为本公约的最高权力机关。

2. 大会每两年举行一次常会。如若它作出此类决定或政府间保护非物质文化遗产委员会或至少三分之一的缔约国提出要求，可举行特别会议。

3. 大会应通过自己的议事规则。

第5条 政府间保护非物质文化遗产委员会

1. 兹在教科文组织内设立政府间保护非物质文化遗产委员会,下称“委员会”。在本公约依照第34条的规定生效之后,委员会由参加大会之缔约国选出的18个缔约国的代表组成。

2. 在本公约缔约国的数目达到50个之后,委员会委员国的数目将增至24个。

第6条 委员会委员国的选举和任期

1. 委员会委员国的选举应符合公平的地理分配和轮换原则。

2. 委员会委员国由本公约缔约国大会选出,任期四年。

3. 但第一次选举当选的半数委员会委员国的任期为两年。这些国家在第一次选举后抽签指定。

4. 大会每两年对半数委员会委员国进行换届。

5. 大会还应选出填补空缺席位所需的委员会委员国。

6. 委员会委员国不得连选连任两届。

7. 委员会委员国应选派在非物质文化遗产各领域有造诣的人士为其代表。

第7条 委员会的职能

在不妨碍本公约赋予委员会的其他职权的情况下,其职能如下:

(a)宣传公约的目标,鼓励并监督其实施情况;

(b)就好的做法和保护非物质文化遗产的措施提出建议;

(c)按照第25条的规定,拟订利用基金资金的计划并提交大会批准;

(d)按照第25条的规定,努力寻求增加其资金的方式方法,并为此采取必要的措施;

(e)拟定实施公约的业务指南并提交大会批准;

(f)根据第29条的规定,审议缔约国的报告并将报告综述提交大会;

(g)根据委员会制定的、大会批准的客观遴选标准,审议缔约国提出的申请并就以下事项作出决定:

(i)列入第16、第17和第18条述及的名录和提名;

(ii)按照第22条的规定提供国际援助。

第8条 委员会的工作方法

1. 委员会对大会负责。它向大会报告自己的所有活动和决定。

2. 委员会以其委员的三分之二多数通过自己的议事规则。

3. 委员会可临时设立它认为对执行其任务所需的咨询机构。

4. 委员会可邀请在非物质文化遗产各领域确有专长的任何公营或私营机构以及任何自然人参加会议,就任何具体的问题向其请教。

第9条 咨询组织的认证

1. 委员会应就由在非物质文化遗产领域确有专长的非政府组织做认证向大会提出建议。这类组织的职能是向委员会提供咨询意见。

2. 委员会还应向大会就此认证的标准和方式提出建议。

第10条　秘书处

1. 委员会由教科文组织秘书处协助。

2. 秘书处起草大会和委员会文件及其会议的议程草案和确保其决定的执行。

Ⅲ　在国家一级保护非物质文化遗产

第11条　缔约国的作用

各缔约国应该:

(a)采取必要措施确保其领土上的非物质文化遗产受到保护;

(b)在第2条第3段提及的保护措施内,由各群体、团体和有关非政府组织参与,确认和确定其领土上的各种非物质文化遗产。

第12条　清单

1. 为了使其领土上的非物质文化遗产得到确认以便加以保护,各缔约国应根据自己的国情拟定一份或数份关于这类遗产的清单,并应定期加以更新。

2. 各缔约国在按第29条的规定定期向委员会提交报告时,应提供有关这些清单的情况。

第13条　其他保护措施

为了确保其领土上的非物质文化遗产得到保护、弘扬和展示,各缔约国应努力做到:

(a)制定一项总的政策,使非物质文化遗产在社会中发挥应有的作用,并将这种遗产的保护纳入规划工作;

(b)指定或建立一个或数个主管保护其领土上的非物质文化遗产的机构;

(c)鼓励开展有效保护非物质文化遗产,特别是濒危非物质文化遗产的科学、技术和艺术研究以及方法研究;

(d)采取适当的法律、技术、行政和财政措施,以便:

(i)促进建立或加强培训管理非物质文化遗产的机构以及通过为这种遗产提供活动和表现的场所和空间,促进这种遗产的传承;

(ii)确保对非物质文化遗产的享用,同时对享用这种遗产的特殊方面的习俗做法予以尊重;

(iii)建立非物质文化遗产文献机构并创造条件促进对它的利用。

第14条　教育、宣传和能力培养

各缔约国应竭力采取种种必要的手段,以便:

(a)使非物质文化遗产在社会中得到确认、尊重和弘扬,主要通过:

(i)向公众,尤其是向青年进行宣传和传播信息的教育计划;

(ii)有关群体和团体的具体的教育和培训计划；

(iii)保护非物质文化遗产，尤其是管理和科研方面的能力培养活动；

(iv)非正规的知识传播手段。

(b)不断向公众宣传对这种遗产造成的威胁以及根据本公约所开展的活动；

(c)促进保护表现非物质文化遗产所需的自然场所和纪念地点的教育。

第15条 群体、团体和个人的参与

缔约国在开展保护非物质文化遗产活动时，应努力确保创造、保养和传承这种遗产的群体、团体，有时是个人的最大限度的参与，并吸收他们积极地参与有关的管理。

Ⅳ 在国际一级保护非物质文化遗产

第16条 人类非物质文化遗产代表作名录

1. 为了扩大非物质文化遗产的影响，提高对其重要意义的认识和从尊重文化多样性的角度促进对话，委员会应根据有关缔约国的提名编辑、更新和公布人类非物质文化遗产代表作名录。

2. 委员会拟定有关编辑、更新和公布此代表作名录的标准并提交大会批准。

第17条 急需保护的非物质文化遗产名录

1. 为了采取适当的保护措施，委员会编辑、更新和公布急需保护的非物质文化遗产名录，并根据有关缔约国的要求将此类遗产列入该名录。

2. 委员会拟定有关编辑、更新和公布此名录的标准并提交大会批准。

3. 委员会在极其紧急的情况(其具体标准由大会根据委员会的建议加以批准)下，可与有关缔约国协商将有关的遗产列入第1段所提之名录。

第18条 保护非物质文化遗产的计划、项目和活动

1. 在缔约国提名的基础上，委员会根据其制定的、大会批准的标准，兼顾发展中国家的特殊需要，定期遴选并宣传其认为最能体现本公约原则和目标的国家、分地区或地区保护非物质文化遗产的计划、项目和活动。

2. 为此，委员会接受、审议和批准缔约国提交的关于要求国际援助拟定此类提名的申请。

3. 委员会按照它确定的方式，配合这些计划、项目和活动的实施，随时推广有关经验。

Ⅴ 国际合作与援助

第19条 合作

1. 在本公约中，国际合作主要是交流信息和经验，采取共同的行动，以及建立援助缔约国保护非物质文化遗产工作的机制。

2. 在不违背国家法律规定及其习惯法和习俗的情况下，缔约国承认保护非物质文化遗产符合人类的整体利益，保证为此目的在双边、分地区、地区和国际各级

开展合作。

第20条　国际援助的目的

可为如下目的提供国际援助：

(a)保护列入《急需保护的非物质文化遗产名录》的遗产；

(b)按照第11和第12条的精神编制清单；

(c)支持在国家、分地区和地区开展的保护非物质文化遗产的计划、项目和活动；

(d)委员会认为必要的其他一切目的。

第21条　国际援助的形式

第7条的业务指南和第24条所指的协定对委员会向缔约国提供援助作了规定，可采取的形式如下：

(a)对保护这种遗产的各个方面进行研究；

(b)提供专家和专业人员；

(c)培训各类所需人员；

(d)制定准则性措施或其他措施；

(e)基础设施的建立和营运；

(f)提供设备和技能；

(g)其他财政和技术援助形式，包括在必要时提供低息贷款和捐助。

第22条　国际援助的条件

1. 委员会确定审议国际援助申请的程序和具体规定申请的内容，包括打算采取的措施、必须开展的工作及预计的费用。

2. 如遇紧急情况，委员会应对有关援助申请优先审议。

3. 委员会在作出决定之前，应进行其认为必要的研究和咨询。

第23条　国际援助的申请

1. 各缔约国可向委员会递交国际援助的申请，保护在其领土上的非物质文化遗产。

2. 此类申请亦可由两个或数个缔约国共同提出。

3. 申请应包含第22条第1段规定的所有资料和所有必要的文件。

第24条　受援缔约国的任务

1. 根据本公约的规定，国际援助应依据受援缔约国与委员会之间签署的协定来提供。

2. 受援缔约国通常应在自己力所能及的范围内分担国际所援助的保护措施的费用。

3. 受援缔约国应向委员会报告关于使用所提供的保护非物质文化遗产援助的情况。

Ⅵ 非物质文化遗产基金

第 25 条 基金的性质和资金来源

1. 兹建立一项“保护非物质文化遗产基金”，下称“基金”。

2. 根据教科文组织《财务条例》的规定，此项基金为信托基金。

3. 基金的资金来源包括：

(a)缔约国的纳款；

(b)教科文组织大会为此所拨的资金；

(c)以下各方可能提供的捐款、赠款或遗赠：

(i)其他国家；

(ii)联合国系统各组织和各署（特别是联合国开发计划署）以及其他国际组织；

(iii)公营或私营机构或个人；

(d)基金的资金所得的利息；

(e)为本基金募集的资金和开展活动之所得；

(f)委员会制定的基金条例所许可的所有其他资金。

4. 委员会对资金的使用视大会的方针来决定。

5. 委员会可接受用于某些项目的一般或特定目的的捐款及其他形式的援助，只要这些项目已获委员会的批准。

6. 对基金的捐款不得附带任何与本公约所追求之目标不相符的政治、经济或其他条件。

第 26 条 缔约国对基金的纳款

1. 在不妨碍任何自愿补充捐款的情况下，本公约缔约国至少每两年向基金纳一次款，其金额由大会根据适用于所有国家的统一的纳款额百分比加以确定。缔约国大会关于此问题的决定由出席会议并参加表决但未作本条第 2 段中所述声明的缔约国的多数通过。在任何情况下，此纳款都不得超过缔约国对教科文组织正常预算纳款的百分之一。

2. 但是，本公约第 32 条或第 33 条中所指的任何国家均可在交存批准书、接受书、赞同书或加入书时声明不受本条第 1 段规定的约束。

3. 已作本条第 2 段所述声明的本公约缔约国应努力通知联合国教育、科学及文化组织总干事收回所作声明。但是，收回声明之举不得影响该国在紧接着的下一届大会开幕之日前应缴的纳款。

4. 为使委员会能够有效地规划其工作，已作本条第 2 段所述声明的本公约缔约国至少应每两年定期纳一次款，纳款额应尽可能接近它们按本条第 1 段规定应缴的数额。

5. 凡拖欠当年和前一日历年的义务纳款或自愿捐款的本公约缔约国不能当选为委员会委员，但此项规定不适用于第一次选举。已当选为委员会委员的缔约国的任期应在本公约第 6 条规定的选举之时终止。

第 27 条　基金的自愿补充捐款

除了第 26 条所规定的纳款，希望提供自愿捐款的缔约国应及时通知委员会以使其能对相应的活动作出规划。

第 28 条　国际筹资运动

缔约国应尽力支持在教科文组织领导下为该基金发起的国际筹资运动。

Ⅶ　报告

第 29 条　缔约国的报告

缔约国应按照委员会确定的方式和周期向其报告它们为实施本公约而通过的法律、规章条例或采取的其他措施的情况。

第 30 条　委员会的报告

1. 委员会应在其开展的活动和第 29 条提及的缔约国报告的基础上，向每届大会提交报告。

2. 该报告应提交教科文组织大会。

Ⅷ　过渡条款

第 31 条　与宣布人类口述和非物质遗产代表作的关系

1. 委员会应把在本公约生效前宣布为“人类口述和非物质遗产代表作”的遗产纳入《人类非物质文化遗产代表作名录》。

2. 把这些遗产纳入《人类非物质文化遗产代表作名录》绝不是预设按第 16 条第 2 段将确定的今后列入遗产的标准。

3. 在本公约生效后，将不再宣布其他任何人类口述和非物质遗产代表作。

Ⅸ　最后条款

第 32 条　批准、接受或赞同

1. 本公约须由教科文组织会员国根据各自的宪法程序予以批准、接受或赞同。

2. 批准书、接受书或赞同书应交存教科文组织总干事。

第 33 条　加入

1. 所有非教科文组织会员国的国家，经本组织大会邀请，均可加入本公约。

2. 没有完全独立，但根据联合国大会第 1514(XV)号决议被联合国承认为充分享有内部自治，并且有权处理本公约范围内的事宜，包括有权就这些事宜签署协议的地区也可加入本公约。

3. 加入书应交存教科文组织总干事。

第 34 条　生效

本公约在第三十份批准书、接受书、赞同书或加入书交存之日起的三个月后生效，但只涉及在该日或该日之前交存批准书、接受书、赞同书或加入书的国家。对其他缔约国来说，本公约则在这些国家的批准书、接受书、赞同书或加入书交存之日起的三个月之后生效。

第35条 联邦制或非统一立宪制

对实行联邦制或非统一立宪制的缔约国实行下述规定：

(a)在联邦或中央立法机构的法律管辖下实施本公约各项条款的国家的联邦或中央政府的义务与非联邦国家的缔约国的义务相同；

(b)在构成联邦，但无须按照联邦立宪制采取立法手段的各个国家、地区、省或州的法律管辖下实施本公约的各项条款时，联邦政府应将这些条款连同其关于通过这些条款的建议一并通知各个国家、地区、省或州的主管当局。

第36条 退出

1. 各缔约国均可宣布退出本公约。

2. 退约应以书面退约书的形式通知教科文组织总干事。

3. 退约在接到退约书十二个月之后生效。在退约生效日之前不得影响退约国承担的财政义务。

第37条 保管人的职责

教科文组织总干事作为本公约的保管人，应将第32条和第33条规定交存的所有批准书、接受书、赞同书或加入书和第36条规定的退约书的情况通告本组织各会员国、第33条提到的非本组织会员国的国家和联合国。

第38条 修订

1. 任何缔约国均可书面通知总干事，对本公约提出修订建议。总干事应将此通知转发给所有缔约国。如在通知发出之日起六个月之内，至少有一半的缔约国回复赞成此要求，总干事应将此建议提交下一届大会讨论，决定是否通过。

2. 对本公约的修订须经出席并参加表决的缔约国三分之二多数票通过。

3. 对本公约的修订一旦通过，应提交缔约国批准、接受、赞同或加入。

4. 对于那些已批准、接受、赞同或加入修订的缔约国来说，本公约的修订在三分之二的缔约国交存本条第3段所提及的文书之日起三个月之后生效。此后，对任何批准、接受、赞同或加入修订的缔约国来说，在其交存批准书、接受书、赞同书或加入书之日起三个月之后，本公约的修订即生效。

5. 第3和第4段所确定的程序对有关委员会委员国数目的第5条的修订不适用。此类修订一经通过即生效。

6. 在修订依照本条第4段的规定生效之后成为本公约缔约国的国家如无表示异议，应：

(a)被视为修订的本公约的缔约方；

(b)但在与不受这些修订约束的任何缔约国的关系中，仍被视为未经修订之公约的缔约方。

第39条　有效文本

本公约用英文、阿拉伯文、中文、西班牙文、法文和俄文拟定，六种文本具有同等效力。

第40条　备案

根据《联合国宪章》第102条的规定，本公约应按教科文组织总干事的要求交联合国秘书处备案。

附 录3

世界遗产名录

World Heritage List①

截至2012年第36届世界遗产委员会会议，全球共有962项世界遗产被联合国教科文组织世界遗产委员会列入《世界遗产名录》，其中包括745项文化遗产、188项自然遗产和29项混合遗产。这些世界遗产分布在157个缔约国中。下列名录按英文字母顺序排序，每处遗产名单前附以批准年代，各遗产名单后的“C”表示文化遗产，“N”代表自然遗产，“C，N”为文化与自然双重遗产（混合遗产）。

阿富汗（Afghanistan）

2002 贾姆尖塔及其周围的考古遗址（Minaret and Archaeological Remains of Jam）（C）

2003 巴米扬山谷文化景观和考古遗址（Cultural Landscape and Archaeological Remains of the Bamiyan Valley）（C）

阿尔巴尼亚（Albania）

1992，1999 布特林特（Butrint）（C）

2005，2008 培拉特和吉诺卡斯特历史中心（Historic Centres of Berat and Gjirokastra）（C）

阿尔及利亚（Algeria）

1980 贝尼·哈迈德城堡（Al Qal'a of Beni Hammad）（C）

1982 杰米拉（Djémila）（C）

1982 阿杰尔的塔西利（Tassili n'Ajjer）（C，N）

1982 提姆加德（Timgad）（C）

1982 姆扎卜山谷（M'Zab Valley）（C）

---

①http://whc.unesco.org/en/list

1982 蒂帕萨(Tipasa)(C)

1992 阿尔及尔的卡斯巴哈（Kasbah of Algiers)(C)

安道尔（Andorra）

2004 马德留－配拉菲塔－克拉罗尔峡谷（Madriu－Perafita－Claror Valley）(C)

阿根廷（Argentina）

1981 罗斯冰川国家公园（Los Glaciares)(N)

1983,1984 瓜拉尼耶稣会传教区[Jesuit Missions of the Guaranis：San Ignacio Mini，Santa Ana，Nuestra Señora de Loreto and Santa Maria Mayor（Argentina)，Ruins of Sao Miguel das Missoes（Brazil)](C)（与巴西共有）

1984 伊瓜苏国家公园（Iguazu National Park)(N)

1999 瓦尔德斯半岛（Penísula Valdés)(N)

1999 里约嫔图纳斯的洛斯马诺斯岩画(Cueva de las Manos，Río Pinturas)(C)

2000 伊沙瓜拉斯托－塔拉姆佩雅自然公园（Ischigualasto／Talampaya Natural Parks)(N)

2000 科尔多巴耶稣会牧场和街区（Jesuit Block and Estancias of Códoba)(C)

2003 塔夫拉达·德乌玛瓦卡（Quebrada de Humahuaca)(C)

亚美尼亚（Armenia）

1996,2000 哈格帕特修道院（Monasteries of Haghpat and Sanahin)(C)

2000 吉哈德修道院和上游阿扎特河谷（Monastery of Geghard and the Upper Azat Valley)(C)

2000 埃奇米阿津大教堂、教堂和兹瓦尔特诺茨考古遗址（Cathedral and Churches of Echmiatsin and the Archaeological Site of Zvartnots)(C)

澳大利亚（Australia）

1981,1987,1992 卡卡杜国家公园（Kakadu National Park)(C,N)

1981 威蓝德拉湖区（Willandra Lakes Region)(C,N)

1981 大堡礁（Great Barrier Reef)(N)

1982 豪勋爵群岛（Lord Howe Island Group)(N)

1982,1989 塔斯马尼亚荒原(Tasmanian Wilderness)(C,N)

1986,1994 澳大利亚冈瓦纳雨林(Gondwana Rainforests of Australia)(N)

1987,1994 乌卢鲁－卡塔曲塔国家公园（Uluru－Kata Tjuta National Park)(C,

N)

1988 昆士兰湿热带(Wet Tropics of Queensland)(N)

1991 澳大利亚西部鲨鱼湾(Shark Bay, Western Australia)(N)

1992 弗雷泽岛(Fraser Island)(N)

1994 澳大利亚哺乳动物化石遗址(里弗斯利/纳拉库特)[Australian Fossil Mammal Sites)(Riversleigh/ Naracote)](N)

1997 麦夸里岛(Macquarie Island)(N)

1997 赫德和麦克唐纳群岛(Heard and McDonald Islands)(N)

2000 大蓝山地自然保护区(Greater Blue Mountains Area)(N)

2003 普尔努鲁鲁国家公园(Purnululu National Park)(N)

2004 皇家展览馆和卡尔顿园林(Royal Exhibition Building and Carlton Gardens)(C)

2007 悉尼歌剧院(Sydney Opera House)(C)

2010 澳大利亚监狱遗址(Australian Convict Sites)(C)

2011 宁格罗海岸(Ningaloo Coast)(N)

奥地利(Austria)

1996 萨尔茨堡市历史中心(Historic Centre of the City of Salzburg)(C)

1996 申布伦宫殿和花园(Palace and Gardens of Schönbrunn)(C)

1997 哈尔施塔特-达赫施泰/因萨尔茨卡默古特文化景观(Hallstatt - Dachstein / Salzkammergut Cultural Landscape)(C)

1998 塞梅林铁路(Semmering Railway)(C)

1999 格拉茨市历史中心(City of Graz-Historic Centre)(C)

2000 瓦豪文化景观(Wachau Cultural Landscape)(C)

2001 费尔特-新锡德尔文化景观(Fertö / Neusiedlersee Cultural Landscape)(C)(与匈牙利共有)

2001 维也纳历史中心(Historic Centre of Vienna)(C)

2011 阿尔卑斯周围的史前湖岸木桩建筑(Prehistoric Pile dwellings around the Alps)(与法国、德国、意大利、斯洛文尼亚和瑞士共有)

阿塞拜疆(Azerbaijan)

2000 巴库围墙城及城内的希尔凡沙宫殿和少女塔(Walled City of Baku with the Shirvanshah's Palace and Maiden Tower)(C)

2007 戈布斯坦岩石艺术文化景观(Gobustan Rock Art Cultural Landscape)(C)

巴林(Bahrain)

2005 巴林－卡拉特古港口和迪尔蒙首都(Qal'at al－Bahrain － Ancient Harbour and Capital of Dilmun)(C)

2012 普芮林:海岛经济的见证(Pearling, testimony of an island economy)(C)

孟加拉(Bangladesh)

1985 巴哈尔布尔的佛教毗诃罗遗址(Ruins of the Buddhist Vihara at Paharpur)(C)

1985 巴格哈特的古清真寺之城(Historic Mosque City of Bagerhat)(C)

1997 孙德尔本斯(The Sundarbans)(N)

巴巴多斯(Barbados)

2011 历史城市布里奇敦和要塞(Historic Bridgetown and its Garrison)(C)

白俄罗斯(Belarus)

1979,1992 别洛韦日－比亚沃韦扎森林(Belovezhskaya Pushcha / Bialowieza Forest)(N)(与波兰共有)

2000 米尔城堡(Mir Castle Complex)(C)

2005 奈斯维的拉济维乌家族建筑、住宅和文化复合体(Architectural, Residential and Cultural Complex of the Radziwill Family at Nesvizh)(C)

2005 斯特鲁维地理探测弧线(Struve Geodetic Arc)(C)(10 国共有)

比利时(Belgium)

1998 路维勒和鲁尔克斯主运河上的 4 座水闸及其环境[The Four Lifts on the Canal du Centre and their Environs, La Louvière and Le Roeulx(Hainault)](C)

1998 佛兰德的比津修道院(Flemish Béguinages)(C)

1998 布鲁塞尔大广场(La Grand－Place, Brussels)(C)

1999,2005 比利时和法国钟楼(Belfries of Belgium and France)(C)

2000 斯皮耶纳(蒙斯)的新石器时代的燧石矿[Neolithic Flint Mines at Spiennes(Mons)](C)

2000 图尔奈的圣母大教堂(Notre－Dame Cathedral in Tournai)(C)

2000 布鲁日历史中心(Historic Centre of Brugge)(C)

2000 建筑师维克多·奥太设计的主要城镇住宅(布鲁塞尔)[Major Town Houses of the Architect Victor Horta(Brussels)](C)

2005 帕拉丁工场－博物馆综合体(Plantin－Moretus House－Workshops－Museum Complex)(C)

2009 斯托克莱公馆(Stoclet House)(C)

2012 瓦隆尼亚矿业遗址(Major Mining Sites of Wallonia)(C)

伯利兹(Belize)

1996 伯利兹堡礁保护区(Belize Barrier – Reef Reserve System)(N)

贝宁(Benin)

1985 阿波美王宫(Royal Palaces of Abomey)(C)

玻利维亚(Bolivia)

1987 波托西城(City of Potosi)(C)

1990 奇基托斯耶稣传教区(Jesuit Missions of the Chiquitos)(C)

1991 历史名城苏克雷(Historic City of Sucre)(C)

1998 萨迈帕塔考古遗址(Fuerte de Samaipata)(C)

2000 诺尔·坎普夫·墨尔加多国家公园(Noel Kempff Mercado National Park)(N)

2000 蒂瓦纳库文化、精神和政治中心(Tiwanaku: Spiritual and Political Centre of the Tiwanaku Culture)(C)

波斯尼亚和黑塞哥维那(Bosnia and Herzegovina)

2005 莫斯塔尔老城的老桥区(Old Bridge Area of the Old City of Mostar)(C)

2007 维塞格拉德的迈赫迈德·巴沙·索科罗维奇桥 Mehmed Paŝa Sokolovic Bridge in Viŝegrad(C)

博茨瓦纳(Botswana)

2001 措迪罗(岩画)(Tsodilo)(C)

巴西(Brazil)

1980 欧鲁普雷图历史城镇(Historic Town of Ouro Preto)(C)

1982 奥林达历史中心(Historic Centre of the Town of Olinda)(C)

1983,1984 瓜拉尼耶稣会传教区[Jesuit Missions of the Guaranis: San Ignacio Mini, Santa Ana, Nuestra Señora de Loreto and Santa Maria Mayor (Argentina), Ruins of Sao Miguel das Missoes (Brazil)](C)(与阿根廷共有)

1985 巴伊亚州萨尔瓦多历史中心(Historic Centre of Salvador de Bahia)(C)

1985 孔贡哈斯的仁慈耶稣圣殿（Sanctuary of Bom Jesus do Congonhas）（C）
1986 伊瓜苏国家公园（Iguaçu National Park）（N）
1987 巴西利亚（Brasilia）（C）
1991 卡皮瓦拉山国家公园（Serra da Capivara National Park）（C）
1997 圣路易斯历史中心（Historic Centre of São Luis）（C）
1999 大西洋沿岸东南部森林保护区（Atlantic Forest Southeast Reserves）（N）
1999 大西洋沿岸的森林保护区（Discovery Coast Atlantic Forest Reserves）（N）
1999 迪亚曼蒂纳城历史中心（Historic Centre of the Town of Diamantina）（C）
2000,2003 亚马孙河中心保护区（Central Amazon Conservation Complex）（N）
2000 潘塔奈尔保护区（Pantanal Conservation Area）（N）
2001 塞拉多保护区:查帕达·多斯·维阿迪里奥斯和埃玛斯国家公园（Cerrado Protected Areas: Chapada dos Veadeiros and Emas National Parks）（N）
2001 巴西大西洋群岛:费尔纳多·迪·努荣达和阿托尔·达斯·罗卡斯保护区（Brazilian Atlantic Islands: Fernando de Noronha and Atol das Rocas Reserves）（N）
2001 戈亚斯城历史中心（Historic Centre of the Town of Goiás）（C）
2010 圣克里斯托旺的圣弗朗西斯科广场（São Francisco Square in the Town of São Cristóvão）（C）
2012 里约热内卢:山海之间的卡里奥卡景观（Rio de Janeiro, Carioca Landscapes between the Mountain and the Sea）（C）

保加利亚（Bulgaria）
1979 马达腊骑士浮雕（Madara Rider）（C）
1979 伊凡诺沃岩洞教堂（Rock – Hewn Churches of Ivanovo）（C）
1979 博亚纳教堂（Boyana Church）（C）
1979 卡赞利克的色雷斯人古墓（Thracian Tomb of Kazanlak）（C）
1983 内塞巴尔古城（Ancient City of Nessebar）（C）
1983,2010 皮林国家公园（Pirin National Park）（N）
1983 里拉修道院（Rila Monastery）（C）
1983 斯雷巴尔纳自然保护区（Srebarna Nature Reserve）（N）
1985 斯韦什塔里的色雷斯人墓（Thracian Tomb of Sveshtari）（C）

布基纳法索（Burkina Faso）
2009 洛罗派尼遗址（The Ruins of Loropéni）（C）

柬埔寨（Cambodia）

1992 吴哥（Angkor)(C)

2008 柏威夏寺（Temple of Preah Vihear)(C)

喀麦隆（Cameroon)

1987 德贾动物保护区（Dja Faunal Reserve)(N)

2012 流经三国的桑加河(Sangha Trinational)(N)(与刚果和中非共和国共有)

加拿大（Canada)

1978 纳汉尼国家公园（Nahanni National Park)(N)

1978 安斯梅多国家历史遗址（L'Anse aux Meadows National Historic Site)(C)

1979 艾伯塔省恐龙公园（Dinosaur Provincial Park)(N)

1979,1992,1994 克卢恩、朗格尔－圣埃利亚斯、冰川湾、塔臣施尼－阿克塞克(Kluane/Wrangell－St. Elias/Glacier Bay/Tatshenshini－Alsek)(N)(与美国共有)

1981 美洲野牛涧（Head－Smashed－In Buffalo Jump)(C)

1981 安东尼岛［SGang Gwaay（Anthony Island)］(C)

1983 伍德布法罗国家公园（Wood Buffalo National Park)(N)

1984,1990 加拿大落基山脉公园（Canadian Rocky Mountain Parks)(N)

1985 魁北克历史区（Historic District of Québec)(C)

1987 格罗莫讷国家公园（Gros Morne National Park)(N)

1995 瓦特顿冰川国际和平公园(Waterton Glacier International Peace Park)(N)(与美国共有)

1995 卢嫩堡古城（Old Town Lunenburg)(C)

1999 米瓜莎国家公园（Miguasha National Park)(N)

2007 丽多运河（Rideau Canal)(C)

2008 乔金斯化石崖壁（Joggins Fossil Cliffs)(N)

2012 格朗普雷景观(Landscape of Grand Pré)(C)

佛得角（Cape Verde)

2009 大里贝拉历史中心（Cidade Velha, Historic Centre of Ribeira Grande)(C)

中非（Central African Republic)

1988 马诺沃－贡达－圣弗洛里斯国家公园（Manovo－Gounda St Floris National Park)(N)

2012 流经三国的桑加河(Sangha Trinational)(N)(与刚果和喀麦隆共有)

乍得(Chad)

2012 奥利安戈湖泊(Lakes of Ounianga)(N)

智利(Chile)

1995 拉帕奴伊国家公园(Rapa Nui National Park)(C)

2000 奇洛埃教堂(Churches of Chiloé)(C)

2003 港口城市瓦尔帕莱索的历史区(Historic Quarter of the Seaport City of Valparaíso)(C)

2005 亨伯斯通和圣劳拉硝石采石场(Humberstone and Santa Laura Saltpeter Works)(C)

2006 苏埃尔铜矿城(Sewell Mining Town)(C)

中国(China)

1987,2004 北京和沈阳明清故宫(Imperial Palaces of the Ming and Qing Dynasties in Beijing and Shenyang)(C)

1987 秦始皇陵(Mausoleum of the First Qin Emperor)(C)

1987 周口店北京人遗址(Peking Man Site at Zhoukoudian)(C)

1987 长城(The Great Wall)(C)

1987 莫高窟(Mogao Caves)(C)

1987 泰山(Mount Taishan)(C,N)

1990 黄山(Mount Huangshan)(C,N)

1992 九寨沟风景名胜区(Jiuzhaigou Valley Scenic and Historic Interest Area)(N)

1992 武陵源风景名胜区(Wulingyuan Scenic and Historic Interest Area)(N)

1992 黄龙风景名胜区(Huanglong Scenic and Historic Interest Area)(N)

1994 武当山古建筑群(Ancient Building Complex in the Wudang Mountains)(C)

1994 曲阜孔庙、孔府和孔林(Temple and Cemetery of Confucius and the Kong Family Mansion in Qufu)(C)

1994 承德避暑山庄及周围寺庙(Mountain Resort and its Outlying Temples, Chengde)(C)

1994,2000,2001 拉萨布达拉宫(Historic Ensemble of the Potala Palace, Lhasa)(C)

1996 峨眉山和乐山大佛(Mount Emei Scenic Area, including Leshan Giant Buddha Scenic Area)(C,N)

1996 庐山国家公园(Lushan National Park)(C)

1997 丽江古城（Old Town of Lijiang）(C)

1997,2000 苏州古典园林（Classical Gardens of Suzhou）(C)

1997 平遥古城（Ancient City of Ping Yao）(C)

1998 北京颐和园（Summer Palace, an Imperial Garden in Beijing）(C)

1998 北京天坛（Temple of Heaven: an Imperial Sacrificial Altar in Beijing）(C)

1999 大足石刻（Dazu Rock Carvings）(C)

1999 武夷山(Mount Wuyi)(C,N)

2000 青城山和都江堰灌溉系统（Mount Qingcheng and the Dujiangyan Irrigation System）(C)

2000,2003,2004 明清皇家陵寝（Imperial Tombs of the Ming and Qing Dynasties）(C)

2000 龙门石窟（Longmen Grottoes）(C)

2000 皖南古村落——西递和宏村（Ancient Villages in Southern Anhui – Xidi and Hongcun）(C)

2001 云冈石窟（Yungang Grottoes）(C)

2003 云南三江并流保护区（Three Parallel Rivers of Yunnan Protected Areas）(N)

2004 高句丽王城、王陵和贵族墓葬（Capital Cities and Tombs of the Ancient Koguryo Kingdom）(C)

2005 澳门历史中心（Historic Centre of Macao）(C)

2006 四川大熊猫栖息地（Sichuan Giant Panda Sanctuaries）(N)

2006 殷墟（Yin Xu）(C)

2007 开平碉楼和村落（Kaiping Diaolou and Villages）(C)

2007 中国南方喀斯特（South China Karst）(N)

2008 福建土楼（Fujian Tulou）(C)

2008 三清山国家公园（Mount Sanqingshan National Park）(N)

2009 五台山（Mount Wutai）(C)

2010 "中国丹霞"(China Danxia)(N)

2010 登封"天地之中"历史建筑群（Historic Monuments of Dengfeng in "The Centre of Heaven and Earth"）(C)

2011 杭州西湖文化景观（West Lake Cultural Landscape of Hangzhou）(C)

2012 元上都遗址(Site of Xanadu)(C)

2012 澄江化石遗址(Chengjiang Fossil Site)(N)

哥伦比亚（Colombia）

1984 卡塔赫纳港口、城堡和古迹群（Port, Fortresses and Group of Monuments, Cartagena)(C)

1994 洛斯卡蒂奥斯国家公园（Los Katios National Park)(N)

1995 圣奥古斯汀考古公园（San Agustín Archeological Park)(C)

1995 铁拉登特罗国家考古公园（National Archeological Park of Tierradentro)(C)

1995 圣克鲁斯·德·蒙波斯历史中心（Historic Centre of Santa Cruz de Mompox)(C)

2006 玻罗动物群和植物群保护区（Malpelo Fauna and Flora Sanctuary)(N)

2011 哥伦比亚咖啡文化景观(Coffee Cultural Landscape of Colombia)(C)

刚果（Congo)

2012 流经三国的桑加河(Sangha Trinational)(N)(与喀麦隆和中非共和国共有)

哥斯达黎加（Costa Rica)

1983,1990 塔拉曼卡山脉－阿米斯塔德自然保护区/阿米斯塔德国家公园(Talamanca Range－La Amistad Reserves / La Amistad National Park)(N)(与巴拿马共有)

1997,2002 科科斯岛国家公园（Cocos Island National Park)(N)

1999,2004 瓜纳卡斯特自然保护区（Area de Conservación Guancaste)(N)

科特迪瓦（Côte d'Ivoire)

1981,1982 宁巴山自然保护区（Mount Nimba Strict Nature Reserve)(N)(与几内亚共有)

1982 塔伊国家公园（Taï National Park)(N)

1983 科莫埃国家公园（Comoé National Park)(N)

2012 历史名镇:大巴萨姆(Historic town Grand－Bassam)(C)

克罗地亚（Croatia)

1979 斯普利特历史遗迹及戴克里先宫殿（Historical Complex of Split with the Palace of Diocletian)(C)

1979,2000 普里特维采湖国家公园（Plitvice Lakes National Park)(N)

1979,1994 杜布罗夫尼克旧城（Old City of Dubrovnik)(C)

1997 波雷奇历史中心的尤弗拉西苏斯大教堂建筑群（Episcopal Complex of the

Euphrasian Basilica in the Historic Centre of Poreč)(C)

1997 特罗吉尔历史城市（Historic City of Trogir)(C)

2000 西贝尼克的圣詹姆斯教堂（The Cathedral of St. James in Sibenik)(C)

2008 史塔瑞格拉德平原（Stari Grad Plain)(C)

古巴（Cuba)

1982 哈瓦那旧城及其防御工事（Old Havana and its Fortifications)(C)

1988 特立尼达和洛斯因赫尼奥斯山谷（Trinidad and the Valley de los Ingenios)(C)

1997 古巴圣地亚哥的圣·佩德罗－德·拉·罗卡堡（San Pedro de la Roca Castle, Santiago de Cuba)(C)

1999 维纳勒斯山谷（Viñales Valley)(C)

1999 格拉玛的德桑巴尔科国家公园（Desembarco del Granma National Park)(N)

2000 古巴东南部最早的咖啡种植园考古景观（Archaeological Landscape of the First Coffee Plantations in the Southeast of Cuba)(C)

2001 阿里杰罗德胡波尔德国家公园（Alejandro de Humboldt National Park)(N)

2005 西恩富戈斯历史城区（Urban Historic Centre of Cienfuegos)(C)

2008 卡马圭历史中心（Historic Centre of Camagüey)(C)

塞普路斯（Cyprus)

1980 帕福斯（Paphos)(C)

1985,2001 特罗多斯地区的彩绘教堂（Painted Churches in the Troodos Region)(C)

1998 乔洛科提亚（Choirokoitia)(C)

捷克（Czech Republic)

1992 克鲁姆洛夫历史中心（Historic Centre of Český Krumlov)(C)

1992 泰尔契历史中心（Historic Centre of Telč)(C)

1992 布拉格历史中心（Historic Centre of Prague)(C)

1994 泽列纳－霍拉的内波穆克圣约翰朝圣教堂（Pilgrimage Church of St John of Nepomuk at Zelená Hora)(C)

1995 库特纳·霍拉城历史中心及在塞德莱茨的圣巴拉巴教堂和圣母大教堂（Kutná Hora: Historical Town Centre with the Church of St Barbara and the Cathedral of Our Lady at Sedlec)(C)

1996 莱德尼斯和瓦尔梯斯文化景观（Lednice – Valtice Cultural Landscape）（C）

1998 克罗麦里兹花园和城堡（Gardens and Castle at Kroměříž）（C）

1998 霍拉肖维采古老村落（Holašovice Historical Village Reservation）（C）

1999 利托米什尔城堡（Litomyšl Castle）（C）

2000 奥洛穆茨的三位一体圣柱（Holy Trinity Column in Olomouc）（C）

2001 布尔诺的图根哈特别墅（Tugendhat Villa in Brno）（C）

2003 特莱比克的犹太人居住区与圣普罗科皮乌斯教堂（Jewish Quarter and St Procopius' Basilica in Třebíč）（C）

朝鲜（Democratic People's Republic of Korea）

2004 高句丽墓葬群（Complex of Koguryo Tombs）（C）

刚果民主共和国（Democratic Republic of the Congo）

1979 维龙加国家公园（Virunga National Park）（N）

1980 卡胡兹 – 别加国家公园（Kahuzi – Biega National Park）（N）

1980 加兰巴国家公园（Garamba National Park）（N）

1984 萨龙加国家公园（Salonga National Park）（N）

1996 霍加皮野生生物保护区（Okapi Wildlife Reserve）（N）

丹麦（Denmark）

1994 耶林土墩、石碑及教堂遗址（Jelling Mounds, Runic Stones and Church）（C）

1995 罗斯基勒大教堂（Roskilde Cathedral）（C）

2000 科隆伯格城堡（Kronborg Castle）（C）

2004 伊路利萨特冰湾（Ilulissat Icefjord）（N）

多米尼克（Dominica）

1997 莫尔纳·特鲁瓦·斯皮通斯国家公园（Morne Trois Pitons National Park）（N）

多米尼加共和国（Dominican Republic）

1990 圣多明各的殖民城市（Colonial City of Santo Domingo）（C）

厄瓜多尔（Ecuador）

1978 基多城（City of Quito）（C）

1978,2001 加拉帕戈斯群岛（Galápagos Islands)(N)

1983 桑盖国家公园（Sangay National Park)(N)

1999 昆卡洛斯里奥斯的圣安娜历史中心（Historic Centre of Santa Ana de los Ríos de Cuenca)(C)

埃及（Egypt)

1979 开罗古城（Historic Cairo)(C)

1979 孟菲斯及其墓地——吉萨至达舒尔金字塔地带（Memphis and its Necropolis - the Pyramid Fields from Giza to Dahshur)(C)

1979 底比斯古城及其墓地（Ancient Thebes with its Necropolis)(C)

1979 阿布·辛拜勒至菲莱的努比亚遗址（Nubian Monuments from Abu Simbel to Philae)(C)

1979 阿布米那（Abu Mena)(C)

2002 圣凯瑟琳地区（Saint Catherine Area)(C)

2005 鲸鱼峡谷（Wadi Al - Hitan)(Whale Valley)(N)

萨尔瓦多（El Salvador)

1993 霍亚·德·塞伦考古遗址（Joya de Cerén Archaeoloical Site)(C)

爱沙尼亚（Estonia)

1997 塔林历史中心［Historic Centre (Old Town) of Tallinn］(C)

2005 斯特鲁维地理探测弧线（Struve Geodetic Arc)(C)(10 国共有)

埃塞俄比亚（Ethiopia)

1978 拉利贝拉岩石教堂（Rock - Hewn Churches, Lalibela)(C)

1978 塞米恩国家公园（Simien National Park)(N)

1979 贡德尔地区的法西尔·盖比（Fasil Ghebbi, Gondar Region)(C)

1980 奥莫下游河谷（Lower Valley of the Omo)(C)

1980 阿瓦什下游河谷（Lower Valley of the Awash)(C)

1980 蒂亚（Tiya)(C)

1980 阿克苏姆（Aksum)(C)

2006 哈勒尔——防御性历史城镇（Harar Jugol, the Fortified Historic Town)(C)

2011 孔索文化景观(Konso Cultural Landscape)(C)

芬兰（Finland)

1991 苏奥曼斯纳城堡（Fortress of Suomenlinna）(C)

1991 劳马老城（Old Rauma）(C)

1994 佩泰耶韦西古教堂（Petäjävesi Old Church）(C)

1996 韦尔拉木材加工厂（Verla Groundwood and Board Mill）(C)

1999 萨玛拉敦玛凯青铜时代埋葬遗址（Bronze Age Burial Site of Sammallahdenmäki）(C)

2000,2006 克瓦尔肯群岛高地海岸（Kvarken Archipelago / High Coast）(N)（与瑞典共有）

2005 斯特鲁维地理探测弧线（Struve Geodetic Arc）(C)（10 国共有）

法国（France）

1979 凡尔赛宫及其园林（Palace and Park of Versailles）(C)

1979 圣米歇尔山及其海湾（Mont - Saint - Michel and its Bay）(C)

1979 韦兹莱的教堂和山丘（Vézelay, Church and Hill）(C)

1979 沙特尔大教堂（Chartres Cathedral）(C)

1979 韦泽尔峡谷史前遗址和洞穴群（Prehistoric Sites and Decorated Caves of the Vézère Valley）(C)

1981 奥朗日古罗马剧院和凯旋门（Roman Theatre and its Surroundings and the "Triumphal Arch" of Orange）(C)

1981 亚眠大教堂（Amiens Cathedral）(C)

1981 丰特奈西多会修道院（Cistercian Abbey of Fontenay）(C)

1981 枫丹白露宫及其花园（Palace and Park of Fontainebleau）(C)

1981 阿尔勒城的古罗马和罗马式建筑（Roman and Romanesque Monuments of Arles）(C)

1982, 2009 沙林斯 - 莱巴辛的大盐场至阿尔克 - 塞南皇家盐场（From the Great Saltworks of Salins - les - Bains to the Royal Saltworks of Arc - et - Senans, the production of open - pan salt）(C)

1983 南锡的斯坦尼斯拉斯广场、卡里耶尔广场和阿里昂斯广场（Place Stanislas, Place de la Carrière and Place d'Alliance in Nancy）(C)

1983 圣塞文 - 梭尔 - 加尔坦佩教堂（Abbey Church of Saint - Savin sur Gartempe）(C)

1983 波尔托湾:皮亚纳 - 卡兰切斯、基罗拉塔湾、斯康多拉保护区（Gulf of Porto: Calanche of Piana, Gulf of Girolata, Scandola Reserve）(N)

1985 加尔桥［Pont du Gard（Roman Aqueduct）］(C)

1988 斯特拉斯堡——大岛（Strasbourg - Grande île）(C)

1991 兰斯的圣母大教堂、前圣雷米修道院和 T 形宫殿（Cathedral of Notre - Dame, Former Abbey of Saint - Remi and Palace of Tau, Reims)(C)

1991 巴黎塞纳河畔（Paris, Banks of the Seine)(C)

1992 布尔日大教堂（Bourges Cathedral)(C)

1995 阿维尼翁历史中心（Historic Centre of Avignon)(C)

1996 南方运河（Canal du Midi)(C)

1997 卡尔卡松历史防御城市（Historic Fortified City of Carcassonne)(C)

1997,1999 比利牛斯 - 佩尔杜山（Pyrénées - Mont Perdu)(C, N)(与西班牙共有)

1998 里昂历史区（Historic Site of Lyons)(C)

1998 法兰西孔波斯特拉圣地亚哥朝圣之路（Routes of Santiago de Compostela in France)(C)

1999 圣艾米伦辖区（Jurisdiction of Saint - Emilion)(C)

1999,2005 比利时和法国钟楼（Belfries of Belgium and France)(C)

2000 卢瓦尔河畔的叙利和沙洛呐之间的卢瓦尔河谷（The Loire Valley between Sully - sur - Loire and Chalonnes)(C)

2001 中世纪贸易集镇——普罗旺斯（Provins, Town of Medieval Fairs)(C)

2005 奥古斯特·佩雷重建的港市（Le Havre, the City Rebuilt by Auguste Perret)(C)

2007 波尔多——月亮港（Bordeaux, Port de la Lune)(C)

2008 沃邦防御工事（Fortifications of Vauban)(C)

2008 新喀里多尼亚泻湖：珊瑚礁多样性及相关生态系统（Lagoons of New Caledonia: Reef Diversity and Associated Ecosystems)(N)

2010 阿尔比市的主教旧城（Episcopal City of Albi)(C)

2010 留尼汪岛的山峰,冰斗和峭壁（Pitons, cirques and remparts of Reunion Island)(N)

2011 喀斯和塞文——地中海农牧文化景观（The Causses and the Cévennes, Mediterranean agro - pastoral Cultural Landscape)(C)

2011 阿尔卑斯周围的史前湖岸木桩建筑(Prehistoric Pile dwellings around the Alps)(与德国、意大利、斯洛文尼亚和瑞士共有)(C)

2012 加莱北部矿业盆地(Nord - Pas de Calais Mining Basin)(C)

加蓬（Gabon)

2007 洛佩 - 奥坎德生态系统和文化遗迹景观（Ecosystem and Relict Cultural Landscape of Lopé - Okanda)(C,N)

冈比亚（Gambia）

2003 詹姆士岛及相关遗址（James Island and Related Sites）(C)

2006 塞内冈比亚石圈（Stone Circles of Senegambia）(C)

格鲁吉亚（Georgia）

1994 姆茨赫塔历史建筑（Historical Monuments of Mtskheta）(C)

1994 巴格拉特大教堂和格拉特修道院（Bagrati Cathedral and Gelati Monastery）(C)

1996 上苏瓦奈提（Upper Svaneti）(C)

德国（Germany）

1978 亚琛大教堂（Aachen Cathedral）(C)

1981 维尔茨堡宫、宫廷花园和宅邸广场（Würzburg Residence with the Court Gardens and Residence Square）(C)

1981 施佩耶尔大教堂（Speyer Cathedral）(C)

1983 维斯朝圣教堂（Pilgrimage Church of Wies）(C)

1984 布吕尔的奥古斯都堡和法尔肯卢斯特城堡（Castles of Augustusburg and Falkenlust at Brühl）(C)

1985 希尔德斯海姆的圣玛利亚大教堂和圣米迦洛教堂(St. Mary's Cathedral and St. Michael's Church at Hildesheim）(C)

1986 特里尔的古罗马建筑、圣彼得大教堂和圣玛丽亚教堂（Roman Monuments, Cathedral of St. Peter and Church of Our Lady in Trier）(C)

1987 吕贝克汉萨同盟之城（Hanseatic City of Lübeck）(C)

1987,2005,2008 罗马帝国边界（Frontiers of the Roman Empire）(C)(与英国共有)

1990,1992,1999 波兹坦与柏林的宫殿与庭院（Palaces and Parks of Potsdam and Berlin）(C)

1991 洛尔施修道院和古教堂（Abbey and Altenmünster of Lorsch）(C)

1992,2010 赖迈尔斯堡矿、戈斯拉尔历史城镇和上哈尔茨山的水资源管理系统[Mines of Rammelsberg, Historic Town of Goslar and Upper Harz Water Management System C)]

1993 班贝格城镇(Town of Bamberg)(C)

1993 莫尔布龙修道院（Maulbronn Monastery Complex）(C)

1994 弗尔克林根钢铁厂(Völklingen Ironworks)(G)

1994 奎德林堡的学院教堂、城堡和古镇（Collegiate Church, Castle, and Old Town of Quedlinburg）(C)

1995 麦塞尔化石遗址（Messel Pit Fossil Site）(N)

1996 魏玛和德绍的建筑及其遗址（Bauhaus and its Sites in Weimar and Dessau）(C)

1996 埃斯莱本和维滕贝格的路德纪念地（Luther Memorials in Eisleben and Wittenberg）(C)

1996 科隆大教堂（Cologne Cathedral）(C)

1998 古典之城魏玛（Classical Weimar）(C)

1999 瓦特堡城堡（Wartburg Castle）(C)

1999 柏林的博物馆岛［Museumsinsel（Museum Island）, Berlin］(C)

2000 德绍－沃利茨园林（Garden Kingdom of Dessau－Wörlitz）(C)

2000 莱谢瑙的修道院岛（Monastic Island of Reichenau）(C)

2001 埃森煤矿同盟工业区（Zollverein Coal Mine Industrial Complex in Essen）(C)

2002 施特拉尔松德和维斯马历史中心（Historic Centres of Stralsund and Wismar）(C)

2002 中上游莱茵河谷（Upper Middle Rhine Valley）(C)

2004 马斯科夫公园/马扎科夫斯基公园（Muskauer Park / Park Muzakowski）(C)(与波兰共有)

2004 不莱梅市场上的市政厅和罗兰（Town Hall and Roland on the Marketplace of Bremen）(C)

2006 雷根斯堡旧城（Old town of Regensburg with Stadtamhof）(C)

2007,2011 喀尔巴阡山脉原始山毛榉林和德国古山毛榉林(Primeval Beech Forests of the Carpathians and the Ancient Beech Forests of Germany)(N)(与斯洛伐克和乌克兰共有)

2008 柏林现代风格的住宅区（Berlin Modernism Housing Estates）(C)

2009 瓦登海（The Wadden Sea）(N)(与荷兰共有)

2011 阿尔费尔德法古斯工厂(Fagus Factory in Alfeld)(C)

2011 阿尔卑斯周围的史前湖岸木桩建筑(Prehistoric Pile dwellings around the Alps)(C)(与法国、意大利、斯洛文尼亚和瑞士共有)

2012 拜罗伊特的玛格拉维尔歌剧院(Margravial Opera House Bayreuth)(C)

加纳（Ghana）

1979 中西部阿克拉大区的要塞和城堡（Forts and Castles, Volta Greater Accra,

Central and Western Regions)(C)

1980 阿散蒂传统建筑(Asante Traditional Buildings)(C)

希腊(Greece)

1986 巴赛的阿波罗·伊壁鸠鲁神庙(Temple of Apollo Epicurius at Bassae)(C)

1987 雅典卫城(Acropolis, Athens)(C)

1987 德尔斐考古遗址(Archaeological Site of Delphi)(C)

1988 埃皮道鲁斯考古遗址(Archaeological Site of Epidaurus)(C)

1988 塞萨洛尼基的古基督教和拜占庭遗址(Paleochristian and Byzantine Monuments of Thessalonika)(C)

1988 迈泰奥拉(Meteora)(C, N)

1988 罗得中世纪古城(Medieval City of Rhodes)(C)

1988 阿索斯山(Mount Athos)(C, N)

1989 奥林匹亚考古遗址(Archaeological Site of Olympia)(C)

1989 米斯特拉斯考古遗址(Archaeological Site of Mystras)(C)

1990 达佛尼修道院、霍西俄斯·卢卡斯修道院和希俄斯新修道院(Monasteries of Daphni, Hossios Luckas and Nea Moni of Chios)(C)

1990 提洛斯(Delos)(C)

1992 萨摩斯岛的毕达哥利翁及赫拉神殿(Pythagoreion and Heraion of Samos)(C)

1996 艾加伊(现名韦尔吉纳)考古遗址[Archaeological Site of Aigai (modern name Vergina)](C)

1999 迈锡尼和梯林斯考古遗址(Archaeological Sites of Mycenae and Tiryns)(C)

1999 帕特莫斯岛历史中心及"神学家"圣约翰修道院和《启示录》岩洞遗址[Historic Centre (Chorá) with the Monastery of Saint John "the Theologian" and the Cave of the Apocalypse on the Island of Pátmos](C)

2007 科孚古城(Old Town of Corfu)(C)

危地马拉(Guatemala)

1979 安提瓜危地马拉(Antigua Guatemala)(C)

1979 蒂卡尔国家公园(Tikal National Park)(C, N)

1981 基里瓜考古公园和玛雅文化遗址(Archaeological Park and Ruins of Quirigua)(C)

几内亚（Guinea）

1981,1982 宁巴山自然保护区（Mount Nimba Strict Nature Reserve）(N)（与科特迪瓦共有）

海地（Haiti）

1982 国家历史公园——城堡、斯苏西宫、拉米尔斯堡垒（National History Park-Citadel, Sans Souci, Ramiers）(C)

罗马教廷（Holy See）

1980, 1990 罗马历史中心、城内罗马教廷管辖区和圣保罗教区（Historic Centre of Rome, the Properties of the Holy See in that City Enjoying Extraterritorial Rights and San Paolo Fuori le Mura）(C)（与意大利共有）

1984 梵蒂冈（Vatican City）(C)

洪都拉斯（Honduras）

1980 科潘玛雅遗址（Maya Site of Copan）(C)

1982 雷奥普拉塔诺生物圈保护区（Río Plátano Biosphere Reserve）(N)

匈牙利（Hungary）

1987 霍洛克老村及其周围环境（Old Village of Hollókö and its Surroundings）(C)

1987,2002 布达佩斯，包括多瑙河沿岸、布达城堡地区和安德拉什大街（Budapest, including the Banks of the Danube, the Buda Castle Quarter and Andrássy Avenue）(C)

1995,2000 阿格泰列克岩洞和斯洛伐克喀斯特（Caves of Aggtelek Karst and Slovak Karst）(N)（与斯洛伐克共有）

1996 潘诺恩哈尔姆千年修道院及其自然环境（Millenary Benedictine Abbey of Pannonhalma and its Natural Environment）(C)

1999 霍尔托巴吉国家公园——普斯兹塔（Hortobágy National Park - the Puszta）(C)

2000 佩奇的早期基督教墓地［Early Christian Necropolis of Pécs（Sopianae）］(C)

2001 费特奥／纽锡德尔西文化景观（Fertö / Neusiedlersee Cultural Landscape）(C)（与奥地利共有）

2002 托考伊葡萄酒产区历史文化景观（Tokaj Wine Region Historic Cultural

Landscape)(C)

冰岛(Iceland)

2004 平威利尔国家公园(pingvellir National Park)(C)

2008 叙尔特赛岛(Sturtsey)(N)

印度(India)

1983 阿格拉堡(Agra Fort)(C)

1983 阿旃陀石窟(Ajanta Caves)(C)

1983 泰姬陵(Taj Mahal)(C)

1983 埃洛拉石窟(Ellora Caves)(C)

1984 科纳拉克太阳神庙(Sun Temple, Konârak)(C)

1984 默哈伯利布勒姆古迹群(Group of Monuments at Mahabalipuram)(C)

1985 马纳斯野生生物保护区(Manas Wildlife Sanctuary)(N)

1985 加济兰加国家公园(Kaziranga National Park)(N)

1985 盖奥拉德奥国家公园(Keoladeo National Park)(N)

1986 法塔赫布尔·西格里(Fatehpur Sikri)(C)

1986 亨比古迹群(Group of Monuments at Hampi)(C)

1986 果阿教堂和修道院(Churches and Convents of Goa)(C)

1986 克久拉霍古迹群(Khajuraho Group of Monuments)(C)

1987 孙德尔本斯国家公园(Sundarbans National Park)(N)

1987,2004 朱拉神庙(Great Living Chola Temples)(C)

1987 帕塔达卡尔的石雕群(Group of Monuments at Pattadakal)(C)

1987 象岛石窟(Elephanta Caves)(C)

1988, 2005 楠达德维和花卉山谷国家公园(Nanda Devi and Valley of Flowers National Parks)(N)

1989 桑吉佛教古迹(Buddhist Monuments at Sanchi)(C)

1993 德里的顾特卜塔(Qutb Minar and its Monuments, Delhi)(C)

1993 德里的胡马雍陵(Humayun's Tomb, Delhi)(C)

1999,2005,2008 印度山区铁路(Mountain Railways of India)(C)

2002 菩提伽耶大觉寺(Mahabodhi Temple Complex at Bodh Gaya)(C)

2003 比莫贝卡特石窟(Rock Shelters of Bhimbetka)(C)

2004 贾特拉帕蒂·希瓦吉终点站[Chhatrapati Shivaji Terminus (formerly Victoria Terminus)](C)

2004 尚庞-巴瓦加德考古公园(Champaner - Pavagadh Archaeological Park)

(C)

2007 红堡(The Red Fort Complex)(C)

2010 简塔·曼塔天文台(Jantar Mantar)(C)

2012 西高止山脉(Western Ghats)(N)

印度尼西亚(Indonesia)

1991 婆罗浮屠寺庙群(Borobudur Temple Compounds)(C)

1991 科莫多国家公园(Komodo National Park)(N)

1991 普兰班南寺庙群(Prambanan Temple Compounds)(C)

1991 乌戎库隆国家公园(Ujung Kulon National Park)(N)

1996 桑吉兰早期人类遗址(Sangiran Early Man Site)(C)

1999 洛伦茨国家公园(Lorentz National Park)(N)

2004 苏门答腊热带雨林遗产(Tropical Rainforest Heritage of Sumatra)(N)

2012 巴厘文化景观(Cultural Landscape of Bali Province: the *Subak* System as a Manifestation of the *Tri Hita Karana* Philosophy)(C)

伊朗[Iran (Islamic Republic of)]

1979 波斯波利斯(Persepolis)(C)

1979 伊斯法罕皇家广场(Meidan Emam, Esfahan)(C)

1979 恰高·占比尔(Tchogha Zanbil)(C)

2003 塔赫特苏莱曼(Takht - e Soleyman)(C)

2004 帕萨尔加德(Pasargadae)(C)

2004 巴姆及其文化景观(Bam and its Cultural Landscape)(C)

2005 苏丹尼耶(Soltaniyeh)(C)

2006 比索通古迹(Bisotun)(C)

2008 伊朗的亚美尼亚庙宇群(Armenian Monastic Ensembles of Iran)(C)

2009 舒什塔尔的古代水利系统(Shushtar Historical Hydraulic System)(C)

2010 阿尔达比勒市的谢赫萨菲·丁圣殿与哈内加建筑群(Sheikh Safi al - din Khānegāh and Shrine Ensemble in Ardabil)(C)

2010 大不里士的历史集市区(Tabriz Historic Bazaar Complex)(C)

2011 波斯园林(The Persian Garden)(C)

2012 龚巴德的卡布斯塔(Gonbad - e Qābus)(C)

2012 伊斯法罕清真寺(Masjed - e Jāmé of Isfahan)(C)

伊拉克(Iraq)

1985 哈特拉（Hatra）(C)

2003 亚述［Ashur（Qal'at Sherqat）］(C)

2007 萨迈拉考古城（Samarra Archaeological City）(C)

爱尔兰（Ireland）

1993 博因考古遗址（Archaeological Ensemble of the Bend of the Boyne）(C)

1996 斯凯利格·迈克尔（Skellig Michael）(C)

以色列（Israel）

2001 阿克老城（Old City of Acre）(C)

2001 马撒达（Masada）(C)

2003 特拉维夫的白色之城——现代运动（White City of Tel - Aviv — the Modern Movement）(C)

2005 圣地——米吉多、哈卓和比尔塞芭（Biblical Tels - Megiddo, Hazor, Beer Sheba）(C)

2005 香路——内盖夫的沙漠城（Incense Route - Desert Cities in the Negev）(C)

2008 海法和西加利利的巴海圣地（Bahá'i Holy Places in Haifa and the Western Galilee）(C)

2012 迦密山人类进化遗址：梅尔瓦特河谷－瓦迪艾玛哈尔洞穴（Sites of Human Evolution at Mount Carmel: The Nahal Me'arot / Wadi el - Mughara Caves）(C)

意大利（Italy）

1979 瓦尔卡莫尼卡岩画（Rock Drawings in Valcamonica）(C)

1980 圣母玛利亚感恩教堂与达·芬奇的作品《最后的晚餐》（Church and Dominican Convent of Santa Maria delle Grazie with "*The Last Supper*" by Leonardo da Vinci）(C)

1980，1990 罗马历史中心、城内罗马教廷管辖区和圣保罗教区（Historic Centre of Rome, the Properties of the Holy See in that City Enjoying Extraterritorial Rights and San Paolo Fuori le Mura）(C)（与梵蒂冈共有）

1982 佛罗伦萨历史中心（Historic Centre of Florence）(C)

1987 比萨大教堂广场（Piazza del Duomo, Pisa）(C)

1987 威尼斯及其泻湖（Venice and its Lagoon）(C)

1990 圣吉米尼亚诺历史中心（Historic Centre of San Gimignano）(C)

1993 马泰拉的石窟民居和石头教堂花园（The Sassi and the Park of the Rupestrian Churches of Matera)(C)

1994,1996 维琴察市和威尼托区帕拉蒂奥式别墅群（City of Vicenza and the Palladian Villas of the Veneto)(C)

1995 阿达克里斯匹（Crespi d'Adda)(C)

1995,1999 费拉拉,文艺复兴时期的城市（Ferrara, City of the Renaissance, and its Po Delta)(C)

1995 那不勒斯历史中心（Historic Centre of Naples)(C)

1995 锡耶纳历史中心（Historic Centre of Siena)(C)

1996 拉韦纳早期基督教建筑群（Early Christian Monuments of Ravenna)(C)

1996 阿尔贝罗贝洛的民居（The Trulli of Alberobello)(C)

1996 皮恩察市历史中心（Historic Centre of the City of Pienza)(C)

1996 蒙特城堡（Castel del Monte)(C)

1997 巴尔米尼的石造城堡（Su Nuraxi di Barumini)(C)

1997 帕多瓦植物园[Botanical Garden (Orto Botanico), Padua](C)

1997 摩德纳大教堂、市民塔和大广场（Cathedral, Torre Civica and Piazza Grande, Modena)(C)

1997 卡萨莱的古罗马别墅（Villa Romana del Casale)(C)

1997 卡塞塔18世纪王宫(18th – Century Royal Palace at Caserta, with the Park, the Aqueduct of Vanvitelli, and the San Leucio Complex)(C)

1997 萨沃亚王宫（Residences of the Royal House of Savoy)(C)

1997 韦内雷港、五村镇和群岛[Portovenere, Cinque Terre, and the Islands (Palmaria, Tino and Tinetto)](C)

1997 庞贝、赫库兰尼姆和安努兹亚塔考古区（Archaeological Areas of Pompei, Herculaneum and Torre Annunziata)(C)

1997 阿格里真托考古区(Archaeological Area of Agrigento)(C)

1997 阿玛尔菲海岸（Costiera Amalfitana)(C)

1998 阿奎拉考古区和主教教堂（Archaeological Area and the Patriarchal Basilica of Aquileia)(C)

1998 乌尔比诺历史中心（Historic Centre of Urbino)(C)

1998 齐兰托、迪阿纳峡谷国家公园和佩斯托姆、维利亚考古遗址及帕多拉修道院（Cilento and Vallo di Diano National Park with the Archeological sites of Paestum and Velia, and the Certosa di Padula)(C)

1999 阿德里亚纳别墅(蒂沃利)[Villa Adriana (Tivoli)](C)

2000 阿西西圣弗兰西斯科教堂和方济各会址（Assisi, the Basilica of San Francesco and Other Franciscan Sites)(C)

2000 维罗纳市（City of Verona)(C)

2000 伊索莱·约里(埃奥利亚群岛)[Isole Eolie (Aeolian Islands)](N)

2001 蒂沃利埃斯特别墅（Villa d'Este, Tivoli)(C)

2002 那托瓦拉晚期巴洛克城镇（西西里东南部）[Late Baroque Towns of the Val di Noto (South - eastern Sicily)] (C)

2003 皮埃蒙特和伦巴第的撒克利山（Sacri Monti of Piedmont and Lombardy) (C)

2003,2010 圣乔治山（Monte San Giorgio)(N)

2004 维得斯卡(瓦尔·迪奥西亚)（Val d'Orcia)(C)

2004 塞尔维托里和塔尔奎尼亚的伊特鲁立亚人公墓（Etruscan Necropolises of Cerveteri and Tarquinia)(C)

2005 锡拉库色和潘塔立卡石墓群（Syracuse and the Rocky Necropolis of Pantalica)(C)

2006 热那亚的新街和罗利宫殿体系（Genoa: Le Strade Nuove and the system of the Palazzi dei Rolli)(C)

2008 曼图亚和萨比奥内塔（Mantua and Sabbioneta)(C)

2008 阿尔布拉 - 伯尔尼纳景观中的雷塔恩铁路（Rhaetian Railway in the Albula / Bernina Landscapes)(C)(与瑞士共有)

2009 多落米蒂（The Dolomites)(N)

2011 意大利伦巴底——权利之地(公元 568—774 年)[Longobards in Italy. Places of the power (568 - 774 A. D.)](C)

2011 阿尔卑斯周围的史前湖岸木桩建筑(Prehistoric Pile dwellings around the Alps)(与法国、德国、斯洛文尼亚和瑞士共有)

日本 (Japan)

1993 法隆寺地区的佛教建筑（Buddhist Monuments in the Horyu - ji Area)(C)

1993 白神山地（Shirakami - Sanchi)(N)

1993 屋久岛（Yakushima)(N)

1993 姬路城（Himeji - jo)(C)

1994 古京都的历史建筑［Historic Monuments of Ancient Kyoto (Kyoto, Uji and Otsu Cities)](C)

1995 白川乡和五箇山的历史村落（Historic Villages of Shirakawa - go and Gokayama)(C)

1996 严岛神社（Itsukushima Shinto Shrine）(C)

1996 广岛和平纪念碑［Hiroshima Peace Memorial (Genbaku Dome)］(C)

1998 古奈良的历史建筑（Historic Monuments of Ancient Nara）(C)

1999 日光的神殿与庙宇（Shrines and Temples of Nikko）(C)

2000 琉球王国时期的居苏库遗址及其相关遗产（Gusuku Sites and Related Properties of the Kingdom of Ryukyu）(C)

2004 纪伊山脉圣地和朝圣之路（Sacred Sites and Pilgrimage Routes in the Kii Mountain Range）(C)

2005 知床半岛（Shiretoko）(N)

2007 根县石见银矿及其文化景观（Iwami Ginzan Silver Mine and its Cultural Landscape）(C)

2011 平泉——象征着佛教净土的庙宇、园林与考古遗址（Hiraizumi-Temples, Gardens and Archaeological Sites Representing the Buddhist Pure Land）(C)

2011 小笠原群岛（Ogasawara Islands）(N)

路撒冷［Jerusalem（Site proposed by Jordan）］

1981 耶路撒冷旧城及其城墙（Old City of Jerusalem and its Walls）(C)

约旦（Jordan）

1995 古塞尔·阿姆拉（Quseir Amra）(C)

1985 佩特拉（Petra）(C)

2004 乌姆爱尔－赖萨斯［Um er－Rasas（Kastrom Mefa'a）］(C)

2011 瓦迪拉姆保护区（Wadi Rum Protected Area）(C,N)

哈萨克斯坦（Kazakhstan）

2003 考迦·阿赫迈德·雅萨维陵墓（Mausoleum of Khoja Ahmed Yasawi）(C)

2004 泰姆格里考古景观岩刻（Petroglyphs within the Archaeological Landscape of Tamgaly）(C)

2008 萨利亚喀－哈萨克斯坦北部的草原和湖泊（Saryarka-Steppe and Lakes of Northern Kazakhstan）(N)

肯尼亚（Kenya）

1997 肯尼亚山国家公园/自然森林（Mount Kenya National Park / Natural Forest）(N)

1997,2001 图尔卡纳湖国家公园（Lake Turkana National Parks）(N)

2001 拉穆古城（Lamu Old Town）(C)

2008 米吉肯达圣林（Sacred Mijikenda Kaya Forests）(C)

2011 蒙巴萨的耶稣堡(Fort Jesus, Mombasa)(C)

2011 肯尼亚东非大裂谷的湖泊系统(Kenya Lake System in the Great Rift Valley)(N)

基里巴斯(Kiribati)

2010 菲尼克斯群岛保护区(Phoenix Islands Protected Area)(N)

吉尔吉斯斯坦(Kyrgyzstan)

2009 苏莱曼圣山(Sulaiman – Too Sacred Mountain)(C)

老挝(Lao People's Democratic Republic)

1995 琅勃拉邦的城镇(Town of Luang Prabang)(C)

2001 占巴塞文化景观中的瓦普及相关古遗址(Vat Phou and Associated Ancient Settlements within the Champasak Cultural Landscape)(C)

拉脱维亚(Latvia)

1997 里加历史中心(Historic Centre of Riga)(C)

2005 斯特鲁维地理探测弧线(Struve Geodetic Arc)(C)(10 国共有)

黎巴嫩(Lebanon)

1984 巴勒贝克(Baalbek)(C)

1984 安杰尔(Anjar)(C)

1984 提尔城(Tyre)(C)

1984 比布鲁斯(Byblos)(C)

1998 瓦迪·卡蒂沙(圣谷)和神杉林(霍尔沙·阿兹·埃尔·拉博)[Ouadi Qadisha (the Holy Valley) and the Forest of the Cedars of God (Horsh Arz el – Rab)](C)

利比亚(Libyan Arab Jamahiriya)

1982 莱普蒂斯·玛格纳考古遗址(Archaeological Site of Leptis Magna)(C)

1982 昔兰尼考古遗址(Archaeological Site of Cyrene)(C)

1982 萨布拉塔考古遗址(Archaeological Site of Sabratha)(C)

1985 塔德尔拉特·阿卡库斯岩画遗址(Rock – Art Sites of Tadrart Acacus)(C)

1986 加达梅斯老城(Old Town of Ghadamès)(C)

立陶宛（Lithuania）

1994 维尔纽斯历史中心（Vilnius Historic Centre）(C)

2000 库罗尼亚岬（Curonian Spit）(C)(与俄罗斯联邦共有)

2004 克拿维考古遗址(克拿维文化保护区)［Kernavė Archaeological Site（Cultural Reserve of Kernavė）］(C)

2005 斯特鲁维地理探测弧线 Struve Geodetic Arc(C)(10国共有)

卢森堡（Luxembourg）

1994 卢森堡市旧城区和防御工事（City of Luxembourg: its Old Quarters and Fortifications）(C)

马达加斯加（Madagascar）

1990 黥基·德·贝马拉哈自然保护区（Tsingy de Bemaraha Strict Nature Reserve）(N)

2001 阿波希曼加王室山岭（Royal Hill of Ambohimanga）(C)

2007 阿钦安阿纳雨林(Rainforests of the Atsinanana)(N)

马拉维（Malawi）

1984 马拉维湖国家公园（Lake Malawi National Park）(N)

2006 琼戈尼岩石艺术区（Chongoni Rock Art Area）(C)

马来西亚(Malaysia)

2000 穆鲁山国家公园（Gunung Mulu National Park）(N)

2000 基纳巴卢公园（Kinabalu Park）(N)

2008 马六甲海峡的历史城市——马六甲与乔治城(Melaka and George Town, Historic Cities of the Straits of Malacca)(C)

2012 隆功谷地考古遗产(Archaeological Heritage of the Lenggong Valley)(C)

马里（Mali）

1988 廷巴克图（Timbuktu）(C)

1988 杰内古城（Old Towns of Djenné）(C)

1989 邦贾加拉悬崖［Cliff of Bandiagara（Land of the Dogons）］(C,N)

2004 阿斯基亚陵（Tomb of Askia）(C)

马耳他（Malta）

1980 哈尔·萨夫列尼地下宫殿（Hal Saflieni Hypogeum）(C)

1980,1992 马耳他巨石寺庙（Megalithic Temples of Malta）(C)

1980 瓦莱塔城（City of Valletta）(C)

马绍尔群岛（Marshall Islands）

2010 比基尼环礁的核试验基地(Bikini Atoll Nuclear Test Site)(C)

毛里塔尼亚（Mauritania）

1989 阿尔金海滩国家公园（Banc d'Arguin National Park）(N)

1996 瓦丹、欣盖提、提希特和瓦拉塔古城镇（Ancient Ksour of Ouadane, Chinguetti, Tichitt and Oualata）(C)

毛里求斯(Mauritius)

2006 阿普拉瓦西·加特（Aapravasi Ghat）(C)

2008 莫纳山文化景观（Le Morne Cultural Landscape）(C)

墨西哥（Mexico）

1987 墨西哥城和霍奇米尔科区历史中心（Historic Centre of Mexico City and Xochimilco）(C)

1987 普埃布拉历史中心（Historic Centre of Puebla）(C)

1987 帕伦克的前西班牙城市及国家公园（Pre – Hispanic City and National Park of Palenque）(C)

1987 瓦哈卡历史中心和蒙特阿尔班考古区(Historic Centre of Oaxaca and Archaeological Site of Monte Albán）(C)

1987 先卡安(Sian Ka'an)(N)

1987 特奥蒂瓦坎前西班牙城市（Pre – Hispanic City of Teotihuacan）(C)

1988 奇琴伊察前西班牙城市（Pre – Hispanic City of Chichen – Itza）(C)

1988 瓜纳尤阿托历史城及其周围矿区（Historic Town of Guanajuato and Adjacent Mines）(C)

1991 莫雷利亚历史中心（Historic Centre of Morelia）(C)

1992 埃尔塔津古城（El Tajin, Pre – Hispanic City）(C)

1993 埃尔维采诺鲸鱼禁捕区（Whale Sanctuary of El Vizcaino）(N)

1993 扎卡特卡斯历史中心（Historic Centre of Zacatecas）(C)

1993 圣弗朗西斯科山脉岩画（Rock Paintings of the Sierra de San Francisco）(C)

1994 波波卡特佩特山坡上最早的16世纪修道院(Earliest 16th – Century Monasteries on the Slopes of Popocatepetl)(C)

1996 克雷塔罗历史建筑区(Historic Monuments Zone of Querétaro)(C)

1996 乌斯马尔前西班牙城镇(Pre – Hispanic Town of Uxmal)(C)

1997 瓜达拉雅拉的卡巴纳斯救济院(Hospicio Cabañas, Guadalajara)(C)

1998 特拉科塔尔潘的历史建筑区(Historic Monuments Zone of Tlacotalpan)(C)

1998 大卡萨斯的帕奎美考古区(Archeological Zone of Paquimé, Casas Grandes)(C)

1999 霍契卡尔科考古遗址区(Archaeological Monuments Zone of Xochicalco)(C)

1999 坎佩切的历史要塞重镇(Historic Fortified Town of Campeche)(C)

2002 坎佩切卡拉科穆尔的古玛雅城(Ancient Maya City of Calakmul, Campeche)(C)

2003 克雷塔罗西耶那戈达的方济会传教区(Franciscan Missions in the Sierra Gorda of Querétaro)(C)

2004 路易斯·巴拉干的住宅和工作室(Luis Barragán House and Studio)(C)

2005 加利福尼亚湾群岛及保护区(Islands and Protected Areas of the Gulf of California)(N)

2006 龙舌兰景观和古代工业设备(Agave Landscape and Ancient Industrial Facilities of Tequila)(C)

2007 墨西哥国立自治大学大学城校园(Central University City Campus of the Universidad Nacional Autónoma de México)(UNAM)(C)

2008 大蝴蝶生物圈保护区(Monarch Butterfly Biosphere Reserve)(N)

2008 圣米格尔防护城镇和阿他托尼科的拿撒勒人耶稣圣殿(Protective town of San Miguel and the Sanctuary of Jesús de Nazareno de Atotonilco)(C)

2010 皇家内陆大干线(Camino Real de Tierra Adentro)(C)

2010 瓦哈卡州中央谷地的亚古尔与米特拉史前洞穴(Prehistoric Caves of Yagul and Mitla in the Central Valley of Oaxaca)(C)

蒙古(Mongolia)

2003 乌布苏盆地(Uvs Nuur Basin)(N)(与俄罗斯共有)

2004 鄂尔浑峡谷文化景观(Orkhon Valley Cultural Landscape)(C)

2011 蒙古阿尔泰山脉的石刻群(Petroglyphic Complexes of the Mongolian Altai)(C)

黑山（Montenegro）

1979 科托尔自然与文化历史区（Natural and Culturo - Historical Region of Kotor）(C)

1980，2005 杜米托尔国家公园（Durmitor National Park）(N)

摩洛哥（Morocco）

1981 非斯的麦地耶（Medina of Fez）(C)

1985 马拉喀什的麦地耶（Medina of Marrakesh）(C)

1987 阿伊特·本·哈杜村（Ksar of Ait - Ben - Haddou）(C)

1996 梅克内斯历史城市（Historic City of Meknes）(C)

1997 得土安的麦地耶 [Medina of Tétouan（formerly known as Titawin）](C)

1997 沃吕比利斯考古遗址（Archaeological Site of Volubilis）(C)

2001 埃萨欧拉的麦地耶 [Medina of Essaouira（formerly Mogador）](C)

2004 马扎甘葡萄牙城[Portuguese City of Mazagan（El Jadida）](C)

2012 拉巴特:一座历史与现代交辉的城市（Rabat, modern capital and historic city: a shared heritage）(C)

莫桑比克（Mozambique）

1991 莫桑比克岛（Island of Mozambique）(C)

纳米比亚（Namibia）

2007 特威菲尔泉岩画（Twyfelfontein or /Ui - / aes）(C)

尼泊尔（Nepal）

1979 加德满都谷地（Kathmandu Valley）(C)

1979 萨加玛塔国家公园（Sagarmatha National Park）(C)

1984 奇特旺皇家国家公园（Royal Chitwan National Park）(N)

1979 佛陀(释迦牟尼)诞生地兰毗尼（Lumbini, the Birthplace of the Lord Buddha）(C)

荷兰（Netherlands）

1995 斯科兰和周边地区（Schokland and Surroundings）(C)

1996 阿姆斯特丹的防线（Defence Line of Amsterdam）(C)

1997 金德代克·埃尔斯豪特的风车（Mill Network at Kinderdijk - Elshout）(C)

1997 荷兰安得列斯群岛威廉斯塔德历史区、内城和港口（Historic Area of Willemstad, Inner City and Harbour, Netherlands Antilles)(C)

1998 迪·弗·沃达蒸汽泵站[Ir. D. F. Woudagemaal(D. F. Wouda Steam Pumping Station)](C)

1999 比姆斯特尔迂田[Droogmakerij de Beemster(Beemster Polder)](C)

2000 里特瓦尔德·施勒德尔的房屋[Rietveld Schröderhuis(Rietveld Schröder House)](C)

2009 瓦登海(The Wadden Sea)(N)(与德国共有)

2010 辛格尔运河以内的阿姆斯特丹 17 世纪同心圆形运河区(Seventeenth - century canal ring area of Amsterdam inside the Singelgracht)(C)

新西兰(New Zealand)

1990 新西兰西南部蒂瓦希普纳穆(Te Wahipounamu - South West New Zealand)(N)

1990,1993 汤加里罗国家公园(Tongariro National Park)(C,N)

1998 新西兰次南极区群岛(New Zealand Sub - Antarctic Islands)(N)

尼加拉瓜(Nicaragua)

2000 莱昂·维尧遗址(Ruins of León Viejo)(C)

2011 莱昂大教堂(León Cathedral)(C)

尼日尔(Niger)

1991 阿伊尔和泰内雷自然保护区(Air and Ténéré Natural Reserves)(N)

1996 尼日尔 W 国家公园(W National Park of Niger)(N)

尼日利亚(Nigeria)

1999 苏库尔文化景观(Sukur Cultural Landscape)(C)

2005 奥孙-奥索博神树林(Osun - Osogbo Sacred Grove)(C)

挪威(Norway)

1979 布吕根(Bryggen)(C)

1979 乌尔内斯木构教堂(Urnes Stave Church)(C)

1980,2010 勒罗斯矿城及周边地区(Røros Mining Town and the Circumference)(C)

1985 阿尔塔岩画(Rock Art of Alta)(C)

2004 维加群岛(Vegaøyan - The Vega Archipelago)(C)

2005 挪威西峡湾——盖朗厄尔峡湾和纳柔依峡湾（West Norwegian Fjords - Geirangerfjord and Nœrøyfjord）(N)

2005 斯特鲁维地理探测弧线（Struve Geodetic Arc）(C)（10 国共有）

阿曼（Oman）

1987 巴赫拉堡（Bahla Fort）(C)

1988 巴特、库特姆和艾因考古遗址（Archaeological Sites of Bat, Al - Khutm and Al - Ayn）(C)

2000 乳香之路（Land of Frankincense）(C)

2006 阿曼阿夫拉季灌溉体系（Aflaj Irrigation Systems of Oman）(C)

巴基斯坦（Pakistan）

1980 塔克特·伊·巴依佛教遗址和萨尔·依·巴赫洛古城遗址（Buddhist Ruins of Takht - i - Bahi and Neighbouring City Remains at Sahr - i - Bahlol）(C)

1980 塔克西拉（Taxila）(C)

1980 摩亨朱达罗考古遗址（Archaeological Ruins at Moenjodaro）(C)

1981 塔塔城的历史建筑（Historical Monuments at Makli, Thatta）(C)

1981 拉合尔古堡和夏拉玛尔花园（Fort and Shalamar Gardens in Lahore）(C)

1997 罗赫达斯要塞（Rohtas Fort）(C)

帕劳(Palau)

2012 南部泻湖岩石岛(Rock Islands Southern Lagoon)(C,N)

巴勒斯坦(Palestin)

2012 伯利恒的耶稣诞生地:诞生教堂和朝圣线路(Birthplace of Jesus: Church of the Nativity and the Pilgrimage Route, Bethlehem)(C)

巴拿马（Panama）

1980 巴拿马加勒比海岸的防御工事——波尔多贝罗 - 圣洛伦佐（Fortifications on the Caribbean Side of Panama: Portobelo - San Lorenzo）(C)

1981 达连国家公园（Darien National Park）(N)

1983,1990 塔拉曼卡山 - 阿米斯塔自然保护区 / 阿米斯塔国家公园（Talamanca Range - La Amistad Reserves / La Amistad National Park）(N)（与哥斯达黎加共有）

1997,2003 巴拿马韦爵考古遗址和巴拿马历史区（Archaeological Site of Panamá

Viejo and Historic District of Panamá)(C)

2005 柯义巴国家公园和海洋保护区(Coiba National Park and its Special Zone of Marine Protection)(N)

巴布亚新几内亚(Papua New Guinea)

2008 库科早期农业遗址(Kuk Early Agricultural Site)(C)

巴拉圭(Paraguay)

1993 巴拉那的桑蒂西玛·特立尼达和塔瓦兰格的耶稣会传教区(Jesuit Missions of La Santisima Trinidad de Paraná and Jesús de Tavarangue)(C)

秘鲁(Peru)

1983 库斯科城(City of Cuzco)(C)

1983 马丘比丘历史圣地(Historic Sanctuary of Machu Picchu)(C, N)

1985 查文(考古遗址)[Chavin(Archaeological Site)](C)

1985 瓦斯卡兰国家公园(Huascarán National Park)(N)

1986 昌昌考古区(Chan Chan Archaelogical Zone)(C)

1987 玛努国家公园(Manú National Park)(N)

1988,1991 利马历史中心(Historic Centre of Lima)(C)

1990,1992 里奥阿比塞奥国家公园(Rio Abiseo National Park)(C, N)

1994 纳斯卡和朱马纳草原的线条和地画(Lines and Geoglyphs of Nasca and Pampas de Jumana)(C)

2000 阿雷基帕历史中心(Historical Centre of the City of Arequipa)(C)

2009 卡罗尔-苏沛圣城(Sacred City of Caral - Supe)(C)

菲律宾(Philippines)

1993,2009 图巴塔哈礁自然公园(Tubbataha Reefs Natural Park)(N)

1993 菲律宾巴洛克式教堂群(Baroque Churches of the Philippines)(C)

1995 菲律宾科尔迪莱拉的水稻梯田(Rice Terraces of the Philippine Cordilleras)(C)

1999 维甘历史城(Historic Town of Vigan)(C)

1999 普林塞萨港地下河国家公园(Puerto - Princesa Subterranean River National Park)(N)

波兰(Poland)

1978 维利奇卡盐矿（Wieliczka Salt Mine）(C)

1978 克拉科夫历史中心（Cracow's Historic Centre）(C)

1979，1992 拜拉乌扎斯卡雅·布什卡／比阿洛维察森林（Belovezhskaya Pushcha / Bialowieza Forest）(N)（与白俄罗斯共有）

1979 奥斯维辛－比克瑙——德国纳粹集中营（1940－1945）[Auschwitz Birkenau German Nazi Concentration and Extermination Camp（1940－1945）](C)

1980 华沙历史中心（Historic Centre of Warsaw）(C)

1992 扎莫斯克老城（Old City of Zamosc）(C)

1997 托伦中世纪城镇（Medieval Town of Toruń）(C)

1997 马尔堡的条顿骑士团城堡（Castle of the Teutonic Order in Malbork）(C)

1999 卡尔瓦利亚·泽日多夫斯卡：别致建筑、园林景观和朝圣公园（Kalwaria Zebrzydowska: the Mannerist Architectural and Park Landscape Complex and Pilgrimage Park）(C)

2001 亚沃尔和斯维德卡的和平教堂（Churches of Peace in Jawor and Swidnica）(C)

2003 南部小波兰的木造教堂（Wooden Churches of Southern Little Poland）(C)

2004 马斯科夫公园／马扎科夫斯基公园（Muskauer Park / Park Muzakowski）(C)（与德国共有）

2006 洛兹拉夫百年厅（Centennial Hall in Wroclaw）(C)

葡萄牙（Portugal）

1983 里斯本的赫罗尼莫斯修道院和贝伦塔（Monastery of the Hieronymites and Tower of Belém in Lisbon）(C)

1983 托马尔基督教修道院（Convent of Christ in Tomar）(C)

1983 亚速尔群岛的安格拉·多·赫洛依斯城中心区（Central Zone of the Town of Angra do Heroismo in the Azores）(C)

1983 巴塔拉修道院（Monastery of Batalha）(C)

1986 埃武拉历史中心（Historic Centre of Évora）(C)

1989 阿尔科巴萨修道院（Monastery of Alcobaça）(C)

1995 辛特拉的文化景观（Cultural Landscape of Sintra）(C)

1996 波尔图历史中心（Historic Centre of Oporto）(C)

1998，2010 科阿峡谷和席尔加·维德史前岩画遗址（Prehistoric Rock－Art Sites in the Côa Valley and Siega Verde）(C)

1999 马德拉岛的阔叶常绿乔木群落（Laurisilva of Madeira）(N)

2001 阿尔托都罗葡萄酒产区（Alto Douro Wine Region）(C)

2001 圭马莱斯历史中心（Historic Centre of Guimarẽes）(C)

2004 皮克岛葡萄园文化景观（Landscape of the Pico Island Vineyard Culture）(C)

2012 埃瓦斯边境驻军城镇及其防御工事(Garrison Border Town of Elvas and its Fortifications)(C)

韩国（Republic of Korea）

1995 宗庙（Jongmyo Shrine）(C)

1995 海印寺大藏经板木及板库（Haeinsa Temple Janggyeong Panjeon, the Depositories for the Tripitaka Koreana Woodblocks）(C)

1995 庆州石窟庵和佛国寺（Seokguram Grotto and Bulguksa Temple）(C)

1997 水原华城（Hwaseong Fortress）(C)

1997 昌德宫（Changdeokgung Palace Complex）(C)

2000 庆州历史区（Gyeongju Historic Areas）(C)

2000 高昌、华森和江华史前墓遗址（Gochang, Hwasun, and Ganghwa Dolmen Sites）(C)

2007 济州火山岛和熔岩洞（Jeju Volcanic Island and Lava Tubes）(N)

2009 朝鲜王陵（Royal Tombs of the Joseon Dynasty）(C)

2010 韩国历史村落:河回村和良洞村（Historic Villages of Korea: Hahoe and Yangdong）(C)

摩尔多瓦（Republic of Moldova）

2005 斯特鲁维地理探测弧线（Struve Geodetic Arc）(C)(10 国共有)

罗马尼亚（Romania）

1991 多瑙河三角洲（Danube Delta）(N)

1993,1999 特拉斯勒瓦尼亚具有要塞教堂的村庄（Villages with Fortified Churches in Transylvania）(C)

1993,2010 苏切维察修道院的复活教堂（Church of the Resurrection of Suceviţa Monastery）(C)

1993 霍雷祖修道院（Monastery of Horezu）(C)

1999 奥拉斯迪山的达契安要塞（Dacian Fortresses of the Orastie Mountains）(C)

1999 马拉穆莱斯的木结构教堂（Wooden Churches of Maramures）(C)

1999 锡吉什瓦拉历史中心（Historic Centre of Sighisoara）(C)

俄罗斯（Russian Federation）

1990 莫斯科的克里姆林宫和红场（Kremlin and Red Square, Moscow）(C)

1990 圣彼得堡历史中心和建筑群（Historic Centre of Saint Petersburg and Related Groups of Monuments）(C)

1990 基日岛的木结构教堂（Kizhi Pogost）(C)

1992 弗拉基米尔和苏兹达尔白色建筑群（White Monuments of Vladimir and Suzdal）(C)

1992 索洛维茨基群岛的文化和历史遗址（Cultural and Historic Ensemble of the Solovetsky Islands）(C)

1992 诺夫哥罗德及其周围的历史遗址（Historic Monuments of Novgorod and Surroundings）(C)

1993 谢尔吉三位一体大修道院（Architectural Ensemble of the Trinity Sergius Lavra in Sergiev Posad）(C)

1994 科洛缅斯科耶的耶稣升天教堂（Church of the Ascension, Kolomenskoye）(C)

1995 科米原始森林（Virgin Komi Forests）(N)

1996 贝加尔湖（Lake Baikal）(N)

1996,2001 堪察加火山（Volcanoes of Kamchatka）(N)

1998 阿尔泰山（Golden Mountains of Altai）(N)

1999 西高加索山脉（Western Caucasus）(N)

2000 库罗尼亚岬（Curonian Spit）(C)(与立陶宛共有)

2000 费拉邦多夫修道院遗址群（Ensemble of The Ferrapontov Monastery）(C)

2000 喀山克里姆林的历史和建筑复合体（Historic and Architectural Complex of the Kazan Kremlin）(C)

2001 中部斯科特阿林（Central Sikhote – Alin）(N)

2003 乌布苏盆地（Uvs Nuur Basin）(N)(与蒙古共有)

2003 杰尔宾特城堡、古城和要塞建筑（Citadel, Ancient City and Fortress Buildings of Derbent）(C)

2004 诺沃德维奇女修道院（Ensemble of the Novodevichy Convent）(C)

2004 弗兰格尔岛自然保护区（Natural System of Wrangel Island Reserve）(N)

2005 雅罗斯拉夫尔城历史中心（Historical Centre of the City of Yaroslavl）(C)

2005 斯特鲁维地理探测弧线（Struve Geodetic Arc）(C)

2010 普托拉纳高原（Putorana Plateau）(N)

2012 列那石柱林自然公园(Lena Pillars Nature Park)(N)

圣基茨和尼维斯（Saint Kitts and Nevis）

1999 硫磺山要塞国家公园（Brimstone Hill Fortress National Park）(C)

圣卢西亚（Saint Lucia）

2004 皮通斯管理区（Pitons Management Area）(N)

圣马力诺（San Marino）

2008 圣马力诺历史中心和蒂塔诺山（San Marino Historic Centre and Mount Titano）(C)

沙特阿拉伯（Saudi Arabia）

2008 希杰尔考古遗址(迈达因萨利赫)［Al – Hijr Archaeological Site（Madâin Sâlih）］(C)

2010 德拉伊耶遗址的阿图赖夫区（At – Turaif District in ad – Dir'iyah）(C)

塞内加尔（Senegal）

1978 戈雷岛（Island of Gorée）(C)

1981 尼奥科罗 – 科巴国家公园（Niokolo – Koba National Park）(N)

1981 朱吉国家鸟类保护区（Djoudj National Bird Sanctuary）(N)

2000 圣路易斯岛(Island of Saint – Louis)(C)

2006 塞内冈比亚石圈（Stone Circles of Senegambia）(C)

2011 萨卢姆三角洲(Saloum Delta)(C)

2012 巴萨瑞地区:富拉和贝迪克的文化景观(Bassari Country: Bassari, Fula and Bedik Cultural Landscapes)(C)

塞尔维亚（Serbia）

1979 斯塔里斯和索波查尼（Stari Ras and Sopoćani）(C)

1986 斯图德尼察修道院（Studenica Monastery）(C)

2004,2006 科索沃中世纪建筑（Medieval Monuments in Kosovo）(C)

2007 贾姆济格勒 – 罗慕利亚的加莱里乌斯宫（Gamzigrad – Romuliana, Palace of Galerius）(C)

塞舌尔（Seychelles）

1982 阿尔达布拉环礁（Aldabra Atoll）(N)

1983 玛依谷地自然保护区（Vallée de Mai Nature Reserve）(N)

斯洛伐克（Slovakia）

1993 历史名城班斯卡－什佳夫尼察及其工程建筑区（Historic Town of Banská Štiavnica and the Technical Monuments in its Vicinity）(C)

1993,2009 雷弗卡、斯皮斯基·赫拉德及其文化遗址（Levoca, Spišský Hrad and the Associated Cultural Monuments）(C)

1993 沃尔克林奈克（Vlkolinec）(C)

1995,2000 阿格泰莱克喀斯特和斯洛伐克喀斯特溶洞（Caves of Aggtelek Karst and Slovak Karst）(N)(与匈牙利共有)

2000 巴尔代约夫镇保护区（Bardejov Town Conservation Reserve）(C)

2007,2011 喀尔巴阡山脉原始山毛榉林和德国古山毛榉林(Primeval Beech Forests of the Carpathians and the Ancient Beech Forests of Germany)(N)(与德国和乌克兰共有)

2008 喀尔巴阡山区斯洛伐克段的木制教堂（Wooden Churches of the Slovak part of Carpathian Mountain Area）(C)

斯洛文尼亚（Slovenia）

1986 什科茨扬溶洞（Škocjan Caves）(N)

2011 阿尔卑斯周围的史前湖岸木桩建筑(Prehistoric Pile dwellings around the Alps)(C)(与法国、德国、意大利和瑞士共有)

2012 水银遗产:阿尔马登和伊德里亚(Heritage of Mercury. Almadén and Idrija)(C)(与西班牙共有)

所罗门群岛（Solomon Islands）

1998 东伦内尔岛（East Rennell）(N)

南非（South Africa）

1999 罗本岛（Robben Island）(C)

1999, 2005 斯泰克方丹、斯瓦特克朗、克罗德莱和艾维罗恩古人类化石遗址（Fossil Hominid Sites of Sterkfontein, Swartkrans, Kromdraai, and Environs）(C)

1999 大圣卢西亚湿地公园［Greater St. Lucia Wetland Park（iSimangaliso Wetland Park）］(N)

2000 尤克哈兰巴／德拉肯斯堡公园（uKhahlamba／Drakensberg Park）(C, N)

2003 马蓬古布韦文化景观（Mapungubwe Cultural Landscape）(C)

2004 开普植物群保护区（Protected Areas of the Cape Floral Region）(N)

2005 弗里德堡陨石坑（Vredefort Dome）（N）

2007 理查德斯维德文化和植物景观（Richtersveld Cultural and Botanical Landscape）（C）

西班牙（Spain）

1984 布尔戈斯大教堂（Burgos Cathedral）（C）

1984,2005 安托尼·戈第的建筑工程（Works of Antoni Gaudí）（C）

1984,1994 格拉纳达的阿尔罕布拉、赫内拉利费和阿贝伊辛（Alhambra, Generalife and Albayzin, Granada）（C）

1984,1994 科尔多巴历史中心（Historic Centre of Cordoba）（C）

1984 马德里埃斯库里阿尔修道院和遗址（Monastery and Site of the Escurial, Madrid）（C）

1985 孔波斯特拉的圣地亚哥（老城）[Santiago de Compostela（Old Town）]（C）

1985,1998 奥维多的遗迹和阿斯图里亚斯的领域（Monuments of Oviedo and the Kingdom of the Asturias）（C）

1985 塞哥维亚旧城及其输水道（Old Town of Segovia and its Aqueduct）（C）

1985 阿维拉旧城及城外教堂（Old Town of Ávila with its Extra – Muros Churches）（C）

1985,2008 西班牙北部的阿尔塔米拉洞窟和旧石器时代洞窟艺术（Cave of Altamira and Paleolithic Cave Art of Northern Spain）（C）

1986 加拉霍艾国家公园（Garajonay National Park）（N）

1986 卡塞雷斯古镇（Old Town of Cάceres）（C）

1986 托莱多历史城市（Historic City of Toledo）（C）

1986,2001 阿拉贡的穆迪加建筑（Mudejar Architecture of Aragon）（C）

1987 塞维利亚大教堂、阿尔卡萨尔和西印度群岛档案馆（Cathedral, Alcazar and Archivo de Indias in Seville）（C）

1988 萨拉曼卡古城（Old City of Salamanca）（C）

1991 波布莱特修道院（Poblet Monastery）（C）

1993 瓜达卢佩的圣玛利亚皇家修道院（Royal Monastery of Santa Maria de Guadalupe）（C）

1993 孔波斯特拉的圣地亚哥朝圣之路（Route of Santiago de Compostela）（C）

1993 梅里达考古遗址（Archaeological Ensemble of Mérida）（C）

1994 多纳纳国家公园（Doñana National Park）（N）

1996 昆卡的历史要塞之城（Historic Walled Town of Cuenca）（C）

1996 瓦伦西亚的丝绸交易所（La Lonja de la Seda de Valencia）（C）

1997 巴塞罗那的加泰罗尼亚音乐厅及圣保罗医院（The Palau de la Música Catalana and the Hospital de Sant Pau, Barcelona）(C)

1997,1999 比利牛斯－佩尔杜山（Pyrénées － Mont Perdu）(C, N)（与法国共有）

1997 拉斯梅德拉斯（Las Médulas）(C)

1997 圣米兰的尤索和素索修道院（San Millán Yuso and Suso Monasteries）(C)

1998 埃纳雷斯堡的阿尔卡拉的大学和历史区（University and Historic Precinct of Alcalá de Henares）(C)

1998 伊比利亚半岛地中海盆地的岩画艺术（Rock－Art of the Mediterranean Basin on the Iberian Peninsula）(C)

1998,2010 科阿峡谷和席尔加·维德史前岩画遗址（Prehistoric Rock－Art Sites in the Côa Valley and Siega Verde）(C)

1999 拉古纳的圣克斯托瓦尔（San Cristóbal de La Laguna）(C)

1999 伊维萨岛——生物多样性和文化（Ibiza, Biodiversity and Culture）(C, N)

2000 阿塔普埃尔卡考古遗址（Archaeological Site of Atapuerca）(C)

2000 博伊瓦尔的加泰隆人罗马式教堂建筑（Catalan Romanesque Churches of the Vall de Boí）(C)

2000 塔拉科考古遗址（Archaeological Ensemble of Tárraco）(C)

2000 卢戈的罗马城墙（Roman Walls of Lugo）(C)

2000 埃皮切的帕梅拉尔（Palmeral of Elche）(C)

2001 阿兰约兹文化景观（Aranjuez Cultural Landscape）(C)

2003 乌韦达和巴埃萨文艺复兴时期的建筑群（Renaissance Monumental Ensembles of Ubeda and Baeza）(C) 2006 维兹卡亚桥 Vizcaya Bridge(C)

2007 泰德国家公园（Teide National Park）(N)

2009 海克力士塔（Tower of Hercules）(C)

2011 特拉蒙塔那山区文化景观(Cultural Landscape of the Serra de Tramuntana)(C)

2012 水银遗产:阿尔马登和伊德里亚(Heritage of Mercury. Almadén and Idrija)(C)(与斯洛文尼亚共有)

斯里兰卡（Sri Lanka）

1982 锡吉里亚古城（Ancient City of Sigiriya）(C)

1982 波隆纳鲁沃古城（Ancient City of Polonnaruwa）(C)

1982 阿努拉德普勒圣城（Sacred City of Anuradhapura）(C)

1988 加勒古城和城堡（Old Town of Galle and its Fortifications）(C)

1988 辛哈拉加森林保护区（Sinharaja Forest Reserve）（N）
1988 康提圣城（Sacred City of Kandy）（C）
1991 丹布勒金寺（Golden Temple of Dambulla）（C）
2010 斯里兰卡中央高地（Central Highlands of Sri Lanka）（N）

苏丹（Sudan）
2003 盖贝尔·巴尔卡尔和纳巴丹地区的遗址（Gebel Barkal and the Sites of the Napatan Region）（C）
2011 麦罗埃岛考古遗址（Archaeological Sites of the Island of Meroe）（C）

苏里南（Suriname）
2000 苏里南中部自然保护区（Central Suriname Nature Reserve）（N）
2002 帕拉马里博历史内城（Historic Inner City of Paramaribo）（C）

瑞典（Sweden）
1991 德罗特宁霍尔摩王室领地（Royal Domain of Drottningholm）（C）
1993 恩格尔斯堡钢铁厂（Engelsberg Ironworks）（C）
1993 比尔卡和霍夫加登（Birka and Hovgården）（C）
1994 塔努姆岩画（Rock Carvings in Tanum）（C）
1994 斯科斯累格加登公墓（Skogskyrkogården）（C）
1995 维斯比的汉萨同盟城（Hanseatic Town of Visby）（C）
1996 拉普尼安地区（Laponian Area）（C，N）
1996 鲁莱亚的格默尔斯达德教堂村（Church Village of Gammelstad，Lulea）（C）
1998 卡尔斯克鲁纳军港（Naval Port of Karlskrona）（C）
2000 南厄兰岛的农业景观（Agricultural Landscape of Southern Öland）（C）
2000，2006 克瓦尔肯群岛／高地海岸（Kvarken Archipelago／High Coast）（N）（与芬兰共有）
2001 法伦的大铜山矿区（Mining Area of the Great Copper Mountain in Falun）（C）
2004 瓦尔贝尔格广播站（Varberg Radio Station）（C）
2005 斯特鲁维地理探测弧线（Struve Geodetic Arc）（C）（10国共有）
2012 赫尔辛兰的彩饰农舍（Decorated Farmhouses of Hälsingland）（C）

瑞士（Switzerland）

1983 米斯泰尔的本笃会圣约翰女修道院（Benedictine Convent of St John at Müstair）(C)

1983 圣加尔的修道院（Convent of St Gall）(C)

1983 伯尔尼老城（Old City of Berne）(C)

2000 贝林佐纳集镇的 3 个城堡、防御城墙和防御工事（Three Castles, Defensive Wall and Ramparts of the Market – town of Bellinzone）(C)

2001,2007 瑞士阿尔卑斯山脉少女峰 – 阿莱奇峰（Swiss Alps Jungfrau – Aletsch）(N)

2003,2010 圣乔治山（Monte San Giorgio）(N)

2007 拉沃葡萄园梯田（Lavaux, Vineyard Terraces overlooking the Lake and the Alps）(C)

2008 阿尔布拉 – 伯尔尼纳景观中的雷塔恩铁路（Rhaetian Railway in the Albula / Bernina Landscapes）(C)（与意大利共有）

2008 瑞士萨多纳地质构造带（Swiss Tectonic Arena Sardona）(N)

2009 拉绍德封 / 勒洛克，制表城镇规划（La Chaux – de – Fonds / Le Locle, watchmaking town planning）

2011 阿尔卑斯周围的史前湖岸木桩建筑（Prehistoric Pile dwellings around the Alps）（与法国、德国、意大利和斯洛文尼亚共有）

叙利亚（Syrian Arab Republic）

1979 大马士革古城（Ancient City of Damascus）(C)

1980 帕尔米拉遗址（Site of Palmyra）(C)

1980 布斯拉古城（Ancient City of Bosra）(C)

1986 阿勒颇古城（Ancient City of Aleppo）(C)

2006 萨拉赫丁城堡（Crac des Chevaliers and Qal'at Salah El – Din）(C)

2011 叙利亚北部古村落群（Ancient Villages of Northern Syria）(C)

塔吉克斯坦（Tajikistan）

2010 萨拉子目古城的原型城市遗址（Proto – urban site of Sarazm）(C)

泰国（Thailand）

1991 大城历史城市（Historic City of Ayutthaya）(C)

1991 通艾 – 会卡肯野生生物保护区（Thungyai – Huai Kha Khaeng Wildlife Sanctuaries）(N)

1991 素可泰历史城镇和有关历史城镇（Historic Town of Sukhotai and Associated

Historic Towns)(C)

1992 班清考古遗址（Ban Chiang Archaeological Site)(C)

2005 栋巴耶延－考爱森林（Dong Phayayen － Khao Yai Forest Complex)(N)

马其顿（前南斯拉夫马其顿共和国)(The Former Yugoslav Republic of Macedonia)

1979，1980 奥赫里德地区自然和文化遗产（Natural and Cultural Heritage of the Ohrid region)(C，N)

多哥（Togo)

2004 库塔玛库——巴塔玛里巴陆地（Koutammakou，the Land of the Batammariba)(C)

突尼斯（Tunisia)

1979 迦太基遗址（Site of Carthage)(C)

1979 杰姆竞技场（Amphitheatre of El Jem)(C)

1979 突尼斯的麦地那（Medina of Tunis)(C)

1980 伊其克乌尔国家公园（Ichkeul National Park)(N)

1985，1986 喀尔库阿内的迦太基城及其墓地（Punic Town of Kerkuane and its Necropolis)(C)

1988 凯鲁万（Kairouan)(C)

1998 苏塞的麦地那（Medina of Sousse)(C)

1997 杜加／土加（Dougga／Thugga)(C)

土耳其（Turkey)

1985 伊斯坦布尔历史区（Historic Areas of Istanbul)(C)

1985 迪夫里吉的大清真寺和医院（Great Mosque and Hospital of Divrigi)(C)

1985 戈雷梅国家公园和卡帕多西亚石窟遗址（Göreme National Park and the Rock Sites of Cappadocia)(C，N)

1986 哈图莎:希泰首都（Hattusha：the Hittite Capital)(C)

1987 内姆鲁特达格（Nemrut Dag)(C)

1988 希拉波利斯和帕穆克卡莱（Hierapolis－Pamukkale)(C，N)

1988 桑索斯和莱顿遗址（Xanthos－Letoon)(C)

1994 萨夫兰博卢城（City of Safranbolu)(C)

1998 特洛伊考古遗址（Archaeological Site of Troy)(C)

2011 赛里米耶清真寺及其社会性建筑群(Selimiye Mosque and its Social Complex)(C)

2012 查塔夫耶克的新石器时代遗址(Neolithic Site of Çatalhöyük)(C)

土库曼斯坦(Turkmenistan)

1999 国家历史与文化公园"古梅尔夫"(State Historical and Cultural Park "Ancient Merv")(C)

2005 库尼亚－乌尔根奇(Kunya－Urgench)(C)

2007 尼萨帕提亚要塞(The Parthian Fortresses of Nisa)(C)

乌干达(Uganda)

1994 鲁文佐里山脉国家公园(Rwenzori Mountains National Park)(N)

1994 布温迪国家公园(Bwindi Impenetrable National Park)(N)

2001 卡苏比的布干达王陵(Tombs of Buganda Kings at Kasubi)(C)

乌克兰(Ukraine)

1990 基辅的圣索非亚大教堂和别切鲁斯卡亚修道院(Kiev: Saint－Sophia Cathedral and Related Monastic Buildings, Kiev－Pechersk Lavra)(C)

1998 利沃夫历史中心(L'viv － the Ensemble of the Historic Centre)(C)

2005 斯特鲁维地理探测弧线(Struve Geodetic Arc)(C)(10国共有)

2007,2011 喀尔巴阡山脉原始山毛榉林和德国古山毛榉林(Primeval Beech Forests of the Carpathians and the Ancient Beech Forests of Germany)(N)(与德国和斯洛伐克共有)

2011 布科维纳与达尔马提亚的城市民居(Residence of Bukovinian and Dalmatian Metropolitans)(C)

阿拉伯联合酋长国(United Arab Emirates)

2011 艾恩文化遗址:哈菲特、西里、比达－宾特－沙特以及绿洲[Cultural Sites of Al Ain (Hafit, Hili, Bidaa Bint Saud and Oases Areas)](C)

英国和北爱尔兰(United Kingdom of Great Britain and Northern Ireland)

1986 斯塔德利皇家公园和喷泉修道院遗址(Studley Royal Park including the Ruins of Fountains Abbey)(C)

1986 巨人之路及其海岸(Giant's Causeway and Causeway Coast)(N)

1986, 2004,2005 圣基尔达岛(St. Kilda)(N, C)

1986 乔治铁桥区（Ironbridge Gorge）(C)

1986 圭内斯郡爱德华国王城堡和城墙（Castles and Town Walls of King Edward in Gwynedd）(C)

1986 达勒姆城堡和大教堂（Durham Castle and Cathedral）(C)

1986 巨石阵、埃夫泊里和相关遗址（Stonehenge, Avebury and Associated Sites）(C)

1987 威斯敏斯特宫、威斯敏斯特大教堂和圣玛格丽特教堂（Westminster Palace, Westminster Abbey and Saint Margaret's Church）(C)

1987 布莱尼姆宫（Blenheim Palace）(C)

1987 巴斯城（City of Bath）(C)

1987,2005,2008 罗马帝国边界（Frontiers of the Roman Empire）(C)（与德国共有）

1988 伦敦塔（Tower of London）(C)

1988 坎特伯雷大教堂、圣奥古斯丁修道院和圣马丁教堂（Canterbury Cathedral, St Augustine's Abbey, and St Martin's Church）(C)

1988 亨德森岛（Henderson Island）(N)

1995,2004 戈夫和难达岛（Gough and Inaccessible Islands）(N)

1995 爱丁堡的旧城和新城（Old and New Towns of Edinburgh）(C)

1997 格林威治沿海地区（Maritime Greenwich）(C)

1999 奥克尼新石器时代遗址（Heart of Neolithic Orkney）(C)

2000 布莱纳文工业景观（Blaenavon Industrial Landscape）(C)

2000 百慕大群岛上的圣乔治历史城镇及相关的要塞（Historic Town of St George and Related Fortifications, Bermuda）(C)

2001 德文特河谷工业区（Derwent Valley Mills）(C)

2001 新拉纳克（New Lanark）(C)

2001 多塞特和东德文海岸（Dorset and East Devon Coast）(N)

2001 索尔泰尔小镇（Saltaire）(C)

2003 基尤皇家植物园（Royal Botanic Gardens, Kew）(C)

2004 利物浦——沿海贸易之城（Liverpool - Maritime Mercantile City）(C)

2006 康沃尔和西德文矿区景观（Cornwall and West Devon Mining Landscape）(C)

2009 旁特斯沃泰水道桥与运河（Pontcysyllte Aqueduct and Canal）(C)

坦桑尼亚（United Republic of Tanzania）

1979,2010 恩戈罗恩戈罗自然保护区（Ngorongoro Conservation Area）(N,C)

1981 基尔瓦·基西瓦尼遗址和松戈·姆纳拉遗址（Ruins of Kilwa Kisiwani and Ruins of Songo Mnara）（C）

1981 塞伦盖蒂国家公园（Serengeti National Park）（N）

1982 塞卢斯禁猎区（Selous Game Reserve）（N）

1987 乞力马扎罗国家公园（Kilimanjaro National Park）（N）

2000 桑给巴尔石头城（Stone Town of Zanzibar）（C）

2006 孔多阿岩画遗址（Kondoa Rock Art Sites）（C）

美国（United States of America）

1978 梅萨弗德国家公园（Mesa Verde National Park）（C）

1978 黄石国家公园（Yellowstone National Park）（N）

1979 大峡谷国家公园（Grand Canyon National Park）（N）

1979 大沼泽地国家公园（Everglades National Park）（N）

1979,1992,1994 克卢恩／朗格尔－圣埃利亚斯／冰川湾／塔臣施尼－阿克塞克（Kluane／Wrangell－St. Elias／Glacier Bay/Tatshenshini－Alsek）（N）（与加拿大共有）

1979 独立厅（Independence Hall）（C）

1980 红杉树国家公园（Redwood National Park）（N）

1981 奥林匹克国家公园（Olympic National Park）（N）

1981 猛犸洞穴国家公园（Mammoth Cave National Park）（N）

1982 卡霍基亚土丘历史遗址（Cahokia Mounds State Historic Site）（C）

1983 波多黎各岛的弗塔莱扎城堡和圣胡安历史遗址（La Fortaleza and San Juan Historic Site in Puerto Rico）（C）

1983 大雾山国家公园（Great Smoky Mountains National Park）（N）

1984 约塞米蒂国家公园（Yosemite National Park）（N）

1984 自由女神像（Statue of Liberty）（C）

1987 夏洛茨维尔的蒙蒂塞洛和弗吉尼亚大学（Monticello and the University of Virginia in Charlottesville）（C）

1987 夏威夷火山国家公园（Hawaii Volcanoes National Park）（N）

1987 查科文化国家历史公园（Chaco Culture National Historical Park）（C）

1992 陶斯印第安村（Pueblo de Taos）（C）

1995 卡尔斯巴德洞穴国家公园（Carlsbad Caverns National Park）（N）

1995 瓦特尔顿冰川国际和平公园（Waterton Glacier International Peace Park）（N）（与加拿大共有）

2010 帕帕哈瑙莫夸基亚国家海洋保护区（Papahānaumokuākea）（N，C）

乌拉圭（Uruguay）

1995 萨克拉门托殖民城市的历史区（Historic Quarter of the City of Colonia del Sacramento）（C）

乌兹别克斯坦（Uzbekistan）

1990 伊契安卡拉（Itchan Kala）（C）

1993 布哈拉历史中心（Historic Centre of Bukhara）（C）

2000 沙克里希亚别兹历史中心（Historic Centre of Shakhrisyabz）（C）

2001 撒马尔罕的文化中心（Samarkand – Crossroads of Cultures）（C）

瓦努阿图（Vanuatu）

2008 马塔王酋长领地（Chief Roi Mata's Domain）（C）

委内瑞拉（Venezuela）

1993 科罗及港口（Coro and its Port）（C）

1994 卡奈依马国家公园（Canaima National Park）（N）

2000 加拉加斯的修达德大学区（Ciudad Universitaria de Caracas）（C）

越南（Viet Nam）

1993 顺化古迹群（Complex of Hué Monuments）（C）

1994,2000 下龙湾（Ha Long Bay）（N）

1999 美山寺庙（My Son Sanctuary）（C）

1999 会安古城（Hoi An Ancient Town）（C）

2003 丰芽 - 格邦国家公园（Phong Nha - Ke Bang National Park）（N）

2010 河内升龙皇城（Central Sector of the Imperial Citadel of Thang Long – Hanoi）（C）

2011 胡朝时期的城堡（Citadel of the Ho Dynasty）（C）

也门（Yemen）

1982 希巴姆古城（Old Walled City of Shibam）（C）

1986 萨那古城（Old City of Sana'a）（C）

1993 扎比德历史城镇（Historic Town of Zabid）（C）

2008 索科特拉群岛（Socotra Archipelago）（N）

赞比亚（Zambia）

1989 维多利亚瀑布（莫西奥图尼亚）（Mosi - oa - Tunya / Victoria Falls）（N）（与津巴布韦共有）

津巴布韦（Zimbabwe）

1984 马纳波尔斯国家公园、萨比和切俄雷自然保护区（Mana Pools National Park, Sapi and Chewore Safari Areas）（N）

1986 大津巴布韦遗址（Great Zimbabwe National Monument）（C）

1986 卡米遗址（Khami Ruins National Monument）（C）

1989 维多利亚瀑布（莫西奥图尼亚）（Mosi - oa - Tunya / Victoria Falls）（N）（与赞比亚共有）

2003 马托博山（Matobo Hills）（C）

参考文献

1. 陈耀华,赵星烁. 中国世界遗产保护与利用研究. 北京大学学报(自然科学版),2003,39(4):572-578.

2. 樊锦诗. 依靠科技与法制,做好敦煌石窟的保护管理工作. 见:赵玲主编:遗产保护与避暑山庄. 沈阳:辽宁民族出版社,2006,110-113.

3. 樊锦诗. 敦煌石窟保护与展示工作中的数字技术应用. 敦煌研究,2009,(6):1-3.

4. 高星,张双权,陈福友. 论周口店遗址的科学价值与研究潜力——纪念裴文中先生诞辰100周年. 第四纪研究,2004,24(3):265-271.

5. 黄德林. 论建立和完善国家自然遗产管理制度. 中国人口·资源与环境,2007,17(5):133-137.

6. 李德仁. 虚拟现实技术在文化遗产保护中的应用. 云南师范大学(哲学社会科学版),2008,40(4):1-7.

7. 李文华,闵庆文,孙业红. 自然与文化遗产保护中几个问题的探讨. 地理研究,2006,25(4):561-569.

8. 梁学成. 对世界遗产的旅游价值分析与开发模式研究. 旅游学刊,2006,21(6):16-22.

9. 罗佳明. 中国世界遗产管理体系研究. 上海:复旦大学出版社,2004

10. 孙克勤. 对世界文化与自然遗产教育的探讨。中国地质教育,2004,(4):99-103

11. 孙克勤. 世界文化与自然遗产概论. 武汉:中国地质大学出版社,2005.

12. 孙克勤主编. 世界旅游文化. 北京:北京大学出版社,2007.

13 孙克勤主编. 遗产保护与开发. 北京:旅游教育出版社,2008.

14. 孙克勤. 中国的世界遗产保护与可持续发展研究. 中国地质大学学报(社会科学版),2008,8(3):36-40.

15. 孙克勤. 中国南方喀斯特世界自然遗产地存在的问题和保护对策. 资源开发与市场,2010,26(11):1047-1049.

16. 孙克勤. 世界自然遗产云南三江并流保护区存在的问题和保护对策. 资源

与产业,2010b,12(6):118－124.

17. 孙克勤. 中国的世界自然遗产战略管理研究. 中国人口·资源与环境,2011a,21(3)专刊:547－550.

18. 孙克勤. 北京的世界遗产资源管理研究. 中国人口·资源与环境,2011b,21(12)专刊:233－237.

19. 孙克勤. 周口店北京人遗址世界遗产资源管理研究. 资源与产业,2012,14(1):69－75.

20. 陶伟. 中国"世界遗产"的可持续旅游发展研究. 北京:中国旅游出版社,2001.

21. 吴必虎,李咪咪,黄国平. 中国世界遗产地保护与旅游需求关系. 地理研究,2002,21(5):617－626.

22. 徐嵩龄. 中国文化与自然遗产的管理体系改革. 管理世界,2006,(6):63－73.

23. 杨锐. 改进中国自然文化遗产资源管理的四项战略. 中国园林,2003,(10):39－44.

24. 张忍顺,蒋娇芳,张祥国. 中国"世界自然遗产"资源现状特征与发展对策. 资源科学,2006,28(1):186－191.

25. 张忍顺,张祥国,蒋娇芳,葛云健. 世界自然遗产事业发展潜势分析. 地理与地理信息科学,2006,22(1):57－61.

26. 周年兴,林振山,黄震方,潘刚. 世界自然遗产地面临的威胁及中国的保护对策. 自然资源学报,2008,23(1):25－32.

27. Bruno Dagens 著,顾微微译. 吴哥——石林. 上海:上海书店出版社,2007.

28. C. W. 西拉姆著,曾晓祥译. 西拉姆讲述考古的故事. 北京:东方出版社,2004.

29. Banno A, Masuda T, Oishi T, Ikeuchi K. Flying laser range sensor for large－scale site－modeling and its applications in Bayon digital archival project. International Journal of Computer Vision, 2008, 78: 207－222.

30. Drost A. Developing sustainable tourism for world heritage sites. Annals of Tourism Research, 1996, 23(2):479－484.

31. Garrod B, Fyall A. Managing heritage tourism. Annals of Tourism Research, 2000, 27(3): 682－708.

32. Gaughan A E, Binford M W, Southworth J. Tourism, forest conversion, and land transformations in the Angkor basin, Cambodia. Applied Geography, 2009, 29: 212－223.

33. Gillespie J. Buffering for conservation at Angkor: questioning the spatial regula-

tion of a World Heritage property. International Journal of Heritage Studies, 2012, 18 (2): 194 - 208.

34. Kummu M. Water management in Angkor: Human impacts on hydrology and sediment transportation. Journal of Environmental Management, 2009, 90: 1413 - 1421.

35. Maeda T, Sugiura Y, Hirai T. FEM modeling of the towers in Bayon temple in Cambodia based on micro - tremor measurements. Advances in Engineering Software, 2008, 39: 346 - 355.

36. Poria Y, Butler R, Airey D. The Core of heritage tourism. Annals of Tourism Research, 2003, 30(1): 238 - 254.

37. Poria Y, Reichel A, Biran A. Heritage site management: Motivations and Expectations. Annals of Tourism Research, 2006, 33(1): 162 - 178.

38. The General Conference of UNESCO. The Convention concerning the Protection of World Cultural and Natural Heritage. Paris, 16 November 1972.

39. Uchida E, Ogawa Y, Maeda N, Nakagawa T. Deterioration of stone materials in the Angkor monuments, Cambodia. Engineering Geology, 1999, 55: 101 - 112.

40. UNESCO World Heritage Centre. Operational Guidelines for the Implementation of the World Heritage Convention. WHC. 05/2, Paris, 2 February 2005.

41. Wager J. Development a strategy for the Angkor World Heritage Site [J]. Tourism Management, 1995, 16(7): 515 - 523.

第2版后记

自1972年11月联合国教科文组织在巴黎通过了《保护世界文化和自然遗产公约》(*Convention Concerning the Protection of the World Cultural and Natural Heritage*)以来,截至2012年6月24日至7月6日在俄罗斯圣彼得堡召开的第36届世界遗产大会,全球被联合国教科文组织世界遗产委员会批准的世界遗产有962项,其中文化遗产745项、自然遗产188项和混合遗产(文化和自然双重遗产)29项,分布在157个缔约国中。

联合国教科文组织公布的《人类非物质文化遗产代表作名录》包括:2001年第一批19项、2003年第二批28项、2005年第三批43项、2009年第四批76项、2010年第五批47项、2011年第六批19项。截止到目前,全球被列入《人类非物质文化遗产代表作名录》的非物质文化遗产已达232项;此外,还包括急需保护的非物质文化遗产名录27项和非物质文化遗产保护计划名录8项。

世界遗产是指具有突出普遍价值的文化和自然遗产,是大自然和人类留下的最珍贵的遗产,是全人类的共同财富。世界遗产分为自然遗产、文化遗产、文化和自然双重遗产(混合遗产)和文化景观遗产;此外,还包括非物质文化遗产(人类口头和非物质遗产)。世界遗产是人类历史、文化与文明的象征,开展世界遗产教学是为了加强公众对遗产保护的教育,增进对世界遗产知识的认识,开发教育资源。联合国教科文组织对世界遗产教育非常重视,世界遗产委员会在宣言中敦促各国政府积极制订行动计划,采取行之有效的措施来规范和指导有关世界遗产保护的青少年教育,鼓励各国教育机构把世界遗产保护列入教学日程,设置专门课程以普及遗产保护的知识。世界遗产是全人类的共同财富,通过充分开发其教育功能,提高社会公众的基本素质,探究人类智慧和文明,为人类与自然的可持续发展奠定坚实的基础。一个国家拥有世界文化与自然遗产的数量越多,就越标志着这个国家拥有历史悠久的文化和丰富多彩的自然环境,同时还反映出公众对世界遗产的保护意识和素质。在我国对公众进行世界遗产教育,正在逐渐成为学校教育的一项重要内容。

保护好独一无二的世界遗产,是人类共同的责任。世界遗产的保护反映了人类的文明与进步,申报世界遗产的最终目的是为了更好地保护世界遗产资源的真实性和完整性。自《保护世界文化和自然遗产公约》诞生和世界遗产组织成立以来,其意义在于成功地保护了一大批世界著名的文化遗产、自然遗产和非物质文化遗产,为人类文明史保留下众多的弥足珍贵的财富,促进了世界遗产地的文化和科学研究与交流,推动了全球旅游业的发展。世界遗产不仅可以带动地区的旅游、经济、社会和环境效益的发展,更是科研和教育的基地,是探究人类智慧、文明轨迹和自然奥秘的知识源泉。世界遗产的主要价值体现在科学、教育、文化、美学、旅游等方面。利用世界遗产进行科学考察和传播历史文化知识是其价值的真正体现。

本书采撷的信息截止日期为2012年第36届世界遗产大会。多年来,我不仅考察过我国几乎所有的世界遗产地,也曾赴美国、印度、法国、德国、比利时、荷兰、意大利、梵蒂冈、卢森堡、摩纳哥、新加坡、蒙古、俄罗斯、越南、柬埔寨、泰国、马来西亚、埃及、韩国、南非、匈牙利、斯洛伐克、捷克、奥地利、澳大利亚、新西兰、芬兰、丹麦、挪威、瑞典等国考察,考察了许多世界遗产地,将在国内外考察获得的第一手资料和相关研究成果用于本书撰写之中。在撰写本书过程中,我还查阅了国内外相关文献,特别是联合国教科文组织网址(http://www.unesco.org)和联合国教科文组织世界遗产中心网址(http://whc.unesco.org)发布的有关世界遗产方面的信息和文件;此外,还参考了国内相关书刊、报纸和网站发布的资料。在这里,本书作者向相关作者一并表示感谢。

根据出版社的要求,在不动本书原有框架的前提下,作者增补了相关内容,并就近年来世界遗产发展趋势等在书中进行了适当增补和调整。

由于世界遗产内容丰富,涉及自然科学和社会科学诸多分支,限于作者的能力和水平,错误之处在所难免,敬请专家和读者给以指正。

作者

2012年7月于北京